"博学而笃志，切问而近思。"
（《论语》）

博晓古今，可立一家之说；
学贯中西，或成经国之才。

复旦博学·复旦博学·复旦博学·复旦博学·复旦博学·复旦博学

## 主编简介

**郭 建**，复旦大学法学院教授。1956年9月出生于上海。1982年毕业于华东师范大学历史系，获历史学学士学位。1985年毕业于复旦大学法律系法制史专业，获法学硕士学位。以后留校任教至今。主要著作有《帝国缩影》《中华文化通志·法律志》（第一作者）、《中国财产法史稿》《典权制度源流考》等。主要论文有《中国古代民事法律文化基本特征概述》《"坑"考》等。译作有《日本民法债权总论》《英美法》等。

博学 法学系列

# 中国法律思想史

（第二版）

主　编　郭　建
副主编　姚荣涛

复旦大学出版社

## 内容提要

本书全面论述了自先秦至民国中国历史上探讨研究法律问题的学说、学派及主要的思想家，以及民间对于法律问题的态度与认识，总结并分析中国传统社会法律思想的发展脉络和基本特性。本书吸取了近年来中国法律思想史学科研究的最新成果，尤其是加强了对民间传统法律意识的概括与总结，以及对于近代中国法律思想重大变革的介绍分析。在体例结构上，本书采用了学派、专题来区分章节，更突出了重点，防止内容重复。本书每章都设置了"本章要点""本章小结""参考阅读书目"等栏目，特意设置了"资料""人物""解说"等阅读栏目，并配有50余幅相关插图，来帮助读者掌握内容、加深印象。全书结构新颖，条理清晰，文字流畅，是法律专业师生和广大法律爱好者研习中国法律思想史的理想教材和适用读物。

**主　编**　郭　建
**副主编**　姚荣涛
**撰稿人**（以撰写章节先后为序）
　　　　　郭　建　　袁兆春　　顾俊杰
　　　　　于语和　　王志强　　徐忠明
　　　　　姚少杰　　韩秀桃　　姚荣涛

# 第二版修订说明

"复旦·博学"版《中国法律思想史》教材出版以后,得到了中国法制史学界同行的好评,被很多高校法学院系选用。虽然在当下中国法律思想史这样并无直接实用功能的课程较为冷落,开设中国法律思想史课程的法学院系也并不普遍,但是本教材依然能够多次加印,表明了中国法制史学界同行们对本教材的肯定与支持,在此首先要向中国法制史学界同行们表示深深的感谢!

鉴于国内法学研究水平的提升,各高校法学教育的发展,尤其考虑到近年来传统法律文化日益受到重视的形势,我们觉得对本教材进行修订的时机已经成熟。因此在复旦大学出版社的大力支持下,我们进行了本次修订工作。

本次修订主要在于吸取近年来法史学界的最新研究成果,对原教材进行全面的梳理,进一步突出重点。比如对儒家法律思想做了更精炼的说明,对于民间法律思想的表述也更为全面。考虑与已进行第三次修订的"复旦·博学"版《中国法制史》教材配套的需要,我们也对本教材的篇幅做了适当的删减,在排版以及格式上也进行了调整。

本教材的编者分散在全国各地的学校,为了节省时间和成本,这次修订主要由在上海的编者负责,郭建对全书进行了统稿。特此说明。

编 者

2018 年 4 月

# 目　录

前言 ············································································································· 1

## 第一编　先秦时期的法律思想

### 第一章　早期的法律思想 ············································································ 3
#### 第一节　早期的法律观念 ········································································· 4
　　先民思维观念的一些特点 ········································································· 4
　　"率民以事神" ······················································································· 4
　　天命与天罚 ··························································································· 6
　　重孝 ···································································································· 7
#### 第二节　西周初年的法律思想 ·································································· 7
　　以德配天和敬天保民 ·············································································· 7
　　"明德慎罚" ·························································································· 8
　　亲亲、尊尊和有别 ················································································· 8

### 第二章　儒家的法律思想 ········································································· 13
#### 第一节　先秦儒家产生与学派流变 ·························································· 14
　　儒家学派的形成 ··················································································· 14
　　儒家的主要经典 ··················································································· 15
　　儒家的流派 ························································································· 16
#### 第二节　先秦儒家的主要观点 ································································· 18
　　政治理论 ···························································································· 18
　　关于立法 ···························································································· 21
　　刑法理论 ···························································································· 21
　　孝悌理论 ···························································································· 25
#### 第三节　先秦儒家法律思想的特点及其历史影响 ······································· 26
　　先秦儒家法律思想的特点 ······································································ 26
　　先秦儒家法律思想的历史影响 ······························································· 26

### 第三章　法家的法律思想 ········································································· 28
#### 第一节　法家学派的产生和发展 ······························································ 28
　　春秋时期法家的先驱人物 ······································································ 28
　　战国前期和中期的法家 ········································································· 32

战国末期的法家代表人物 ·················································· 41
　第二节　法家学派的主要法律思想 ·················································· 46
　　　法家的法律观 ·················································· 46
　　　法家的法治理论 ·················································· 49
　　　法家推行"法治"的方法 ·················································· 52
　第三节　法家法律思想的特点和历史作用 ·················································· 56
　　　法家法律思想的特点 ·················································· 56
　　　法家思想对于其他学派的吸收 ·················································· 57
　　　法家思想的历史作用 ·················································· 59

第四章　道、墨家及先秦其他学派的法律思想 ·················································· 61
　第一节　道家的法律思想 ·················································· 61
　　　道法自然，崇尚社会秩序与自然秩序的和谐一致 ·················································· 62
　　　反对仁义礼法，否定人为确定的各种规范的存在价值 ·················································· 64
　　　小国寡民，无为而治 ·················································· 66
　　　逍遥游——超越一切世俗束缚与规则的自由人生 ·················································· 68
　　　道家法律思想的特点与影响 ·················································· 69
　第二节　墨家的法律思想 ·················································· 70
　　　法律起源论：法律起源于统一天下是非善恶标准的需要 ·················································· 71
　　　以"兼相爱，交相利"为核心的法律观 ·················································· 72
　　　主张贤人治国的人治思想 ·················································· 73
　　　以天的意志为法律权威的基础 ·················································· 74
　　　墨家思想的特点与影响 ·················································· 75
　第三节　其他学派的法律思想 ·················································· 76
　　　阴阳家的法律思想 ·················································· 76
　　　兵家的法律思想 ·················································· 79
　　　名家的法律思想 ·················································· 82
　　　杂家的法律思想 ·················································· 84

# 第二编　大一统局面形成后的法律思想

第五章　古代官方正统法律思想 ·················································· 91
　第一节　中国古代官方正统法律思想的早期演进和定型 ·················································· 91
　　　秦统治者的法律思想 ·················································· 91
　　　汉初流行的黄老法律思想 ·················································· 94
　　　汉中期以后官方正统法律思想的初步定型 ·················································· 97
　　　西汉后形成的官方正统法律思想的主要内容 ·················································· 99
　第二节　汉以后官方正统法律思想的发展 ·················································· 101
　　　三国两晋南北朝期间法律思想的演变 ·················································· 101

《唐律疏议》的法律思想 ………………………………………… 103
　　　理学的兴起及其对法律思想的影响 …………………………… 105
　第三节　古代官员执法的主要法律观念 …………………………… 108
　　　秦及汉初执法官员的法律观 …………………………………… 108
　　　春秋决狱：西汉中期以后的法律实用主义倾向 ……………… 108
　　　南宋书判中的法律实用主义精神 ……………………………… 110
　　　清代刑部司法中的混合式实用主义法律观 …………………… 112
　　　简析中国古代执法中实用主义法律观 ………………………… 116

第六章　历代思想家关于法律问题的探讨 ……………………………… 118
　第一节　对于正统法律思想的进一步讨论 ………………………… 119
　　　关于德与刑的关系的讨论 ……………………………………… 119
　　　关于法律是否应普遍适用的讨论 ……………………………… 120
　　　按照时令行刑的讨论 …………………………………………… 124
　　　关于是否应恢复肉刑的讨论 …………………………………… 125
　　　关于复仇问题的讨论 …………………………………………… 127
　　　关于是否应该积极地开展"息讼"的讨论 …………………… 129
　　　关于频繁赦宥问题的讨论 ……………………………………… 130
　第二节　具有怀疑和批判精神的法律思想 ………………………… 132
　　　基于道家思想加以发挥的怀疑与批判 ………………………… 132
　　　基于儒家"民本"思想而加以发挥的怀疑和批判 …………… 135
　第三节　历代传授法律知识传授与考选法律人才制度 …………… 141
　　　历代律学的发展概况 …………………………………………… 142
　　　传授法律知识的制度 …………………………………………… 147
　　　选拔法律人才的制度 …………………………………………… 148

第七章　民间社会的法律意识 …………………………………………… 151
　第一节　善有善报，恶有恶报 ……………………………………… 151
　　　泛化的"报" …………………………………………………… 151
　　　恶有恶报 ………………………………………………………… 153
　第二节　杀人偿命，欠债还钱 ……………………………………… 154
　　　"杀人者死，伤人者刑" ………………………………………… 154
　　　"杀人偿命，欠债还钱" ………………………………………… 155
　第三节　王子犯法，庶民同罪 ……………………………………… 155
　　　传统法制中的皇族特权 ………………………………………… 156
　　　特殊时代背景下的产物 ………………………………………… 156
　　　流行的时代背景 ………………………………………………… 157
　　　深层次意义上的社会原因 ……………………………………… 159

### 第四节　冤抑与伸冤 · 160
冤抑的由来 · 160
理想中"伸冤"的途径 · 161
私的伸冤途径：复仇 · 163
公的伸冤途径：诉讼 · 163
诉讼心态：把事情闹大 · 164

## 第三编　近代的法律思想

## 第八章　晚清变革中的法律思想 · 171
### 第一节　"变法"思潮的形成 · 171
对于传统法制整体的怀疑与批判 · 171
主张"更法"到呼吁"变法" · 174
陈虬对于传统刑罚制度的批判与改良建议 · 175
### 第二节　借鉴西方法制的议论与主张 · 176
介绍并普及中国以外世界的知识 · 176
借鉴西方的变法主张 · 178
洋务运动后期的变法思想 · 180
### 第三节　维新变法运动的法律思想 · 183
大力营造变法舆论 · 183
鼓吹君主立宪制度 · 186
大力引进西方政治学法学理论 · 187
### 第四节　新政修律时期的法律思想 · 189
"中学为体，西学为用"的提出 · 190
对旧律的系统研究和修良方案的提出 · 192
"会通中外"的修律宗旨 · 193
清末修律中的礼法之争 · 195

## 第九章　民国时期主要政治人物的法律思想及其对法律的影响 · 198
### 第一节　立法指导思想 · 198
三民主义 · 198
社会本位 · 202
快速立法，兼顾国情 · 206
### 第二节　宪政与宪法思想 · 207
职能分立与五权宪法 · 207
党治政府 · 212
### 第三节　其他部门法及司法的思想 · 214
民法 · 214
土地法 · 216

司法思想 ················································································· 217

**第十章 民国时期法律家群体的法律思想** ············································ 220
　第一节　民国时期法律家群体概述 ··················································· 220
　　民国时期法律家群体的形成背景 ················································· 220
　　民国时期法律家群体的特征 ························································ 222
　　民国时期的法学教育与法律院校 ················································· 226
　第二节　民国时期法律家群体的法律思想 ········································ 230
　　宪政思想 ················································································· 230
　　立法思想 ················································································· 232
　　刑法思想 ················································································· 235
　　民法思想 ················································································· 238
　　司法改革思想 ·········································································· 241
　第三节　民国时期法律家群体的历史影响 ········································ 244
　　近代法律知识的传播者 ······························································ 245
　　民国法律制度的制定者 ······························································ 245
　　民国法律制度的解释者 ······························································ 246
　　民国法律制度的批判者 ······························································ 248
　　近代法学教育的奠基者 ······························································ 249
　　近代法学学科体系的构建者 ······················································· 249

**第一版后记** ······················································································ 252

# 前　言

## 一

中国法律思想史是法学的一门分支学科,也是法学本科教育的一门基础性课程。

中国法律思想史学科研究的对象是：中国历史上有关法律的主要理论学说的发展脉络、基本特色,这些理论学说对于中国历代的立法以及司法活动的影响;历史上民众对于法律的普遍的看法,对于法律知识的掌握与认识;以及上述的传统理论学说、民众的法律意识对于当代中国社会的影响。通过这类研究,力图从中总结历史经验教训,为建设具有中国特色的社会主义法治国家服务。

作为法学本科教育的基础性课程,中国法律思想课程的基本目的,是向学生客观、全面地介绍中国有史以来有关法律的主要理论学说的内容与特色,中国民众传统法律意识的主要特色和表现,从而使学生得以进一步了解在法制方面的国情。同时引导学生进行深入的比较思考,更好地掌握法律基础理论,进一步树立起建设具有中国特色社会主义法治国家的信念。

## 二

有关法律的思想伴随着法律的形成而出现,并随社会和法律的发展而发展。根据历史唯物主义的观点,法律思想是社会物质生活条件的反映,受着社会经济基础的制约;但同时按照上层建筑对于经济基础的反作用的原理,统治阶级的法律思想又往往会指导统治者的立法活动,从而又会对社会发展产生巨大的影响。

中国在早期商、周两个朝代就已经形成了相当完整的法律,也开始形成有系统的法律思想。西周统治者提出的"明德慎罚"思想,对于后世产生了极其深远的影响。

春秋战国时期(公元前770—公元前221)是中国社会大变革时期,思想界更是空前绝后地活跃,出现了"百家争鸣"的繁荣景象。随着中国法律制度在这一时期迅速走向以皇朝制定法为主体的成文法体系,法律问题受到了高度的重视,诸子百家几乎都涉及这个问题。其中最为著名的就是儒家和法家。儒家着重于对周礼的研究和总结,认为统治者应该注重对于民众的教化,法律只能起辅助的作用,从而建立了后世称之为"礼教"的思想体系。法家则旗帜鲜明地提倡"法治",并对于法律的起源、法律的性质、法律的功效等问题进行了相当透彻的分析,对各诸侯国的"变法"改革政治、社会体制产生了重大影响。其他的道家、墨家、名家等学派也以不同的角度、用不同的方法将法律问题的讨论推向深入。阴阳五行家则从超自然力量的角度论述政治和法律问题,为当时的统治者提供了最现实的维持统治的口实。

"百家争鸣"时代的学说基本奠定了以后两千多年法律思想的基本面貌。自秦朝大一统政治局面形成,如何更好地维护和巩固这种君主专制中央集权,成为以后两千多年中国思想界讨论问题的出发点和中心任务。两汉时经改造的儒家礼教逐渐成为一种正统的官方理论,其对法律的定位和论断也就成为指导立法和司法实践的重要因素。思想的争鸣已经过时,不能再被统治者所容忍,只是在若干的具体问题上后世的思想家有一定的发展。

鸦片战争开始打破中国传统社会的结构,随着空前的统治危机以及民族危机的加剧,反映在思想界也再次出现了争鸣的局面。19世纪末的维新运动开始批判传统的法律制度,新的思想、新的学说开始大量涌现,尤其是欧美的法律学说开始传入,猛烈地冲击中国思想界。这一趋势在20世纪初依旧存在,随着法律制度的迅速改革,近代化的法律教育体制的建立,以及法律职业集团的初步形成,现代意义上的法学学科得以建立。然而由于20世纪初中国处在长期的战乱之中,并没有具备建设近代化法制所需要的稳定的社会条件,也没有给思想界充分吸收消化匆忙引进的欧美各类法学流派的机会,更没有创立本土法学学派的可能。尤其是引进的法律制度、法学学说与中国社会脱节,形成了西化的社会精英阶层法律思想和保留传统观念的民间法律意识的巨大鸿沟。

# 三

长期以来,中国传统社会的主流法律思想并未发生实质性的重大变化,源远流长,自成体系,几乎很难发现受到外来思想影响的痕迹。见于汗牛充栋的各类古籍中涉及法律的学说、议论,从总体上来说,其主要的特点有如下几个方面。

1. 较早脱离宗教影响

世界上很多地区的古代文明往往都将法律视为神灵的规定,奉为神圣,法律的权威也被认为是来自神灵,法律长期与宗教的戒律混同,诉讼审判的程序也充满神秘的色彩。但是中国古代的思想家很早就摆脱了神灵、宗教的束缚,春秋战国时期有很多的思想家是从人类社会本身来寻找法律的起源、法律权威性的来源等等问题的答案。很多思想家都明确指出法律是人类社会生活的组成部分,是由人类自己创设的,其权威来自人类社会本身的政治力量。在以后漫长的历史时期,各朝各代的思想家也很少将法律问题归结为宗教或神秘问题,主流思想家都认为法律并非是反映"天道""天理"等非人格化的神秘力量的最完备的方式。

2. 将法律视为简单工具的倾向

早在春秋战国时期的思想家就已经相当一致地将法律视为君主进行专制统治的一种统治工具。只是在君主依靠这种工具的程度上,才有儒家和法家的区别。在以后的历史发展中,这一观念仍然长期发生影响。主流思想家一般都将法律视为一种简单的政治工具,只能在"礼教"的指导下、在儒家君子的"人治"运用下,起到有限的、辅助性质的社会治理作用。

3. 涉及法律的讨论范围较为狭窄

中国古代思想家有关法律问题的讨论总的来说主要集中于法律对于维持君主统治、帮助进行"教化"究竟能够发挥多大程度的作用方面,至于其他在现代看来应该作为法律问题来讨论的问题,则往往被忽略。论题几乎都集中在上对下的社会关系如何以法律建立、如何进行调整的方面,至于下对上的社会关系,或者是在同一社会等级内如何以法律调整的问题则很少涉及。比如在君主与法律的关系问题上,君主是否应该遵守法律的问题,长期以来很少有人进行深入的讨论。有关民间的各类财产关系是否应该给予明确的规范、如何进行规范的问题,也几乎从未进入哪位思想家的视野。

4. 没有专门的法学家集团

从严格意义上来说,中国古代并不存在"法学"这样的学科,也没有法律职业集团。因此现代意义上的法学家或者法学流派也无从产生。思想家们只是在讨论政治、社会问题时附带讨论法律问题。这就不可避免地带来难以从技术层面上讨论法律问题的缺陷,难以将复杂的社会问题简化为一些可操作的法律观念来进行讨论,使得法律体系本身的发展较为缓慢。

另外,对于广大社会下层民众而言,法律是一种异己的、代表统治的、难以预料后果的规范体系,可以设法利用,但并非可以依靠,远远没有明君、清官来得可靠。因此长期以来民众形成了漠视法律的传统观念,规避法律往往成为一种求生的本能。但同时又往往要利用法律在纠纷中获得有利地位,因此在民间,所谓"厌讼"和"缠讼"的现象同时并存,在明清时期大有愈演愈烈之势。

虽然中国古代的思想家很早就开始注意区分法律与宗教神鬼的关联,但是对于广大的民众来说,冥冥中的"善恶报应"是迫使社会成员遵守社会秩序的更有效的动力。实际上民间所熟悉的决非各代思想家的著作,而是一些如《太上感应篇》那样的宣扬善恶报应的"教化"通俗读物。不少皇帝颁布的教化民众的谕旨,也都是以报应来规劝臣民不要轻易犯法。因此报应思想是中国古代社会民众法律思想的一个重要的组成部分。

## 四

自从20世纪70年代末法学教育得以恢复以来,中国法律思想史课程就一直是各法律院系的法学基础课程之一,已出版的教材也有十几种之多。本教材作为"复旦·博学法学"系列之一种,力图要凸显在新世纪法学教育方面的一些新的想法。主要考虑按照这样几个原则来进行编写:

(1) 本教材的读者应该是学习法律的本科学生,因此教材应该适应读者的需要,树立学生第一的观念。要适应法学本科学生的情况,使学习法学的本科学生能够顺利阅读,并能够激发学生学习本课程的积极性,有利于法学本科学生学习。

(2)教材虽非研究专著,但应该是科研成果的结晶。因此教材要吸收近年来中国法律思想史研究的最新成果,要站在学术的前沿;但又要做到深入浅出,客观介绍主要的观点,使读者容易接受;并形成基本的思路,了解研究现状。

(3)中国法律思想史课程所教授的是较为抽象的概念与观念,教材要防止流于空洞乏味的弊端。为了帮助学生掌握内容,教材要力求文字表达的生动,并可用一些能帮助理解的人物介绍以及典型的事例来说明问题。

(4)为检验学习效果,课程需要考试,教材也需要一定的便于考核的内容。但同时又要防止教材成为应付考试的"解题大全"。以帮助学生在接受授课和阅读教材后确立法治意识、提高认识能力为主要目的。

为了贯彻上述编写原则,我们在本教材的编写中注意了以下几方面的问题。

大多数法律思想史教材是按照思想家来分章节的,这种章节结构比较难以使学生掌握重点。出于上述的编写原则的考虑,我们在本教材的章节结构上做了这样的调整:在第一编的先秦部分采用了传统的按照学派来分章的方法;而在第二编的秦汉大一统局面形成后各个历史朝代,则基本采用按受到较多关注的一些专题来分章节;在第三编所涉及的受到各类新的法律思想冲击的 19 世纪末到 20 世纪上半叶时期,基本按照专题来分章节。

在内容的平衡取舍上,本教材在集中介绍中国古代各主要学派的法学观点的同时,也注重介绍近代以来思想家、政治家、法学家的法律思想;介绍统治者、社会精英阶层法律学说、法律思想的同时,也注重介绍传统社会中普通民众的法律观念,在民间流行的有关法律的谚语俗语,以图使学生掌握比较全面的、比较完整的中国传统法律思想的概貌。

古代思想家借以表达自己思想的文体在今天已经不再通行,专门的研究者阅读古代思想家的论著并没有很大的困难,但法学本科学生在阅读这些资料时就有相当大的困难。因此本教材的编写强调文字通俗易懂,所有的文言文史料都尽可能转换为口语化的现代文,凡引用的著名警句、精彩论断,都加上现代汉语的解释。

随着社会生活节奏的加快,以及现代传媒手段的不断更新,人们的阅读习惯正发生变化。为了适应这种趋势,本教材力图按照阅读者的眼光来编排版面。历代思想家具有典型意义的论断段落作为阅读材料,以与正文不同的字体排列,附加白话文译文。背景材料、典型事例以及人物介绍也都穿插于正文之中。学生可以连续阅读教材正文,也可以跳跃式地阅读这些材料。

## 五

本教材主要面向学习法学的本科学生。学生在学习本课程、阅读本教材时可以注意以下几个方面。

首先,希望学生在开始这门课程的学习时,能够真正认识到学习中国法律思想史的意义。跨入法学院校大门的学生,是中国实现社会主义法治国家宏伟工程的建设者。了解中国国情,是承担这一重任的建设者必须具备的条件。中国法律思想史课程就是了解中国在法律文化传统方面国情的重要途径。20世纪以来中国迅速地引进欧美国家的法律制度、法学思想,乃至整套的法律术语,但是几千年文化积淀的社会法律意识并没有随之同步转化,传统的法律观念仍然作为一种社会习惯势力在影响着广大的民众,并且在立法和执法领域也时常可以发现传统法律思想观念的影响。了解和研究这一传统,应该是新时代法学工作者的责任所在。同时,通过学习中国法律思想史,可以在比较中更好地掌握今天的法学体系,将学习到的现代的法学知识融会贯通,从而能够提升自己的素质,为自己成长为一名真正意义上的"法律人"打下更为全面的基础。

其次,在学习中国法律思想史的课程时,要树立历史唯物主义的观点,把思想家的言论以及社会的法律意识与当时的社会历史状况结合起来,既要注意到学术、思想本身的发展轨迹,同时也要注意到社会经济基础制约着包括学术、思想在内的全部上层建筑发展的总方向,法律思想的发展不可能摆脱这种制约;同时,法律思想的发展也会受到当时实行的现实法律制度的影响,现实法律制度不仅为法律思想的发展提供讨论的课题,而且在缺乏其他法律制度作为参考系的情况下也在很大程度上制约着法律思想发展的深度和广度。因此学习本课程应该以中国法制史课程为前提课程,并要注意结合掌握中国历史背景的知识。曾有古人称"六经注我",作为一种提倡敢于创新的意识,这一口号是豪迈的;但是作为一种学习态度,很容易产生主观臆断,或满足于一知半解。学习中国法律思想史应该充分注意到这一领域内的长期的文化积淀,不能为了急于有所"发现",就简单地以现代的观点强加于古人的论断,随意给古人贴上"腐朽的""反动的""进步的"之类的标签;或者是有意拔高,下结论说"某某观点古已有之"。在掌握古人某一论断时要充分注意到其来龙去脉,从整个发展的脉络上来总结其确切的含义,以及对于后世有什么影响。同时要谨慎分析时代背景,不能轻易地作出"某某"思想是"某某阶级的代表"的判断。

最后,学习思想史应该有相当的原著以及参考书的阅读量。当然要求学生全部掌握中国历史上大量的思想家有关法律的论著是不现实的,但是至少应该在课程学习过程中阅读几篇具有代表意义的古代思想家的论著。本教材注意到在每章内都编入了最典型的思想家论述段落,并考虑到古代文言文比较难于阅读,一般都将大意翻译为现代汉语。不过要真正在本课程的学习中有更大的收获,还是应该认真阅读原著。

# 第一编

## 先秦时期的法律思想

# 本 编 要 点

所谓"先秦"就是指秦统一以前的时代。这是一个相当漫长的时期,从早期国家的形成、各部族的原始习惯转变为习惯法的时代开始,经历了夏、商、周、春秋、战国历史时期,一直到秦国实现对于中原各主要地区的征服与统治,大约有一千七百年以上的时间跨度。

这一时期中国的法律从习惯法发展为有系统的成文法,而法律思想也随着法律的发展而逐渐形成,并且在西周统领中原地区后,周族统治者开始有意识地总结、归纳关于法制的思想,并以此指导其统治,对于后世产生了极其深远的影响。

随着社会生产力的发展,在春秋战国这个社会空前大变革时期,以"百家争鸣"为文化大背景,中国的法律思想呈现出爆发式的迅猛发展。面对层出不穷、前所未有的社会现象,统治者急需新的统治方式以及统治理念的更新,而对于社会地位有可能急剧变化的个人,也需要掌握行为规范以及观念的更新。

这一时期的法律思想基本上可以按照各个学说流派来进行区分。儒家着重于对传统的研究和总结,认为统治者应该注重对民众的教化,法律只能起辅助的作用,从而建立了后世称之为"礼教"的思想体系。法家则旗帜鲜明地提倡"法治",并对于法律的起源、法律的性质、法律的功效等问题进行了相当透彻的分析,对各诸侯国的"变法"改革政治、社会体制产生了重大影响。其他的道家、墨家、名家等学派也以不同的角度、用不同的方法将法律问题的讨论推向深入。阴阳五行家则从超自然力量的角度论述政治和法律问题,为当时的统治者提供了最现实的维持统治的口实。

春秋战国百家争鸣时代丰富多彩的法律思想流派,汇合为中国古代法律思想史上的"轴心",以后中国在近代以前的历代的法律思想,都是在这一时期的基础上发展,讨论的焦点问题、讨论的基本思路,都没有发生本质性的深刻变化。

本编分为四章,第一章简略介绍早期的法律思想,第二章、第三章集中介绍影响最大的儒家和法家的法律思想,第四章介绍诸子百家中其他学派有关法律的基本观点及其影响。

# 第一章
# 早期的法律思想

**本章要点**

本章主要介绍中国国家与法形成时期以及早期国家(夏、商、西周)时期的法律思想。与当时神权色彩浓重的早期法律相应,占主导地位的法律思想还是天命、天罚等零碎的观念。西周时期开始出现了较为完整的法律思想,形成按照社会现象评论及分析法律问题的"刑""德"等观念,对于后世法律思想的发展有很大的影响。

根据考古发现的材料,早在百万年前,在当今中国的境内就有人类活动的痕迹。到了大约距今8000年前,在黄河、长江流域已经出现相当成熟的农业文明,形成了较大规模的氏族部落社会。在社会生产力的推动下,早期国家首先出现在黄河流域。大约在距今4000年前,活动于中原地区的夏部落率先实行了首领的世袭继承制度,并征讨不服从其号令的其他部落,一般认为这是中国的第一个王朝。活动于黄河下游平原的商族部落在大约400年后取代了夏,建立起号令各部落的王朝,并积极开展商业活动,将其政治及文化影响到广大的地域。大约在3000年前,原来活动于渭河流域的周部族联合其他部族向东扩张,打败了商王朝的主力,建立起周王朝。周王朝不仅在中原地区进行直接统治,还先后在各地建立起封国,推进各部族首领的通婚,大大加强了各部族之间的联系。

在这个历史时期,原始社会的习惯也转化为早期的法律。由于中国早期国家由氏族部落转化而来,氏族血缘关系被强化为国家组织,部落首领成为专制君主,其血缘亲族阶层占据统治地位。而早期社会重视神鬼,因此祭祀神鬼的习惯规范"礼"成为一切最重要的社会规范的总称,泛指本部族的习惯法。另外在各部族及早期王朝的战争中,从战场纪律转化为"刑",用于处罚重大犯罪。早期国家的法律主要依靠口头流传,传说夏、商、周各有"刑",其施行则需要贵族"议事以制",①法律垄断于贵族阶层之手。

中国在形成早期国家与法律的漫长的历史过程中,法律思想也逐渐萌芽。开始时人们将自然界一些有规律现象想象为神鬼控制的表现,因此有关人类社会规范的概念也还和神鬼观念结合在一起。西周时期出现了摆脱神鬼影响的一些基本的法律思想观念,对于后世

---

① 《左传·昭公六年》。

产生很大的影响。

## 第一节　早期的法律观念

**先民思维观念的一些特点**

刚走出蒙昧时代的人们还深受想象中的神鬼力量的控制，思维的因果律恰与现代人相反。日月星辰的运行，寒暑季节的交替，当人们认识到这种基本自然现象的某些规律性时，却将其归因于神鬼意志的控制；遵循这种自然规律所得到的生活利益，则归因于对于神鬼的虔诚侍奉。同时，先民们又将自己的这种想象投射到其他种种的自然现象，用以解释自然现象。

对于自然规律的这种思维方式也影响到对于人类社会本身规则的认识，最重要的社会规范被认为是侍奉神鬼、祭祀神鬼的仪式。而将每日重复的生产、生活的某些规律性的行为规则也视为神圣，如有违反，就被认为会导致神鬼对于人类聚落整体的惩罚。这在文化人类学上称为"禁忌"，是各古代文明普遍具有的原始习惯。这些禁忌在后世往往演变为需要以最严厉刑罚处罚的罪名。

先民的思维方式还有一个特点是注重具体的、个别的事物的描述，缺乏概括性的概念。对于种种自然现象起初都想象出不同进行控制的神祇，在经过长期的演变后，才逐步形成一些被认为是最重要的神祇具有指挥其他神祇的概念，进一步发展出一些最高位置的至上神。在日常的生产及生活各方面的习惯规则，开始时也没有概括性的统一的称呼和规范，以后与其他部族的交往逐渐频繁，才产生与其他部族区别的需要，逐渐形成以最重要的祭祀神鬼的仪式"礼"来概括本部族重要规范的习惯。

【资料】

《诗经·墉风·相鼠》

相鼠有皮，人而无仪；人而无仪，不死何为！
相鼠有齿，人而无止；人而无止，不死何俟！
相鼠有体，人而无礼；人而无礼，胡不遄死！

译文：

请看老鼠还有张皮，人却没有威仪。
人既没了威仪，不死还有什么作为！

请看老鼠还有牙齿，人却没有廉耻。
人既没了廉耻，活着就像在等死！

请看老鼠还有身体，人却没有礼仪。
人既没了礼仪，为什么不赶快去死？

**"率民以事神"**

熟悉并掌握与人类生活直接发生关系的自然现象的规律，是人类早期生活的重要课题。很早就产生各类自然神崇拜。中国远古先民侍奉的主要自然神祇大多是与农业有关，比如"社"

(土地神)、"稷"(谷物神),以及河川、方位(关系到日照)等各类神祇。以后逐渐形成控制所有自然现象的"天"的概念。

最重要的是保佑人类本身繁衍的"帝",也称"上帝"。甲骨文中该字形为 ![字], 据古文字专家们的考证,该字原为花蒂的象形,象征生殖。由于远古时代供给人类繁衍的物质生活资料极其匮乏,人口死亡率极高,因此人类广泛供奉生殖神以乞求顺利繁衍后代,夏、商时期生殖神被奉为最高神。另外,先民还广泛相信灵魂不死,死去的祖先有保佑自己的神力,将祖先奉为神。商朝后期国王将"帝"人格化,与国王的祖先合一,号为"上帝",从而使生殖神与祖先神合一为最高神。

在这种历史背景下,当原始社会习惯向阶级社会的法律过渡的时候,就形成了"率民以事神"①的统治观念。如大量的商代甲骨文都是国王向祖先或帝祈求降福的卜辞,气候风雨、农业收成、司法审判等等问题都要经过问卜的程序。

商代记载祖先神顺序"祀表"的甲骨

【资料】

## 《尚书·金滕》段落

既克商二年,王有疾,弗豫。二公曰:"我其为王穆卜。"周公曰:"未可以戚我先王?"公乃自以为功,为三坛同墠。为坛于南方,北面,周公立焉。植璧秉圭,乃告太王、王季、文王。

史乃册,祝曰:"惟尔元孙某,遘厉虐疾。若尔三王是有丕子之责于天,以旦代某之身。予仁若考能,多材多艺,能事鬼神。乃元孙不若旦多才多艺,不能事鬼神。乃命于帝庭,敷佑四方,用能定尔子孙于下地。四方之民罔不祗畏。呜呼!无坠天之降宝命,我先王亦永有依归。今我即命于元龟,尔之许我,我其以璧与珪归俟尔命;尔不许我,我乃屏璧与珪。"

乃卜三龟,一习吉。启籥见书,乃并是吉。公曰:"体!王其罔害。予小子新命于三王,惟永终是图;兹攸俟,能念予一人。"

公归,乃纳册于金滕之匮中。王翼日乃瘳。

**译文**:

周灭商后的第二年,(武)王(姬发)生了重病,身体不安。(姜)太公、召公(姬奭)说:"我们为王恭敬地卜问吉凶吧!"周公说:"这还是不能感动我们先王的。"周公就把自身作为抵押,清理一块土地,在上面筑起三座祭坛。又在三坛的南方筑起一座台子。周公面向北方站在台上,放着玉,拿着圭,就向太王、王季、文王祷告。

周武王姬发

---

① 《礼记·表记》。

史官就写了策书，祝告说："你们的长孙姬发，遇到险恶的病。假若你们三位先王这时在天上有助祭的职责，就用我姬旦代替他的身体吧！我柔顺巧能，多才多艺，能事奉鬼神。你们的长孙不如我多才多艺，不能事奉鬼神。而且他在天帝那里接受了任命，普遍取得了四方，因此能够在人间安定你们的子孙，天下的老百姓也无不敬畏他。唉！不要丧失上帝降给的宝贵使命，我们的先王也就永远有所归依。现在，我来听命于大龟，你们允许我，我就拿着璧和圭归向你们，等待你们的命令；你们不允许我，我就收藏璧和圭，不敢再请了。"

于是卜问三龟，都重复出现吉兆。打开藏书的锁钥查对卜筮的书，竟然都是吉兆。周公说："根据兆形，王会没有危险。我重新向三位先王祷告，只图国运长远；现在期待的，是先王能够俯念我的诚心。"

周公回去，把册书放进金属封箴着的匣子中。第二天，周武王的病就好了。

### 天命与天罚

早期的君主都以"天命"作为自己权力的来源，宣称自己受到上天的委任来施行统治，对于被指为罪恶的部族发动的战争是上天的命令，对于恶人、罪犯的人施行刑罚，也是上天的意志，号为"天之罚"。据说夏启破坏各部族推选统治者的惯例，自称国王，遭到有虞氏部落的反抗，夏启就发动对有虞氏的战争，宣称"今予惟恭行天之罚"①（现在我恭谨地奉行上天命令进行惩罚）。以后商、周国王在发动战争或施行刑罚时也都如出一辙地宣称自己"恭行天之罚"。

在奉行天命的前提下，君主的专制权力就不证自明，君主自称"予一人"，独掌生杀大权，从而形成深远的君主专制传统。

【资料】

## 《尚书·牧誓》段落

王曰："古人有言曰：'牝鸡无晨，牝鸡之晨，惟家之索。'今商王受，惟妇言是用，昏弃厥肆祀弗答，昏弃厥遗王父母弟不迪。乃惟四方之多罪逋逃，是崇是长，是信是使，是以为大夫卿士。俾暴虐于百姓，以奸宄于商邑。今予发，惟恭行天之罚。"

**译文：**

武王说："古人曾经说过：'母鸡不会在早上啼叫，如果某家的母鸡在早晨啼叫，这家人就会遭殃——倾家荡产。'如今商王只听从淫妇妲己的话，他昏庸无能，不但蔑视敬拜上帝的郊社之礼和纪念祖先的宗庙之礼，也公然羞辱先王的遗训，抛弃父母亲长、兄弟姐妹于不顾。反而庇护从四面八方逃来的罪犯，并且推崇、敬畏、信靠、任用这些罪犯，让他们做公卿大夫。我们都已经知道，这些罪犯专门用残暴的手段虐待百姓，并在商朝的国境内外奸淫作乱。现在我姬发就要率领你们众人去替天行道——恭敬地执行上帝的惩罚。"

---

① 《尚书·甘誓》。

**重孝**

由于普遍的祖先崇拜习惯,中国古代很早就形成了"重孝"的风气。已死的祖先是神祇,未死的长辈就是家长,都必须恭敬供奉,不得违反其意旨。被认为是触犯祖先神或触犯家长的行为称为"不孝",被视为是最严重的犯罪。传说夏朝"罪莫大于不孝"①,孝已经是整个社会所推崇的最基本、最重要的行为准则。

【资料】

### 儒家《孝经》摘录

子曰:"夫孝,德之本也,教之所由生也。……身体发肤,受之父母,不敢毁伤,孝之始也。立身行道,扬名於后世,以显父母,孝之终也。"

**译文**:

孔子说:"孝,是道德的本原,是教化的起始。……身体、头发、皮肤,是父母的恩赐,能够做到不轻易毁坏损伤,这是最基本的孝。立身宏扬道义,让后人记住,来显示父母的恩德,这是最终极的孝。"

## 第二节 西周初年的法律思想

周王朝初期的统治者吸取了商朝灭亡的教训,对于建立并巩固王朝统治有着相当宏大的规划和设计,并在总结前朝有关法制的经验后,对于法律问题提出了一些基本的设想,是中国法律思想史上的重要篇章。

**以德配天和敬天保民**

周王朝为了给自己推翻商王朝的夺权行为找理由,强调上天授予的统治权会发生转移,所谓"天命靡常"②,并不一定由一个家族一直统治下去。而且"皇天无亲,惟德是辅"③,天和帝是平行的神祇,否定商王祖先为"上帝"的说法;强调只要是有德之君,就会得到上天的委任与帮助。周文王被誉为当时道德最高尚的君主,因此就可以向商王的权威发出挑战。这样的"以德配天"说就为后世的王权转移提供了理论工具。

因自己的品行高尚而获得上天委任的国王也承担有"敬天""保民"的义务。据说周公曾反复要求各级贵族"不敢不敬天"④,祈求上天的保佑。同时又要"用康保民"⑤"保惠于庶民""怀保小民"⑥,来获得百姓的支持。而且周公以为"天畏棐忱,民情大可见"⑦(上天是否提供保佑往往是要看臣民的情绪),所以"保民"也就是"敬天"。这一说法为后来的"重民""民本"思想开了先河。

---

① 章太炎:《孝经本夏法说》,载《章太炎全集》第四册,上海人民出版社1985年版,第226页。
② 《诗经·大雅·文王》。
③ 《左传·僖公五年》引《周书》。
④ 《尚书·洛诰》。
⑤ 《尚书·康诰》。
⑥ 《尚书·无逸》。
⑦ 《尚书·康诰》。

## 【人物】

### 周 公

周公

周公(？—约公元前1090)，姬姓，名旦，因被封于周(今陕西岐山东北)，故称周公。周文王第四子，周武王之弟。帮助周武王伐纣，在周武王死后，因周成王(周武王之子)年幼，任摄政王，称叔旦。镇压另外两个兄弟与商朝残余势力发起的反叛，东征淮夷，逐步分封周王室及功臣分支于一些战略要地，制定周朝的一些基本制度，"兴正礼乐"，汇编确定周族的习惯法。儒家经典《尚书》的《康诰》《酒诰》《召诰》等篇目记载了很多周公的言论，对于后世有重大影响。①

**"明德慎罚"**

周成王在向受封的贵族交代注意事项时曾总结说，周文王的功绩主要就在于能够"明德慎罚"②。"明德"就是发挥德教的作用，包括不欺侮老弱无靠的鳏寡、任用贤能人才、敬拜上天、尊敬祖先、教导民众等等；"慎罚"就是谨慎地、准确地使用处罚力量，包括严惩不愿意悔改的故意犯罪的罪犯、减轻无意偶犯的罪犯的处罚、谨慎审理案件、只处死那些犯下为非作歹、公然抢劫、不孝不友之类该杀的罪犯等等。

## 【资料】

### 《尚书·康诰》段落

敬明乃罚。人有小罪，非眚，乃惟终，自作不典，式尔，有厥罪小，乃不可不杀。乃有大罪，非终，乃惟眚灾，适尔，既道极厥辜，时乃不可杀。

**译文：**

(成王告诫说)："必须在清醒谨慎的时候下达判决。如果有人犯了个很轻的罪名，但是故意犯罪，而且还不愿意悔改，有意不遵守法律，这样的人，罪名虽轻，仍然不可不处死刑。如果有人犯了重罪，但能改过，而且是因为过失触犯罪名，偶尔犯罪的，要详细追究其罪行，如果确实是过失犯罪可以不处死刑。"

**亲亲、尊尊和有别**

西周开始形成系统的"亲亲""尊尊""有别"的不平等但有序列的社会理想。西周统治者认为，社会最重要的要素是要划分出种种等级，按照不同的等级地位来界定不同的社会权利和规则。其中，家族关系和社会地位是最主要的指标。

"亲亲"，主要是指从家族角度的有别，规范家庭成员的不同地位，以保持家族的团结、和

---

① 《史记》卷4《周本纪》。
② 《尚书·康诰》。

睦。用现在的角度来分析,就是在家族之中,父子、兄弟基于血缘关系,各自享有明显不平等也不相同的权利,承担不同的义务,各安其位,不得混淆、僭越。

"尊尊",主要从政治等级的角度强调有别,指天子、诸侯、各级贵族以至平民之间各阶级在社会中的地位和权利义务关系。此外,在社会逐步过渡到男权中心的时代,西周强调男女有别,女子应安分守己,主要的活动空间限于部分家族事务,其社会作用与男性有明显区别,身份则一般由最亲密的男性亲属的地位决定。

总之,"亲亲、尊尊、男女有别"的核心就是"有别",个人在社会关系的大网中有相对固定的位置,处于不平等的差序状态中。这种"有别"的原则,是礼制的核心,也是西周法律文明的指导思想。

亲亲和尊尊实际上具有密切的联系。亲亲的家族关系的中心是父子关系(因为女性服从男性,因此母子关系是父子关系的派生物,不具有独立的地位),而父子关系中在肯定父亲慈爱责任的同时,也特别强调的是子对父的义务,即"孝"。尊尊的政治关系中,君臣关系是其核心,强调的是臣下对于君主的"忠"。通过这种温和的关系,维护君、父的根本性权威。亲亲、尊尊紧密结合起来,所以孔子说"其为人也孝悌而好犯上者鲜矣,不好犯上而好作乱者,未之有也"①;对父、兄恭敬的人,很少有在社会上对上级不恭敬的;这样的人会造反作乱,是不可能的。家族与国家的利益在这个意义上达到了极度的一致。西周法制旨在实现的,就是这种"父慈、子孝、兄良、弟弟、夫义、妇听、君仁、臣忠"②的状态。

【资料】

### 儒家《礼记·大传》对于"亲亲"的解说

人道,亲亲也。亲亲故尊祖,尊祖故敬宗,敬宗故收族,收族故宗庙严,宗庙严故重社稷,重社稷故爱百姓,爱百姓故刑罚中,刑罚中故庶民安,庶民安故财用足,财用足故百志成,百志成故礼俗刑,礼俗刑然后乐。

**译文**:

人间的道理是亲亲,亲亲所以尊敬祖先,尊敬祖先所以敬爱祖宗,敬爱祖宗所以和睦亲族,和睦亲族所以祭祀宗庙肃穆,祭祀宗庙肃穆所以重视社稷,重视社稷所以爱护百姓,爱护百姓所以刑罚适中,刑罚适中所以百姓安定,百姓安定所以财富足够,财富足够所以能够实现志向,实现志向所以能够礼教化为民俗,礼教化为民俗就可以欢乐无限。

【解说】

### 有关法律概念的形成过程

**君**:古汉字中君字为,该字由父字、尹字演变而来。显然父字是原形,是一只右手持一根棍子的象形。棍子是人类最早使用的武器,经长久积淀,用以表示的是原来基于暴力控制转变而来的权力,号为权杖(直到今天世界上大多数国王登上宝座时仍要手持权杖)。父权扩大为政治权力,即尹;加上表示发号施令的"口",表示专制君主。这

---

① 《论语·学而》。
② 《礼记·礼运》。

几个概念的演变清楚表现了中国古代统治者家国一体的特色。①

礼：繁体写为"禮"，古文作"豊"，下部的"豆"为盛器，"王"为古"玉"字，像以器盛玉献祭于祖，实际上是一种早期祭祀活动的仪节。《礼记·礼运》中有"礼之初，始诸饮食"的说法，"礼"在初始时是先民关于分配食物次序之类的有关习惯，后演化为供祭神鬼的仪式。因祭祀活动的重要性，礼被用以泛指一切重要的习惯法。春秋以后其内容有的被载入律令，有的经儒家编订为礼仪，有的经过儒家的总结发挥、理论抽象成为"礼教"，有的则继续流传民间成为"礼俗"（习惯）。②

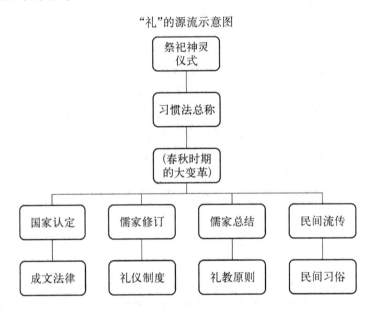

"礼"的源流示意图

刑：在古汉字中有"井"和"刑"两个字与刑对应。"井"字在甲骨文中就已经出现，现存的共有84处，③但其中大多作人名"妇井"（即名为井的商王之妻，一说商王之媳），还有的是表示地名的意思，另外因残缺不可解读的有3例，可见没有一处用法是和法律规范的意思相关的。现存周代金文中"井"出现了71次，④除用作地名、人名49处外，有不少地方大部分作"遵循、以为楷模"解，共15例；其余作名词用作"法律规范"意思的有5例，如"怀（重视）刑""明（明确正当的）刑"等，而作动词用作"施刑罚"之意的有两例。这些与法律规范和刑罚等意义习惯的用法绝大多数都出现在西周时期的器物上。⑤"刑"字在甲骨文中至今没有发现，周代金文中此字写作"井刂"，目前器物中曾出现3次，一次用作人名，另两处都是法律规范的意思，称为"中刑""中敷明刑"，都是东周的器物。⑥很显然，"井"字是先有的本字，而"刑"字是"井"字衍生出来并逐渐取代其意义的派生字。"井"字最原始的意义是现在"型"的意思，即金属浇筑的模型，是铸器之范的象形，后来逐渐用作动词，表示遵循、以为典范的意思；进一步发展后，由于其有限制、使事

---

① 参见葛兆光：《中国思想史》第一卷，复旦大学出版社1998年版，第120页。
② 参见叶孝信主编：《中国民法史》，上海人民出版社1993年版，第22页。
③ 参见姚孝遂、肖丁：《殷墟甲骨刻辞类纂》，中华书局1989年版，第1105—1106页。
④ 参见周法高等：《金文诂林》，香港中文大学1975年版，第3283—3285页。
⑤ 参见郭沫若：《两周金文辞大系考释》，科学出版社1957年版，第20、75、135、142、250页。
⑥ 参见郭沫若：《两周金文辞大系考释》，科学出版社1957年版，第203页、221页。

务成形的规范的意义，因此转而可以表示法律规范，并成为其统称。当时的肉刑以在人身上造成一些定型化的残害伤痕为主，因此也被称为"井"。这是西周时期的用法，到东周时代，为有别于原用法，又因刑罚有杀戮的意思，所以加上"刂"部，衍为"荆"，即今天的"刑"。以后刑与法往往通用。

灋(法)：在古汉字中，"法"写作"灋"，甲骨文中无此字，其字首见于周代金文，共有七例，其中有一处解释为"大"，是《大盂鼎》中"灋保先王"一句中的用法；其余六例都出现在"勿灋朕令"这一句式中，如《大盂鼎》《师酉簋(guǐ)》《克鼎》和《师虎簋》等，是"去、废"之意，整句的意思是不要让我(指周天子)的命令流于废弛。后一种意义的用法直到秦代还很频繁，比如在湖北云梦睡虎地秦墓出土的秦国法律中用"灋"表示废黜。春秋时期又出现"法"字，用以表示"遵循""模仿"的字义，比如《道德经》"人法地，地法天，天法道"。春秋末用以表达国家公布的成文法"法律"的意思。成书于东汉的《说文解字》称："灋，刑也。平之如水，从水；廌所以触不直者去之，从廌、去"。认为法为灋的简写字体，与刑同义，表示公平如水，因此以水为偏旁；又因为廌(zhì)这种神兽能够判别真伪，顶触争端中无理的一方、将其摒去，所以另一部分由廌、去这两个字组成。这或许是后起的字义，因此《说文解字》将"法"列在"廌"部首，而不在"水(氵)"部。

律：该字原为右手持竖笛的象形 。由于竖笛很可能是人类最早制造的乐器(目前年代最早的为湖北出土的约9 000年前的骨笛)，很早以前就用于为所有其他乐器确定音调，律字原义即表示定音以及音律。从而引申出"恒定标准"的字义，扩大指不以人们意志为转移的规律性现象，比如星象、历法、度量衡标准等。传说古代军队作战以声音信号统一指挥，号称"师出以律"。自秦国商鞅变法时"改法为律"，以"律"称呼国家颁布的成文法，以表示法律的稳定性。

德：德，古字也写作"惪""悳"，从字形来看是会意字，表示内心的自觉约束，循规蹈矩，杜绝胡思乱想。作为一种崇高的境界，德很早就作为一个约定俗成的概念而用来评价人和事，但关于德的具体内涵则并没有详细的说明，评价人往往依照自己的观点和角度来解释"德"的含义。另外，"德"又与"得"相通，表示得到福利，从而引申出受到或施加恩惠、感激等意思。西周时期这一概念成为政治性概念。

道：该字原意为道路，引申出达到目的的途径与手段，春秋时期被进一步扩大为对于事物解释方法的称呼，尤其是指在自然与社会现象中的规律性的原理的说明。道路是供众人行进的，殊途同归，因此"道"逐渐被用于表示对于自然及人类社会最基本的规律、原则的概括。

理：该字原意据说是指加工玉石，因此引申出"剖析"的意思。西周时这个字也用于表示土地的划分，以及表示统治、管理，与"治"意思相通。以后又引申出分析、裁决的意思，成为司法裁判的专用词，并成为审判官的官称。另外，由于加工玉石必须按照玉石的纹理，能够掌握纹理规律的才能够琢出美玉，因此又逐渐引申出"规则""条理"的概念，用以指各类事物的内在的规律。这一引申字义在后世逐渐普及，主客观世界的普遍性规则往往被称为"理"。①

典：原字象形为放置于架上的册籍，意为尊贵的成文记载。指被隆重记载的重大

---

① 参见葛兆光：《中国思想史》第一卷，复旦大学出版社1998年版，第121页。

的仪式、重要的制度。典很早就被用来表示重大的规则、制度、准则,如《尚书·五子之歌》"有典有则,贻厥子孙"。《说文解字》:"典,五帝之书也。从册,在丌上,尊阁之也。"后世长期使用表示重要的法典。

则:《说文解字》:"则,等画物也。从刀从贝。"即按照等份分割物体、财产的意思。梁启超在《中国法理学发达史论》中认为字义为"具",以区别等级差别贵贱,使用"刀"来划分切割整齐万物,具有均齐秩序的意思。很早用于表示规律、法则,如《诗经·大雅·烝民》"天生烝民,有物有则"。同时也用以表示"依照""遵照"规则办事的意思。后世在表示法律的时候使用不多。

式:《说文解字》中,"式,法也。从工,弋声。"原意是工匠制造产品的规格、规范,转指度量衡标准。很早就用以表示规格、榜样、标准,如《尚书·微子之命》"世世享德,万邦作式"。春秋战国时期思想家往往将式与法、律等概念并用。从湖北云梦睡虎地秦墓出土的秦国法律有《封诊式》,为各类司法笔录的统一格式标准。后代长期以式作为成文行政法规的形式。

范(範):原来是指浇铸金属的模型,与"井""刑"原义相通。后转指规范,以及使之符合规范的意思。往往也用以指成文法规,《说文解字》中,"范,法也。从竹,竹简书也。"

## 本章小结

先民的法律观念是在一个很长的时期里逐渐形成的,在夏、商、西周长达千年的历史阶段,法律逐渐形成,法律思想也逐渐萌芽。早期的法律思想主要是一些零碎的观念,还没有体系化,还没有形成理论学说。其主要的一些观念是虔诚侍奉神祇,天命、天罚掩护下的君主专制,重孝,等等。西周初年,在周公为首的周王朝统治者的提倡下,形成了具有一定体系的"敬天保民""明德慎罚""亲亲尊尊"的思想。这些对于后世有深远的影响。

另外,长期影响中国法律思想史的一些最基本的概念也在这一时期逐步形成,诸如礼、刑、法、律、德、道、理等等,为以后法律思想史的发展奠定了讨论的基础。

**参考阅读书目**

1. 王宏治、郭成伟:《中华文化通志·法学志》,上海人民出版社1997年版。
2. 葛兆光:《中国思想史》第一卷,复旦大学出版社1998年版。
3. 谢选骏:《神话与民族精神》,山东文艺出版社1986年版。

**思考题**

1. 先民的思维方式与今天我们的思维方式有什么不同点?
2. 夏、商时期有哪些主要的法律观念?
3. 西周初年形成的法律思想的主要特点是什么?

# 第二章
# 儒家的法律思想

**本章要点**

本章主要介绍中国最早出现学术流派——儒家的法律思想。儒家具有自己完整的政治及法律思想体系,本章介绍了儒家学派的起源及其发展的基本脉络,分析儒家思想的基本特色,概括儒家法律思想的主要观点、特色,尤其是儒家法律思想对于中国历代法制发展深远影响的主要因素等。

公元前770年至公元前221年,是中国历史上的春秋战国时期,这正是当时社会经济、政治和文化的大发展、大变革的时期。导致这场社会大变革的根本原因是生产力水平的提高。它不仅提高了农作物的产量、为个体小农经济提供了技术条件。生产关系变化的同时,社会关系也相应地发生了变化。小农经济开始出现,土地私有制逐渐普及。原来的部族界限被打破,城邦国家迅速向国土国家转化。氏族贵族的势力也迅速的消亡,君主专制政体在各国出现,出现了一批因农战而获得官爵的最初职业官僚。这一切反映在政治上,便是"周室衰微","礼崩乐坏",诸侯争霸,世卿世禄制被打破。

思想文化方面的变化亦十分明显。天命神权观念被进一步否定;宗法等级观念受到严重冲击;"学在官府"的局面被彻底打破,私学日益兴盛,"士"的阶层日益活跃。面对着春秋时期诸侯争霸、战乱不息、礼制崩溃的如此剧变的社会,一些富有时代责任感的有识之士们便自觉地承担起探索新的治国之道的重任。于是各种学派、思潮接踵而起,每个学派均有自己共同的思想和代表人物,形成"诸子林立"的局面,出现了我国思想史上最活跃的争鸣局面,史称"百家争鸣"。

按西汉初司马谈《论六家要旨》的划分,先秦诸子百家大致可以分为阴阳、儒、墨、名、法、道德六家;而东汉班固在《汉书·艺文志》中则将先秦诸子百家分为儒、道、阴阳、法、名、墨、纵横、杂、农、小说十家。司马谈与班固对先秦诸子的划分,一直为历代学者所接受,沿用至今。春秋战国时期,在法律思想方面影响最大的是儒、法、墨、道四家。各家在法律思想方面的争论主要是围绕着对待"礼"与"法"的态度而展开的,从而促成了中国法律思想的繁荣。

在"诸子百家"中,对以后中国法律思想影响最大、形成最早的学派则是本章所要介绍的儒家,其创立者为中国历史上著名的思想家孔子。

## 第一节　先秦儒家产生与学派流变

**儒家学派的形成**　　儒家学派的创始人是孔子。自春秋后期孔子开创私学之风以后,孔门弟子便形成了一个十分重要的学派。到了战国时期,人们便习惯上称孔子创立的学派为儒家或儒者。先秦儒家,是一个宗师孔子、信奉孔子学说的学派。

【人物】

### 孔　子

孔子(公元前551—前479,另一说生于公元前552),名丘,字仲尼。鲁国昌平乡陬邑(今山东曲阜南)人。孔丘先祖原为宋国贵族,后因内讧避居鲁国,至孔丘时家已败落,故自称"吾少也贱",①《史记》则说"贫且贱"。史载孔丘少好礼,"十有五而志于学",②一生"食无求饱,居无求安",③孜孜于求学和求道,30岁便以知礼而闻名于鲁国,并招收弟子办私学。孔子一生从事实际政治活动不多,青年时曾投身于鲁国当权贵族季氏门下,做过"委吏"(管理仓库)、"乘田"(管理牛羊)等家臣。50岁以后任过鲁中都宰及司空、司寇等职务,但为时均较短。此后,他怀着"天下无道"的忧患意识,率领弟子周游列国,宣传自己的政治主张,但历经艰难,在外颠沛流离达十余年之久,终不得志。晚年的孔子回到鲁国,将自己的主要精力倾注于教育和学术事业上,整理文献典籍,总结理论,研究心得。招收各地学生,教授周礼的各种仪式和原则,从而扩大了儒者的概念。人们习惯上称懂得古代的礼仪,掌握"礼、乐、射、御、书、数"这"六艺",以相礼(主持各类礼仪活动)为职业的人为"儒"。因此,孔子创立的学派也就被人们称为儒家。

孔　子

"儒"在西周时是指从事巫术、卜卦之类的专门职业,④孔子作为一个商族后裔,寄居在周族文化中心之一的鲁国(西周初年周公之子伯禽建立鲁国),从习儒而接触到周礼的精髓。他努力学习、搜集当时已在崩溃中的周礼,对周代的典章制度作过专门系统的研究,结果使孔子对周礼极为推崇,"周监于二代,郁郁乎文哉,吾从周"。⑤ 于是,恢复西周的礼治秩序自然成了孔子终生的政治信念,经过加工改造的西周"礼治"思想也就自然成了儒家学说的思想基础。

孔子在收集整理周礼的同时并将周礼加以系统化,提炼出一系列的重要原则。他对周

---

① 《论语·子罕》。
② 《论语·为政》。
③ 《论语·学而》。
④ 《说文解字》:"儒,柔也,术士之称。"
⑤ 《论语·八佾》。

礼的继承不仅停留在外在仪式上，还进而推寻礼的价值本原，即开始寻找如何能使"礼"的秩序得到自觉遵守的心理与情感基础，从而使礼治社会的实现拥有长久稳定的保证。这个心理与情感的基础便是"仁"。

"仁学"是孔子思想体系的核心，是孔子思想体系的逻辑起点和价值取向。孔子学说中的仁，其基本含义是"爱人"，同时也包含着如何处理人际关系，要把人当做人来治理以及怎样对人进行治理等方面的内容。在孔子看来，一个人的基本人际关系不外乎君臣、父子、夫妻、兄弟、朋友等几种，处理的原则应该是在君臣关系上要做到"君使臣以礼，臣事君以忠"①；家庭关系方面做到"父慈、子孝、兄友、弟恭、夫义、妇顺"；朋友关系上做到诚信；一般人之间的关系方面做到"己所不欲，勿施于人"②。孔子对一切法律问题的思考都是以"仁学"为起点和最终归宿的。孔子"仁学"的创立，标志着中华民族认识史上由神本位过渡到了人本位，从神道发展到了"人道"③。孔子的仁学思想被后来的孟子所继承，并发展成为系统的"仁政"思想。

**儒家的主要经典**　　春秋时期将思想和制度用文字记录下来的风气逐渐普及，孔子在壮年时期创立儒家学派，以主要精力研究并口头传授周礼，并不注重著述。晚年转而著述，编写了鲁国的编年史《春秋》。他在对历史事件的简短的记载中，暗含着褒贬观点，后来被其弟子奉为最重要的经典。传说孔子还汇编整理了古代的民歌诗篇、古代的政治文献、古代（主要是西周）的礼仪制度、古代祭祀神灵为主的乐曲、古代的算卦方法，后人将之与《春秋》合称为《诗》《书》《礼》《乐》《易》"六经"。

这些被儒家后学奉为经典的著作有不少已经散失，有一些孔子给学生的口授内容，则由儒家的一代代学生加以自己的解释后口口相传，最后陆续被书面记录下来，因此现在能够看到的儒家"五经"（《乐经》很早就已散失）应该说是儒家祖师及其后学的集体成果。

直至秦汉时期，儒家最推崇的经典仍然是孔子亲自编写的《春秋》，甚至号称孔子著此书，"而乱臣贼子惧"。但因其过于隐晦，单从其文字表述很难领会其"微言大义"，相传春秋末年至战国时期的儒家学者左丘明、公羊高、谷梁赤先后编写了据说是根据孔子当年口授精神对《春秋》所做的解释，分别称之为《春秋左氏传》《春秋公羊传》《春秋谷梁传》，后来成为与《春秋》并行的经典。

《诗》可说是儒家经典中最为普及的，在战国秦汉时期人们无论是议论政治或者是社会现象，都会引用《诗》。《诗》很早就被奉为经典，称《诗经》。据说是由孔子编定为三百零五篇，分为"风""雅""颂"三大类。《诗》的承传后来也分成好几家，汉代才统一为定本。

《书》后来也称《尚书》《书经》。由于是古代政治文献，在当时已属艰深，在承传中出现多种不同文本，还有很多是后代儒家学者托名伪作的篇章。现在看到的是唐代统一汇编本。其中有很多原本就是商周时期的法令文本，被孔子认为具有典型意义而抄录保留下来，集中反映了儒家的法律思想。

孔子并未将经其整理汇编的周礼编撰为书，只是向学生口授并组织演示。以后其弟子及再传、三传弟子逐渐将孔子所传授的内容以文字记录，并加以大量的阐发补充。其文本不

---

① 《论语·八佾》。
② 《论语·颜渊》。
③ 俞荣根：《儒家法思想通论》，广西人民出版社1992年版，第204页。

一,互有差异。其中有关各种礼节仪式部分大约在战国至秦汉时期编定为《仪礼》,另外一些有关礼仪及其意义的阐发到西汉时才整编为《礼记》。

《易》以后一般称《易经》或《周易》,原来是儒者占卦的经验总结,很早就已成书,传说孔子熟读该书,以至于连缀竹简的皮带都多次被磨断。其中对于卦象的旧有解释是"经",对于"经"的解释为"传",传说是孔子所著,但现在一般都认为是后儒逐渐增补的。

孔子弟子及再传弟子编辑的《论语》,记述了孔子的许多言论和创立学派过程中的若干事迹。《论语》不仅记载了孔子的言与事,也记载了孔子的若干学生的言与事。《论语》讲"礼"七十五次,讲"仁"一百零九次,是研究儒家创始人孔子的礼学、仁学思想的主要依据。《论语》的编订"当开始于春秋末期,而编辑成书则在战国初期"①,开始有几个传本,西汉末年才出现汇编定本。东汉儒者开始将《论语》奉为经典。

除了孔子及假托孔子所编的儒家著作外,其他儒家学者的著作一般都称不上经典。汉代儒家将《春秋》《诗》《书》《礼》《易》合称"五经",唐代儒家进一步将《春秋左氏传》《春秋公羊传》《春秋谷梁传》《周礼》《仪礼》《礼记》《诗》《书》《易》合称为"九经"。以后唐朝廷将儒家经典的定本镌刻于石碑,又将《论语》和传说是曾子所编的《孝经》,汉代形成的解释语词的《尔雅》列为经典,合为"十二经"。宋代再将《孟子》也列为经典,形成"十三经",又将《论语》《孟子》以及从《礼记》中抽出的《大学》《中庸》两篇合称为"四书"。

**儒家的流派**

传说孔子曾教授过三千弟子,而其中最优秀的有七十二人。儒家经典里,有大量的内容是这些弟子的观点和言论。孔子死后,这些人继续传播儒学,形成各种流派。据说在孔子死后,儒分八派,"自孔子之死也,有子张之儒,有子思之儒,有颜氏之儒,有孟氏之儒,有漆雕氏之儒,有仲良氏之儒,有孙氏之儒,有乐正氏之儒"②。但这些儒家学派分支的具体情况现在已无法考证。

儒家传到后世的主要是"子思之儒",而其中孟子所传的支派较为突出,后来被称为思孟学派。另外战国末期形成的和孙氏一派(孙氏即孙卿,也就是荀子),也是先秦儒家中影响较大的派别。而孟子和荀子则成为继孔子之后先秦儒家中的两个著名代表人物。

(一)思孟学派

子思是孔子的孙子,名伋。据说他受业于孔子的弟子曾子,以后大力发扬儒家思想中庸哲学,并编著了《中庸》《表记》《坊记》等著作,后来编入《礼记》。其著作汇编《子思》在汉以后散失。子思被后儒尊崇为"述圣"。

孟子受业于子思,继承并发展了孔子的仁学思想,丰富了孔子的德治思想和人治思想的内容,大力发挥"仁政"学说,从而对儒家思想的发展做出了重大贡献。孟子及其弟子编订的《孟子》一书,是儒家学说发展的一个重要标志。《孟子》一书在两汉时已与《论语》并列相称,到五代后蜀时又与《论语》等儒家经典同列为经典刻石。宋太宗时又翻刻。南宋朱熹把《论语》《孟子》和从《礼记》中抽出的《大学》、《中庸》两篇合在一起,称为《四书》,进一步提高了《孟子》一书的地位。明清时期,朝廷规定科举考试中八股文的题目必须从《四书》中选取,《孟子》一书的地位由此提高到了最高程度。而孟子也被后儒尊崇为"亚圣"。

---

① 杨伯峻:《论语译注》卷首,中华书局1982年版,第16页。
② 《韩非子·显学》。

【人物】

## 孟 子

孟子(约公元前372—前289),名轲,邹(今山东邹县东南)人。战国中期儒家的主要代表人物。他是鲁国贵族孟孙民的后代,孔子之孙子思的再传弟子,属于子思一派,荀子并称为"子思孟轲",后来孟子自成一派,叫"孟氏之儒"。孟子精通儒学,曾以其仁政思想游说诸侯,到过齐、宋、滕、鲁、魏等国,一度任齐宣王客卿。由于他那套政治主张被各国诸侯视为"迂腐而阔于事情",不合时宜,未被采纳。晚年又回到邹国,"退而与万章之徒序《诗》、《书》、述仲尼之意,作《孟子》七篇"(《史记·孟子荀卿列传》)。孟子与学生及各类人物的对话被弟子记录,号为《孟子》,是研究孟子思想的主要资料。

孟 子

(二) 荀学流派

反映荀子思想的《荀子》一书是儒家学说发展的又一项重要标志。现存《荀子》一书,汉代刘向校定为三十二篇,称《荀卿新书》。《汉书·艺文志》称《孙卿子》。唐代杨倞始为之作注,重排篇次,另编目录,并改题为《荀子》,其名其篇遂相沿至今。学术界一般认为此书的前二十六篇为荀子亲自撰著,后六篇出于荀子门人论述。《荀子》一书内容博大精深,涉及哲学、伦理、政治、法律、经济、军事、教育、文学等许多领域,实为先秦儒家思想总结性的大著作。但因荀子的"性恶论"和"重法"思想与儒家的传统思想有违,故自西汉开始,荀子的地位就不如孟子,甚至被看成偏离儒家道统的异端。《孟子》一书,在西汉时已置"博士"专门传授,与《论语》《孝经》《尔雅》同列"传记博士",东汉的赵岐又为之作注;而《荀子》一书则不受重视,直到唐朝中叶"编简烂脱",杨倞才为之作注。之后的宋、元、明、清各朝,《荀子》一书均未受到重视,并被贬为"大本已失"和"杂家者流"。

【人物】

## 荀 子

荀 子

荀子(约公元前313—前238)[①]名况,字卿,战国末年赵国郇(今山西临猗)人。据传系周郇伯公孙后裔,故又称氏孙,人称孙卿。据《风俗通义》所记,荀子"年十五"即"游学于齐",后又在齐国稷下讲学,"至襄王时,孙卿最为老师",成为德高望重的大学者。荀子从教多年,弟子众多,其中著名的有韩非、李斯等。公元前266年,荀子应聘入秦,但停留时间不长。公元前262年再应春申君之邀到楚国做兰陵(今山东苍山县西南兰陵镇)令。公元前238年,春申君被杀,他亦废居兰陵,著书立说,直至老死。荀子一生著述颇丰,流传至汉,经刘向校定为三十二篇,名《孙卿新书》,唐杨倞为其作注,始

---

① 关于荀子生平,说法颇多,本书之说取郭沫若《中国史稿》。

改称为《荀子》。后经历代学者考证认为前二十六篇大体上是荀子自作,后六篇,即《大略》《宥坐》《子道》《法行》《哀公》《尧问》出于门人之手。《荀子》一书是研究荀子思想的可靠资料。

## 第二节 先秦儒家的主要观点

有关先秦儒家法律思想的内容,我们可以将其归纳为以下主要几个方面。

**政治理论** 儒家的政治思想远比法律思想丰富。孔子将如何协助君主治理国家视为儒家儒者的神圣使命,因此儒家理论主要是如何治理国家、如何整合社会的思考。

(一)维护君权说

孔子主张遵守"君君、臣臣"的宗法等级名分,严等差,贵秩序,首创"正名",①以纠正违反等级名分以及"臣弑君"的混乱现象。

孟子也主张维护君权,但他懂得"得乎丘民"才能为天子的道理,明确提出了"民贵君轻"说。认为"民为贵,社稷次之,君为轻"。②他劝告君王首先要争取民心,只有获得民心,才能夺得政权,巩固自己的统治。至于昏君、暴君,则可以放逐,可以讨伐③。

荀子适应战国末年的形势,主张建立"尊无上""势至重"④的君主集权制度。但他反对君主独裁,要求君主把处理国家事务的权力交由宰相代为行使。

(二)维护等级特权的礼治论

在西周末期和春秋时期,西周已到了"礼崩乐坏"的程度。为此,孔子等儒家要求恢复和加强以贵族政体为核心的一整套宗法等级制度,主张"复礼"。但他们只是在形式上沿用了西周的礼,在内容上对礼的理解和礼的运用则明显不同于西周,即对周礼进行了改造。

孔子主张"为国以礼",⑤实行礼治,使"君子"和"小人"各自遵守一定的行为规范。为了维护等级特权,在法律上主张"为亲者隐","为君者讳"。

孟子认为"无礼义则上下乱",⑥主张君臣、父子、兄弟、夫妇当各守其礼。他的理想社会,仍然是天子、诸侯、大夫、士、庶人宝塔式的等级森严的社会,强调维护新的贵族的特权。

荀子对儒家的礼作了新的解释,赋予它新的社会等级制的内容。认为礼是"强国之本"⑦,人人都须按照礼所规定的等级名分分享权利和物质利益,"使有贵贱之等","使人载其事而各得其宜"。⑧

先秦儒家维护等级特权的礼治理论,主要表现在以下几个方面。

---

① 《论语·子路》。
② 《孟子·尽心下》。
③ 《孟子·梁惠王下》。
④ 《荀子·君子》。
⑤ 《论语·先进》。
⑥ 《孟子·离娄上》。
⑦ 《荀子·议兵》。
⑧ 《荀子·荣辱》。

首先，儒家的礼同周礼的不同在于：西周的礼是关于政治、军事、祭祀等方面的具体规定，而儒家推崇的礼既包括儒家总结的礼的原则——被认为是终极的伦理道德体系，又包括了儒家总结的各种礼仪制度。儒家将礼总结为"五伦"，作为处理君与臣、父与子、兄与弟、朋友之间关系的行为准则，用礼定亲疏、别是非。以"五伦"为中心，就是强调"正名分"，强调以家族为本位的孝、忠，强调以等级为基础的"别贵贱"。

其次，以"举贤才"补充周礼的"亲亲"原则，变传统的"任人唯亲"为"亲亲"前提下的"尊贤使能"，从而否定了传统的"世卿世禄"制度。但需要注意的是，用"举贤才"补充周礼的"亲亲"的目的，是选取优秀人才为新贵族服务，以便更加巩固宗法等级制度。

需要注意的是，先秦儒家强调礼治，否定法治，但并不完全排斥刑罚和法律。在先秦儒家，特别是孔、孟看来，法律只是实现礼治的一种手段，其目的是为了"胜残去杀"，达到无讼。孔子说："听讼，吾犹人也，必也使无讼乎"；①又说"善人为邦百年，亦可以胜残去杀"。② "无讼"即人与人之间和睦相处，有了纠纷应该协商解决，而不是通过官府打官司，"胜残去杀"即以教化消除暴虐，而不使用刑罚。可见，先秦儒家认为在现实生活中是离不开法律的，但他们又保持着一种坚定的理想和信念，即利用法律的目的是为了最终消除法律的实施。

此外，儒家还认为尽管法律在目前的情况下必须保留，但它不能独立，必须以礼为指导和原则。孔子认为"礼乐不兴，则刑罚不中"；③荀子亦主张"礼者，法之大分，类之纲纪也"；④反复强调法律必须符合礼义的精神和内容。这又使法律与礼乐教化相比，自然处于次要地位，从属地位。

（三）德政与仁政学说

孔子建立了以"仁"为核心、以"复礼"为目的的思想体系，作为整个儒家的理论基础。他主张"仁者，爱人"，⑤抨击暴政，反对以人殉葬。在施政上，孔子强调"为政以德"，他认为君主以及各级臣僚都应该自觉遵守礼制，作为民众的榜样楷模；同时又应给民众好处，这样民众就会主动追随。"譬如北辰，居其所，而众星拱焉"，就好比天上的北极星，所有的星辰都围绕它旋转。⑥

孟子、荀子适应时代的变化，将孔子的仁学和德政学说发展为更加完整的王道仁政说。孟子认为人的本性是善的，生来就具有所谓"不忍人之心"，诸侯国君也不例外。如果"扩而充之，推而广之"，⑦运用到政治上就是王道或仁政。他主张用仁政统一天下，其具体办法是"省刑罚，薄税敛"，"为民制产"，"申之以孝悌之义"，等等。

荀子继承了儒家的王道仁政主张，又吸收了法家行之有效的霸道思想，提出"仁眇天下，义眇天下，威眇天下"⑧的主张，即采用以仁义为主，以兵威为辅的方法统一天下。

---

① 《论语·颜渊》。
② 《论语·子路》。
③ 同上。
④ 《荀子·劝学》。
⑤ 《论语·颜渊》。
⑥ 《论语·为政》。
⑦ 《孟子·梁惠王上》。
⑧ 《荀子·王霸》。

**【资料】**

## 《孟子·梁惠王上》段落

无恒产而有恒心者,惟士为能。若民,则无恒产,因无恒心。苟无恒心,放辟邪侈,无不为已。及陷于罪,然后从而刑之,是罔民也。焉有仁人在位,罔民而可为也!是故,明君制民之产,必使仰足以事父母,俯足以畜妻子;乐岁终身饱,凶年免于死亡。然后驱而之善,故民之从之也轻。……五亩之宅,树之以桑,五十者可以衣帛矣。鸡豚狗彘之畜,无失其时,七十者可以食肉矣。百亩之田,勿夺其时。八口之家可以无饥矣。谨庠序之教,申之以孝悌之义,颁白者不负戴于道路矣。老者衣帛食肉,黎民不饥不寒;然而不王者,未之有也!

**译文**:

没有稳定的财产而具有坚定的信念,只有士才能做到。至于普通百姓,没有稳定的财产也就谈不上有什么道德观念。因为没有信念,所以违法乱纪,无所不为,等到百姓由此犯下罪行,就按法处以刑罚,这是在陷害百姓!难道有仁人执政而可以陷害百姓的吗?因此圣明的君主规划百姓的财产,必定要使百姓上足以奉养父母、下足以抚育妻子;丰收的年份可以都吃饱,灾荒的年份也不至于饿死。然后引导百姓向善,因此百姓很容易追随。……五亩的宅地,种上桑树,年满五十的壮年可以穿上丝绸服装;放养一些鸡狗猪羊之类的家畜,按时喂养,年满七十的老年人可以吃上肉。一百亩的耕地,让农民按时务农,就足以养活八口之家。谨慎的推行乡邻的教育,说明孝悌的道理,就不会在道路上头发花白的人还在负重行走。老年人能够穿好吃上肉,百姓不饥不寒;这样的国家不称王是不可能的!

(四)"为政在人"的人治论

儒家主张"人治",他们从不同的角度来进行解说。孔子和孟子从道德与政治的关系入手,荀况则是从人和法律都是统治工具的角度,分析了这一问题。

孔子主张天子要用其德行来维系国家的生存。为此,儒家提倡既要任用亲贵,又要让那些非贵族出身的贤才直接参与国政。儒家主张"为政在人",①"其人存则其政举,其人亡则其政息"。② 认为政治的好坏取决于统治者的好坏,所以,"惟仁者宜在高位"。③ 荀子更提出了"有治人,无治法"④的主张,认为法对于治理国家固然重要,但法毕竟是人制定的,并靠人去掌握和执行,即仍然取决于"人"。

儒家认为"人治"的关键是统治者要能够以立法"正己",用自己个人的魅力去感化民众。个人魅力包括多个方面,其中核心是优秀的品质和君子的言行。孔子认为只有先"修身"才能"齐家",再"治国""平天下"。"其身正,不令则行,其身不正,虽令不从。"执政者自己的行为端正,不必发号施令百姓也会自觉执行;相反,自己的行为不端正,就是有了号令百姓也不会服从。

儒家在法与人的关系中强调人的作用,在现实君主和古代圣贤之间又强调古代圣贤的

---

① 《礼记·中庸》。
② 同上。
③ 《孟子·离娄上》。
④ 《荀子·君道》。

作用。所以他们"祖述尧舜,宪章文武",以古代圣贤为楷模。孟子提出"圣人,百世之师也"。① 对先王的推崇,实际上是对现实统治者提出了高标准、严要求,同时借古人来推行自己的主张。

## 关于立法

### (一)"法自君出"说

先秦儒家认为,在"礼崩乐坏"的春秋战国为政的首要任务是正名。在本质上,儒家所强调的"正名",是为了恢复周天子的权威,恢复"礼乐征伐自天子出"的传统制度,因而"正名"理论在一定程度上反映了儒家所提倡的"法自君出"的立法观。

中国古代,礼法不分,兵刑同制,制礼乐与定征伐等实际上也在一定程度上包含着立法权的问题。只有君的名分正,制定出来的法律才能具有权威,才能令行禁止。相反,如果"礼乐征伐自诸侯出"或"自大夫出",甚至"陪臣执国命",必将"天下无道"。先秦儒家不仅主张立法权的君主独占,还进一步强调修改和废除法律之权非君莫属。《荀子·成相》篇说:"臣谨修,君制变,公察善思论不乱,后世法之成律贯。"先秦儒家的这种"法自君出"立法理论,对于后世统一法制的形成影响深远。

### (二)反对公布成文法

殷周实行礼治,贵贱有别,氏族贵族掌握着司法特权,临事制刑,不预没法。春秋时期,礼崩乐坏,新兴势力为了反对旧贵族的司法特权,要求实行法治,纷纷制定成文法并加以公布,从而使定罪量刑有了一定的客观标准。对此,儒家创始人孔子坚决反对。

据《左传》记载,晋国于鲁昭公二十九年"铸刑鼎,著范宣子所为刑书",即制定成文法并加以公布。孔子对此不满:"晋其亡乎!失其度矣。"他认为晋国原来就有法律,按照社会尊卑等级管理民众,民众因此而尊重贵族,贵族能够保守祖业。贵贱有序,就是"度"。现在把法律条文铸在鼎上,贵族平民都要遵守,"何以尊贵?贵何业之守?贵贱无序,何以为国?"② 它清楚地表明了孔子反对成文法的根本原因就是维护贵族罪刑擅断的特权,巩固贱尊贵、贵使贱的秩序。

## 刑法理论

### (一)"德主刑辅"

孔子主张"为政以德",以德服人,但他并不否定刑罚,认为"化之弗变,导之弗从","于是乎用刑矣"。③ 宣传教育仍然不听从命令的,就应该用刑罚。但孔子强调政治手段应该首先采用道德感化,他认为:"道之以政,齐之以刑,民免而无耻;道之以德,齐之以礼,有耻且格。"④ 用政治去引导民众,用刑罚去规范民众,民众虽然不至于犯罪,但是却没有羞耻心;用道德去引导民众、用礼制去规范民众,民众不仅有羞耻心而且会主动遵守法律。同时,孔子又认为严厉的法律会伤害民众,需要使用宽大的法律来调整,而宽大时间长了,民众又容易轻视法律,又需要使用严厉的法律

---

① 《孟子·尽心篇下》。
② 《左传·昭公二十九年》孔颖达疏引《正义》。
③ 《孔子家语·刑政》。
④ 《论语·为政》。

来调节。"宽以济猛,猛以济宽"。① 一般说来,儒家总认为刑罚是道德教化的辅助手段,后人把它归结为德主刑辅。②

(二)恤刑慎杀

先秦儒家不仅主张重德轻刑,而且在刑罚的使用上亦坚持恤刑慎杀。《论语·尧曰》载孔子学生子张问孔子:"何如斯可以从政矣?"孔子回答:"尊五美,屏四恶,斯可以从政矣。"而所谓的"四恶"之一,就是"不教而杀谓之虐"。首先要教育民众,然后才可以实行刑罚。孟子主张"省刑罚",斥责"重刑罚"是"虐政"的主要表现;把"杀人以政"与"杀人以梃""杀人以刃"同样看待,甚至认为与"率兽而食人"没有什么区别。《孟子·梁惠王上》载:"梁惠王曰:'寡人愿安承教。'孟子对曰:'杀人以梃与刃,有以异乎?'曰:'无以异也'。'以刀与政,有以异乎?'曰:'无以异也。'曰:'庖有肥肉,厩有肥马,民有饥色,野有饿莩,此率兽而食人也。'"荀子亦指出:"赏僭则利于小人,刑滥则害及君子",因而坚决反对"以族论罪"。③

儒家还提出了关于恤刑慎杀的具体法律原则和刑事司法主张,如孔子主张"赦小过"和"哀矜折狱"。"赦小过"就是施宽政。朱熹《论语集注》注云:"过,失误也。大者于事或有所害,不得不惩,小者赦之,则刑不滥而人心悦矣。"春秋时期,各国统治者为了应付复杂的社会局面,普遍实行酷刑峻法。为此,孔子提倡"赦小过",以宽惠公平来纠正严刑滥刑,并把"宽"誉为为政者的"五德"(恭、宽、信、敏、惠)之一。

《论语·子张》篇载:"曾子曰:'上失其道,民散久矣。如得其情,则哀矜而勿喜。'"意思是说:为上不正,荒淫无道,人民不信任他们,民心久已散乱了。折狱断案如能审查实情,不要沾沾自喜,而要"哀矜",哀民之不幸,矜民之不得教化而犯罪,古人将此称为"哀矜折狱"。"哀矜折狱"是同重刑主义相对立的刑法思想,它要求司法官员在认真弄清案情之后,在量刑时充分考虑庶民犯罪的社会原因,分别情况给予一定的宽赦,即"哀矜"。

孟子则明确提出"罪人不孥"和"国人杀人"两项法律原则。族诛在中国起源极早。战国时期随着各种社会矛盾的加剧,族诛似有扩大化的倾向,为此,孟子明确提出了"罪人不孥"④的原则,反对统治者的乱杀无辜。所谓"罪人不孥",即罪责自负,不搞株连。

"国人杀人"是主张慎重刑。史载,一次齐宣王与孟子讨论国君如何才能分清一个人贤与不贤、该杀与不该杀等问题时,孟子对杀人问题作了如下回答:"左右皆曰可杀,勿听;诸大夫皆曰可杀,勿听;国人皆曰可杀,然后察之。见可杀焉,然后杀之。"⑤尽管"国人杀人"在现实生活中是根本无法做到的,但它毕竟反映了孟子对待死刑的慎重态度。在孟子看来,死刑固然不可废除,但施用上一定要慎重。执政者遇到死狱,首先应以"求其生"之意来审慎审理,并征求各方意见,如确系罪大恶极,求其生而不得,才可杀之。唯有如此,才能既有利于广大百姓的生存,又使死者无从怨恨。

荀子不但继承了孔孟慎刑的一些具体主张,还进而提出了"宁僭无滥""刑当罚""明其清、参伍明""治则刑重,乱则刑轻"以及"教而诛"等慎刑措施。

《荀子·致士》:"赏不欲僭,刑不欲滥。赏僭则利及小人,刑滥则害及君子。若不幸而

---

① 《左传》昭公二十年。
② 杨鸿烈:《中国法律思想史》(下册),商务印书馆1937年版,第12页。
③ 《荀子·君子》。
④ 《孟子·梁惠王下》。
⑤ 同上。

过,宁僭无滥;与其害善,不若利淫。"意思是说:统治者治世,要做到赏罚由律,罪刑相当。但若遇到疑难案件,不能做到赏罚由律时,则宁可赏过了头,也不可罚过头。赏过了头只是使不该赏的小人得利,而刑过了头却会冤枉了好人。此即"宁僭无滥"。"刑当罚"即罪刑相当。荀子反对族诛株连,主张罚当其罪。他说:"故刑当罪而威,不当罪则侮。"他甚至提出了"杀其父而臣其子,杀其兄而臣其弟"①的观点。

"明其清""参伍明"见于《荀子·成相》篇。荀子告诫听讼官吏说:"听之经,明其清,参伍明谨施赏刑。显者必得,隐者复显,民反诚。""请"即"情",这段话的大意是,审理案件,应反复查清案情,并谨慎地施行赏罚,果能如此,显明的案件一定可以查清,隐秘的难案也会使真相显露出来,老百姓也就归于诚实了。

《荀子·正论》篇云:"刑称罪则治,不称罪则乱。故治则刑重,乱则刑轻。犯治之罪固重,犯乱之罪固轻也。""治则刑重,乱则刑轻"不同于"乱世用重典"的传统主张,但却更能体现儒家慎刑恤刑的精神,这是因为:治世犯罪者少,但主观恶性更大,适用重典,受刑的绝对人数不多,但对社会的震慑力则较大,因而有助于发挥刑罚的预防犯罪功能。乱世犯罪多,适用轻典,被刑者亦可减少,许多犯罪不很严重的人就可以得到宽宥。

荀子不但继承了孔孟反对"不教而诛"的观点,还进而将其发展为不可"教而不诛"②,反映了荀学融儒法为一体的特点。

(三) 关于礼与刑

孔子要求"君子怀刑"③,统治者应关心法度。他认为"礼乐不兴,则刑罚不中"④,只有遵循礼的原则,使用刑罚才能适当。他主张"赦小过"⑤,反对滥刑滥罚。

孟子要求统治者"省刑罚",主张"罪人不孥"⑥,即只惩罚本人,而不株连妻室儿女;认为"杀一无罪,非仁也"⑦,对待死刑尤须慎重,详加考察;主张仁义道德和法度相配合,"徒善不足以为政,徒法不能以自行"⑧;但"小人"容易犯刑,治国者应"明其政刑"⑨。

荀子是先秦儒家中最重视法律的人,认为"治之经,礼与刑"⑩,要求统治者做到"进退有律"⑪。在他看来,法律能"禁暴恶,且惩其未也"⑫,即有禁止暴恶和防患于未然的作用。他认为人之性恶,"好利恶害",故应"勉之以庆赏,惩之以刑罚"⑬,但赏必当功,罚必当罪,慎用刑罚。

(四) "富之、教之"的犯罪预防理论

孔、孟从人性善角度出来,明确指出犯罪不是天生的,是可以预防的,其预防的原则是"富之","教之",即重视教化,以德去刑。《论语·子路》篇载:"子适卫。冉有仆。子曰:'庶

---

① 《荀子·君子》。
② 《荀子·富国》:"故不教而诛,则刑繁而邪不胜;教而不诛,则奸民不惩。"
③ 《论语·里仁》。
④ 《论语·子路》。
⑤ 同上。
⑥ 《孟子·梁惠王下》。
⑦ 《孟子·尽心上》。
⑧ 《孟子·离娄上》。
⑨ 同上。
⑩ 《荀子·成相》。
⑪ 同上。
⑫ 《荀子·正论》。
⑬ 《荀子·王制》。

矣哉！'冉有曰：'既庶矣，又何加焉？'曰：'富之。'曰：'既富矣，又何加焉？'曰：'教之。'"孔子的这段话不但提出了先秦儒家的预防犯罪理论，而且还揭示了犯罪与贫穷之间的关系。至于"教之"的内容，孔孟主张应以德和礼。孔子说："其为人也孝悌，而好犯上者，鲜矣；不好犯上，而好作乱者，未之有也。"

先秦儒家的"教化"理论就是指向人们灌输宗法伦理和等级观念。儒家重视道德的感化作用，轻视法律及其强制作用，反对"不教而诛"。"教化"的伦理基础就是孔孟主张"性善论"。认为君子、小人的道德区别是后天习染而成的，可以通过教化使小人弃恶从善，成为君子。因此，教化与刑罚相比：(1)教化可以保持人善的本性；(2)教化可以预防犯罪；(3)犯罪之后，教化可以让罪犯良心发现。这就达到了"以德去刑"的目的。这种"以德去刑"的教育预防思想，是儒家的创造和贡献。

孔子既反对追求财利，也关心人民生计，主张富民、"足食"①，要求统治者"节用而爱民，使民以食"②，使劳动者得以安心生产。孟子和荀子都主张从民之欲，以保证农民有起码的生存条件，减轻赋税徭役。其主张主要有：

轻徭薄赋。儒家反对统治者的横征暴敛。孔子的学生冉求帮助鲁国贵族季氏搜刮民财，孔子十分气愤，声称此种人不配当他的学生，要门徒群起而攻之③。此外，他还根据农业社会的生产特点，具体提出了"使民以时"，"便民如承大祭"，"劳而不怨，……择其可劳而劳之"，"使民也义"，即在农闲季节征发劳役，以及"敛从其薄"，十一而税等轻徭薄赋的主张。孟子亦主张"取于民有制"。他说："易其田畴，薄其税敛，民可使富也。"④在税收方面，荀子主张农业税十一而税，"王者之法，等赋，……田野什一，……相地而衰征"⑤；"王者之……关市几而不征，……通流财物粟米，无有滞留，使相归移也"⑥；征发劳役应"无夺农时"，以便"春耕、夏耘、秋收、冬藏，四者不失时，故五谷不绝，而百姓有余食也"⑦。

轻徭薄赋是儒家的一贯主张，这对于减轻人民负担起了一定作用。但需指出的是这种"惠民"政策从根本上讲还是为统治者着想的。这是因为：其一，儒家认为，统治者不给人民"恩惠"，过分追求财富就会引起人民的怨恨，最终引发社会动乱，如孔子说："放于利而行，多怨"⑧；其二，寓富于民，最终有利于君主。《论语·颜渊》载，哀公问孔子弟子有若曰："'年饥，用不足，如之何？'有若对曰：'盍彻乎？'曰：'二，吾犹不足，如之何其彻也？'对曰：'百姓足，君孰与不足？百姓不足，君孰与足？'""彻"即"彻"，即十一而税。这段话表明，在儒家看来，"百姓足"，国家的财政税收才有可靠的保证。

藏富于民。先富国，还是先富民，是儒法两家经济立法政策的一大区别，儒家主张先富民而后富国，国富基于民富。荀子说："足国之道，节用裕民，而善臧其余。节用以礼，裕民以政。彼裕民故多余，裕民则民富，民富则田肥以易，四月肥以易则出实百倍。……如是则国富矣。夫是之谓以政裕民。"⑨

---

① 《论语·颜渊》。
② 《论语·学而》。
③ 《论语·先进》。
④ 《孟子·尽心上》。
⑤ 《荀子·王制》。
⑥ 同上。
⑦ 同上。
⑧ 《论语·里仁》。
⑨ 《荀子·富国》。

重农轻商。孔孟重农但不抑商,荀子则重农轻商。荀子认为"田野县鄙者财之本也",而"工商众则国贫"①。因而,主张"省商贾之数"、"强本节用"②。他说:"省工商,众农夫……是以养生也"③。但需指出的是,荀子虽然轻商,但还没有走到禁商,抑制工商业的地步。

**孝悌理论**

儒家重孝悌,并把孝悌作为判断现实法制优劣的又一价值标准。孝是处理父子关系的准则,悌是处理兄弟关系的准则。

孝观念在中国产生极早,但在春秋以前,人们言孝主要侧重于对祖宗尊严的维护和父母物质上的供养。而孔子用仁的思想对古老的孝礼作了补充、修改和发展,强调孝不仅是对父母物质上的"养",更主要的是发自内心的"敬畏",提高了孝的道德境界。此外,先秦儒家所强调的孝,是父慈子孝,同法家及后世儒家所讲的子对父母的绝对服从还不是一回事,更有人情味。三代的礼制就是将家族宗法与国家组织直接结合的一整套宗法等级制度,而在家族内部,孝道又最被看重。孔子说:"孝悌也者,其为仁之本欤"④。《经》则明确宣称:"五刑之属三千,罪莫大于不孝。""夫孝,天之经也,地之经也,民之行也。"为了强调孝道,先秦儒家提出了许多孝行标准作为立法、司法的方针,如:在刑事方面,儒家承认复仇;⑤在诉讼方面,主张父子相隐;在民事方面,主张卑幼无财权和不孝有三、无后为大。⑥

而对于那些不符合孝道的现行法律,儒家则公开主张抛弃之。孟子曾假设了一个舜将犯了罪的父亲"窃负而逃"的故事,大意是舜当天子的时候,舜父杀人犯了法而被司法官皋陶执之,结果是舜抛弃了王位和应尽的职责把父亲偷偷背出监狱,逃到遥远的海滨快快活活地过了一辈子。⑦在这个故事中,孟子公开表明了自己的主张:孝道高于国家法律。

在诉讼方面,先秦儒家主张父子相隐原则。《论语·子路》载:叶公告诉孔子,他的乡里有个叫躬的人,被誉为是正直之人。他的父亲偷了别人的羊,他出面证实了父亲的偷窃行为。孔子却说我的家乡对正直的理解不是这样的,"父为子隐,子为父隐,直在其中矣"。父亲隐瞒儿子的罪过、儿子隐瞒父亲的罪过,这才是正直的表现。孔子认为父为子隐是慈,子为父隐是孝,慈孝是礼的要求,因而,合礼的也就是合法的。

**【资料】**

### 《论语·阳货》片段

宰我问:"三年之丧,期已久矣!君子三年不为礼,礼必坏;三年不为乐,乐必崩。旧谷既没,新谷既升;钻燧改火,期可已矣。"子曰:"食夫稻,衣夫锦,于女安乎?"曰:"安!""女安,则为之!夫君子之居丧,食旨不甘,闻乐不乐,居处不安,故不为也。今女安,则为之!"宰我出。子曰:"予之不仁也!子生三年,然后免于父母之怀。夫三年之丧,天下之通丧也;予也有三年之爱于其父母乎?"

---

① 《荀子·富国》。
② 《荀子·天论》。
③ 《荀子·君道》。
④ 《论语·学而》。
⑤ 《礼记·檀弓上》:"子夏问于孔子曰:'居父母之仇如何?'夫子曰:'寝苫、枕干、不仕,弗与共天下也。遇诸市朝,不反兵而斗。'"
⑥ 《孟子·离娄上》。
⑦ 同上。

**译文：**
孔子的学生宰我问孔子："父母去世，儿子要守孝三年，为期太久了吧。君子三年不讲习礼仪，礼仪必然荒废；三年不奏乐，音乐必然生疏忘记。陈谷已经吃完，新谷已登场，取火用的木料也都轮了一遍，守孝满一年也就可以了。"孔子说："那样的话，你吃白米饭，穿绸缎衣服，能安心吗？"宰我说："安心呀！"孔子说："你要是安心的话，就这样做吧。真正的君子服丧期间，吃美味不觉得香甜，听音乐不觉得快乐，住好房子不觉得安适，所以不那样做。现在你觉得安心，就去做吧！"宰我出去后，孔子说："宰我真是个不仁的人！孩子生下三年之后，才能脱离父母的怀抱。为父母守孝三年，是天下通行的丧礼。宰我何曾有一点对父母的三年之爱？！"

## 第三节　先秦儒家法律思想的特点及其历史影响

**先秦儒家法律思想的特点**

先秦儒家作为一个理论学派，拥有较为统一的理论基调、范畴体系、价值观念及人生态度。班固《汉书·艺文志》评论："儒家者流，……游文于六艺之中，留意于仁义之际，祖述尧舜，宪章文武，宗师仲尼。"综观儒家思想，其特点主要有：

（1）师法先王。儒家从孔子开始便把"先王之道"作为自己的旗帜。崇尚先王、怀念周公，在政治哲学和法哲学上，又具有托古改制的意义。他们实际上是依据"先王"的权威来完善、宣扬自己的主张，揭露、批判现实的丑恶，为现实的君王提供一个无法超越的榜样。

（2）崇尚西周以来的传统文化。尤其重视对于夏商周三代以来的思想文化和政治制度的继承。儒家的许多思想主张与西周初期周公的敬天保民、明德慎罚的思想有着比较密切的渊源关系。

（3）重视伦理道德的作用。大凡儒家都主张以礼治国，以礼区分君臣、父子、贵贱、亲疏等。司马谈在评论儒家的这一特点时说：儒家"列君臣父子之礼，序夫妇长幼之别"。以仁、义、礼、智、忠、孝、信、爱、中庸等为基本范畴和概念，构成了儒家特有的思想外壳，成为儒家的显著外部特征。

**先秦儒家法律思想的历史影响**

值得注意的是，儒家的传播基础是其在民间以及国家机构中主持礼仪"相礼"的职业活动，因此在当时社会上，儒家具有朝野两方面的较大的影响力，从而被称为"显学"。但是儒家学说中包含各级统治者应带头遵守礼的规范、推行德政等政治要求，在当时并不受统治者的赏识。儒家的代表人物及其众多的弟子也几乎都没有执掌国政的机会，孔子任鲁国司寇不久就去职，孟子没有任职经历，荀子最后不过出任县令。因此其学说在当时并没有得到统治者的完全认同。

先秦儒家整理保存了大量古代的政治文化传统，在春秋战国以后讨论古代历史以及政治法律制度，几乎只能依靠儒家传承下来的种种文本。由此它对于后世具有深远的影响，成为中国历史上影响最大、持续时间最久的一个学派。

儒家的法律思想在秦汉之际继续普及，并经过了汉儒的逐渐的补充与发挥，特别是经过西汉董仲舒改造,终于成为朝廷正统法律思想的核心。它在汉以后近两千年的中国古代社会中一直占据统治地位,成为中国古代社会正统的法律思想,指导着国家的立法和司法实践。

## 本 章 小 结

"百家争鸣"时代促成了中国法律思想的繁荣。其中对后世中国法律思想影响最大、形成最早的学派则是儒家,其创立者为中国历史上著名的思想家孔子。先秦儒家的代表人物主要有孔子、孟子和荀况,他们的思想是先秦儒家思想的集大成的标志。儒家法律思想作为一个不可分割的整体,主张师法先王;崇尚西周以来的传统文化,重视伦理道德的作用;以仁、义、礼、智、忠、孝、信、爱、中庸等为基本范畴和概念。经过后代汉儒的发挥改造,儒家成为中国古代社会正统的法律思想基础,指导国家的立法和司法实践。

**参考阅读书目**

1. 杨伯峻:《论语译注》,中华书局1980年版。
2. 杨伯峻:《孟子译注》,中华书局1980年版。
3. 张觉:《荀子译注》,中华书局2012年版。
4. 杨鸿烈:《中国法律思想史》(上),中国政法大学出版社2004年版。
5. 杨鹤皋:《先秦法律思想史》,中国政法大学出版社1990年版。
6. 俞荣根:《儒家法思想通论》,广西人民出版社1992年版。
7. 李光灿、张国华主编:《中国法律思想通史》(第一卷),山西人民出版社1994年版。
8. 俞荣根主编,范忠信、刘笃才副主编:《中国法律思想史》,法律出版社2000年版。

**思考题**

1. 试述儒家法律思想的特点?
2. 孔子、孟子、荀子法律思想的异同?
3. 先秦儒家法律思想的主要内容?

# 第三章
# 法家的法律思想

**本章要点**

法家是中国法律思想史上具有重要地位的学派。本章介绍了法家学派的起源及其发展的基本脉络,分析法家思想的基本特色,并区分法家内部的不同的流派团体之间思想的差异。总结了法家思想在法律问题各方面的主要的观点,以及法家思想对中国历代法制发展的深远影响。

与儒家、墨家、道家并列而称的法家在中国历史上占有重要的历史地位,被后人列为诸子百家中的"显学"。法家思想的发端源远流长,但是"法家"作为一学术派别被提出来,最早是在汉朝司马谈的《论六家要旨》中。《孟子·告子下》中所说的"入则无法家拂士"的"拂士",指的是能够直谏矫正君主过失的人,并不是指法家这个思想流派。

春秋战国时期正是中国历史上的社会大变革时代,法家思想也是社会大变革的产物,其思想的发端可以追溯到春秋末期的管仲、子产等人。这些人都是当时各国的执政,他们在自己所治理的国家内变法图强,是法家早期的代表人物。到了战国时期,各国纷纷变法,而主持这些变法的人物大都是法家理论的信仰者和推行者,如李悝、商鞅、申不害等人。他们以法家理论为指导,建立了崭新的政治制度,法家思想体系也由此确立起来,成为百花齐放时代中的一朵奇葩。及至嬴政建立起强大的秦朝,拜李斯为相,以法为教,以吏为师,焚诗书,坑群儒,法家思想达到极盛。

## 第一节 法家学派的产生和发展

关于法家的起源问题,学术界众说纷纭,莫衷一是。《汉书·艺文志》中讲到法家是由理官(即司法官员)演变而来。刘劭在其《人物志·流业篇》中讲道:"建法立制,富国强人,是谓法家,管仲商鞅是也。"章太炎在其《检论·原法》中认为"著书定律为法家",李悝是著书定律的第一人,因此法家的开山鼻祖应该是李悝。以上种种说法各有其合理之处,然而也有各自的不足之处。目前学术界大多认同章太炎的说法,认为法家思想虽然早有萌芽,但是作为一个独立的政治派别却是开始于李悝。

## 春秋时期法家的先驱人物

春秋时期是法家思想的酝酿萌芽时期,这个时期出现了一批早期的政治改革家,如齐国的管仲、郑国的子产、晋国的郭偃、赵盾等人。这些改革家主张改变旧的传统和制度,由于他们主持的改革在当时名重一时,具有广泛的影响,成为政治家仿效的榜样。而他们的变革措施也反映在思想领域,发挥了一些新的主张和观念,这些就是后来发展成为法家学派的思想的成分和元素,这些人也就被后人誉为法家的先驱。

（一）管仲在齐国的改革

春秋时期率先进行国内政治改革,改变西周以来传统政治以及礼制的是齐国。改革的主持者管仲不仅以其改革措施著称于当时,其主张也对以后的法家流派产生了很大的影响,后人一般称其为法家的先驱。

【人物】

### 管　仲

管仲(？—公元前645),名夷吾,字仲,又称敬仲。齐国颍上(今安徽颍上)人,是春秋时著名的政治家和改革家。管仲早年贫困,可能是出身贫民或没落贵族,曾与鲍叔牙一同经商。后来管仲和鲍叔牙分别投在齐国公子纠和公子小白门下。公子纠与公子小白争夺王位时,管仲曾射公子小白一箭。公子小白即位后(即齐桓公),经鲍叔牙的推荐,不计一箭之仇,令管仲为相。管仲也不辱使命,在辅佐桓公的几十年中,厉行改革,采取一系列富国强兵的措施,使齐国成为春秋时期号令各诸侯国的第一个霸主,开创了诸侯争霸的新局面。其事迹、言论可见《史记·管仲列传》,并散见于《左传》《国语》以及诸子的论述。

管　仲

为了使齐国国家富强,社会安定,管仲采取了一系列的改革措施,提出了"修旧法"①,"令顺民心"②的主张。他的改革措施主要有以下几个方面。

在用人方面,管仲突破了周礼"任人唯亲"的原则,主张"匹夫有善,可得而举"③,提倡破格提拔人才。他规定乡大夫有责任推举人才,有才不举,便以"蔽明""蔽贤"④之罪论处。还规定"士无世官"⑤,打破世袭官僚制度,使更多贤能之士可被选拔为官。管仲令人到四方招揽能人贤士,为齐国效力。他与齐桓公一起,提拔了一批非贵族出身的人才。他的这一举措给一些庶人提供了机会,深受国人称赞。

在税收制度上,管仲在齐国推行了"相地而衰征"的改革。这是一项很具突破性的改革

---

① 《国语·齐语》。
② 《史记·管晏列传》。
③ 《国语·齐语》。
④ 同上。
⑤ 《孟子·告子下》。

措施。"相地而衰征"①就是按照私人占有土地的质量及数量,分等级征收赋税。这项措施的实行实际上承认了土地的私有,提高了老百姓垦荒的积极性,提高了土地的利用率,使农业生产得到发展,社会更加稳定。

在商业政策上,管仲推行"关市几而不征"制度,鼓励通商,实行自由贸易。"几而不征"②就是对于诸侯之间来往货物,仅只检查,而不对其征税。由于齐国位于东海之边,管仲借用这一优势,发展渔、盐贸易,渔、盐产品出口不纳税,从而打破了诸侯之间贸易壁垒,有利于齐国社会经济的发展。

此外,管仲的强兵政策也很值得一提。要富国必须要强兵,在当时诸侯割据,极不稳定的情况下,强兵是强国的基础,更是一统天下的必要前提。管仲将行政组织与军队组织结合起来,五家为轨,十轨为里,四里为连,十里为乡,五乡为军,全国设三军,总共三万兵士。这样就能使兵士团结一致,增强军队的战斗力。

管仲进行的这些改革超出了礼制的范围,打击了旧贵族,广揽人才,加上他的富国强兵、令顺民心的政策,使齐桓公成就其霸业。另外,他的这些思想与战国时期法家所倡导的奖励耕战、以法治国的思想一脉相承,因此后世将管仲视为法家的先驱。战国时期流行假托管仲之名的著作《管子》,内容庞杂,其中有关法律部分的论述如《法法》《七法》等篇也被视为法家重要著作。《管子》主张"礼义廉耻"乃国之"四维";但礼义法度与人民的物质生活条件相比,后者更为重要。因此,管仲提出"仓廪实而知礼节""衣食足而知荣辱"的理论,他从这种朴素的唯物主义观点出发,将治国之道同社会经济的发展联系起来,"国多财,则远者来,地辟举,则民留处",③物质生活条件的提高对于社会的发展和稳定具有重要作用。如果人民衣不覆体,食不果腹,如何谈得上礼义廉耻,更难以保持国家的安定,国家的繁荣发展必须以发展生产,提高人民物质生活为前提。管仲的思想对后世有深远的影响。

(二)子产在郑国的改革

春秋时期另一个著名的改革家是郑国的子产。郑国处于中原各诸侯国与南方强国楚国之间的要冲,深受大国欺侮之苦。国内各派政治势力也矛盾重重,经常爆发激烈的内乱。子产执政时期,主持进行了一系列的改革,稳定了郑国的政局,得以在大国之间维持和平,具有广泛的影响。其改革措施,对于后世的法家思想也有重要的启示作用。

【人物】

### 子　产

子产(? —公元前522),公孙氏,名侨,字子美,又称公孙成子,是郑国贵族司马子国的儿子。公元前543年至公元前522年在郑国执政,他所采取的一系列经济和法律的改革措施,使郑国一度转危为

子　产

---

① 《国语·齐语》。
② 同上。
③ 《管子·牧民》。

安,是当时享有盛名的政治家。他的事迹散见于《左传》《国语》《史记》等文献中。

子产的改革首先是从整顿田制入手的。为了制止当时贵族对土地的侵占和争夺,他首先"作封洫"①,将土地重新划分田界,明确土地所有权关系,并将农户以五家为一伍的方式编制起来,加强对农民的控制。与此同时,他重新确立了上下尊卑的等级秩序,对于那些安分节俭的贵族给予奖赏,而对骄奢淫逸的贵族给予惩罚打击,使他们不可越制,即所谓的"都鄙有章,上下有服"。② 五年后,子产又"作丘赋"③,以丘为计量单位,向土地所有者征收军赋,肯定了土地私有的合法性。

子产最大的改革莫过于他的"铸刑书"一事。子产制定的"刑书"铸于鼎上,公布于众,这是中国法制史上的一个创举。西周时贵族主张"刑不可知,则威不可测"。④ 他们经常临事制刑,为所欲为。子产这项改革等于是剥夺了旧贵族的审判权。

在统治策略上,子产第一个提出了"宽""猛"的两手政策。"宽"即强调道德教化的怀柔政策,"猛"即主张严刑峻法和暴力镇压。子产在执政期间,主要采用"宽"的方式治国,主张"为政必以德"⑤,连孔子都赞美他能"惠人"。子产临死前嘱其继任者要以"猛"服民,刑罚严厉,使其不敢犯。子产提出的"宽""猛"两手统治策略对后世影响很大,孔子认为"宽"和"猛"可以交替使用,"宽以济猛,猛以济宽,政是以和"。⑥

（三）郭偃与赵盾

郭偃是晋文公时期在晋国推行富国强兵政策的社会改革家,但是由于史料的缺乏,郭偃在晋国实行的具体的改革措施,我们已经不得详知。通过《韩非子》《商君书》《国语》中有关郭偃的记载,我们可以对其思想及改革措施略知一二。《韩非子·南面》中说:"郭偃之始治也,文公有官卒;管仲之始治也,桓公有武车,戒民之备也。"由此可见,郭偃与管仲一样,都主张强兵,"官卒""武车"都是强兵的具体措施。《国语·晋语四》记载,郭偃曾对文公这样说:"君以为易,其难也将至矣。君以为难,其易也将至矣。"意思是说,难与易是可以相互转化的,把治国看得太容易反而会治不好成为难事;反之,把治国看成难事,谨慎小心去做,难事也就变成容易的事了。这里体现了一些辩证法的思想。郭偃认为,"论至德者不合于俗,成大功者不谋于众。"⑦变法就是要改变人们的习惯和旧的观念。⑧

另外,当时晋文公所采取的改革措施,应该与郭偃有着密切的关系,比如,"举善援能""赏功劳""赋职任功"等等。这些措施与齐国管仲的改革措施有相通之处,郭偃的地位可与管仲比肩。

赵盾,即赵宣子。春秋时晋国执政。赵盾的父亲赵衰曾跟随晋文公重耳出逃。公元前621年,赵盾被推荐任中军元帅,开始执掌国政,辅佐晋襄公,在晋国又一次实行改革。它的主要改革措施是"制事典(制定章程),正法罪(制定刑法律令),避狱刑(清理诉讼积案),董逋逃(缉捕逃犯),由质要(使用契约账目为依据),治旧洿(改正不利于民的制度),本秩礼(规范等级

---

① 《左传》襄公三十年。
② 同上。
③ 同上。
④ 《左传》昭公六年孔颖达疏。
⑤ 《史记》卷四二《郑世家》。
⑥ 《左传》昭公二十年。
⑦ 《商君书·更法》。
⑧ 参考许抗生:《中国法家》,新华出版社1992年版,第17页。

秩序），出滞淹（选出贤者加以官爵）"。① 从这些举措可见，赵盾十分重视法治，但新法典在当时并没有公布。过了一百年之后，晋国的赵鞅、荀寅将赵盾所做之法铸于鼎上，将刑书公布于众。孔子对此批评说，"晋其亡乎，失其度矣"，认为公布了刑法使得社会失去了等级差别。②

**战国前期和中期的法家**

春秋之后，战国时代各诸侯国变法运动深入开展，揭开了"法治"的序幕，随着变法高潮的出现，法家学派应运而生，并在一系列变法的过程中得到发展，这时产生了很多代表法家思想的政治家、改革家，代表人物有战国初期的李悝、吴起，中期的商鞅、慎到、申不害。他们的思想和改革措施对当时及后世都有着深刻的影响。

（一）李悝的改革实践与主张

李悝是战国初期魏国著名的改革家，他不仅在追征时期使魏国实现富国强兵，还使法家思想成为一个体系，从而获得了战国初期法家鼻祖的称号。

**【人物】**

## 李 悝

李悝（约公元前455—公元前395）战国初期魏国人，一说即李克，法家学派的创始人，三晋地区最著名的法家代表人物之一。魏国是战国初期最早进行改革的一个诸侯国，当时韩、赵、魏三国分晋，魏文侯为了富国强兵，广招人才，礼贤下士，延揽了一大批人才，李悝则是魏文侯实现变法的一个中心人物。李悝曾为北地守，后以"魏文侯相""魏文侯师"的身份主持变法，在经济、政治、法律方面实行一系列的改革措施。从法律史角度而言，李悝最突出的事迹，就是整理了春秋以来各诸侯国颁布的成文法，总结各国立法经验，在此基础之上，编纂成《法经》，作为制定法典的蓝本。

李悝的《法经》已经失传，但李悝的事迹散见于《左传》《国语》《韩非子》《左氏春秋》《史记》《汉书》和《晋书》等文献中。他的改革措施和法治思想主要有以下几个方面。

魏国地处晋国中部、西南部平原地区，人口众多，土地肥沃。这种优越的自然条件对魏国的社会经济的发展十分有利。李悝废除井田疆界，要求老百姓精耕细作，充分的利用土地资源，提高农作物的产量，发展农业生产。为了在发展农业生产的同时保持稳定的社会秩序，李悝还主张"善平籴"③，制定了平衡粮价的"平籴法"。他认为，"籴甚贵伤民，甚贱伤农，民伤则离散，农伤则国贫"；"善为国者，使民毋伤而农益劝"④。为了既不伤害士、工、商，又能鼓励农民发展农业生产，他规定国家将每年收购的粮食分为上、中、下三等。丰年时农民交纳什一税，由国家平价收购粮食，用来备荒。荒年时，政府将粮食平价售出，使市场上粮食供给保持稳定，"取有余以补不足"，防止囤积居奇，稳定经济。

李悝在政治方面改革的一条重要的措施就是"为国之道，食有劳而禄有功，使有能而赏必行、罚必当"。这其中包含了"法治"的要求，在用人方面，打破世卿世禄的贵族世袭制，削

---
① 《左传》文公六年。
② 《左传》昭公二十九年。
③ 《汉书》卷二四《食货志》。
④ 同上。

弱旧贵族势力,任用那些有功有劳的能人贤士。所谓"夺淫民之禄,以徕四方之士"。在赏、罚方面,对那些有功有劳有能的人一定要赏,对有罪之人不可姑息,一定要罚。这正是法家"法治"的精神所在。

李悝任上地郡守时,为了使士兵学好射箭,下令"人之有狐疑之讼者,令之射的,中之者胜,不中者负"。他用射箭中的与否来决定诉讼的胜负,因此,老百姓都积极练习射箭,日夜不停。秦魏发生战争时,魏国因为士兵善射而击败秦国。可见,李悝的这种强兵政策在当时形势下还是行之有效的。

李悝总结春秋以来各国立法经验,对郑国"铸刑书"和晋国"铸刑鼎"进行研究整理之后,编纂了《法经》,作为各国制定法典的蓝本。这是李悝对中国法律发展的最大的贡献。《法经》早已失传,《晋书·刑法志》中保存了它的一些内容。《唐律疏议》中提到了《法经》的篇目。据说《法经》共分六篇,分别为《盗法》《贼法》《囚法》(亦称《网法》)、《捕法》《杂法》《具法》。这六篇的排列顺序是有其逻辑结构意义的,李悝认为,"王者之政,莫急于贼盗"。因此第一、二篇为《盗法》《贼法》,盗是指对于公私财产的侵犯,贼是指犯上作乱和对人身的侵犯。这显然是为了维护统治秩序,保护财产所有权。抓捕盗、贼必然需要设《囚法》《捕法》,《杂法》的内容包括其他的犯罪,《具法》是根据具体情节有关加重或减轻刑罚的规定。《法经》是以后历代法典的雏形,开创了法典编纂的新体例和新形式。

(二)吴起的改革实践与主张

吴起也是以主持改革而闻名于世的法家人物,其事迹和言论在战国时期有广泛的社会影响力,为法家的代表人物之一。

【人物】

## 吴　起

吴起(?—公元前381),卫国左氏(今山东曹县北)人。战国初期著名的军事家、政治家,曾为鲁国大将,大败齐兵,立过很大战功,后遭受排挤入魏,多次击败秦国,被魏文侯任命为西河郡守。曾参与李悝的变法活动,协助魏文侯推行奖励军功的法家政策,武侯即位后,受旧势力排挤被迫出奔楚国,被楚悼王任为宛(河南南阳市)守,后升为令尹。在楚国为相期间,吴起坚持变法,他的变法在与旧贵族势力的激烈斗争中进行的。楚悼王死时,吴起遭旧贵族联合攻击,死于悼王尸体旁。吴起的著作《吴起》四十八篇,现已失传,现存《吴子》六篇,系为后人伪作。

吴　起

吴起的法家思想主要有两方面。

"损其有余而继其不足。"吴起在楚国变法的主要目的是为了加强国君的权力,削弱旧贵族的力量。他认为楚国之所以弱小,在于"大臣太重,封君太众"①,因此他主张,削弱旧贵族

---

① 《韩非子·和氏》。

的势力,废除世卿世禄制,剥夺旧贵族的"有余"而补充新兴利益集团的"不足"。具体措施有三条:取消贵族三世之后子孙的爵禄,贵族子孙不得世官世禄;裁减百官的俸禄;精简冗官,裁撤"不急之官"。并主张将节省下来的钱财用于培养战斗之士。同时,他又将一部分贵族迁往边远地区,这样不仅削弱了旧贵族势力,又节省了国家开支,可谓一举两得。

"明法审令。"吴起认为,军队能够打胜仗,不在于人数多少,而在于法令明,赏罚信。如果令不行禁不止,虽有百万之众,也是无益无用的乌合之众。因此,为了能够自上而下的贯彻变法思想,他坚决主张"明法审令"①,严格依法办事。他还提出"使私不害公,谗不避忠,言不敢苟同,行不敢苟容,行义不顾毁誉"②的"法治"思想,要求从君主到各级官吏都要服从统治阶级的整体利益,也就是"公",克服一己利益的"私",使"私不害公"。为此,他大力整顿官吏,纠正以私害公的不正之风。除此之外,他禁止纵横家进行游说,防止内外勾结,妨碍楚国变法。

(三)商鞅的改革实践与《商君书》的法律思想

商鞅变法是中国历史上最为著名的改革故事。商鞅不仅是一位伟大的改革家,也是一位伟大的思想家,其言论以及其门徒的发挥形成了法家的一个以主张"法治"为特色的主要流派。

【人物】

### 商　鞅

商鞅(约公元前390—公元前338),公孙氏,又称公孙鞅,战国中期著名的政治家,法家的代表人物和主要奠基者。商鞅出身卫国公族,所以又称卫鞅。他从小就喜好研究刑名之学,熟悉李悝、吴起等人的变法理论和实践。曾任魏相公孙痤家臣。公元前361年,秦孝公即位,为求富国强兵,下令求贤。商鞅应征入秦,向孝公提出变法主张,受到重视,被授予爵位,由左庶长升为大良造,主持变法。在二十余年中两度变法,使秦国力大增,一跃成为"兵革大强,诸侯畏惧"的强国,为秦统一天下打下基础。公元前340年,以功封于商(今陕西商县东南),史称商君。因其变法损害了旧贵族的利益,遭到贵族的极力反对,孝公死后,被他们诬陷,车裂而死。他的言论,经其门徒及后人的整理并补充,成《商君书》二十九篇,现存二十四篇。③

商　鞅

商鞅在秦国的变法前后分为两次。第一次始于公元前359年(一说为公元前356年),主要内容是:在修改补充《法经》的基础上,结合秦国当时的具体情况,改"法"为"律"。并实行连坐,把居民以五家为"伍",十家为"什"的组织起来,一家有罪邻家举报,如果不纠举,则

---

① 《史记》卷六五《孙武吴起列传》。
② 《战国策·秦策三》。
③ 许抗生:《中国法家》,新华出版社1992年版,第38页。

诸家都将受到牵连。不告奸者处重刑,告奸者则受到重赏。这样就牢牢控制住了全国人民,每个人每一户都受到监视。同时奖励军功,禁止私斗,打击宗法贵族。取消世卿世禄制度,为国立军功的人,按军功大小次序接受封爵,为个人利益打架斗殴的人,按情节轻重予以处罚。通过这一做法使人民"勇于公战,怯于私斗"。① 还奖励耕织,重农抑商。商鞅鼓励发展农业生产,农业为本,工商业为末,种田织布好的可以免除徭役,而从事工商业且又懒惰而贫劣者,则可以收为官奴。

第二次变法开始于公元前350年,主要内容是:废井田,开阡陌。这是以法律的形式公开废除井田制,实行土地私有制,按照土地面积来征收赋税,这是土地制度的根本性变革。重新调整了行政区划,建立县治,设县令、县丞这些行政官吏,县令、县丞由国君直接任免,权力集中于国君手中。统一度量衡,"平斗桶权衡丈尺"②(斗桶,容积的量器;权衡,重量的量器;丈尺,长度的量器)由此将全国的度量衡统一起来,这样使交换更加方便,有利于经济的发展。"舍地而税人",③按户按人口征收军赋,有利于开垦荒地和增加赋税,同时,商鞅又明令禁止"父子无别,同室而居"④,强制实行小家庭制度,革除旧俗,打击了旧的宗法制大家庭制度。

商鞅的变法措施促进了社会生产,加强了中央集权统治,使本来后进的秦国,一跃而成为战国时期最先进的一等强国,为后来秦国统一全国奠定了坚实的基础。其改革由此产生了深远的影响。

商鞅不仅是变法实践最有成效的改革者,其法家的理论也自成一派,是法家思想体系的奠基人之一。现存的《商君书》一般认为是商鞅政论和其门徒发挥议论的汇编,可以作为我们研究以商鞅为代表的这一派法家法律思想的依据。这一学派的法律思想归纳起来主要有以下几个方面。

1. 定"分"止"争"的法律起源论

在法律起源问题上,《商君书》已经初步认识到人类社会最初并没有国家和法律,国家和法律都是人类历史发展到一定阶段的产物。人类社会在"神农之世,男耕而食,妇织而衣,刑政不用而治,甲兵不起而王",⑤"民知其母而不知其父"⑥的时候并没有国家和法律。后来,人与人、族与族之间出现了相互争斗的混乱局面,为了定"分"止"乱"⑦,就划定了土地、货财、男女的分界,并且"立禁""立官""立君",于是产生了国家和法律。《商君书》将国家和法律的起源与"土地货财男女之分"⑧联系起来,这种土地货财男女之分主要是指以土地私有制为基础的财产所有权,因此"定分止争"的法律起源说已经初步涉及保护私有制的问题了。

2. "礼法以时而定,制令各顺其宜"的变法思想

《商君书·更法》说:"当时而立法。"法律应该随着社会进步发展而发生变化。但是,商鞅的这种思想在付诸实践的时候受到了贵族保守派的抵抗。商鞅与当时保守派的代表甘龙

---

① 《史记》卷六十八《商君列传》。
② 同上。
③ 《通典·食货典·赋税上》。
④ 《史记》卷六十八《商君列传》。
⑤ 《商君书·画策》。
⑥ 《商君书·开塞》。
⑦ 同上。
⑧ 同上。

和杜挚对于变法问题展开了一场大辩论。商鞅认为,"苟可以强国,不法其故;苟可以利民,不循其礼""治世不一道,便国不必法古"。① 他以此来反驳甘杜等的"圣人不易民而教,智者不变法而治""法古无过,循礼无邪"②的思想。不仅如此,商鞅还进一步提出了"不法古,不修(循)今"的口号。他说:"法古则后于时,循今则塞于势。"③它的主要意思是"法古"和"修(循)今"对于国家的发展都有危害,效法古代则落后于时代,保守现状必将跟不上时代的发展。《商君书》的这种思想是建立在进化历史观之上的。商鞅认为人类的历史是在不断向前发展的,是不断变化着的,必须适应形势的变化来制定法律和制度,既不可复古,也不能保守。要适时地进行变法改革,这就为法家的变法活动提供了思想理论基础。这种思想更为法家实行"法治"提供了依据。战国时期,诸侯争霸,实行法治是在这种动荡不安的形势下求得生存和发展,乃至取得霸主地位的必要手段,要想富国强兵必须厉行法治。

3. 奖励农战的重农重战思想

商鞅认为农业是国家发展稳定之根本,要想国家富强,最主要的就是要重视发展农业生产。他认为一个国家如果从事农业的人少,而游食的人多,这样的国家必然会贫困危殆。治理国家,就要使农民安心于务农,这样一方面可以促进农业生产,提高土地的利用效率,多打粮食,为国家和军队提供有力的物质支持。另一方面,如果老百姓安心于农业生产,就可成为朴素诚实的农民,服从君上和国家制度,这样使国家可以用他们为国家效力,利于国家的发展和稳定。商鞅认为,老百姓之所以不肯为国家出力,只是由于他们看到那些不从事农务的人都可以发家致富,获得尊荣,因此逃避农业,不安土重居,这样他们都不愿为国家守战。为了使农民安于农耕生产,商鞅采取了用爵位来奖励那些安分守己,开垦土地,专心务农的人。同时,商鞅主张抑制末业,禁抑商贾和游惰之民,使农业得到百姓的重视。这就是重农思想。

《商君书》还提出,要想达到富国强兵,争霸天下的目的,一是要重农;二就是要重战。战国时期,国与国往往相争。一个国家如果没有强大的军队作后盾,这个国家必然会在战争中失败,因此《商君书》主张重兵,国家的强弱取决于兵,"战事兵用日强,战乱兵息而国削"。④ 商鞅用奖赏的办法来鼓舞士气,有军功者必然受到奖赏。《商君书》不仅重视军队建设,也十分重视对于兵法战术的研究,《商君书》中保留的《战法》《兵守》等篇就讨论了兵法的问题。战争的胜负取决于国家的政治,政治搞得好,上下一心,就可获胜。胜负也是可以预测的,要注意敌情,如果敌方兵强马壮胜过己方,那就不应久战,如果敌方不如自己,那么就应进攻。还提出了"四战之国贵守战,负海之国贵攻战"⑤,四面受敌,兵力分散,要以守为主,不可力敌。

4. "行赏"与"用法"

商鞅作为法家的代表人物,以重法著称,主张用法律来治理国家。《商君书》认为,面对诸侯争霸的社会现实,依靠礼治来治理国家是不现实的,要想成就霸业,就必须要富国强兵,要富国强兵就要重视农战,发展农业加强军事力量,这就要依靠法治。另一方面,《商君书》认为"好利恶害"是人的本性,人的一生就是在追求功名利禄,厉行以赏罚为主要内容的法治

---

① 《商君书·更法》。
② 同上。
③ 《商君书·开塞》。
④ 《商君书·农战》。
⑤ 《商君书·兵守》。

正是利用了人的这种天性,用奖赏的方法鼓励他们努力从事农战,用惩罚的方法使他们不敢去做有害于农战的事。在《商君书》看来,"行赏"和"用法"为治之本,颁布法令,法律公开,条令分明,老百姓就可以按照法律办事,办事做到功过分明,老百姓就能充分发挥自己的才能,用赏爵来奖励士兵,士兵就会勇于战斗,军队就能强大。这样赏罚分明,按法办事,是君主治国之本。在此基础之上,《商君书》提出"壹赏"①,所谓"壹赏"是指赏赐只能施于有功于农战和告奸的人,重点是奖励军功,利禄官爵皆出于士兵之效力立功,做到"有功者显荣,无功者虽富无所芬华"。② 在"壹赏"同时,对于那些不利于农战或者扰乱农战的人予以惩罚打击。商鞅规定:按照军功授予爵位和种种特权,而那些既不从事农作又无军功的人则被称之为"奸民",即使是宗室贵族如果没有军功,也可能被夺爵,不能继续享有种种特权。同样,要想贯彻法律,也必须采取这种方法。正是因为如此,仁义道德的儒家思想是不可能治理好国家的,只能依靠这种以赏罚为后盾的法治,一切都要"垂法而治"③,这样才能实现国富民强。

5."壹刑"与"刑无等级"

《商君书》认为,赏与刑相比,刑罚更为重要,更为有效。奖赏之所以有效,也是因为有刑罚作为后盾,《商君书》由此提出"壹刑"说,其主要内容是说刑罚的对象是统一的,只要是不事生产,扰乱生产的人,只要是违反法律的人,不论身份尊卑,官职大小,都要一律依法严惩不贷。他说:"刑无等级,自卿相将军以至大夫庶人,有不从王令、犯国禁、乱上制者,罪死不赦。"④在《商君书》看来,国家的法律和国王的命令是至高无上的,无论是谁,只要违反君令王法都是不允许的,都应受到惩罚,不能有任何例外。

"刑无等级"的思想可说是《商君书》思想的最精华部分。《商君书》在当时提出这一思想具有双重意义的。一来,这是一个反传统的口号,其矛头直击旧的贵族势力。《商君书》在变法过程中,依照赏刑的原则,一改西周以来"刑不上大夫,礼不下庶人"的做法,严惩了那些不尊王令的旧贵族,将其"尽迁之于边城",从而保证了秦国变法的顺利开展。《商君书》的这一思想具有巨大的历史进步性。另一方面,"刑无等级"又是一个尊君的口号。《商君书》要求完全贯彻王命,提高王命和法律的地位,法律由君主制定,因此,只要是违反了法律就是违反了王命,不论是何人都要受处罚,可见,这一口号的最终目的是尊君。

但是,《商君书》的"刑无等级"不是绝对的。这一口号还是为了新兴的利益集团服务的,是在新的阶级没有掌握国家政权的时候,为了维护自身利益,削弱旧贵族势力服务的。"刑无等级"与西方近代资产阶级提出的"法律面前人人平等"是不同的概念,二者所体现的阶级利益和目的是完全不同的。

《商君书》在提出"壹赏""壹刑"的同时还提出了"壹教"的主张。所谓"壹教"是指取消一切不符合法令,不利于农战的思想言论,使人们认识到只有能战者才能"践富贵之门"。⑤《商君书》将儒家传统的礼义孝悌等视为不利于农战的"六虱"⑥,反对以"六虱"授予官爵。这实际上是法家主张以法家的思想为正统,取缔其他各家,特别是儒家,统一思想,实行文化的专制。

---

① 《商君书·赏刑》。
② 《史记》卷六十八《商君列传》。
③ 《商君书·壹言》。
④ 《商君书·赏刑》。
⑤ 同上。
⑥ 《商君书·靳令》。

#### 6. 重刑轻罪、"以刑去刑"

《商君书》的重刑思想有不同于其他思想的特点。《商君书》主张实行重刑。一方面，它认为刑与赏相比较来说，刑更为重要。《商君书》主张"刑多而赏少"①，"先刑而后赏"②，"重罚而轻赏"③。它主张赏要少，刑要重，提出要赏一刑九。它反对滥赏，赏要做到不费，决不能滥赏、错赏，如果滥赏，那么国家将会贫穷。只有这样才能实现"上爱民，民死上"。④

另一方面，在罪刑关系中，《商君书》主张重刑轻罪，也就是轻罪重判，小罪重罚。它认为大的犯罪往往是从小的犯罪发展而来的，用很重的刑法去惩罚小罪，可以起到威慑作用。用重刑治轻罪，轻罪就不会再发生，重罪也就无从而来。相反，如果用重刑去治重罪，轻刑治轻罪，这样做犯罪不会停止，重罪也不会止息。

从以上的思想进一步发展出了"以刑去刑"的观点。儒家一贯主张"以德去刑"，法家的"以刑去刑"恰恰与之相对。《商君书》认为，如果按照儒家的思想去实践的话，一定会助长奸邪行为，只有用重刑去威慑那些奸民，才能实现"一国皆善"。⑤《商君书》的"以刑去刑"的思想是建立在夸大暴力作用基础上的，它必然走向一个极端，虽然在一定条件下这种做法产生了较大的作用，但长此以往，势必激起人民的反对，为秦朝的灭亡埋下了伏笔。

#### 7. 实行法治的方法

《商君书》实行法治的主要方法是"法、信、权"⑥，它认为推行"法治"必须具备这三个要素。

第一，建立完善的法律制度，公布于众，并且要由上至下的守法。《商君书》认为实行法治，必须首先制定法律。"法者，国之权衡也。"⑦要使法律成为判断是非功过和实行赏罚的标准。只有立法明确，才便于人们遵守，才能治理好国家。必须颁布成文法，并且保证法律的准确性，维护法律至高无上的地位，以便于人民遵守。在制定了法律之后，《商君书》特别强调守法的重要性。不仅百姓要守法，官员贵族也要守法，同时，制定法律的国君也应该以身作则，带头守法，这样才能形成比较好的法治空气。在司法执法上，君上应该公正无私，不分亲疏远近，有功则赏，有罪必罚。而下臣更应如此，要做到公私分明，以国家的大局利益为重。

第二，"信赏必罚""任法去私"。法令颁布后，《商君书》很重视法令的执行情况，要求做到"信赏必罚"，依照法律的规定，该赏的就赏，该罚的就罚，只有这样，才能取信于民。《商君书》还要求做到"任法去私"，执行法律要秉公办事，严格依法，不徇私情。不论是平民还是贵族，有功就赏，有罪就罚。这样既打击了贵族势力，又扶植了非贵族的利益集团。

第三，君权独制，"军尊则令行"。权制必须独断于君，君主必须掌握行赏施法、生杀予夺的大权，这其实是主张君主专制的思想。但是《商君书》也提出，君主治国也应任法去私，君主好法，大臣们也好法，大臣都要看君主的喜好办事，所以君主虽有权，也应起到一定的表率作用。《商君书》的这一思想，对于集权的君主来说是一个限制，要求君主要以国家为重，克己奉公，这有相当重要的现实意义。

---

① 《商君书·画策》。
② 《商君书·壹言》。
③ 《商君书·去强》。
④ 同上。
⑤ 《商君书·画策》。
⑥ 《商君书·修权》。
⑦ 同上。

## 【资料】

### 《商君书·君臣》段落

故明主慎法制。言不中法者,不听也;行不中法者,不高也;事不中法者,不为也。言中法,则辩之;行中法,则高之;事中法,则为之。故国治而地广,兵强而为尊,此治之至也。人君者,不可不察也。

**译文**:

所以,明智的国君严肃慎重地对待法制。言谈不符合法的,就不听从;行为不符合法的,就不推崇;事情不符合法的,就不去做。相反,言谈符合法的,就听从;行为符合法的,就推崇;事情符合法的,就去做。这样,国家就治理得好而国土能扩大,兵力就强大而国君有尊严,这是最理想的治理。国君对此是不可不认真考察的。①

### (四)慎到的思想

在先秦的法家中,慎到和申不害分别以重"势"和重"术"而著称于世,他们与重法的商鞅形成了鼎足之势,同样是主张"法治",但是在实行法治过程中的侧重点有所不同。

## 【人物】

### 慎 到

慎到(约公元前390—公元前315)赵国人,战国时期的思想家,法家的代表人物之一,早年曾学"黄老道德之术"。一般认为,慎到是从道家分出来的法家,他长期在稷下讲学,对法家的思想在齐国的传播起到重要的作用。《汉书·艺文志》记载《慎子》四十二篇,属于法家类。现在只仅存《威德》《因循》《君人》《君臣》等七篇残篇。

慎到在先秦法学家中以重"势"著称,这里的"势"是指权势,重"势"是为了尚"法",尚"法"就要重"势",慎到的思想就是阐述了"势"的重要性,以及君主应该如何运用"势"来实现"法治"。

崇尚法治是法家学派的共同思想,慎到作为法家也不例外。他非常重视法的作用,认为法应当成为人们的行为规范和衡量是非功过的唯一标准。他说:"法者,所以齐天下之动,至公大定之制也。"②他认为国君如果可以"因人之情"来立法,立法后又能严格依法办事,坚决实行法治,就一定能治理好国家。他和其他法学家一样,都习惯把法律比作权衡、丈尺等度量衡,他主张立公去私,也就是"一断于法",不得私亲而言,不论亲疏贵贱,在法律面前都是一视同仁的。既然法是公正无私的,那么用法律来确定功过是非,进行赏罚,就不会使人们产生怨恨,也就不会引起争端。特别是有关财产分割的问题,更应该依法办事,保护财产的私有权。他认为只有人人都有财产私有权,那么才是合乎"天道"的,才是立法为公的表现。慎到是比较系统阐述公私观念的第一人,他把新兴利益集团的整体利益作为"公",将包括君主在内的个别或少数人的利益称为"私"。他认为应当去私而立公,依照代表"公"的利益的法来办事。慎到认为法治要比人治优越,他明确提出了要坚持法治而反对人治的主张。他

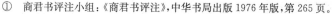

① 商君书评注小组:《商君书评注》,中华书局出版1976年版,第265页。
② 《慎子》佚文。

说:"君人者舍法而以身治,则诛赏夺予从君心出矣。……君舍法而以心裁轻重,则是同功而殊赏,同罪而殊罚也,怨之所由生也。"①但是如果君主可以事断于法,给予应得的赏罚,就可以怨不生而上下和。他甚至认为恶法亦法,有恶法也比无法强,法治无论如何也比人治优越。

慎到看来,法之所以可以令行禁止,靠的就是统治者的绝对的威势和权力。这种威势和权力就是"势"。君主有势的前提就是要建立一个中央集权的君主政体,一国的君主就要保持住自己的权势,不能使大权旁落。慎到认为,如果无权无势,即使是圣贤也无济于事。他将君主的权势比作飞龙和云雾,如果没有云雾,飞龙也就成了地上的蚯蚓而已。所以,治理国家,必须位尊,即只能依靠权势。慎到反对儒家的主张,他认为人人都是自私的,不能靠德去感化,只能用权威的力量来使人们服从。在法与势的关系上,慎到认为,法于权相比,权势更加重要,没有权就没有法的作用,法的实施必定需要政权这个强大的后盾,法与政权相结合才能实现真正的法治。

君主掌握政权之后,必须处理好君臣的关系,上下一心,才能巩固政权和彻底的推行"法治"。君主虽然"位尊权重",但在君与法的关系上,君主也必须"事断于法"。在君臣关系上,慎到将道家的"道"与法家的"法"结合起来,认为君主应该"无为而治",在牢牢把握政权的情况下,不去做具体的工作,具体的政事由臣下去做,充分调动他们的积极性,发挥其聪明才智,将国家治理好。慎到认为,如果单靠国君一人之力,即使国君贤能,也不能事事都处理好。国君如果事必躬亲,那么大臣们就会"私其所知"不肯出力,最终会使国家大乱。如何处理好这个关系,"法治"是很重要的,事断于法,立公去私,就可使"君道"和"臣道"很好地结合起来,共同为国家的繁荣稳定服务。

(五)申不害的思想

【人物】

## 申不害

申不害(约公元前385—公元前337),郑国京(今河南荥阳东南人)人。战国时思想家,法家的代表人物之一。出身低微,韩灭郑后,被韩昭侯起用为相,主持变法改革,内修政教,外应诸侯,使韩国一度国治兵强。申不害也是从道家分化出来的法家,"本于黄老而主刑名"。他的著作《申子》早已佚失,现仅存其中的一篇《大体篇》。

与其他法家一样,申不害也主张"法治"。他所主张的"法治"总是同私智、私情、私说对立的,君主要实行"法治",必须排除私念,"明审法令"。他曾说过:"君必有明法正仪,若悬权衡以称轻重,所以一群臣也。""圣君任法而不任智,任术而不任说。"②这些都是纯粹的法家之言。他也反对立法行私,但是他把重点放在"术"上,对法律制度的健全和"法治"推行不够重视,所以韩国的改革远不如秦国彻底。

申不害主要的思想是重"术"。术,是指君主统治术。他认为要实行法治,国君必须要集权于一身,牢牢抓住立法、任免、奖赏这些大权,抓住要害进行统治,对百官严格要求,不许失职,不许越权,让群臣围着自己转,这样就可以防止"一臣专君,群臣皆蔽"的情形发生,否则他的统

① 《慎子·君人》。
② 《申子》佚文。

治就会动摇,以致灭国。申不害的"术"的思想就是为了调整这种君臣关系。申不害认为君主首先要以身作则,他的一言一行决定着一国的命运,因此君主的思想行为要端正。而且,国君应该表现出自己愚蠢、谦逊、不勇敢,要不露声色,表现自己无为而治,这样大臣才会效力。这一思想是来源于黄老无为的思想,要注意他的这种无为的统治思想与慎到的是不同的,他主张君主要装出不动、不做、不管的样子,但事实上是要去听、看、观察、了解,通过这种方法识别出忠奸,加强其统治。他还认为君主如果真的什么都不干,什么都不管并不能达到驾驭权臣的目的。要无为而治而且又能驾驭权臣,就要依靠刑名之术。什么样的官就做什么样的事,官职的大小要和他的功绩相一致。有所贡献的官吏就会受到奖励。反之,则会被撤职或降职。

君主独揽大权,维护了君主的权威,但是,这种独断的行为常常得不到限制,就会出现超越法治的情况,因此,韩非批评他"徒术而无法",但是申不害一派的思想,也确实在一定程度上适应了战国中后期新兴利益集团巩固中央集权,建立君主专制制度的需要。后期的法学家韩非将这一思想同"法治"结合起来,使之得到了发展。

**战国末期的法家代表人物**

战国后期,由于多年的争霸战争,诸侯国相互兼并,出现了日趋统一的局面。法家学派在这一时期也有很大的发展。尤其是秦朝统一中国后,在全中国推行法家法治,法家在百家争鸣之后,取得了思想上的独尊地位。但是好景不长,秦皇朝的迅速灭亡宣告了法家政治的失败。

这个时期法家的代表人物是韩非。他和很多法家人物不同的是,他不是改革家,而是以理论著称的法律理论家。他的法家理论仍然以"法治"为其核心。并且,他总结了商鞅的"法"治、慎到的"势"治和申不害的"术"治三派思想,将三者结合,建立了"以法为本"、法、术、势相结合的法律思想体系,对于秦国专制主义中央集权的建立起到了至关重要的作用,并且对于后世法家思想的发展奠定了基础。

【人物】

## 韩 非

韩非(公元前280—公元前233),先秦法家的集大成者,出身韩国贵族。他和李斯同是荀况的学生。韩非口吃,不能辩但是善于著书。韩国是当时非常弱小的国家,韩非多次向韩王进谏,但是没有得到重用。秦王嬴政看见韩非的文章,非常赞赏,说"嗟呼,寡人得见此人与之游,死不憾矣!"后韩王派韩非出使秦国,秦始皇见韩非非常高兴,但韩非念念不忘故国,没有得到秦王的信任。加之李斯和姚贾的陷害,最终被迫自杀。韩非虽死,但其思想对于秦国政治仍然产生很大的影响。韩非的著作集为《韩非子》一书。现存《韩非子》五十五篇,这本书经过历代的流传,一般认为基本保留着原样,是研究韩非法家思想的重要的依据。①

韩 非

---

① 参见许抗生:《中国法家》,新华出版社1992年版,第99页。

(一)韩非的人性论与进化史观

在对人性论的看法上,韩非受到了他的老师荀子的影响。荀子主张"人性恶"论,认为人的生理和心理的欲望是人的原始本性。韩非继承并发展荀子的"性恶论",提出了"人性自利"说。他多次提到"好利恶害,夫人之所有也","喜利畏罪,人莫不然"。① 韩非从现实中人们的行为和人们之间的关系出发,他不主张用道德观念去理解人的行为,而是认为人的本性就是自私的,追求欲望是人之常情。他把父子、君臣乃至一切人与人之间的关系都看成是一种利害关系,是一种双方都要计较利益得失的买卖关系。"父母之于子也,产男则相贺,产女则杀之。此俱出父母之怀衽,然男子受贺,女子杀之者,虑其后便,计之长利也。"②可见家庭中的亲情关系也是从利益出发的,根本就没有儒家所说的亲亲之情。父母、子女之间尚且如此,那么君臣之间就更无例外。"臣尽死力以与君市,君垂爵禄以与臣市。"③君主提供俸禄,臣子为了这些爵禄而为君主效力,更是一种买卖关系。

韩非认为,人既然都是"好利恶害"的,那么仁义道德是没用的,所以他提出,治理国民应该"因人情"④。所谓"因人情"就是利用法令赏罚。人性好利,好名,那么就用利益和官职来赏他,鼓励他为君主服务。人性恶刑罚,就用刑罚来惩罚犯罪,使人民害怕而不敢犯。治理社会要顺民情,要采取重赏重罚得法治。奖励耕、战、告奸,不论出身,只要按照国家的法律去办事,就会得到奖赏。相反,违法就要重罚,以重法威慑人民,这样国家也因此稳定而强盛起来了。

韩非继承了商鞅的进化历史观思想。商鞅把人类历史分为上世、中世、下世三个时期。韩非继承了这个思想,认为人类历史可分为上古、中古、下古三世。在他看来,人类历史是不断向前发展的,越变越好。反对复古保守的思想,"古今异俗,新旧异备",国君应该根据现实的情况来从事政治,时代变了,财富多少变了,政治措施也应该变化,同样,法律也必须随着历史的发展而相应的变化,不能复古倒退,故步自封。上古由于物质生活水平低,故民不争,可以以"德"以"礼"治国。但是现在人口多了,财物也多了,人民之间出现了矛盾和争执,就应该以"法"来治理。他认为儒家用旧法来统治人民无异于"守株待兔"。韩非说"法与时转则治,治与世宜则有功","时宜而治,不易者乱"。⑤ 他的这种历史观为实行变法提供了理论基础。

韩非在论述历史进化的三世观点中提到了人口的问题。商鞅认为,老百姓之间之所以会发生争斗,一方面是因为物质丰富了;另一方面就是因为人口多了。人口多了,自然所赐予的财富就相对少了,人们不够分配,就会产生矛盾,这就是社会"乱"的原因。在这里,商鞅认识到了人口众多给社会带来很大的压力,容易发生祸患,这是有一定的道理的。但是他把社会的混乱仅仅归结为人口众多的原因,这是不科学的。因此,韩非的人口论带有片面性。

(二)韩非的"法治"理论

之所以说韩非是先秦法家的集大成者,是因为他在法治理论上对先秦法治思想进行了

① 《韩非子·难二》。
② 《韩非子·六反》。
③ 《韩非子·难一》。
④ 《韩非子·八经》。
⑤ 《韩非子·心度》。

总结。在韩非之前的先秦法家学说中,有三种法治理论:商鞅的"法"治、慎到的"势"治和申不害的"术"治。他系统地总结了这些法治学说得失,并且论证了法、术、势三者不可偏废的关系,建立了法、术、势相结合的法治学说。

1."以法为本"

法家一贯认为"法"是统治国家富国强兵的最佳手段,韩非更是认为,"法"是国家办理一切政务的准绳和依据,是君臣民共同遵守的行为规范和准绳。

韩非认为,实行法治,首先必须制定出体现国家的整体利益,人人遵守的"法",并将这些法公之于众,使人们了解什么是国家提倡的,什么是国家禁止的,在法律允许的范围内做事情。韩非重视法律的作用,他说:"法所以为国也,而轻之,则功不立,名不成。"①法律制定出来后,对于如何贯彻执行法律,韩非说:"明法者强,慢法者弱。"②所谓"明法"就是要树立法律的绝对权威。他反对在法之外用儒家的"礼仪教化"和"仁政"去评判人的行为,认为法律是判断是非功过的唯一标准,除法之外,没有其他标准。

如何使人民遵守法律呢?韩非是从人性论的角度出发的,主张用赏罚来贯彻法律。他认为,君主要治理好国家最好的手段就是"刑赏二柄",他曾说"明主之所导制其臣者,二柄而已矣。二柄者,刑德也。"③刑德就是指赏罚。在他看来,人的本性是好利恶害的,那么就应该依据人的好恶,人好利而赏,人恶害而罚,这是合乎人的本性的。君主运用赏罚二柄,在一定意义上就是实行法治。如何运用赏罚呢?韩非认为,首先,应该做到"信赏必罚",制定出法律是赏罚有了标准,那么就应该严格依照这一标准,该赏一定赏,该罚一定罚。如若不能做到这一点,那么就会有亡国的危险了。第二,赏罚的标准。韩非认为,应该按照法律的规定执行,恰当地进行赏罚,做到赏罚有度。不可出现"无功者受赏"的情况,这样会导致"民不尽力",赏罚的多寡也要根据其功过的大小相应的给予。因此不可随意运用赏罚,更不可滥赏滥罚。第三,如果需要运用赏罚,韩非强调厚赏重罚,他认为重赏重罚的主要作用在于其对人民的影响。重赏的目的是使其他人羡慕而向鼓励受赏之人学习,扩大影响。重罚的目的,是使人畏惧而不敢犯,起到杀一儆百的效果。

"法不阿贵""刑无等级"是直接与西周"刑不上大夫,礼不下庶人"的观点相对立的。这也是韩非所提出的最为激进的主张。他认为法律既然具有绝对的权威,那么,不论尊卑贵贱都应该遵守,一旦有所犯,也应该依照法律平等地对待,不能存在任何特权。他说"刑过不避大夫,赏善不遗匹夫"④,贵族大臣犯罪也应受到惩罚,庶民有功必然会得到重赏。但是在当时来说,法是为君主政权服务的,韩非的这一思想是为了限制臣下的特权,以更好地实现君主专制。可见,"法不阿贵""刑无等级"在当时来说只不过是一种法治手段。

韩非说:"法莫如重而必。"⑤他认为统治民众最好的办法莫过于重刑,只有运用重刑才可以令行禁止,使民众不敢为非。韩非曾和当时主张"轻刑止奸""重刑伤民"的轻刑论者进行过辩论。韩非认为,非但轻刑不能止奸,反而会伤民;重刑不但不会伤民,而且可以止奸。因为作奸犯科的人都是由利益驱使的,而用刑轻,他们就会不顾受罚而继续犯罪,但是用重

---

① 《韩非子·安危》。
② 《韩非子·饰邪》。
③ 《韩非子·二柄》。
④ 《韩非子·有度》。
⑤ 《韩非子·五蠹》。

刑的话，就会对他们产生威慑，使其不敢再犯。他说"夫以重止者，未必以轻止也；以轻止者，必以重止矣。"①意思是用重刑能制止的，用轻刑不一定能制止，而用轻刑能制止的，用重刑必然能制止。可见，韩非认为重刑可以杀一儆百，也就是他说的"以刑去刑"。

韩非认为实行重刑主要有以下几个措施：第一，重刑轻罪。韩非说："古之善守者，以其所重禁其所轻，以其所难止其所易。"②韩非极力主张轻罪重判，小罪重罚，达到"以刑去刑"的目的。第二，韩非提出了"同里相坐"的主张。"同里相坐"是指，一人犯罪，其全家邻里都要受到牵连，接受刑罚。通过这一手段使人们互相监督，减少犯罪。

韩非的法治思想在当时特定的历史条件下产生了一定的作用，但是他对于"重法"的极端推崇必然走向一个极端，秦朝的灭亡正说明了赤裸裸的暴力是不能达到去刑的目的的，反而会激起人民的反抗，导致灭亡。

2. "抱法处势"的重"势"思想

慎到是重"势"思想的倡导者，他的思想在韩非这里得到了进一步的发展。比较而言，韩非的"势"的思想比慎到更为进步，表现为"抱法处势则治，背法去势则乱"③的"法""势"结合的思想上。这实际上涉及法律与国家政权的关系。韩非认为，"法"不能离开"势"，"势"也不能离开"法"。

第一，韩非主张实行中央集权的专制主义。"势"虽重要，也要靠人来执行，所以韩非主张君主必须集权于一身，"势重者，人主之爪牙也"④。韩非认为君主一定要有绝对的权威，君权的威力"大不可量，深不可测"，⑤他将君与权等同起来，君可以随心所欲，君就是权的化身，权是君的表现。

第二，他主张"法"与"势"相结合。"法"不能离开"势"，要实行"法治"就要以"势"为后盾。没有稳定的政治，法治也必然难以实行。只有大权在握，有了权势才能做到"令行禁止"，法令才能通行无阻。"势"也不能离开"法"，韩非认为，只有"势"而无"法"就不是"法治"，而是"人治"，人治需要的是"贤君"，但是统治者大多都是"中者"，因此他们要统治国家必须依靠"法"，只有在"法治"的前提下掌握国家政权，才能治理好国家。"势"是推行"法治"重要前提条件，但"势"也必须与"法"相结合性质才不会改变。

3. "法""术""不可一无，皆帝王之具也"

韩非认为申不害未尽于术，因此，他将申不害的思想大大地向前发展了一步。他给"术"下了定义。他认为，所谓"术"，一方面，指国君治理群臣的方法；另一方面，君主可以利用阴谋权术来达到统治目的，"术"也就是阴谋权术。

在韩非看来，法与术各有各的作用，法在于人臣可以依照法律进行赏罚，对忠于职守、为国进忠、贡献突出的人给予奖励，对作奸犯科的人给予重罚。术在于君主根据官吏的才能来任命，然后考核臣下是否尽守自己的职责，也就是要建立一套对官吏进行任免和考核的方法。君主通过"术"来管理官吏，协调上下关系，使臣下为国尽力，同时，通过"术"来监视群臣，明辨忠奸。韩非虽然认为"术"十分重要，但他也不轻视法的作用，他反对"徒术而无

---

① 《韩非子·六反》。
② 《韩非子·守道》。
③ 《韩非子·难势》。
④ 《韩非子·人主》。
⑤ 《韩非子·扬权》。

法"①。他认为如果弃法而用"术"就会失去辨明是非功过的标准,其结果必然会导致统治一片混乱。

韩非的"法""术""势"相结合的主张,其最终目的是为了建立统一的专制主义中央集权的政治制度,实现新兴利益集团的统治。这符合当时时代的要求,具有进步意义。但是他所主张的暴力压迫,是不利于生产发展的,最终会激起人民的反抗,导致秦皇朝的灭亡。

【资料】

## 《韩非子·外储说右下》载政治寓言

秦大饥,应侯请曰:"五苑之草著:蔬菜、橡果、枣栗,足以活民,请发之。"昭襄王曰:"吾秦法,使民有功而受赏,有罪而受诛。今发五苑之蔬草者,使民有功与无功俱赏也。夫使民有功与无功俱赏者,此乱之道也。夫发五苑而乱,不如弃枣蔬而治。"一曰:"令发五苑之蓏、蔬、枣、栗,足以活民,是用民有功与无功争取也。夫生而乱,不如死而治,大夫其释之。"

**译文**:

秦国发生了大饥荒,应侯(当时的执政范雎)请示秦昭襄王:"供国王打猎的五大苑圃中有植物如蔬菜、橡子、枣子、栗子之类,足够养活百姓,请国王开放苑圃。"秦昭襄王说:"我们秦国的法律规定,百姓有功劳才能受赏,有罪过就要处罚。现在开放苑圃让百姓取食植物果实,就是使有功的和无功的百姓同样受赏。使有功的和无功的百姓同样受赏,是走向动乱的道路。与其开放苑圃搅乱,还不如放弃那些果实维持治理。"另一个说法是,秦昭襄王说:"开放苑圃让百姓取食蔬果,确实能够让百姓存活,可却是让无功劳的百姓和有功劳的百姓争夺。与其让他们活着作乱,还不如让他们死去维持治理。大夫不用多说了。"

【资料】

## 法家的著作

《汉书·艺文志·诸子略》列法家学派著作10种,216篇。

《李子》32篇,李悝所著,今佚。

《商君书》29篇,商鞅著。今存《商君书》24篇,旧题"商鞅撰",但其中有商鞅以后其他法家代表人物的作品,各篇并非作于一人,也并非写于一时,可以说是商鞅与其他法家遗著的合编。据考证,其中的《垦令》《勒令》当是商鞅所作,《外内》《开塞》可能是商鞅的遗作。

《申子》6篇,申不害著,大约亡佚于南宋,今有清马国翰辑佚本《申子》1卷。

《处子》9篇,著者不详,今佚。

《慎子》42篇,慎到著。今存残本《慎子》7篇及诸书引用的佚文。另外,商务印书馆出版的《四部丛刊》,其中影印的明朝万历年间吴人慎懋赏本,今人多认为是伪书。

《韩非子》55篇。

---

① 《韩非子·定法》。

《游棣子》1篇,著者不详,今佚。

《晁错》31篇,汉朝初年晁错著,宋朝以后亡佚,今有清马国翰辑本一卷。

《燕十事》10篇,著者不详,今佚。

《法家言》2篇,著者不详,今佚。

《汉书·艺文志》将《管子》列于道家类,而《隋书·经籍志》将其列入法家类。成书于战国中后期的《管子》所载齐法家的著作甚多,而且理论价值颇丰。

## 第二节 法家学派的主要法律思想

**法家的法律观**

在先秦诸家中,甚至是在中国历史上,对法律论述最深刻的无疑是法家,其对法律的论述已经涉及法律的本质、法律的起源和法律的作用。其论述的详尽和认识的深刻,在今天仍然值得我们借鉴。

(一)法律的本质

在中国历史上,法家对于法律理论的研究是最深入的,其对于法律本质更是有独到的见解,归纳起来主要有以下几点。

(1)法是民众的行为准则。法家在解释"法律"的时候总是将它与"民""天下""百姓"联系在一起。慎到指出"法"是"齐天下之动",即规范和统一天下所有民众行动的一种制度。"法者,所以齐天下之动,至公大定之至也。"①商鞅认为法令是治理民众的准则。《管子》认为,"法者,天下之仪也"②,"法者,天下之程式也,万事之仪表也"③,把法比作程式、仪表,法要规范民众的外部行为。

(2)法是由国家制定和公布的成文命令。商鞅说:"法者,国之权衡也。"④《管子》的《法禁》篇指出:"法制""刑杀""爵禄""三者藏于官者为法"。法度是人主为了治理天下而设置的,"法度者,主之所以治天下而禁奸邪也"⑤。韩非子明确指出:"法者,编著之图籍,设之于官府,而布于以百姓者也。"⑥"法者,宪令著于官府。"⑦强调法是一种成文的制度,由君主制定,由"官府"即国家机关掌握,同时必须公布到百姓中去。

(3)法是关于赏罚的规定。在法家的著作中,法与赏罚紧密相连,不可分割。"人主之所以禁使者,赏罚也。"⑧"明其法禁,必其赏罚。"⑨他们将法称之为"赏诛之法"和"赏罚之法",赏是赏施爵禄,罚是刑罚制裁。在二者之中,法家偏重于后者,认为赏附于刑,是刑罚的辅助,因此法家又常将刑罚作为法的中心内容,认为法是刑罚的系统化、固定化。

(4)法具有强制力和制裁力。法的表现不是引导式的教育,而是惩罚性的禁令,这是法

---

① 《慎子·佚文》。
② 《管子·禁藏》。
③ 《管子·明法解》。
④ 《商君书·修权》。
⑤ 《管子·明法解》。
⑥ 《韩非子·难三》。
⑦ 《韩非子·定法》。
⑧ 《商君书·禁使》。
⑨ 《韩非子·五蠹》。

家理论的一个显著特点。他们经常将"法"与"令"结合使用,如"为法令以罪之""法立令行""明法禁之令"①。法与令都具有禁止性,从消极的方面进行强制,而儒家则偏重于用"礼"从正面进行引导。法令的强制性在法家的理论中表现为强制的制裁,这种制裁不是道德的或者是良心的谴责,而是残酷的刑罚和赤裸裸的暴力。

(5) 法律要公正、客观。"尺寸也、绳墨也、规矩也、衡石也、斗斛也、角量也,谓之法。"②法律应该像量长短的尺寸、正曲直的绳墨、称重量的衡石等度量衡一样,作为人们行为的准则,并且对任何人都一样客观公正。在春秋战国时代,宗法等级制度仍然占有重要的地位,再加上儒家的大力倡导,"礼不下庶人,刑不上大夫""礼治"思想依旧是主要的社会控制手段。而"礼治"的核心思想便是"亲疏有别,贵贱有等"的等级差别,法家从"道"的思想出发,认为"道"对世间的万物都是平等的,因此法律也应该顺从道的要求。

值得注意的是,由于地域文化的差异,位于今山东的齐国的法家流派和位于今山西及中原地区的三晋法家流派对法律本质的认识是有所差异的,主要表现为以下几点。

(1) 尊君的程度不同。齐法家主张"尊君",认为"令重则君尊,君尊则国安,令轻则君卑,君卑则国危,固安国在乎尊君"。③ 国家的安危取决于国君的尊卑。同时晋法家也主张尊君,"国者,君之车也。"④把国家看做是君主运行权力的工具,此不可谓不尊君。但是在尊君的具体程度上,二者是有区别的。齐法家往往强调君主也要遵守法律,要求君主"行法修制县民服"⑤,君主要带头守法,这样才能"君臣上下贵贱皆从法"。⑥ 这就把君主的权力限制在法律允许的范围内。三晋法家则与此不同,把"尊君"视为推行"法治"的必要前提。他们不认同齐法家"令重则君尊"的观点,认为"君尊则令行",在法律和君主的关系上,以君主为重,主张君主独揽大权,"权者,君之所独制也"⑦,"权断于君则威"⑧,认为君主要"独视""独听""独断",才可以"王天下"⑨。

(2) 对待道德的态度不同。齐法家继承了管仲"礼义廉耻,国之四维"的传统观念,认为"四维张则君令行。"⑩他们认为虽然人人都有趋利避害的倾向,但是这种倾向不是不可改变的,所以他们承认道德教化的作用,"教训成俗而刑罚省数",⑪所以治理天下不能专任暴力,而应该"以德使",使"民从之如流水。"⑫晋国本来就认为"畏威如疾,民之上也,从怀如流,民之下也",⑬晋法家更是认为人皆好利恶害,而且终生不可改变,所以治理国家要"不务德而务法",用"力"来治理,从根本上否定道德的作用。

(3) 对待刑罚的态度不同。齐法家受到《管子》"仓廪实而知礼节,衣食足则知荣辱"⑭的

---

① 《商君书·开塞》。
② 《管子·七法》。
③ 《管子·重令》。
④ 《韩非子·外储说右下》。
⑤ 《管子·法法》。
⑥ 同上。
⑦ 《商君书·修权》。
⑧ 同上。
⑨ 《申子·大体》。
⑩ 《管子·牧民》。
⑪ 《管子·修权》。
⑫ 《管子·君臣下》。
⑬ 《晋语·国语下》。
⑭ 《管子·牧民》。

影响,又受到道家和儒家思想的影响,认为人民的物质生活状况决定着他们对法律的态度。如果他们衣食无着、饥寒交迫,就会不顾法律而铤而走险;如果此时用法律惩罚他们,则法律越重则骚乱越多,因此刑罚的威力是有限的。"刑罚不足以畏其意,杀戮不足以服其心。"①杀戮太多,民心不服,则君主的位置岌岌可危。与此相反,晋法家迷信暴力,推崇刑罚的威力,认为重刑在前,没有人敢触犯,所以应该"重轻罪,轻者不至则重者不来"②,这就是法家的"以刑去刑"的理论。

(二) 法律的起源

法家十分精辟地论述了法律的起源和形成原因,认为法律和国家不是从来就有的,而是人类社会发展到一定阶段的产物,具有一定的历史进化论的观点。其中最有代表性的是《管子》《商君书》和韩非对于法律起源的论证。

《管子》认为,古时候根本没有君臣上下的分别,人们"兽处群居",相互以武力相争,"不得其所",为了制止这种混乱,"智者"利用"众人"之力禁止人们之间的相互侵害,于是产生了"君主""国家"和"赏罚"。③

《商君书》认为,人类社会曾经历了一个没有国家和法律的阶段,"神农之世,男耕而食,妇织而衣,刑政不用而治,甲兵不起而王"④。但是到了后来,民众渐渐有了私心,于是互相争斗,"以强胜弱、以众暴寡"⑤的现象经常出现,扰乱了现实社会的秩序,增加了人民的痛苦。在这种局面下,圣人挺身而出,"做土地货财男女之分"⑥,由此产生了法律,为了执行法律,圣人又在人间安排了君主、官吏,国家于是同时产生。

韩非继承了《商君书》的这一说法,并在此基础上作了进一步的阐述。在他看来人口的增长与自然资源之间的冲突是法律产生的根本原因。开始的时候,由于人口较少而资源相对较多,人们之间没有必要也不会发生争斗,"人民少而财有余,故民不争"⑦。但是随着人口的不断增长,便产生了僧多粥少的情况,民众为了争夺资源便开始争斗,"是以人民众而货财寡,事力劳而供养薄,故民争"⑧。为了适应这一变化,便产生了国家和法律。

(三) 法律的作用

(1) "定分止争"。《管子》在论证法律的起源时说,法律是为了适应"定分止争"这一需要产生的,无疑"定分止争"变成了法律的首要作用。"分"指土地货物等财产所有权。商鞅形象地举例说,一只兔子在大街上到处乱跑,众人纷纷追赶想把它据为己有,我们都以为这是无可厚非的事,因为这只兔子的所有权没有确定;在市场上有许多卖兔子的,即使是强盗也不敢明目张胆的拿走其中的任何一只,因为兔子的所有权已经确定下来了。故"明分未定,尧舜禹汤皆如鹜而逐之,名分已定,贫盗不取。"⑨可见,法律的作用是以定分的方式来保护财产所有权。

---

① 《管子·治国》。
② 《商君书·壹刑》。
③ 《管子·君臣》。
④ 《商君书·画策》。
⑤ 同上。
⑥ 同上。
⑦ 《韩非子·五蠹》。
⑧ 同上。
⑨ 《商君书·定分》。

(2)"兴功惧暴"。①"兴功"是指富国强兵。当时正处于诸侯争霸的战乱年代,国家的生死存亡直接取决于军事力量的强大与否,各变法图强的国家无不把强兵作为重中之重。管子在齐、李悝相魏、吴起入楚、商鞅于秦都以旨在富国强兵的改革而著称于世。禁暴是指以法律为手段镇压民众的反抗。李悝在撰次《法经》时就明确指出:"王者之政,莫急于盗贼。"②"盗"指经济上对公私财产的损害,"贼"是指犯上作乱和对人身的侵害。

(3)"一民使下"。"夫法者,上之所以一民使下也。"③"一民"是只用法律来统一人民的言行,使其整齐划一。从商鞅的"燔诗书以明法令"到韩非子的"以法为教""以吏为师"④,再到秦始皇的"焚书坑儒",都是"一民"思想的具体贯彻。所谓"使下"是指通过法律规定臣民的职责和义务来役使臣子和百姓。

(4)"君尊主重、独制四海"。即法能保证君主的至尊地位与专制权力。管子分析的君主、政治和法令之间的关系,认为国家的安定取决于君主的尊贵,而君主的尊贵取决于法令的推行。"法重则君尊,君尊则国安,法轻则君卑,君卑则国危。故安国在乎尊君,尊君在乎行法。"⑤因此,法令是最重要的国家机器。韩非子进一步发挥了商鞅的"权制独断于君则威"⑥的思想,明确指出法能保证君主的专制,防止臣民反抗。同时认为君主若能够缘法而治,公正审慎地进行赏罚,便能够独制四海之内,而不为那些奸巧善辩浮躁的人所欺骗,这样所有的臣民都会一心一意的为君主效劳。

**法家的法治理论**　　与儒家、道家、墨家等学术派别不同,法家学派不讲究师承关系,其主要的代表人物只是因为他们的主张大致相同才被后人称为一派。如韩非和李斯同学于儒家大师荀子的门下,后来却都成了法家的代表人物;慎到和申不害同属法家,却深受道家黄老思想的影响。而且,法家注重实干,并不孜孜于完善本身理论的体系,而是强调解决富国强兵的实际政策的制定与贯彻。

法家的最主要的共同命题就是主张"法治",主张有法必依,执法以信,赏罚严明。法治的目的就是实现富国强兵。

(一)法治和礼治的对立

儒家所提倡的"礼治"的核心便是使亲疏有别,贵贱有等,"大人世及以为礼"⑦,社会地位和财富均由世袭取得,决定个人富贵与否的因素是血统而不是才干。但是到了春秋战国时代,礼崩乐坏,各国靠军事强力推行自己的政策。各国内部也发生下层民众向上层社会的流动。法家从历史进化观的角度出发,认为国家的管理方式应该随着形势的变化而作相应的调整,上古和中古时期适用礼治,但到了今世,各国以力相争,礼的各项原则已经不能适用。必须实行"不别亲疏,不殊贵贱,一断于法"⑧的"法治",使法成为衡量一切的标准。而

---

① 《管子·七臣七主》。
② 《晋书·刑法志》。
③ 《管子·任法》。
④ 《韩非子·五蠹》。
⑤ 《管子·重令》。
⑥ 《商君书·修权》。
⑦ 《礼记·礼运》。
⑧ 《史记·太史公自序》。

且针对贵族垄断土地所有权和世卿世禄的世袭制,主张土地私有、自由买卖和根据功劳才能选拔官吏。

值得注意的是,并非所有的法家人物都敌视礼的作用。由于地域文化的不同,晋法家视"礼治"为绝对的对立面。但是齐法家却很重视礼的作用,如《管子》"礼义廉耻,国之四维"的著名论断,将法度与礼仪并列视为治理国家的要义。"法度者,万民之仪表也;礼义者,尊卑之仪表也。"① 但是就两者的关系而言,法家显然认为法重于礼,礼出于法。"仁义礼乐皆出于法,此先圣之所以一民也。"②

(二) 法治与德治的对立

儒家的"德治"观点主张以道德教化为手段的治国方略,如果君主能以德治国,自然能得到人民的拥护,而人民在道德教化的作用下,亦能"其身正,不令而行"。③ 儒家轻视法律的作用,认为"以德服人"胜过"以力服人"。如此设计的治国方略在当时却很难贯彻,即使在孔子所处的时代弱肉强食也已经初见端倪,另一方面,随着商品经济的发展,原来的法律已经不能调整复杂的社会关系。"以力服人"的"法治"理论适应了时代的需要,受到了热烈的欢迎。

法家主张"务法而不务德",认为法律的统治效果要好于德治。在论证这一理论时,主要从两个方面展开:第一,认为人人都有避害之心,设以刑罚,则人民由于惧怕刑罚而不犯法,不犯法则能天下大治。只有德行高的人才能以宽服民,其次则是以猛服人。《管子》举例说,火猛烈,人看见它就会害怕,害怕则懂得规避,所以死于火的人很少。水看起来懦弱,人不以为然,轻慢地在水中玩耍,所以死于水的人很多。《韩非子》也认为:"夫严刑者,民之所畏也;重罚者,民之所恶也,故圣人陈其所畏以禁其邪,设其所恶以防其奸,是以国安而暴乱不起。吾以是明仁义爱惠之不足用,而严刑重罚之可以治国也。"④ 并进一步举例说,严厉的父亲能教导出合格的儿子,而慈爱的母亲多半由于溺爱而出现"败子",根本原因在于各自所使用的方法不一样。由此得出结论:"吾以此知威势之可以禁暴,而厚德不足以治乱也。"⑤ 第二,法家认为道德根本没有作用,即使有用,也只是在很小的限度内。他们举例说,像孔子这样的圣人一生才教出了七十二个贤人,平常人连一个贤人都教不出来,因此以德治国根本不可能达到理想的效果。相反,为政者"不务德而务法"是正常、无可非议的。

(三) 法治与人治的对立

儒家的"人治"主张认为在治理国家的过程中"人"起决定性的作用。与此相反,法家强调的是"法"而不是"人"。他们抨击"人治"其实是统治者随心所欲的"心治"和"身治",以个人的感情为基础,必然随心而定,也必然随心而变,没有客观的标准。在此种情况下"仁"与"暴"变成了"心治"的两个极端,两者皆可以亡国。

从表面上看来,法家的"法治"理论与西方的"法治"理论极其相似。但是如果细细地考察一下便会发现二者的差异是很明显的。

首先,法家所主张的法律是由君主制定的,君主掌握着立法的全部大权。如《管子·任

---

① 《管子·形势解》。
② 《管子·任法》。
③ 《论语·子路》。
④ 《韩非子·奸劫弑臣》。
⑤ 《韩非子·显学》。

法》篇中说到"法生于君"。由此出发，被制定出来的法律自然而然地是为了维护君主权威和利益，是为了加强中央集权的程度，这就是法家所倡导的"法治"的本质。反观西方源远流长的法治理论，则与此大相径庭。柏拉图：："不是根据全国的利益而是根据部分人的利益制定的法律不是真正的法律。那些只是依照部分人利益制定法律的国家，不是真正的国家，他们所说的公正是毫无意义的。"①从这一段论述可以看出，西方的法治理论强调的法律要从公众的利益出发，考虑到大多数人的意志。

其次，在法家的法治理论中，权力和法律是二元并立的，而且法治的目的就是为了加强权力，法律是权力的从属物。那种没有约束的权力很容易战胜法律而"独霸天下"，最后将法治变成赤裸裸的暴政，秦皇朝的统治就是一个活生生的例子。在西方的法治理论中，法律与权力是互相对立的，法律的产生是为了约束权力的过度膨胀，法律是权力的克星，正如柏拉图在《法律篇》中所说的："如果一个国家的法律处于从属地位，没有权威，我敢说，这个国家一定要覆灭。"从这个意义上讲，法家的法律是国家政权控制社会的工具，而西方的法律是社会约束国家政权的工具。

再次，法家所谓的"法"其实主要指的是刑罚，是当权者统治社会的工具，是镇压臣下和民众反叛的手段。"凡所治者，刑罚也。"②正如许多人说的那样，理论上的"法家"，在实践中都成了"罚家"，秦朝的"以法治国"，事实上是"以刑治国"。与此不同，西方法律是以权利为核心的规则体系，"法"在不同的语言中有不同写法，在拉丁语中是"jus"，在法语中是"droit"，在德语中是"recht"，而这些词语同时又是"权利"的意思。

最后，法家推行法治的目的是"以刑去刑"，用严酷的刑罚使民众不敢犯法，最终达到消灭刑法的目的。而西方的法治却是通过用法律来约束国家和民众的行为，最终确立起法律在社会上的统治地位。

【解说】

## 法家法治学说的评价

法家的法治理论，为中国古代文化专制主义和反智（反对知识、反对知识分子）传统的形成和发展开了先河。法家为了厉行法治，曾经特别强调法的一尊思想和文化一统的重要性。他们要求老百姓对法律不许违反，不许议论。因为"令虽出自上而论可与不可者在下，是威下系于民者也"③。因此，必须采取"作议者尽诛"④的高压手段。他们还主张"禁奸于未萌"⑤，以便从思想上根本解决问题。并且认为这是最好的方法，即所谓"太上禁其心"⑥。从"禁其心"出发，法家要求统一思想，"明主之国，无书简之文，以法为教；无先王之语，以吏为师"⑦。一切与法令不合的仁义道德、诗、书、礼、乐都得禁止，"息文学而明法度，塞私便而一功劳，此公利也"⑧。主张用极其野蛮的手段实行文化专

---

① 柏拉图：《法律篇》715B，森进一等译，岩波书店1993年版，第254页。
② 《韩非子·诡使》。
③ 《管子·重令》。
④ 《管子·法法》。
⑤ 《韩非子·心度》。
⑥ 《韩非子·说疑》。
⑦ 《韩非子·五蠹》。
⑧ 《韩非子·八说》。

制。如同郭沫若所说:"在韩非子所谓'法治'的思想中,一切自由都是禁绝了的,不仅行动的自由当禁('禁其行'),集会结社的自由当禁('破其群以散其党'),言论出版的自由当禁('灭其迹,息其说'),就连思想的自由也当禁('禁其欲')。韩非子自己有几句很扼要的话:'禁奸之法,太上禁其心,其次禁其言,其次禁其事'①,这真是把一切禁制都包括尽致了。"②法家的这种主张,其灾难性的后果,便是从商鞅的"燔《诗》《书》而明法令。"③发展到秦始皇和李斯的"焚书坑儒"。

与文化专制主义相连,法家也大力攻击知识分子。"夫立法令者,以废私也。法令行而私道废矣。私者,所以乱法也。而士有二心私学……托付深虑,大者非世,细者惑下。……凡乱上反世者,常士有二心私学者也。"④因此,韩非子将知识分子列为"五蠹"之一,强调君主不能重用他们。"文学者非所用,用之则乱法。"⑤不仅不能重用,而且应当根除。否则,"人主不除此五蠹之民,不养耿介之士,则海内虽有破亡之国、削灭之朝,变勿怪矣"⑥。

余英时对法家的这种立场态度称之为"反智论",并说明反智论在道家那里虽然已经有端倪,但将其"发扬光大"乃至精密成熟,则是法家的"杰作"。⑦ 以后历代专制君主,如秦始皇的焚书坑儒,朱元璋的滥杀士子学人,康熙、乾隆的大兴文字狱等,都只是法家反智论的具体执行而已。文化专制、反对知识分子、尊君卑臣以及愚民政策等又是互相联系着的,它们形成了中国法律文化的一个传统,这一个传统越发展到后期,对中国文化发展的阻碍作用越大,知识分子日益沦为专制统治者的附庸(当然,也有个别正气浩然者),无丝毫独立的地位。而这种后果的出现,法家实在负有不可推卸的责任。⑧

## 法家推行"法治"的方法

法家不仅创造了"以法治国"的理论,而且提出了一整套实施这一理论的方法,主要包括理论性的铺垫以及具体的实施办法。

(一) 理论铺垫

(1) 人性好利论。慎到、《商君书》《管子》都认为人性是好利的,韩非继承了这一观点并且进一步加以发展,他认为好利是人的本性,"以肠胃为根本,不食则不能活,是以不免于欲利之心"⑨。甚至连父母子女之间也是受利害关系支配的。他举例说,母亲生了儿子,全家庆贺,生了女儿便会把她杀死,原因就是考虑到以后的长远利益。造车的人希望人富贵,卖棺材的希望有人死,这绝不是前者心善后者心恶,而是由利益决定的,因为人不富贵不会买车,人不死则棺不售。在此基础上韩非认为不应该以道德论人,而应该以利害察人,把全部制度都建立在利害的基础上,实行以赏罚为手段的法治。

(2) 历史进化观。春秋战国时代,"尚古"是主流的基调,几乎各家学说都崇尚三皇五帝

---

① 《韩非子·说疑》。
② 郭沫若:《十批判书》,科学出版社1954年版,第403页。
③ 《韩非子·和氏》。
④ 《韩非子·诡使》。
⑤ 《韩非子·五蠹》。
⑥ 同上。
⑦ 余英时著:《中国思想传统的现代诠释》,江苏人民出版社1995年版,第79页。
⑧ 何勤华著:《中国法学史(第一卷)》,法律出版社2000年版,第99页。
⑨ 《韩非子·解老》。

尧舜禹,以上古时代为人类的理想境界,这就使法家革新变法的主张处在重重的包围之中。为了给"变法"的主张找到合理的根据,法家提出了进化的历史观:人类历史是向前进步的,一切法律和制度都应该随社会的进步做出相应的调整,不能复古倒退,也不能故步自封。商鞅将人类历史分为三个阶段:上世、中世、下世,认为上世靠"亲亲",中世靠"仁义",下世则"亲亲""仁义"行不通了,必须因势立法。"圣人立法,不法古,不修今,法古则后于时,修今则塞于势。"①君主立法,不能效法古代,也不能固守今世不变,效法古代就会落后于时代,固守今世就不能适应变化的形势。韩非继承了商鞅的观点,将历史分为"上古""中古""近古"三世,认为每个时期都有相应的统治方法,当今之世也应该采取适合的制度。

(二)具体的实施办法

法家不但提出了"法治"的理论,而且从立法、执法、运用赏罚、处理法与权势、法与策略手段的关系方面提出了一整套推行"法治"的方法,主要如下。

1. 立法主张

法家主张立法大权应该全部掌握在君主手中,所谓"生法者,君也"②,但是,君主并不能随意立法,而是要考虑各种综合因素。针对立法,法家提出了循天道、因民情、随时变、量可能、务明易等具有普遍代表性的立法主张。

法律要循天道。法家学派从地域上可以分为晋法家和齐法家,总体上讲,这两派都或多或少地受到道家思想的影响。尤其是后者当中的许多人如慎到都曾经在齐国稷下游学,深谙道家的黄老之学,"道法自然"也就成了法家法律观的一部分。中国古代哲学中的天有三种不同的含义:一是主宰之天;二是自然之天;三是义理之天。法家所指的天道指自然之天即天地、阴阳、四时自然现象与自然规律。循天道即法律的制定要符合自然规律,适应自然环境。法家认为人生于天地之间,人与自然天地形成了一种协调适应的关系,并称这种关系为天道。天道的含义首先是精神上的,天道的本性是对万物一视同仁。因此,立法要从公而无私,即"法天合德,象地无亲,日月之明无私"③。顺天道的含义其次是指,"法四时",即立法要遵从自然规律。比如,春天性质属"仁",因此法律也要从"仁",不宜行刑,适合赦免犯罪;夏天属"忠",法律要相应地鼓励人民耕种生产;秋天属"急",法律要严,适合行五刑、诛大罪;冬天属"闭"适合对人民进行教育。

法律要因民情。法律的制定要以人对物质利益的追求为基础。法家认为人人皆有好利恶害之心,"民之情莫不欲生而恶死,莫不欲利而恶害"④。"利"即包括物质性的如衣食,也包括社会性的如荣辱。这是人之常情,即"民情"。法律要充分考虑到这一"人之常情",用利害来引导民众遵从法律,这是政治成败的关键所在。

法律要随时变。法家认为历史是不断变化的,不同的时期会有不同的形势,法律也要针对形势的变化做相应的调整,与之相适应。"治世不一道,便国不法古。"⑤立法要"不慕古,不留今,与时变,与俗化。"⑥

法律要量可能。立法要考虑客观的可能性,只有如此法律才能顺利而有效的实行。"地

---

① 《商君书·更法》。
② 《管子·法法》。
③ 《管子·版法解》。
④ 《管子·形势解》。
⑤ 《商君书·更法》。
⑥ 《管子·正世》。

之生财有时,民之用力有倦。"①民有"所能为",亦有"所不能为"。君主立法行令,不能超越一定的度量,物极必反,超过了人民所能承受的限度,必然会走向法治的反面,使国家和政权处于岌岌可危的境地。

务明易。法令一定要明白易知、便于遵行。商鞅认为人民愚蠢则容易治理,既然法令治理的是愚蠢的民众,如果太"微妙",连聪明智慧的人都看不懂,怎么能让民众实行呢？因此,"圣人为法,必使明白易知"②,使愚昧和聪明的人都能了解法律。韩非子还提出了"三易"的主张:"易见",即使人容易见到;"易知",指使人容易看懂;"易为",指使人容易遵守和执行。做到了三易,就能使法令得到贯彻。

2. 执法主张

为了推行"法治",法家认为必须使法律成为君主治国、官吏尽职和判断所有人言行是非、实行赏罚的唯一准则,从而提出了明法、任法、壹法、从法的主张。

(1) 明法。要求立法明确和全体国民守法。主张以成文法的形式将法律公布于天下,使法律既要明显,又要明白。公布法律主要基于两点考虑:一是使民众知道法律的具体规定,从而规范自己的行为;二是防止官吏以权谋私或者罪刑擅断,草菅人命,同时防止犯罪者在法律以外寻求使自己不受惩罚的途径,即所谓"吏不敢以非法遇民,民不敢犯法以干法官"。③ 法家还主张由法律来统一人民的思想,即"以法为教"④。官吏和人民都要学习法律。商鞅说,基层的法官一旦接到中央的法令,就要立即学习,弄明白法律的真正含义,其他的官吏和人民如果想知道法律的具体规定,就可以向司法官员进行询问,如此这样,天下所有的人就都知道法律了。另外法家还主张要"以吏为师",即所有的人都要向司法官员询问法律,法律必须要由司法官员来宣讲和解释。商鞅还规定,司法官员要由精通法律条文的人来担任,一旦有人向其询问法律,必须回答且能够回答,并要作下记录。如果司法官员没有回答或者不能回答,则要按照所被询问和忘记的法律来惩罚司法官员。

(2) 任法。即要求有法必依,执法以信,在选拔官员的时候,按照法律的规定执行,而不"任私"(按照私人感情选拔),不"任贤"(不首先考虑才能,而首先考虑贤德与否)。商鞅将诗、书、孝悌、贞洁、仁义、羞战比作伤害国家的六虱,韩非认为儒家、纵横家、游侠、逃避兵役的人和商人工匠是破坏国家法令的五种蛀虫,因此都坚决反对"任贤",反对"任私",反对"任智",主张"任法"。他们指出,"任贤"会吸引民众的注意力,其后果是损害君主的权威,"任智"则会导致下级不听从上级,不遵从法律,任"私议"会鼓励奸臣卖求荣,贪官污吏侵害百姓。从而得出"任法而不任智,任数而不任说,任公而不任私,任大道而不任小物"⑤。他们要君主牢牢地掌握着法令,把法律作为考察臣下言行、功绩和称职与否的标准,凡是不符合法律的都不听、不说、不做。同时又突出一个"信"字,强调一个"必"字,要求执法必信,有法必依,正如商鞅所说的一样,"民信其赏,则事功;不信其刑,则奸无端"⑥。

(3) 壹法。这一主张包括三个方面:首先,统一立法权,反对政出多门,认为法自君出,要由君主掌握全部的立法大权。"国之所以治者三:一曰法,二曰信,三曰权……权者君之

---

① 《管子·权修》。
② 《商君书·定分》。
③ 同上。
④ 《韩非子·五蠹》。
⑤ 《管子·任法》。
⑥ 《商君书·修权》。

独制也,人主失守则危。"①只有保证"政法独制于主",才能"政不二门",法令统一。其次,必须保持法律内部的稳定和协调。韩非子说:"法莫如一而固。"②其"一"是指内容的统一,不能"故新相反,前后相悖",③决不允许两种不同质的法令并存;其"固"是说保持稳定,反对朝令夕改,认为治理国家时不保持法律的稳定就会给人民带来痛苦,法律的多次更改是亡国之道。这反映了战国末期法家从"变法"到要求法律稳定的立场转变。最后,必须使人民的思想统一到法令上来。法家主张"禁奸于未萌"④,严惩任何反抗的想法和动机;主张"太上禁其心"⑤,即镇压思想犯,无论官民,"皆嘘其胸以听于上","言行而不轨于法令者必禁"⑥。

(4)从法。要求使法令具有绝对权威,任何人都要按法令办事。主要包括君臣共守和刑无等级两个方面。首先,法家认为法由君主"独制",而执法应是"君臣共操"的。他们看到了"法之不行,自上犯之"⑦的教训,不但主张各级官吏守法,而且也要求君主"先民服",即带头守法。《管子》指出,"令行于民"要以"禁法于身"为前提,执法者带头遵守法令,才能保证法令的贯彻,只有"置法以自治,立仪以自正"的君主才是"有道之君"。因此,他们认为法令的权威高于君主。其次,法令权威的体现,主要是"刑无等级"。商鞅第一个提出了"刑无等级"的原则:"刑无等级,自卿相将军以至大夫庶人,有不从王令,犯国禁,乱上制者,罪死不赦。"⑧韩非子强调:"法不阿贵","刑过不避大臣,赏善不遗匹夫"。"不避尊贵,不就卑贱。"⑨这表现了法家之法的坚决和在适用法律上的平等要求。

法家认为,做到了明法、任法、壹法、从法,就实现了"大治"⑩。《管子·任法》曾经从验收法治的角度给"法治"下过这样一个完整的定义:"夫生法者,君也;守法者,臣也;法于法者,民也。君臣上下贵贱皆从法,此之谓大治。"

3. 善于运用赏罚

法家认为趋利避害是人的本性,因此实行赏罚是贯彻执行法令的唯一有效手段。"人情者,有好恶,故赏罚可用。赏罚可用则禁令可立,而治道具矣。"⑪法家的赏罚观主要包括以下几点:第一,信赏必罚。指按照法律的规定,该赏的一定赏,该罚的一定罚,这样才能取信于民。信赏必罚包括三个方面:一是一定要使法定的赏罚实现,在数量上符合赏的标准和罚的等级;二是赏罚要公平,不论亲疏贵贱,一视同仁;三是反对"宥过"和"赦刑"主张不宽恕人们的罪过,不赦免应得的刑罚。第二,厚赏重罚。商鞅认为,只有"厚赏"和"重刑"才能使民众相信君主和法令。《管子》指出,"赏薄"便不能起到鼓励和诱导的作用,"禁轻"则无法制止坏人;相反"厚赏"和"重禁"能够使臣民竭尽全力地为君主效劳。韩非认为,赏罚的作用不仅仅体现在受赏受罚的对象身上,也是为了杀一儆百,扩大影响。厚赏是为了鼓励其他人继续立功,重罚是为了威胁其他人不敢犯法。第三,"赏誉同轨,非诛俱行",指思想观念、社会

---

① 《商君书·修权》。
② 《韩非子·五蠹》。
③ 《韩非子·心度》。
④ 同上。
⑤ 《史记·商君列传》。
⑥ 同上。
⑦ 同上。
⑧ 《商君书·赏刑》。
⑨ 《韩非子·备内》。
⑩ 《管子·任法》。
⑪ 《韩非子·八经》。

舆论要与法律赏罚相一致。法家主张人们的思想观念要统一到法令上来,所以商鞅强调"一赏、一刑、一教"①。韩非指出,奖赏不当则会让人民产生不服的情绪,给受赏者带来压力;同时,被施以重刑的人也会在民众中留下不好的名声,这叫做"赏誉同轨,非诛俱行。"②第四,少赏多罚和轻罪重罚。商鞅公开宣称"禁奸止过,莫若重刑"。③ 其"重刑"包括两层含义:一是指数量上的"刑多和赏少",顺序上的"先刑而厚赏",原来主张只赏有功于耕战和告奸的人,后来干脆只罚不赏。二是指加重轻罪的刑罚,认为这是"以刑去刑"的必由途径,是君主爱民的表现。因为对轻罪采取重刑,则人民不敢犯轻罪,轻罪不敢犯,重罪更不会犯,这就是用刑罚的手段达到不用刑罚的目的。

4. 法术势三者结合

为了实现"法治"这一目标,法家的成员各自提出了自己的主张,这些主张虽然有共性,却各自有所侧重。总的来说,商鞅重法,慎到重势,申不害重术,韩非子集其大成,主张法术势三者结合。

## 第三节 法家法律思想的特点和历史作用

**法家法律思想的特点**　　重视法治,这是法家思想家共同的思想倾向和特点,《论六家要旨》中把法家的思想概括为"不别亲疏,不殊贵贱,一断于法"。《汉书·艺文志》则认为法家"信赏必罚""专任刑罚"。这些都是法家思想的一个方面,反映了法家思想的特征。法家作为一个学派,不仅对法律最有研究,主张"法治"的法律思想,在政治上也最有作为,是一个注重政治实践的学派,形成了一套完整的治国学说。它为了适应当时历史条件而产生,所以法家不仅是在学理上,而且是在现实的政治实践中建立的,其思想具有独到的特征。

(一)主张变法,反对因循守旧

从春秋到战国,随着社会的发展,旧的统治秩序已经不能适应当时的形势,但是由于旧传统依然在各个方面产生影响,导致社会发展缓慢。为了革除旧的残余势力,各诸侯国纷纷主张变法,法家的很多代表人物都被重用,主持变法。

(二)主张"以法治国""一断于法"

法家认为,人们的一切行为都应该受到法的规范,法律是辨明是非功过的标准。法家主张立法要顺天道,即遵从自然规律;因民情,把握人的好利恶害的本性;随时变,要适应时代的发展变化而做出相应的改变;尊事理,尊重事物的规律性以及已经形成的惯例和习惯;量可能,要考虑客观的可能性和可行性;务明易,法律要通俗易懂、简便易行。执法要严格依法。

(三)倡导富国强兵

法家在实行变法改革时都十分重视农业和军队的建设。农业是一国之本,农业发展了,粮食产量增加,国家才能富裕,经济实力才能增强。军队强大善战,就能成为强国,在战争中

① 《商君书·靳令》。
② 《韩非子·八经》。
③ 《商君书·赏刑》。

取得优势,战胜敌人,争霸天下。法家对于农业生产者和有军功的人都加以奖赏,而对于游手好闲,既不生产,也无军功的人的权利加以限制。这样,鼓励全国人民进行耕战,实现富国强兵。

(四)实行君主专制,"法""术""势"相结合

法家主张建立君主专制的中央集权国家,建立这样的国家的方法就是要将法治、权势和治国之道,亦即"法""势""术"结合起来。法家认为,要实行"法治",必须以君主的权势为前提,以国家政权为后盾。而国家的行政、立法、司法等大权只有集中于君主一人手中,才能控制臣下和庶民,才能将国家治理好。如果失去了权势,就会导致国家的混乱,最终亡国。因此,君主应该掌握治理国家的权术,也就是统治的方法和技巧,将权力牢牢握在手中,在政治上取得支配权,处理好君主与臣下的关系,制定有利于统治的法律,依照法律以赏罚的方式来控制臣民,使他们服从统治,一丝不苟地执行君主命令。还要统一人们的思想,进行思想文化的专制。

(五)提倡性恶论和进化史观

法家认为,人的本性是好利恶害,治理人民,制定法律都应该以此为出发点。君主应该"因人情",推行赏罚分明的"法治",人性好利,就用名利去赏他;人性恶法,就用重法重刑去惩罚他。商鞅主张治国应该赏罚并用,软硬兼施。韩非发展了这一思想,将赏罚作为统治的重要工具,称之为"二柄",即刑与德。这里的刑就是惩罚,德就是"赏"。这样使人们为了获得赏赐而努力劳作,为了免于受到法的惩罚而不去作奸犯科。人们安于生产,不作违法之事,国家由此而安定。法家提出赏罚的原则是:信赏必罚,有功就赏,有罪必罚;厚赏重罚,以扩大赏罚给人们的影响;刑多赏少,赏和罚相比,罚的程度和数量要比赏更多,更重;轻罪重罚。商鞅主张"重刑",以达到"以刑去刑"。韩非后来也赞成"以刑去刑",只有重刑才能止奸。法家的进化史观是为推行改革而铺垫的思想基础,认为人类历史是演进的,人类的社会是不断向前发展的,一切应该向前看,"不法古,不循今"。

在战国时期,法家的思想独树一帜,法家用现实主义的态度看待当时的社会现实,主张用法治的手段使社会和国家得到发展,以至于取得霸主的地位,实现统一。法家的思想对战国时期诸侯各国的变革和发展都产生很大的影响,它的重农重战思想、"法治"的思想,打破了很多旧传统,打击了旧的贵族,削弱或剥夺了他们的特权,适应了时代的要求,推动了社会的进步。

**法家思想对于其他学派的吸收**

法家相对于其他各家学派来说出现和成熟得比较晚,法家与其他各家都有或多或少的联系。一方面为了确立法家的独尊地位而排斥和反对其他学派的思想;另一方面又借鉴其他思想为法家思想的完善和法家统治的需要服务。因此,法家与其他学派保持着密切的关系。

(一)法家与儒家

法家与儒家有着密切的关系。法家的很多代表人物都曾师从儒家,比如,李悝曾师从儒家的子夏,吴起也曾师从儒家的曾申、子夏,商鞅早年也学过儒术,韩非和李斯都是儒家大师荀况的学生。这些人都深受儒学的影响,但是后来却转而投入法家,站到了儒家的对立面。

儒家和法家的理论虽然具有很强的对立性,但是不能忽视二者相互联系的一方面。"法治"与"礼治"并不是完全格格不入的,它们之间也有契合之处。在法家和儒家的关系问题

上,要注意荀子这个重要的人物。荀子是儒家的代表人物之一,他在一定程度上发展了儒家的思想,同时,他是法家的代表人物韩非和李斯的老师,因此,他的思想对于法家思想必然会产生一定的影响。荀子重礼重王道,是位儒家的学者,但是荀子又与孔孟的儒学不一样,他不反对法家的法治思想。他认为,礼是法的总纲,是法的制定的依据,礼是根本的;法是用来保证礼的,是礼得以实现的重要的保障。韩非和李斯的思想正是从这种思想出发,进一步发展为法治的思想的。

(二) 法家与墨家

法家与墨家都是极力反对儒家学说的,因此,二者也有很多的共同语言。比如墨家的思想中也包含了建立中央集权制的君主专制理论。墨家的观点认为,天子具有至高无上的地位,只有天子才可以统治全国,发布命令。诸侯和各级官吏与天子的观点保持一致,以天子之是为是,以天子之非为非。这对于法家极力鼓吹的君主专制独裁的思想是有所启发和补充的。

墨家也重视"法"的作用,认为君主治理国家要依靠"法",臣下处理事务尊崇"法",人民的行为更要与"法"的要求相一致,即一切都必须顺"法"而行。墨家的"法"既包括法律,也包括道德、规矩,是广义上的"法"。这对于法家的理论也是有一定的影响的。

墨家坚决反对儒家的宗法世袭制度,反对任人唯亲的"亲亲"原则,主张"举贤",这一点被法家所发扬光大,并进一步主张建立职业官僚制。

(三) 法家与道家

法家中曾习道家之术的不乏其人,慎到、申不害、商鞅都曾学黄老。法家主要借鉴了道家的"无为"思想,将这一思想运用到了君主的统治策略中,主张"君道无为,臣道有为"。君主用"无为"而使臣下积极工作,同时,加强对臣下的监督,这是法家提倡的"术"治的重要思想。尤其是韩非仔细研读并解释《老子》,有专门的《解老》《喻老》的篇章,显示出老子所提倡的思辨哲学对于法家理论提升的重要影响。

**【资料】**

## 《韩非子·解老》片断

人有祸则心畏恐,心畏恐则行端直,行端直则思虑熟,思虑熟则得事理。行端直则无祸害,无祸害则尽天年。得事理必成功。尽天年则全而寿,必成功则富而贵,全寿富贵之谓福。而福本于有祸。故曰:"祸兮福之所倚"。

**译文**:

人遭遇到了灾祸就发生恐惧,恐惧就使人行为端正,行为端正就使人深思熟虑,深思熟虑就会明白事物的道理。行为端正就没有灾祸,没有灾祸就可以得享天年。明白了事物的道理就必定会成功,得享天年就可以保全长寿。必定成功就可以得到富贵,保全长寿富贵就称之为福。因此福出自祸,所以(老子)说"祸兮福之所倚"。

(四) 法家与名家

法家从名家那里吸收了"循名责实"的思维方法,将这种思想用于君主"术"治中,对与官吏的监督和考察,名符实者给予嘉奖,名不符实者则降职或撤职,加强国君对臣下的控制和管理。

从以上可以看出,法家与儒、墨、道、名各派都有着千丝万缕的联系,法家人物吸收各派有利于自己统治的思想,为我所用,才能够适应当时的社会发展要求,成就其辉煌。

**法家思想的历史作用**　　法家在法律制度、法律思想,特别是在法理学方面做出了巨大的贡献。他们对法的本质、起源、作用,法与其他社会社会现象的关系,立法、司法的方法等等都有独到的见解。

法家提倡建立统一的中央集权君主专制政权,以及"法""术""势"相结合的治国方略,对于后来两千多年的皇朝的统治产生了巨大的影响。为了维护自己的统治,后世的统治者根据法家的君主专制思想建了一套统治秩序,国君高高在上,其统治地位不可动摇,同时又建立庞大的官僚队伍,为国家的统治服务,君主则运用"法""术""势"进行监督。

法家的一断以律,法不阿贵的精神对于后世影响深远。后世的许多司法官吏秉公办事、直言不讳,为了国家整体的统治利益,敢于与那些权贵们斗争,敢于冒死相谏。这种天下为公,同邪恶势力作斗争的无畏精神,可以说是与法家的思想精神一脉相承的。

法家特别重视法律和法学一般理论的研究,很多法家的代表人物对于法学的理论有着自己的见解,例如,法家的法律起源论、进化历史观、人口论等等都使法学得到了前所未有的大发展,丰富了中国古代法和法律思想。同时法家还重视法制建设,在立法、司法的实践活动方面都有独到的建树,这是研究传统法律文化的宝贵财富。

秦国灭亡,法家这一学派迅速消亡,但是法家的思想还是在继续发挥影响。后世很多政治家和思想家在治理国家时都吸收了法家的某些思想。这是因为,通过法律来治理社会的"法治"已经成为一种政治传统,后世西汉初年的黄老之学,董仲舒的儒学,乃至后来魏晋、宋明之学,实际上都吸收和发展了这种思想。后来占有统治地位的儒家思想虽然起初与法家对立,但实际上不可避免地将法家法治思想吸收进来,为其统治服务。

### 本 章 小 结

本章主要讲述了法家学派的产生、发展和衰变,法家学派兴起于春秋,确立于战国,兴盛于秦,随着秦皇朝的灭亡,法家作为一个学派走下历史舞台。但是,法家的思想在之后的几千年中仍然起着潜移默化的作用,影响了秦以后历朝历代。本章重点讲述了法家思想的具体内容,对后世的影响及与其他学派尤其是儒家的关系。

**参考阅读书目**

1. 《百子全书》第三卷,浙江人民出版社1984年版。
2. 武树臣、李力:《法家思想与法家精神》,中国广播电视出版社1998年版。
3. 许抗生:《中国法家》,新华出版社1992年版。
4. 刘新:《中国法律思想史》,中国人民大学出版社2000年版。
5. 张国华、饶鑫贤:《中国法律思想史纲》,甘肃人民出版社1984年版。
6. 《韩非子校注》,江苏人民出版社1982年版。
7. 《商君书评注》,中华书局1976年版。
8. 杨鸿烈:《中国法律思想史》(上),中国政法大学出版社2004年版。

9. 杨鹤皋：《先秦法律思想史》，中国政法大学出版社1990年版。
10. 李光灿、张国华主编：《中国法律思想通史》（第一卷），山西人民出版社1994年版。
11. 俞荣根主编，范忠信、刘笃才副主编：《中国法律思想史》，法律出版社2000年版。

**思考题**

1. 列举春秋战国时期法家学派的主要代表人物。
2. 概述商鞅变法的主要改革措施及其法治思想。
3. 叙述法家法律观的主要内容。
4. 如何评价韩非子的法治学说。
5. 总结法家法律思想的主要特征及与儒家法律思想的区别。
6. 法家推行法治的方法对我们今天实施依法治国方略有何启示？

# 第四章
# 道、墨家及先秦其他学派的法律思想

**本章要点**

本章主要介绍了先秦时期道家、墨家、阴阳家、兵家、杂家的法律思想。先秦时期是中国思想和文化的奠基时代,那是一个百家争鸣、百花齐放的时代。法律的思想与观念也体现出了富有创造性和多元化的特征。当时的各家各派都提出了自己较为系统完整的法律思想,并与其他的学派相互争鸣、驳难。道家、墨家、阴阳家、兵家、杂家也提出了不同于其他学派、具有自己特色的法律思想,并对后世法律思想的发展和中国的社会与文化产生了重大的影响。

## 第一节 道家的法律思想

道家是先秦时代百家争鸣中的一个重要学派,它以老子、庄子关于"道"的学说为中心。道家之名,源于西汉司马谈《论六家要旨》,司马谈称老庄为道德家。至《汉书·艺文志》始称"道家",被列为"九流"之一。道家的创始人是老子,庄子则对老子关于"道"的学说有进一步的发展。道家以其深刻的思想,成为中国儒道互补传统文化的一个重要组成部分,对中国社会政治、思想、科技、文学、艺术有着重大的影响。

【人物】

### 老 子

老子,姓李名耳,字聃,故又称老聃。楚国苦县人。他的生卒年代与生平事迹均难以详考,大约生活在春秋末期,与孔子同时代而早于孔子,做过周朝的守藏史,即管理国家藏书的史官。据说孔子游历到周地时,曾问礼于老子,对老子深为佩服。孔子形容老子是乘风云而上天的龙,并说自己无法懂得。据司马迁《史记》所言,老子因为清静无为,修道而养寿,活了有一百六十岁,甚至

老 子

可能活了二百岁。后来老子遁世而去,做了隐士,不知所终。相传,老子退隐而去,骑着青牛经过函谷关时,当时的关令尹喜事先看到了有紫气东来,便料知老子要到了。尹喜想法留老子在函谷关住了几天,恳请老子能留言于世。老子从其所言,挥笔写了五千言。于是我们今天便能幸运地读到老子那高妙精深、字字珠玑、充满智慧的言论。

# 庄 子

庄子,名周,宋国人。他的生卒年代也无法确切考证,大约生活在公元前369—前286年,是战国中期人,与孟子同时代而稍晚。他的生平事迹,我们知之甚少,只知道他曾做过蒙这一地方的漆园吏,即管理漆园种植和漆器制作的小吏,其余大部分时间都在此地过着隐士生活。庄子家贫,有时靠编织草鞋等这类手工劳动来维持生计,曾有穷得向人借粮下锅的经历。他不愿做官从政。相传当时的楚威王对庄子的才华非常信服,曾派使者许以千金,要聘他为楚相,遭其拒绝。庄子对使者说自己不愿为国事所羁绊,将终身不仕,以过一种逍遥自在的快意生活。庄子对生死有透彻的感悟,认为生死无别,故其妻去世,他并不悲伤,反而鼓盆而歌。庄子对手工艺人的生活和技艺非常了解,本人也具有高超的手工艺制造技艺。《庄子》叙及了许多手工艺人,如庖丁、船夫、捕蝉者、射箭高手、制钩带者、车匠等,并进而阐释了由"技"进"艺"而入"道"的思想。

庄 子

研究先秦道家的法律思想,主要依据的资料是《老子》和《庄子》。关于《老子》一书,有许多疑问,学术界比较一致的看法是,此书约成于战国之初,凡五千言,八十一章,后世又称之为《道德经》。《庄子》一书,据《汉书·艺文志》记载是五十二篇,今存三十三篇,分为内篇、外篇和杂篇。历来许多学者认为,内篇确定为庄子所作,外篇与杂篇除少数几篇归属有争议外,大部应为庄子或庄子后学所作。

**道法自然,崇尚社会秩序与自然秩序的和谐一致**

道家以"道"为中心,构建了他们关于自然秩序与社会秩序的理论。在这一理论中,天地、社会、人是一种同源同构对应的关系,人法地,地法天,天法道,道法自然,社会秩序与自然秩序应当是和谐一致的。

"道",是道家全部理论的出发点。道家视"道"为宇宙间万事万物的最初本源和内在的支配者,宇宙秩序的建立也是本源于"道"。老子是这样来表述"道"的:有一个浑然一体的东西,在天地形成之前就存在。听不见它的声音,也看不着它的形体。它独立长存而永不衰竭,循环运行而生生不息,可以为天地万物的根源。我不知道它的名字,勉强叫它做"道",再勉强给它起个名字叫做"大"。它广大无边而周流不息,周流不息而伸展遥远,伸展遥远而又返回本原。① 显然,道家的"道"具有不可言说的特性,所谓"道可道,非常道,

---

① 《老子》第二十五章。

名可名,非常名"。① "道"无形而不可见,恍惚而不可追。它无作为、无痕迹,可以体会却无法看见,可以心传却不能口授。但"道"又是真实存在的,它以自我为本,以自我为根,没有天地以前它就已经存在,天地消灭之后它仍然存在,在太极之上而不为高,在六极之下而不为深。它是宇宙万物之母,产生了天地万物、众生,所谓"道生一,一生二,二生三,三生万物"。② 这里的"一"是指阴阳二气未分之前,宇宙独一无二、浑然一体的状态;"二"是指宇宙所禀赋的阴阳二气开始分离;"三"是指阴阳相交而生成的新的和谐一体的状态;"三生万物"是指在这种和谐一体的状态中开始派生出万物。在道家看来,宇宙间的一切事物,都是以"道"为其最初本源的和谐统一体。道无处不在,无所不能,创造万物,生养万物,既具有超然性,即超越于万物之外,又具有内在性,即贯穿于万物之中。"道"最本质的特性便是其自然无为的性格,因此,"道"虽然产生了天地万物,并运行着天地万物,但它生养万物却不据为己有,运作万物却不自持己能,具有顺其自然而"不为主",③即不作主宰的精神。大道无私,它生养、运行宇宙万物完全是顺乎自然,没有功利性、目的性和占有欲。所以"道"虽然无形而不可见,恍惚而不可随,却顺任自然地运行于天、地、人之间,使万物各得其所,各适其性,从而建立起井井有条的宇宙自然秩序。

道家以"道"为出发点所构建的宇宙秩序,包含了天地万物的自然秩序和人类生活的社会秩序。道家以"道"统摄和贯穿了人类与天地自然的关系。"道"在创造、生养运行万物时所表现出来的某种规律,可作为我们人类社会行为的准则。天地是大宇宙,人类社会是小宇宙,个体人身则是更小的宇宙,作为个体的人身与作为整体的人类社会皆是宇宙天地自然这一系统中处于不同层次的子系统。"道"支配着这一大系统中的各个系统,无论是养生、治国,还是天地自然的运行变化,都体现着"道"的特性和规律。故而老子说:"人法地,地法天,天法道,道法自然。"④效法自然,顺应自然,使社会法则与自然法则相一致,是道家政治与法律思想的根本原则。如著名学者陈鼓应先生所言,老子"所期望的是:人的行为能取法于'道'的自然性与自发性"。⑤ 人类社会的生活方式与行为规范应当和谐统一于"道"所创建运行的自然秩序,才是人类社会的正确选择。社会中的人应当让其像自然万物一样,各得其所,各适其性,不以任何外在力量去影响、控制他,而是任其完全顺乎自然地生生息息。故而老子说:我无为,人民就自我化育、生息;我好静,人民就自然走上正轨;我不搅扰,人民就自然富足;我没有贪欲,人民就自然朴实淳厚。⑥ 如此,人的世界就会如同自然秩序一样,建立起井井有条的社会秩序。

根据《汉书·艺文志》所言,道家的创立者出身于史官。史官在古代中国,既要执掌史事的记载,也要执掌星象、历算、占卜等事务。在对古今史事的记载中,道家体悟到了世事成败、存亡、祸福之道;在对天文、地理、气象、历算等现象的观察、思考中,道家又对天地、时空、自然有了深切的体验与感悟。在这种体验、感悟中,道家意识到人类社会的运行与自然万物的运行一样,有着任何外力都难以影响和控制的规律。由此出发,道家贯通了人的世界与自然的世界,将自己的政治理想与自然规律相结合,将社会的秩序与自然的秩序相结合,创造

---

① 《老子》第一章。
② 《老子》第四十二章。
③ 《老子》第三十四章。
④ 《老子》第二十五章。
⑤ 参见陈鼓应:《老子注译及评介》,中华书局1984年版,第15页。
⑥ 《老子》第五十七章。

出了道家关于社会治理的原则和关于政治、伦理、法律的主张。

道家以"道"为出发点和终结点,创造出了他们关于天地自然和人类社会秩序的概念,并且因为"道"而使得这种秩序获得了根本性的权威,无论是谁也无法抗拒,而只能因循之。道家认为,如果人类的秩序与运行规则与天地自然的秩序与运行规则相吻合,并趋于同一个方向,那么,人类的生活和命运就会顺利且和谐安定地进行下去。反之,人类的生活和命运就会以悲惨的方式持续下去,并且这种社会也肯定会始终处于最为混乱失序的状态之中。故而,道家关于社会治理的原则和法律主张的核心是道法自然,崇尚社会秩序与自然秩序的和谐一致。

【资料】

## 《老子》第七十三章、第七十四章

天之道,不争而善胜,不言而善应,不召而自来,坦然而善谋。天网恢恢,疏而不失。

民不畏死,奈何以死惧之?若使民常畏死,而为奇者,吾得执而杀之,孰敢?常有司杀者杀。夫代司杀者杀,是谓代大匠斫,夫代大匠斫者,希有不伤其手矣。

**译文**:

上天的道理,不争斗却经常获胜,不言语却善于对应,不召唤却自动听从,不隐瞒却屡出奇谋。上天的网罗,很疏阔但却不会遗失。人民不怕死,为什么要用死刑去威吓他们?若人民真是一贯贪生怕死,那么凡是行为不正者,立即抓来杀掉,那还有谁敢作恶?生杀大权是天所掌握,若人代行,就好比是代替技术高超的木匠砍伐。代木匠砍伐的外行人,很少有不伤到自己的手的。

**反对仁义礼法,否定人为确定的各种规范的存在价值**　　基于道法自然,社会秩序与自然秩序应当和谐一致的主张,道家强烈反对人世间存在的一切仁义礼法。认为仁义礼法违反了宇宙万物各得其所、各适其性、自我化育、自我生息的自然本性,不仅没有存在的价值和正当性,反而会成为天下混乱的祸根。

春秋战国之际,诸子百家对当时秩序崩溃,天下大乱的原因进行了反思,对如何才能治国安民,自存自强,甚或进一步扩张势力,称雄争霸,都提出了各自的主张,开出了不同的药方。儒家以宗法家族主义为基础,强调通过"德治""礼教",施行仁义,建立起符合"礼法"的人伦关系,从而达到良好社会秩序的建立。"礼教"大行的大同世界是其追求的理想。墨家则主张以天的意思和鬼神的作用为基础,由贤人圣人来统一天下的是非善恶的标准,建立起以"兼相爱、交相利"为准则的理想的社会秩序。法家则主张以法为本,事断于法,通过法律对社会生活的规范作用来建立起稳定的社会秩序。他们的这些主张都体现出了一种积极入世的精神,相信人的努力对良好社会秩序建立的作用,从不同的视角,或仁、或义、或礼、或法、或爱,肯定了它们的存在价值与必要性。道家则反其道而行之,他们从"道"这一最高宇宙本体出发,对以往的社会治理方式和经验教训进行了深刻的反思,否定了仁义礼法存在的正当性和合理性,指出:"大道废,有仁义;智慧出,有大伪。六亲不和,有孝慈;国家昏乱,有忠臣。"①"失道而后德,失

---

① 《老子》第十八章。

德而后仁,失仁而后义,失义而后礼。失礼者,忠信之薄而乱之首。"①

道家认为,人类生活的理想状态,应该是混混沌沌、淡泊宁静、纯朴自在的自然状态,如庄子所说,古代的人,在混沌蒙昧之中,举世都淡泊澹然,在那时候,阴阳和顺宁静,鬼神也不侵扰,四时合于节度,万物不受伤害,众生没有夭折。人虽然有心智,却无处可用。这可称为是完美纯一的境地。在那个时候,无所作为而让万物顺任自然。② 然而,当历史变化进入文明时代,人的知识被开发,人的情欲也被激活,人性就开始萌生了恶欲,于是人世间就脱离了原本的那个完美纯一的境地。再后来,人们服从尧舜等圣人们人为确立的秩序,但恶欲并不安定,于是只好兴治化、崇理性,朴素而纯正的本性就失去了自为的状态而进入了运用理性与知识来约束的时代。而本来自然和谐的秩序,也因此堕落到了只能靠外在的管束与威胁来维持的地步。③ 所以,仁义、智慧、孝慈、忠臣等的出现,实在是人性沦丧,大道衰败的结果。正是因为古代"道"的失落,才需要倡导"德"的价值,而当"德"的价值也丧失了,就出现了"仁"。当然"仁"也不可能制约日益贪婪的人性,于是"义"又被搬了出来。最后,"义"也不管用了,就只好祭出了"礼",以此来严格界定和管束人们行为及日常生活。

问题在于,由于背离了"道"这一根本,仁义礼法不仅不可能对良好稳定的社会秩序起到什么好的作用,反而会使人性不断背离自然纯朴的本性而进一步沦丧,使社会不断远离自然正常的状态而进一步陷入混乱不堪的境地。甚至,仁义礼法本身也成为祸乱的根本原因。所以老子说:"失礼者,忠信之薄而乱之首。"又说:"法令滋彰,盗贼多有。"④道家视仁义礼法为祸乱的根源,是一种极为深刻的见解。庄子曾敏锐地指出,真正践行仁义的人很少,而从仁义之中取利的人却很多;仁义的行为,只会造成虚伪,仁义已经成为许多人贪求的工具。⑤ 原因在于,当仁义礼法受到推崇时,躬行礼义仁法的人就会受到褒扬和奖赏,于是就会有人利用仁义粉饰自己,以谋取名誉和利益,也会因此有许多伪君子的产生。更进一步地,强权者还会利用仁义之名,赋予自身欺世盗名、窃国篡权的行为以合法性。所以,庄子说:"彼窃钩者诛,窃国者为诸侯。诸侯之门而仁义存焉。"⑥另一方面,为政者常常自以为是社会中的主宰角色,而依一己的意志擅自制定出种种法令,肆意作为,强意推行。而且,法令往往对当政者没有约束力,只是对臣民实行惩罚的手段。所以,这种法令越多,对民众的盘剥和摧残就越多,所引起的不满与反抗也就越强,逃避惩罚的巧诈之举也就越多。因此,这种背离大道,人为制定出来,只能靠外在强制力推行的仁义礼法,最终成了诈伪与混乱的罪魁祸首,也就不足为奇了。

对此,道家认为解决之道就是抛弃一切人为制定的仁义礼法,回到道法自然的状态。老子说:"绝圣弃智,民利百倍;绝仁弃义,民复孝慈;绝巧弃利,盗贼无有。"⑦庄子则说得更具体,认为必须毁弃所有的文明进化所产生的东西,包括道德法律、聪明智巧,乃至珠宝财物、文章音乐。显然,道家希望去除那些人为的、强制的、外在的规范约束,恢复人的自然本性,让包括"孝慈"等在内的人的内在品性成为纯粹真朴本性的自然显露,而不是为遵守礼法规

---

① 《老子》第三十八章。
② 《庄子·缮性》。
③ 参见葛兆光:《中国思想史》第一卷,复旦大学出版社1998年版,第271页。
④ 《老子》第五十七章。
⑤ 《庄子·徐无鬼》。
⑥ 《庄子·胠箧》。
⑦ 《老子》第十九章。

范,博取仁义之名而人为做出来的所谓的善行。也只有这样,人类社会才能回复到自由自在的自然状态,天下也才会重获宁静安详,再享太平。

　　除了上述所言,道家还从另一个角度否定了仁义礼法等各种人为制定的规范的存在价值与合理性。道家认为世间各类事物,是无差别的存在,因而主张"齐物我""齐是非""齐善恶""齐生死"。① 他们把彼此、物我、是非、善恶、生死、祸福等等,都看成是齐一的、无需加以区别的存在。庄子曾说,世间事物没有不是彼的,也没有不是此的,此就是彼,彼就是此,彼有彼的是非,此有此的是非。② 世界上根本没有彼此、是非、善恶的分别,因此也就没有区别彼此、是非、善恶的标准。由此出发,道家认为,以仁义礼法这种人为制定的是非善恶标准来区别、规范人的行为,根本没有必要,不仅徒劳无益,达不到赏善罚恶、定分止争的目的,反而自身也将成为祸乱的缘由。正确的做法是应该把握住"道"这一枢纽,让万物顺应着"道"作往复无穷的流变,顺着自然的本源来展现,而不是主观人为地对万物的是非善恶作区分,定规则。确实,如果以道家的眼界,跳出红尘凡世,以先于天地万物、人类众生而存在,超然于天地万物、人类众生之上的"道"为观照系统,来审视人世间的恩怨情仇、生生死死、是非善恶、罪与非罪,则其中的差别完全是可以忽略和泯灭的。在这个"道"的下面,和谐完美的自然秩序就是"道"的无言自化,日月星辰,江河湖海,鸟飞长空,鱼翔浅底,一切自然而然,哪里有什么是非与善恶呢?人世间的社会秩序如果与自然秩序一般的和谐完美,又哪会有什么纷争罪恶,又何需仁义礼法来赏善罚恶、定分止争?道家以此来否定一切道德伦理与法律规则的存在价值与合理性,体现出了一种更高境界的超越性。

【资料】

《庄子·外篇·胠箧第十》节选

　　夫川竭而谷虚,丘夷而渊实。圣人已死,则大盗不起,天下平而无故矣!圣人不死,大盗不止。虽重圣人而治天下,则是重利盗跖也。为之斗斛以量之,则并与斗斛而窃之;为之权衡以称之,则并与权衡而窃之;为之符玺以信之,则并与符玺而窃之;为之仁义以矫之,则并与仁义而窃之。何以知其然邪?彼窃钩者诛,窃国者为诸侯,诸侯之门而仁义存焉。

**译文**:

　　河流干枯后山谷才空虚,山丘夷平后沟渊才充实,圣人死后大盗才消失,天下太平而没有动乱。圣人不死的话,大盗就不会停止。虽然推崇圣人,可实际上却是在让盗跖那样的大盗得利。用斗斛(量具)来量,就连斗斛一起偷走;用天平来称,就连天平一起偷走;用符节印玺来保证信誉,就连符节印玺一起偷走;用仁义来装饰,就连仁义一起偷走。为什么会这样呢?因为那些偷了一把刀的被处死,而偷了一个国家却成为诸侯,而且仁义被诸侯用来装点门面。

**小国寡民,无为而治**

　　道家所憧憬的理想社会是充满自然田原景象的小国寡民社会。如老子所描述的,理想的社会应当"小国寡民";即使有各种器具,却并不使用;使人民珍惜生命而不向远方迁移;虽然有船

---

① 《庄子·齐物论》。
② 同上。

只车辆,却没有必要去乘坐,虽然有铠甲武器,却没有机会去陈列使用;使人民回复到结绳记事的状况,甘其食,美其服,乐其俗,安其居,"邻国相望,鸡犬之声相闻,民至老死,不相往来"。① 庄子则对此作过更为细致的描述。他说,在理想的社会中,人人按照纯朴自然的本性生活,因而不需尚贤使能。统治者虽然身在高位,但如同树林的高枝末梢,并不代表着地位的尊贵。人民犹如鹿在野外,自由自在。人们品德端正却不知道什么是"义",相亲相爱却不知道什么是"仁",诚实正直却不知道什么是"忠",言行得当无欺却不知道什么是"信",互相帮助却不以为是"恩赐"。人们的一切活动均出于自然本性,而不靠人为的教化。民风淳朴,上下和平,且与自然万物和谐相处。在这个世界里,人们根本不知道君子与小人的概念区别,人人质朴天真,无智谋,无巧诈,无贪欲,不失自然之本性。冬天穿动物的皮毛,夏日穿自织的粗布,春夏耕种劳动,秋冬收获休息。日出而作,日落而息,逍遥于天地之间而悠哉自得。② 显然,道家理想中的"小国寡民"的社会,如同陈鼓应先生所说,"乃是基于对现实的不满而在当时散落农村生活基础上所构幻出来的'桃花源'式的乌托邦。在这小天地里,社会秩序无需镇压力量来维持,单凭各人纯良的本能就可以相安无事。在这小天地里,没有兵灾的祸难,没有重赋的逼迫,没有暴戾的空气,没有凶悍的作风,民风淳朴真挚,文明的污染被隔绝。故而人们没有焦虑、不安的情绪,也没有恐惧、失落的感受。这单纯朴质的社区,实为古代农村生活理想化的描绘"。③

对于怎样才能实现建立这种理想化社会的目标,道家提出的方案是回归自然,无为而治。

无为而治,首要的是要使人性回复到自然的纯朴状态,使人鲁钝而厚道,少私而寡欲,这是根本。道家认为,欲望与智巧是造成天下祸乱的根本,它们迷惑了人的本性。缤纷的色彩迷乱了人的眼睛,优美的音律迷惑了人的耳朵,美味佳肴使人嘴馋,田猎嬉戏使人心狂,贵重财物使人心贪。不得已,只好以仁义礼法来约束它,这就更是"削其性也",使人性"失其常然",④在迷途上愈行愈远。所以,要消弥天下的祸乱而归于安定,必先消灭人的欲望,去除人的机巧黠滑,最好是能回到婴儿般无知无欲的状态,人人都有颗赤子之心。老子明言,善于以"道"治天下的高明者,"非以明民,将以愚之",⑤"不尚贤,使民不争;不贵难得之货,使民不为盗,不见可欲,使民心不乱","虚其心,实其腹,弱其志,强其骨,常使民无知无欲"。⑥ 当然,道家在此并非否定人的基本生存需求,只是要求人们不能在意念上追求物欲的贪婪,而是安于自然赐予的生活。老子也并不是提倡愚民政策,老子的"愚"是真朴的意思。道家不仅期望民众真朴,也要求统治者以身作则,少私而寡欲。

体现道家无为而治的一句名言是"治大国,若烹小鲜"。⑦ 意思是治理大国好像煎小鱼,不能多翻动,否则鱼就很容易碎了。它喻示着为政之要在于清静无为,否则就会扰民害民。老子认为:最好的世代,人民根本感觉不到统治者的存在;其次,人民亲近他、赞美他;再次

---

① 《老子》第八十章。
② 《庄子·天地》《庄子·马蹄》《庄子·让王》。
③ 参见陈鼓应:《老子注译及评介》,中华书局1984年版,第206页。
④ 《庄子·骈拇》。
⑤ 《老子》第六十五章。
⑥ 《老子》第三章。
⑦ 《老子》第六十章。

的,人民畏惧他;最次的,人民轻悔他。① 当人民不再畏惧统治者时,即使你祭出严刑峻法,施以刑杀,也是无用的了。所谓民不畏死,奈何以死惧之。所以,道家主张处无为之事,行不言之教,最好的统治者是悠然恬淡而不轻易发号施令,事情办成了,百姓都说我们本来就是这样的。当治国达到"民忘于治,若鱼忘于水"的境界时,圣人、鬼神、仁义礼法便不会起什么作用了,也根本就不需要什么仁义礼法了。在此,道家所追求的是无为而无不为,认为只要遵循"道"的原则,则"万物将自化""天下将自正"。② 如果对人民的生活少干预、不干预,遵循社会生活本身之自然运行法则,则天下自然就会呈现清净恬淡、纯朴天真、悠然自得的景象,理想的社会秩序也就自然而然地获得了。

**【资料】**

《老子》第五十七章、第五十八章

以正治国,以奇用兵,以无事取天下。吾何以知其然哉?以此:天下多忌讳,而民弥贫;人多利器,国家滋昏;人多伎巧,奇物滋起;法令滋彰,盗贼多有。故圣人云:"我无为,而民自化;我好静,而民自正;我无事,而民自富;我无欲,而民自朴。"

其政闷闷,其民淳淳;其政察察,其民缺缺。是以圣人方而不割,廉而不刿,直而不肆,光而不耀。

译文:

治国要用堂堂正正的道理,打仗就是要出人不意,要得天下,就要采用无为的态度。我是怎样知道这个道理的呢?因为:政令愈繁琐,人民愈贫困;社会上权势及利益团体愈多,国家愈难治理;个人的技术愈高明,新奇的货物变化就愈复杂;法律愈是苛刻彰显,盗贼愈是难以遏阻。所以圣人说:"在上者无所作为,人民自然化育;在上者不轻举妄动,人民自然顺正;在上者不多加干预,人民自然富足;在上者无欲不贪,人民自然朴实。"

国家的政策平实,人民的生活也就淳厚朴实;如政策严明,人民将因畏惧而心存侥幸,民风浇薄。明此道理的圣人,能坦然自持而不取舍于祸福,虽行事方正却不伤及他人,自持原则而无害于人,正直坦率而不放肆,虽道德学问过人,却隐匿其锋芒,不会刺人眼目。

**逍遥游——超越一切世俗束缚与规则的自由人生**　　"逍遥游"是道家的庄子独创而反复使用的一个词语,这里的"游",非交游、游历、游玩之意。逍遥游,乃是脱离一切物质条件的束缚,摆脱一切世俗事务的羁绊,超越一切仁义礼法等规则的制约,不受任何限制地作心灵、精神、行为上的自由遨游。在此,庄子从"道"的无限、超越和自由,推出了人的无限、超越和自由。

对于逍遥游,庄子并没有作抽象的论述,而是借助于寓言中鲜明的形象来表达的。如住在遥远的姑射山上的一位神人,肌肤若冰雪,绰约若处子,不食五谷,吸风饮露,"乘云气,御飞龙,而游乎四海之外"③。其他还有如御风而行、骑日月而游的所谓"至人""真人"。这些"神人""至人""真人",顺任自然,无成败得失之心,无是非善恶之念,对生不喜悦,对死不厌恶,可以置一

---

① 《老子》第十七章。
② 《老子》第三十七章。
③ 《庄子·逍遥游》。

切于度外。这样的人,睡觉不做梦,登高不战栗,入水不会湿,入火不会热。他们无拘无束,自由自在,可以乘着云风,骑着日月,游乎四海之外。他们逍遥于山水之间,纵身于自然之中。

道家小国寡民、无为而治的社会理想,乃是以人的群体生活和社会构成为出发点。而庄子的逍遥游,则是对道家这一理想的进一步突破。它以个体为出发点,向往"大地与我并生,而万物与我为一"的境界,①追求"独与天地精神相往来",②追求超越一切束缚与规则制约的自由人生。显然,这不同于孔子所向往的"随心所欲不逾矩"的境界。孔子在任何情况下都不会"逾矩",即跳出仁义礼法的樊篱。而在逍遥游的自由人生状态中,一切物质的、世俗的外在之物,一切道德的、法律的人为约束,都可以归之于无形。在这里,我们看到的是超越的人生与世俗的法律规则之间的关系。当人的生命的律动与宇宙自然之"道"的律动契合时;当人突破空间的限制,背负青天,扶摇直上九万里,四海之内、之外可以忽而往来时;当人可以穿越时光隧道,笑看开天辟地和地老天荒时,法律的价值又从何处体现呢?法律是如此渺小以至被轻易超越了,法律的意义消失了。逍遥游,这是一种达到了自由与无限的人生境界,它超越了现实,乃是一种审美的人生。对于这种审美的人生,也许人类永远只能怀着"虽不能至,心向往之"的情结。

**道家法律思想的特点与影响**

道家的老子、庄子生当乱世,感于世乱的根源在于世人攻心伐智,竞相伪饰,假仁义之名而行一己之私,因而呼吁人们返璞归真,回归自然。道家否定一切世俗仁义礼法存在的正当性与合理性,乃至把仁义礼法本身看成是祸乱和罪恶的根源,并非仅仅是针对世弊而作的愤世矫枉之言,也并非否定一切规则与秩序的价值。道家正是对以往和现实社会的治理方式及经验教训进行了深刻的反思,在更高的哲学层面上,从"道"这一最高的宇宙本体出发,提出了道法自然,社会秩序与自然秩序应当和谐一致的主张。道家所希望的是去除那些人为的、外在的、强制的规范约束,恢复人真朴的自然本性,使人类的秩序与运行规则与天地自然的秩序和运行的潜在规则相吻合,从而建立起自然纯朴、清净太平的理想社会。道家的无为而治,是希望统治者能克制好大喜功之心,少私寡欲,不要肆意作为,扰民害民。而"逍遥游",则更是提出了一种超越一切规制的绝对自由的、审美的人生理想。

道家无为而治的思想,对后世历代统治者的统治方略也有着重大的影响。这种影响,一方面表现在所谓的君王南面之术,即如何做一个深藏不露,而又具有极高明统治手腕的君王之上;另一方面,还表现在战乱之后,新皇朝新建之际,统治者所采取的轻赋薄徭、宽律弛禁、与民休息、清静无为的治国方针之上。汉初统治者以黄老无为而治思想为统治方针,"文景之治"便是著名的例证之一。其他如唐皇朝及宋明皇朝开创之初,都曾在相当程度上推行道家的治平之术,并对天下大治产生了重大的影响。新皇朝初立之时所采取的这种统治方略,往往是针对着前朝末世时统治者的严刑峻法,以及横征暴敛、赏罚无度,针对的是所谓君王多事而导致的百姓穷困、天下混乱。无为而治之所以有效,关键在于重视社会本身顺乎自然运行着的法则,要害在于政治权力不干预、少干预人民的生活。确实,我们时常能看到的是,干预越多,环节越多,结果往往会弄得越糟糕。道家无为而治的思想,与现代美国伦理学家诺齐克希望建立最弱意义上的国家与政府的主张有相似之处。老子所言,最好的国家治理,

---

① 《庄子·齐物论》。
② 《庄子·天地》。

人民根本感觉不到治理者的存在。其次的,人民才会亲近他、赞美他。当然,更勿论令人畏惧的、令人轻侮的统治了。那便是等而下之,接近于消亡的了。老子之言,当为我们深思。

道家思想,对中国士大夫的人生观、生活方式以及思维方式,也有着重大的影响。古代的士大夫们,进,居庙堂之上则学儒,忧国忧民,出将入相,鞠躬尽瘁,死而后已;退,处江湖之远则学道,归隐山林,躬耕田园,逍遥于山水之间,纵情于自然之中。道家的"逍遥游",是一种超世独立的自由,它不同于西方追求自身权利和欲求满足的自由,而是超越现实与世俗的精神的、浪漫的、审美的自由。这种自由的理想,在专制制度严厉禁锢下的中国,自然成为人们反对专制束缚的思想依托。一部分士人,以自己的行动践行道家的自由精神,洁身自好,傲视王侯:"天子呼来不上朝,自称臣是酒中仙","安能摧眉折腰事权贵,使我不得开心颜"(李白诗)。

道家学说还是中国土生土长的宗教道教的理论基础。道教以《老子》的理论为宗旨,追求长生不老,得道成仙,它崇拜的最高对象便是"道"。道教的三大最高神(元始天尊、灵宝天尊、道德天尊)之道德天尊,即太上老君,是由老子神化而来。老子也被道教的真正创立者假托为是创立道教的教主。道家思想还是魏晋之际玄学思潮的理论来源。玄学以无名无形的"道"来否定自从汉朝董仲舒以来正统所尊崇的有意志的"天",以"自然"来否定"名教",倡导越名教而任自然,蔑视礼法,其中无不体现出了道家的精神实质。

## 第二节　墨家的法律思想

战国时代,能与儒家相抗衡,并同样名声显赫的学派是墨家。韩非子曾说:"世之显学,儒墨也。"①孟子也曾说:"扬朱墨翟之言盈天下。"②儒墨两家,相互驳难,为先秦百家争鸣的重要一环。墨家的创始人是墨子。

【人物】

### 墨　子

墨子,名翟,鲁国人。一说为宋国人。他的生卒年代已无法确切考证,大约生活在公元前475—公元前396年,是战国初期人,略后于孔子。墨子是手工业者出身,精通器具机械的制造,其高超的技艺,据说可以与当时举世闻名的公输般(鲁班)比高低。他与公输般都曾用木材制成一种器械,能在天上飞三天不落下来。墨子自认是"贱人",生活俭朴。然而墨子又是一个博通古书经典的人。他曾说自己既不需要为君王的政事操心,也没有耕田种地的劳苦,所以有时间就会多看书。

墨　子

---

① 《韩非子·显学》。
② 《孟子·滕文公下》。

墨子早年曾"学儒者之业，受孔子之术"，①但他因不满于儒家的繁文缛礼、厚葬靡财以及爱有等差等等，遂抛弃儒学，另立新说，并聚徒讲学，创立了墨家学派。

墨家既是有独特思想的学派，也是一个有相当严密组织纪律的团体。其成员多半来自社会下层，多数从事过劳动生产，通晓当时的生产技术和科学知识。墨家团体世代相传的领袖人物叫"巨子"。墨子是第一代"巨子"。墨者的行动，都得服从"巨子"的指挥。墨家纪律严明，能吃苦耐劳，富于牺牲精神。所谓墨者"皆可使伏火蹈刃，死不旋踵"②。

研究墨家的法律思想，主要依据的资料是《墨子》一书。《墨子》现存五十三篇，其中大部分是墨子的弟子对墨子言行的记述，另一部分是墨子后学的著作。

### 法律起源论：法律起源于统一天下是非善恶标准的需要

墨家认为，欲使天下得到治理，建立起良好的社会秩序，关键是统一天下人的思想，建立起共同的是非善恶标准。这就是墨家著名的"尚同"思想。而国家与法律的起源，正是因应了这种统一天下是非善恶标准的需要。因为有"尚同"的需要才会有国家和法律的产生。

墨子认为在古代人类刚刚产生的初期，没有国家，没有法律，没有统一的思想，每个人都有自己的是非善恶标准。有一个人便有一种想法和道理，有两个人便有两种想法和道理，人数越多，各种想法与道理也就越多，并且人人都只肯定自己的想法和道理而否定别人的想法与道理。因此，大家相互指责，相互争夺，甚至用水火、毒药相互伤害、残杀，即使是父子兄弟也是相互怨恨疏远，相互敌视。所以，那时候天下混乱不堪，人与人之间就像禽兽一样。③而天下之所以祸乱不断，没有秩序，关键就在于没有贤能之士来统一天下万民不同的想法与道理。于是人们便选择天下贤良通达，圣明而又有智慧的人，立他做天子。由于天下之博大，以天子之力，还不足以统一天下的是非善恶标准和众人的意志，于是又设置了三公④，立诸侯国设国君，再依次设将军、大夫、乡长、里长等公共官职，来协助天子。而担任这些公共官职的人的选择标准也是以是否贤明通达为尺度。

当以天子为核心的各级公共职位设置完成以后，天子便发布法令于天下，要求自上而下把不同的想法与道理统一起来。一家的想法与道理统一于家长；乡民的想法与道理统一于里长、乡长；下级官长的想法与道理统一于上级官长；一国（诸侯国）的想法与道理统一于国君，最后由天子一统天下的想法与道理，以天子之所是为是，以天子之所非为非，"举天下之万民以法天子"⑤。这样，天子便成为衡量天下一切是非与善恶的标准。显然，在墨家看来，要治理好国家，实现由天下大乱到天下大治的目标，天下万民是否能很好地效法天子的榜样是根本。做到了这点，就可以"治天下之国，若治一家；使天下万民，若使一夫"⑥。

既然衡量天下一切是非善恶的准则已经统一于天子，那么，对那些不能以天子之所是为是，以天子之所非为非的人就必须制定刑律来进行惩罚。所以，墨子说，古时候先朝圣王制

---

① 《淮南子·要略》。
② 《淮南子·泰族训》。
③ 《墨子·尚同上》。
④ 古代官职，指司马、司徒、司空，另一说为太师、太傅、太保。
⑤ 《墨子·尚同中》。
⑥ 《墨子·尚同下》。

定了五刑,目的就是为了用来治理万民的。刑律就好比是丝缕有纪,渔网有纲,可以用它来规范、约束天下那些不肯服从上面的百姓的。

墨子所处的战国时代,是一个礼崩乐坏、异说迭出、诸侯混战的乱世。墨子提倡天下为一,万里同风,并以刑律来保证天下是非善恶的标准一统于天子,是他为这一乱世开出的药方,试图以此使天下由大乱到大治,建立起良好的社会秩序。由此,也导出了墨家关于国家与法律起源的学说。应该说,这种"总一海内而整齐万民"①的政治上的"大一统"主张,也是当时诸子百家中多数学派在不同程度上所提倡的,只是墨家对这一主张更为强调,阐述得也更为系统。需要说明的是,后期墨家继承者对前期墨家的这"尚同"主张,作出了一定的修正。被认为是后期墨家作品的《墨子·经上》篇说:"君、臣、萌(通'氓',即民)通约也。"即君是由臣民共同约定而设置的。因此,君固然可以约束臣民,但君也必须考虑臣民的意志。梁启超甚至认为墨家的这一观点与西方的民约论是同一原理。②

## 以"兼相爱,交相利"为核心的法律观

"兼相爱,交相利",是包括法律思想在内的墨家思想体系的一个核心价值观。墨家认为,天下的一切是非善恶,都得用"兼相爱,交相利"这个标准来衡量,并认为,只要天下所有的人都能做到"兼相爱,交相利",就会建立起彼此互利相爱而又和平稳定的社会秩序。

所谓"兼相爱",就是不分人我,不别亲疏贵贱,无所差别地爱一切人,亦即所有的人普遍地、平等地彼此相爱;所谓"交相利",就是视对方的利益为自己的利益,所有的人彼此之间应以对对方有利为自己的行为准则,所有的人都应以兴天下之利为己任。与"兼相爱,交相利"相对立的是"别相恶,交相贼"。

墨家认为,天下之所以混乱,不仅在于是非善恶的标准不能统一,更在于是非善恶的标准不能统一到"兼相爱,交相利"上来。国与国之间的战争,家与家之间的争斗,人与人之间的怨恨,皆起源于彼此不能相爱互利,起源于"别相恶,交相贼"。犯罪的根源也在于此。比如盗和贼,偷盗者只爱自己的家不爱别人的家,所以就偷盗别人的家使自己的家得利;强贼只爱自身不爱别人,所以就残害别人而使自己得利。③ 因此,如果能做到爱别人的国家像爱自己的国家一样,爱别人的家庭像爱自己的家庭一样,爱别人就像爱自己一样,处处为他国、他家、他人的利益着想,那么各种祸乱怨恨就会消失,天下也就太平了。各种犯罪呢,自然也就不再存在了。

"兼相爱,交相利"是墨家思想的核心,是墨家建立一个稳定有序、相爱互利的理想社会的根本。在墨家看来,凡符合"兼相爱,交相利"的行为,便是仁义,便是善行;凡不符合的,便是不仁不义,便是罪恶。墨家"非攻""利民"的思想,正是从"兼相爱,交相利"的思想中衍生出来的。

墨家非攻的思想,包括了两层含义:一是反对攻杀无辜之人;二是反对攻击无罪之国。墨家把侵犯别人的利益,损人利己的行为,看做是不义的罪恶,特别是杀害无辜,无疑是应当处死的罪行。至于发起攻伐别国的战争,则更是属于不仁不义,百死莫赎的大罪。墨家希望人人都能生活在一个彼此能互相关爱、没有战争的和平环境之中。需要说明的是,墨家并不

① 《史记》卷二十三《礼书》。
② 参见梁启超:《墨子学案》,上海书店 1992 年版,第 62 页。
③ 《墨子·兼爱上》。

认为所有杀人行为都是罪恶,如果杀死的是盗贼,则不同于杀死一般的好人。因为盗贼的行为属于犯罪,理应受到惩罚,甚至刑杀。同时,墨家也不笼统地反对一切战争,并试图区分正义与非正义的战争。他把以强凌弱、攻伐无罪之国的战争称之为"攻","攻"是非正义的,应该反对;把反抗暴虐,抵抗侵略的战争称之为"诛","诛"是正义的,应当积极支持。《墨子·公输》中"止楚伐宋"的故事,完整地体现了墨家"非攻"思想的精神。

墨家的"利民"思想,集中体现在其"兴天下之利,除天下之害"①的立论上。与儒家重义轻利的思想不同,墨家非常重视利,乃至认为利是衡量善恶的主要标准之一。但墨家所提倡的利,是天下之利,万民之利,他人之利,所重在于"交相利"。所以,墨家认为,凡国家之政令、刑律、经济措施,应当以是否对人民有利为原则来确定,天子应当以兴天下之利、除天下之害为要务。正是从利民的思想出发,墨家提倡勤俭节约,反对奢靡浪费;提倡人死后应薄葬,反对儒家厚葬靡财的做法;提倡朴素的生活,反对音乐娱乐。这也就是墨家所推崇的著名的"节用""节葬""非乐"的思想。

墨家的"兼爱"说,是对儒家"爱有等差"的否定。儒家提倡"亲亲"与"尊尊",强调的是宗法关系和尊卑贵贱有序的等级制度,认为这才是真正符合天理人情的。所以,孟子有一句批判墨家不分亲疏贵贱、主张"兼爱"的名言:"杨氏为我,是无君也;墨氏兼爱,是无父也。无父无君,是禽兽也。"②当然,在这里,孟子还同时批判了杨朱学派。③

### 主张贤人治国的人治思想

墨家重视法律的作用,认为无论做什么事情,都不能没有法度,即使是各种工匠,也都有行事的法度。将相官吏,有了法度才能办好事情。天子若要治理好天下,没有法律的帮助,将很难获得成功。特别是天子,必须利用法律的力量,来统一天下的是非善恶标准。但是,墨家与法家不同,他们并不主张以法来治理天下。墨家对法律的作用更多是从工具性的角度去理解的。墨家所真正提倡的是一种贤人政治,主张应当由贤人来治理天下。在本质上,可以说,墨家的这一主张,是一种人治的思想。

如前所述,我们知道,墨家的"尚同"的思想,有一个确定的前提,就是天子、协助天子来统一天下是非善恶标准的各级公共职位的担任者,如三公、国君、将相、大夫、乡长、里长等,都必须是贤明通达而又有智慧才干的贤人。在墨家看来,若要政治清明,刑法公正,国家富强,人民安居乐业,社会长治久安,就必须要由贤人来治理天下,否则,国家就不会治理得好,天下就会混乱不堪。因此,贤人治国,是天下大治的根本。这就是墨家著名的"尚贤"的思想。

那么,怎样才算是贤人呢? 墨家认为,作为贤人,最要紧的是要躬身实行"兼相爱,交相利"。墨家把躬行"兼相爱,交相利"的人,称为"兼士""兼君",与此相对立的,称之为"别士""别君"。具体而言,墨家认为,贤人都是品性高尚、德行纯厚、言谈雄辩、学术广博的人。他们为人做事不祖护父兄、不偏向富贵、不宠爱美色、不贪恋财物。他们勤劳简朴,起早摸黑地做事,以为天下人谋利为己任。这样的贤人,他们做君王,一定是"兼君";做臣子,一定是忠臣;做父亲,一定是慈父;做儿子,一定是孝子;做兄长,一定会对弟弟友好;做弟弟,一定会对哥哥恭敬。

---

① 《墨子·兼爱中》。
② 《孟子·滕文公下》。
③ 先秦诸子百家之一,也有把它归入道家学派的。其代表人物是战国初期的杨朱。其核心思想是"为我",意为不受外界的诱惑,一意于保全个人的天性与生命。孟子、韩非批评其为拔一毛而利天下也不肯为的自私者。

又如何选择这样的贤人呢？墨家有一句名言："官无常贵，民无终贱。"①他们认为，选择贤人，最关键的是要不避亲疏远近、贫富贵贱，即使是从事农、工、商的平民，甚至是贱人、奴隶，也要选拔上来，委之以处理国家政务的权力。墨家明确反对任人唯亲，反对以貌取人，反对以财富多寡决定地位高低。当然，在这里，墨家只是提了贤人当政的理想，至于如何选择贤人，他们并没有能够提出系统的可供具体操作的程序性方案。

至于如何推行贤人治国，墨家提出应当赏贤而罚暴。首先是赏贤。当把天下的贤能之士都挑选出来后，就应当"富之，贵之，敬之，誉之"，②授予他们高贵的爵位，给予他们丰厚的俸禄，充分信赖他们，放手让他们去处理国家事务，执掌国家的政令。其次是罚暴，对于那些不仁不义的暴人、恶人，则应当"抑而废之，贫而贱之"，③最好罚他们做罪徒去服劳役。最后，应当避免赏不当贤，罚不当暴，否则，赏就起不到劝善的作用，罚也就发挥不了止暴的功能。那么，如何才能避免这一点呢？墨家认为，关键是受到惩罚的人，应当是民众所否定的人；得到赏赐的，应当是民众所赞誉的人。同时，赏罚应当公正无私，不能因为是亲戚兄弟朋友而有所偏差。总之，只要贤人、善人得到赏赐，暴人、恶人得到惩罚，天下就不难治理好。

春秋战国时期，主张贤人治国者不乏其人，而论述最系统的是儒墨二家。墨家与儒家相似，都是言必称尧舜，言必称三代，认为尧舜禹汤、文王武王是古代圣贤治国的典范，是后世应当效法的榜样，而暴虐的夏桀和商纣王，则是暴政的代表，后人当引以为戒。儒家与墨家所不同者，是儒家在举贤才时，比较注重亲亲、尊尊的宗法等级原则，而墨家则是不避亲疏贵贱，主张不分等级、无差别地选择贤人。在儒家和墨家这里，我们可以看到我国贤人治国的人治主义传统的思想渊源。

### 以天的意志为法律权威的基础

关于"天"的观念，早在西周时期就发生了动摇，人们感到"天命靡常"，④天不可信，因此提出了"德"的概念。孔子则认为"未能事人，焉能事鬼；未知生，焉知死"，⑤主张"敬鬼神而远之"。⑥儒家以其积极入世的精神，认为良好社会秩序的建立，依赖于在现实社会中建立起良好的人际关系。墨家则不同，他们相信并尊崇上天与鬼神，以天的意志为法律权威的基础，重视鬼神对维护良好社会秩序的作用。

墨家认为，天是人类社会的主宰，天是有意志的，而且天的意志是衡量人们行为是非善恶的标准。因此，墨子说：如果遵循了天的意志，就是善的行为，反之，就是恶的行为；如果言论遵循了天的意志，就是对的言论，反之就是错的言论；如果刑法政令遵循了天的意志，就是合理的刑法政令，反之就是不合理的刑法政令。⑦天的意志就是普天下所有人的圣明法则。那么，什么是天的意志呢？天的意志广博而深远，最核心的便要人们"兼相爱，交相利"。⑧

墨家认为，天的意志既是普天下所有人的圣明法则，那么任何人，包括天子、王公贵族在

---

① 《墨子·尚贤上》。
② 同上。
③ 《墨子·尚贤中》。
④ 《诗经·大雅·文王》。
⑤ 《论语·先进》。
⑥ 《淋浴·雍也》。
⑦ 《墨子·天志中》。
⑧ 《墨子·天志上》。

内都必须接受它的约束,否则就会受到它的惩罚。凡是能顺从天意,爱人利人的,天就会赐福予他;凡不能顺从天意,损人害人的,天就会降祸予他。比如说,会使寒冷和炎热不合季节,降下的雨露雪霜不合时令,五谷不成熟,六畜不生长,疾病成灾,瘟疫流行,暴风苦雨频频袭来。这些都是天所降下的灾祸,用来惩罚不肯服从上天的人的。①

墨家为了使其以"兼相爱,交相利"为核心的社会秩序得以实现,不但借用了上天的神圣权威,同时还借用了鬼神的神秘力量,让鬼神来协助上天赏善罚暴。墨家力图使人们相信鬼神无处不在,无时不有。它明察秋毫,洞若观火,天下所有的善行恶行,都逃不过它的眼睛。它惩恶扬善,除暴安良,那些逆天而行,作恶害民的人,不管他地位有多高,即使是像夏桀、商纣这样贵为天子、富有天下的人,鬼神也会躬行惩罚;而对那些行善积德、爱人利人者,不管他的善行是多么地微小,鬼神也都会奖赏他。② 墨家认为,天下大乱的一个重要原因就是因为人们怀疑鬼神的存在,不相信鬼神所具有的赏贤罚暴、惩恶扬善的超凡能力。只要人人都意识到鬼神的存在,畏惧鬼神赏善罚暴的灵验,就不会再有人敢做出损人利己的事情,人们就都会想着去做爱人利人的善行,这样天下也就太平了。

显然,墨家对上天和鬼神的尊崇,是试图借助一种超验的神圣力量,来使他为天下确立的是非善恶法则获得一种超自然的最高权威,从而使人们在对上天鬼神的恐惧敬畏中严格遵循这些法则,最终实现其建立良好社会秩序、达到天下大治的目标。

应该明确的是,墨家一方面力图使人们相信上天与鬼神的存在,即承认有一种超验的神圣力量;另一方面又强调"非命",即不承认有一种超验的神秘主宰能左右人命运的好坏。这确实是墨家思想中的一个矛盾。这种尊天非命的矛盾,反映了墨者的内心世界:一方面,他们是手工业者,地位低下,软弱无力,狭隘迷信,幻想用天意来实现自己的愿望;另一方面,他们作为劳动者,看到并相信人的力量在改变自己处境中所起的作用,希望能以自己的努力来争取好的命运。

**墨家思想的特点与影响**

墨家思想是我国古代丰富多彩的思想文化宝库中的重要一支。他们以"兼相爱,交相利"为准则,由贤人圣人来统一天下是非善恶标准的主张,以天的意思和鬼神的作用这种超验的神圣力量来作为其理想社会秩序赖以建立的权威的观点,有其自身不同于其他学派思想的特色。墨家倡导爱就应当是平等的、普遍的,就不应当有亲疏、贵贱、远近的差别,主张为他人、为社会无私奉献,并在实践中身体力行,持之以恒,也是非常可贵的。然而,墨家重视的还是道德的价值,而不是法律的价值。在他们那里,法律还只是具有高尚道德情操的贤人治国的一个重要辅助手段而已。在本质上,这是一种贤人治国的人治思想,或者说是依赖道德感召力治国的德治思想。在这一方面,墨家与他们所竭力驳难的儒家思想有异曲同工之处,也反映了中国古代思想文化中的一个共同特色。

在春秋战国百家争鸣的时代里,墨家曾是具有很大影响力的显学。然而自秦汉以降,墨家沉寂了。原先的显学,一下子竟沉寂了两千年。在司马迁的《史记》中仅记二十四字,可见衰微之速。对于墨家衰微的原因,从春秋战国时其他学派的代表人物对墨家的批评中可以看出。庄子说墨家的思想与做法太极端,活着时要勤俭劳苦,连一支歌也不唱,享受不到人

---

① 《墨子·尚同中》。
② 《墨子·明鬼下》。

生乐趣,死了不许穿衣服,只能草草安葬,故而使人忧,使人悲,其所作所为违反了人心,天下人难以做到,也不堪忍受。荀子也批评墨家有悖人情常理,其"非乐"只会使天下混乱,"节用"只会使天下贫困。因此,墨家思想不仅为历代统治者所不喜,一般人也感到可敬而不可爱,其衰落也不足为奇了。

虽然,相对儒家的走红而言,墨家不再显赫了,但是在历史上,其对社会、对民众的影响并没有因此而消失。墨家精神依然像地下的暗流奔突于岩石溶洞间。它不仅成为农民起义的思想武器,更重要的它渗透到有侠义精神的人们的心中。著名学者侯外庐在《我对中国社会史的研究》中说:"我认为,中国农民战争的口号应溯源于战国末年墨翟一派宗教团体所提出的一条公法,即《吕氏春秋》所载,杀人者死,伤人者刑,墨者之法也。"我国历史上历次农民起义所提出的"等贵贱、均贫富"的思想口号,也是源于墨家"兼相爱,交相利"的学说。至于侠义精神,墨子止楚伐宋的事实,墨家首领巨子为天下之利赴汤蹈火的行为,表明墨家不仅从理论对仗义行侠的侠士人格作了塑造,而且以实际行动践履之。墨家凭借其知识、技能与人格力量去伸张正义,济人困厄等精神意识,为后世所继承,成为侠士人格的文化源头。墨家提倡舍己为人的自我牺牲精神,并把这种精神概括为"任"。"任"者,就是急人所难,舍己为人的人,如司马迁《游侠列传》中的"任侠",后世又称为"义侠"或"侠士",也有直接称为"墨侠"的。确实,言必行,行必果,一诺千金,急人所难,兼爱众生,勇敢无畏而不考虑生死,助人为乐而不自矜,是侠士的必备品性。如后来李白诗《侠客行》所言:"十步杀一人,千里不留行。事了拂衣去,深藏身与名。……三杯吐然诺,五岳倒为轻。……纵死侠骨香,不惭世上英。"墨家对侠士人格的塑造,也是近世武侠小说创作的文化渊源之一。从民国年间一大批旧派武侠小说的面世,到今天金庸、梁羽生、古龙等新派武侠小说风靡神州大地,并演化为一种雅俗共赏的侠文化现象,都与墨家思想有千丝万缕的联系,其中侠士形象的人格原型乃不脱墨家之框架。应该看到,惩恶扬善、扶弱济贫的侠士,往往是正义与光明的象征,代表着社会芸芸众生中那些弱者的愿望。古代中国,是小农与手工业者的汪洋大海,官府明抢,地痞豪夺,恶霸横行,以强凌弱的情况从未中断过。弱者渴望公平正义而不得,只能寄希望于一个超自然的力量如清官、观世音乃至于天神鬼怪,当然还有解民苦难的侠士。弱者对正义的渴求,是墨家倡导的侠义精神在古代社会里始终为社会所敬仰的缘由吧。

## 第三节 其他学派的法律思想

**阴阳家的法律思想**　　阴阳家形成于战国中后期,是将阴阳说与五行说会通后形成的一个派别。在战国乃至以后的秦汉时代,阴阳家声名显赫,有很大的影响。阴阳家主要的代表人物是邹衍。

【人物】

### 邹　衍

邹衍(约公元前305—前240),战国中后期齐国人,曾在齐国稷下学宫讲学。他对天文地理有着丰富的知识,人称"谈天衍"。邹衍曾游历梁、赵、秦等诸国,宣扬他的阴阳学说,颇受诸侯、大夫们的欢迎。

关于阴阳家的著作,情况比较复杂。司马迁在《史记·孟子荀卿列传》中提到邹衍时说他曾作《始终》《大圣》之篇十余万言。著录于《汉书·艺文志》的阴阳家著作有二十一家,三百六十九篇,其中包括《邹衍》四十九篇,《邹子始终》五十六篇。以上著作皆已散佚。近年来,考古出土的阴阳家著作,有马王堆帛书中的《五行》篇和《五星占》篇,云梦睡虎地秦简中的《日书》篇等。《汉书·艺文志》中均未提及这些著作。此外,由于阴阳五行思想在当时有很大的影响力,故在诸子百家的著作中对阴阳学说有较多的转述。这些转述中比较明确体现阴阳家思想的有《管子》中的《四时》篇,《吕氏春秋》中的《应同》篇等。《礼记》中的《月令》篇也被认为是战国时阴阳家的重要著作(此篇也见于《吕氏春秋》的十二记中)。① 今天我们研究阴阳家的思想,包括其法律思想,主要依据的资料便是这些转述和近年来考古出土的资料,再加上汉代史籍中的一些记载。

（一）世界的本原：阴阳与五行

据阴阳五行说,自然界的秩序和人间社会的秩序,其状态与变迁乃是基于阴阳的对应与互动,以及五行的相生与相克。

关于阴阳观念的萌生,是很远古的事情,今已不可考。现存最早的象形文字中的阴与阳,在金文中已出现。"阴阳"二字的连用,见于《诗经》之"相其阴阳,观其流泉"。② 观其全诗,这里"阴阳"一词的使用,既同日照方向、山脉方位、河川走向等自然现象有关,又与"阴阳"对农事活动影响的思考有关。一般来说,阴阳这对概念最初的含义,是与日月联系在一起的。日出或向日者为阳,日落月出或背日者为阴。这是古代中国人在实践活动中,特别是在农事活动中观察天文气象、时节变化所感悟萌发的概念。由此,人们进一步领悟到一切现象都有正反两个方面,并可用阴阳这一概念来解释自然界两种对立和相互消长的力量。

五行说发端于《尚书·洪范》。据说周武王取代商朝之后,向商朝贵族箕子请教治理国家的"大法",箕子便作了回答,答案就是"洪范"。箕子说这是当初上天赐给大禹的九条治国大法。而五行学说便是九条大法之一。五行说把自然现象与人事活动归结为五种基本物质元素：水、火、木、金、土,并阐释了它们的特性与功能。③ 可见,五行的思想,大约在殷周之际就已经有了。到战国时期,思想家们已经较为普遍地采用阴阳五行的观点来解释自然界的生成与变迁。邹衍则系统地用阴阳五行学说来解释自然现象与人类社会的变迁,并阐述其间的互动关系。

阴阳家认为,阴阳体现着天地人间运行最大的法则。阴阳两极既互相对立又互相依存,既互相矛盾又互相转化,从而演化出多姿多彩的自然世界与人间社会。阴阳与天时相配合,各有其时间与空间的位置,并各有其动与静的次序。比如,在自然界,天为阳,地为阴;日为阳,月为阴;白天为阳,夜间为阴;东南为阳,西北为阴;春夏为阳,秋冬为阴;火为阳,水为阴。在人间社会,男为阳,女为阴;君为阳,臣为阴;德为阳,刑为阴。如此等等,不能违背。如果阴阳不和、时空失序、动静失宜、转承不当,则阴阳的秩序安排与互动规则就会被打破,自然与社会就会陷入失序与混乱的状态。

五行说则昭示了自然世界与人世间事物的生成、变迁与转化的秩序。五行的排序是：木、火、土、金、水。其相生的秩序是：木生火,火生土,土生金,金生水,水生木；其相克的秩

① 参见冯友兰：《中国哲学史新编》第二册,人民出版社1984年版,第304页。
② 《诗经·大雅·公刘》。
③ 《尚书·洪范》。

序是：水克火，火克金，金克木，木克土，土克水。同时阴阳家又把四季和四方与五行配合起来，并把"德"的盛衰与之相附会。春季配东方，夏季配南方，秋季配西方，冬季配北方。春季气候开始转暖，草木开始生长，东方又与春季相配，故而在东方、在春季是"木德盛"；南方和夏季都很炎热，万物茂盛，故而在南方、在夏季是"火德盛"；金与秋季都有肃杀之气，西方与秋季相配，故而在西方、在秋季是"金德盛"；北方与冬季都冷，万物凋零，冰、雪、霜降，且与水相关，故而在北方、在冬季是"水德盛"；土是五行的中心，位于四方的中央，在季节上是居于夏秋之交。① 这样阴阳家便以五行为枢纽，结合四个方位与四个季节，建立了一个能自我控制、自我调节，具有反馈作用、循环功能的结构和秩序系统。同时，这种结构与秩序又与人的行为紧密相连，人的行为不能违反上述五行、四方、四季所体现出来的法则。人世间的活动，包括施政与农事都必须与此协调一致。

如此，阴阳家通过阴阳、五行以及其他一些关系的构建，阐释了他们关于自然界与人世间协调一致，并和谐、统一运行着的整体系统的秩序观念。由此出发，阴阳家提出了著名的德刑时令说和关于朝代更迭合法性的理论。

（二）阴阳五行与社会政治的对应关系

阴阳家认为，德属阳，刑属阴，德与刑，作为治理国家的两个主要手段，它们的施行，应当与阴阳五行的运行秩序相协调、相配合，从而初步建立起了阴阳家关于春夏行德、行赏，秋冬行刑、行罚的德刑时令说。

根据上述阴阳、五行和四方、四季相配所体现出来的基本法则，春天是"木德盛"的季节，万物苏醒，草木成长，统治者应当行德、行赏，施恩惠于万民，赦免罪囚也应该在这个季节进行，刑罚一般不可施用；夏天"火德盛"，适宜举荐贤良才俊，加官晋爵，并推行教化，刑罚一般也不施用，最多只能用轻刑惩罚一些小罪；秋天属"金德盛"，冬季属"水德盛"，万物凋零，气候肃杀，宜于决大狱，判严刑，杀死囚。秋冬季节正是施行刑罚、修筑监狱的时候。其他如兴兵事、罢官员，也适合在这个时候去做。阴阳家认为，如果德刑与时令相配，则阴阳相和，刚柔相济，天下就会太平，人民就会有福。如果德刑违反时令，冬行夏令，秋行春令，或者反过来夏行冬令，春行秋令，不能因其时，顺其变，则阴阳失调，五行失序，天下就会生乱，人民就会遭殃。

阴阳家的上述主张，体现出了一种天人合一、天人感应的观念。他们明确地把自然现象与政治现象、法律行为结合起来，把阴阳、五行、四时、日月星辰等作为人类社会政治生活、法律生活的自然依据，赋予了其德刑主张以某种神秘的自然力量，从而增加其主张的普遍性与权威性。

（三）"五德终始说"

阴阳家认为，一个国家与朝代的兴起与灭亡，其合法性应当从阴阳五行的互动、循环关系中去寻找。阴阳的平衡与秩序、五行的相生与相克和朝代的兴衰是相一致的。这就是阴阳家所谓的五德终始说。

"五德终始"说，是由邹衍创立的。由于邹衍本人没有著作留传，他的这一学说的本来面目已难以详考。但学术界一般认为《吕氏春秋·有始览·应同》中保留了这一学说的基本内容。根据保留的这些内容，我们知道，邹衍认为，朝代的更迭变化，是受所谓的"五德转移"支

① 《礼记·月令》。

配的。每一个朝代受一种"德"的支配和支持。所谓"五德"就是前面我们所说的五行的天然德性，即木德、火德、土德、金德、水德。做天子的一定要得五行中的一"德"。每个"德"也都有盛与衰的时候，在一个"德"盛的时候，具有这个"德"的朝代就兴起；到它衰的时候，为它所支持的这个朝代也就衰败；另一个兴盛起来的"德"就支持另一个朝代，起而代之。邹衍将周代以前数朝所拥有的德性与五行的特征一一作了对应，并把与五德相对应的色彩、象征物也说得确之如真。黄帝兴起时，土德盛，其色彩的代表是黄色；大禹兴起时，木德盛，其色彩的代表是青色；到商汤之时金德盛，其色彩的代表是白色；到周文王之时，火德盛，其色彩的代表是赤色；替代周朝的应该是属于水德盛者，其色彩的代表应该是黑色。按邹衍的说法，每个朝代兴起时，上天就会先降下祥瑞来昭示于民，以显示将要兴起的朝代是顺承天意的，其统治是合法的。

阴阳家的"五德终始"说，为皇朝更替的原因，为君权的合法转移，为新皇朝的应运而生和权威的确立，提供了一个具有天地自然神秘力量支持的理论依据。

（四）阴阳家法律思想的特点与影响

阴阳五行的思想是我国古代思想文化宝库最富有特色的内容之一，也是所谓东方神秘主义的一个重要方面。阴阳五行学说的核心是天人和谐的秩序观念，期望在天地自然与人事行为的协调一致中获得良好的秩序，并在遵循阴阳的互动和五行的相生相克的法则中使这种秩序得以平稳地转换。中国，特别是汉族世界，是一个没有全民族宗教神圣信仰的社会。然而由于阴阳五行观念的存在，使中国社会有了一个具有某种宗教功能，带有神秘色彩的畏惧力量和权威力量。

阴阳家的思想既有许多精湛的见解，又有不少荒诞之论。但无论如何，对中国社会和中国文化而言，它的影响是至深至远的。阴阳与五行，是中国哲学、医学、天文、地理、文学艺术，乃至中国武术的重要概念范畴。其影响涉及政治、法律、科学、人生乃至婚丧嫁娶、取名造屋等诸多领域。如风水先生这个中国特殊的职业，在为人起房造屋、筑路造桥相看风水时，依据的理论就是阴阳五行说。又如有些父母在为孩子起名时，往往会算一下孩子命中是否缺少五行的某一行，如缺少，则在名字中补上一行。所以，当我们看到金克木、林树森这些名字，一般都会明白他们的名字与五行是有关联的。阴阳的观念已成为中国人心理积淀的一个组成部分。

至于阴阳家的五德始终说与德刑时令说，在历史上影响就更为深远。历朝历代，每一个新皇朝的建立，开国之君都必须请儒生帮助推算一下本朝该主五德中的哪一德，然后根据这一德来确定本朝应当运用的历法和崇尚的颜色，以为"奉天承运"的象征，以此来证明真命天子的合法性和新朝的正统地位。而德刑时令说，经过汉朝大儒董仲舒的系统化改造和大力提倡，被汉代的统治者落实为一种秋冬行刑的具体司法制度。并且，这一制度为以后的历朝统治者所沿用，成为定制。

**兵家的法律思想**　兵家，是先秦研究军事理论、从事军事活动的一个学派，是诸子百家中的一家。春秋战国时期，诸侯国之间为争夺霸权而相互征伐，大小战争有四百多次。兵家的产生，正是适应了时代的要求。兵家的主要代表人物，春秋末时有孙武、司马穰苴，战国时有孙膑、吴起、尉缭等。其中孙武，即孙子，是最杰出的代表。

## 【人物】

### 孙 子

孙武

孙子,名武,齐国人,后迁吴。他是春秋末期人,生卒年代已无法确切考证,大致与当时另一名将伍子胥同时。公元前512年,吴国与楚国正酝酿大战。吴王阖闾感吴军缺乏将材,伍子胥便向吴王推荐了孙武。孙武以《兵法》十三篇见吴王,被拜为将。吴王曾叫孙武演练阵法,孙武便用王宫中的宫女列阵教战,并杀了两个吴王最为宠爱但不守军纪的美人。公元前506年孙武与伍子胥一道,大破楚军,占领楚国都城郢都。孙武为吴国在吴楚争霸中占得先机起到了重要作用。孙武的最后结局不得而知,但以《孙子兵法》而流芳千古。

今存兵家著作,属于先秦的主要有孙武的《孙子兵法》、司马穰苴的《司马法》、孙膑的《孙膑兵法》、吴起的《吴子》、尉缭的《尉缭子》等。其中影响最大的是《孙子兵法》,它与19世纪德国杰出的军事理论家克劳塞维茨的《战争论》一道,被公认为是有史以来世界上最伟大的两部军事著作。而《孙子兵法》比《战争论》还要早二千多年。兵家留下的这些著作,是我们今天研究兵家思想,包括其法律思想所依据的主要材料。

(一)兵家主张以法治军,认为法是军事胜利的重要保证

以法治军,是兵家诸代表人物一致的主张。孙子提出了决定战争胜负的五个要素:道、天、地、将、法。法是其中的一个重要因素。按孙子的解释,法是指有关军队的组织编制、干部职位配备以及军费、粮秣、车马、器械等后勤补给诸方面的制度规范。司马穰苴、孙膑、吴起、尉缭等兵家代表人物各自提出了以法治军的思想,认为治军的要害在于在军队编制、命令执行、奖惩办法等方面制定出严格的规范。基于军法的特殊性,兵家一般都主张军中之法要简明易懂,要符合练兵、作战的实际情况,必须易于被士兵接受,便于执行。在执行军法时,要公正、平等,官兵一致。特别是将领必须要以身作则。法外之情只限于戴罪立功,而不能徇于私情。而最要紧的是执行军法必须严明有信,做到令必行,禁必止,而不能有任何的宽宥与松懈。由于军事行动关系到国家的生死存亡和众多将士的生命安危,因此,主将的权威就显得尤为关键。故兵家莫不主张高度维护主将的权威,以至认为将在外,君命有所不受。主将的军令应当成为军中和战时的最高法律。

兵家主张以法治军,是充分意识到了法的作用。兵家认为法可以在军内和军事行动中建立一种严格的秩序。在这种秩序下,主将才能把一个个的散兵组织训练成挥左而左、挥右而右、官兵同心、行动一致的具有高度战斗力的军队,并最终保证战争的胜利。①

(二)德爱为先,赏罚严明

爱兵如子,身先士卒,是兵家所重视的一条重要的治军原则。兵家主张将帅要有仁爱之心,对待士卒要以德服人,教化为上。司马迁在《史记》中对吴起如何爱兵有具体的记载。吴

---

① 参见张少瑜:《先秦兵家法律思想概要》,《法学研究》2000年第5期。

起与士兵同衣同食同卧,行军不乘车,亲自背军粮。士兵痈疮化脓,吴起用嘴帮他吮出。① 所以,吴起带的兵士,疆场之上都能效死命力战。以德治军,爱护士卒,注重教育,从而官兵同心,形成强大的凝聚力并进而化成强大的战斗力,这一治军带兵思想,为兵家所倡导,也为后世历代带兵者所遵循。

当然,军队征战疆场,纪律与规则尤为关键,所以兵家十分重视赏罚的作用。严明赏罚,被认为是严格执行军法的具体化。对于如何施行赏罚,兵家有着精到而又系统的阐述。第一,赏罚要公正有信,军令如山,一视同仁,赏善不遗卑贱,罚恶不避权贵,不能因人而废法。第二,赏罚要适当,必须赏当其功,罚当其罪,令得赏者心安,受罚者心服。第三,赏罚不能只在战时施行,而应贯彻到平时的训练、生活之中,这样才能真正练就一支纪律严明、作风顽强、作战勇敢的过硬队伍。第四,施行赏罚要突出体现出将帅的权威,必要时可以诛杀士卒以树立将威,以使士卒对将帅心存敬畏,从而做到令必行,禁必止。第五,赏罚务必从速,不能迁延拖拉,最好不要过夜。这样就能迅速使人看到为善的好处和作恶的害处,以便从速校正自己的行为,效法善行,戒除恶行。第六,特殊的情况下,如陷入生死绝境的情况下,应当施行特别的重赏,以激励士气,拼死突出重围。所谓重赏之下,必有勇夫。第七,赏罚要公开进行,晓谕全军,使得赏可以激励来者,罚能够以儆效尤。兵家上述关于赏罚的论述,非常符合领军打仗的实际,有着相当程度的科学性与合理性。

在德爱与赏罚的关系上,兵家主张德爱为先,首先强调的是教育与爱兵,认为只有在此基础上,才能使赏罚最大限度地发挥作用,特别是使受罚者心悦诚服,不生怨愤。而赏罚严明,又可以使德爱的作用得到更好的体现。

(三)兵家主张,战争的合法性应当建立在道义的基础之上

春秋战国时期,天下战乱四起,诸侯相互争霸。战争,作为社会历史运动为自己开辟道路的一种形式,表现得特别频繁。关于战争的正义与非正义的问题,关于战争的合法性问题,也是当时许多学派所关注和讨论的问题。兵家学说虽然主要研究的是关于战争的战略、战术和军队的建设、训练等方面的理论,但他们对战争的合法性问题也进行了认真的思考。孙子在他所提出的决定战争胜负的五个要素"道、天、地、将、法"中,将"道"置于首要位置。按照"道"的要求,战争的发动必须顺应民心,不能不顾民意、民力而穷兵黩武,轻率用兵。孙膑与司马穰苴也表达了相似的主张,并认为用兵应当以义为先,以仁为本。尉缭则更明确提出战争的目的,就是为了诛暴乱,禁不义。不应该攻打无过错的城市,也不应当诛杀无罪之人。显然,兵家所认可的是一种义战的观念,认为战争的合法性应当建立在道义的基础上。从义战的观念出发,兵家提出了慎战的主张。兵家虽精于战争,但并非好战之徒,他们反对滥用暴力,主张慎于发动战争。孙子说,兵者,是关系到国家生死存亡的大事,非迫不得已而不能用。兵家认为,解决争端最好的方法是通过外交、伐谋等战争以外的政治手段,不战而屈人之兵是最高明的手段。所以,兵家主张应以道义为本,慎于用兵。如此,则一旦不得已而战,必能上下同心,将士用命,战而胜之。

(四)兵家法律思想的特点与影响

兵刑不分,刑始于兵,是我国古代法律起源的特征之一。早期施刑的刑具本身就是兵器。为保证战争的胜利,产生了军队内部的纪律、规范和维护纪律、规范的手段。至于最早

---

① 《史记》卷六十五《孙子吴起列传》。

的法官,本身就是军官。古代的刑罚系由主管兵政的长官掌管,如西周之时的所谓士、士师、司寇、廷尉,他们既是军官,也是法官。先秦兵家的法律思想,可以说是有源之水,有本之木。兵家以法治军的思想,义战为本、德爱为先的观念,对赏罚深刻、系统而又实用主义的阐述,丰富了我国古代的法律思想,并对后世历代的军事家以法治军的理念产生了深刻的影响。

兵家学说,是中国古代思想文化宝库中的宝贵财富,而《孙子兵法》则更是其中的一朵奇葩。《孙子兵法》专门研究用兵之理,其语言之精到,哲理之深刻,谋略之奇妙,千古流传,最能体现兵家的菁华。它作为一部军事哲学著作,对我国军事科学影响极大,历代对之研究成风,一直沿袭至今。同时,《孙子兵法》也以其博大精深的意蕴与哲理,被举世公认为军事文库中的珍宝,在世界上享有盛誉。

孙子说:"兵者,诡道也。"① 智谋源于用兵。兵书,是智谋之书的核心组成部分。兵家学说对智谋的崇尚,造就了中国人对智谋的迷恋。以至原本与军事的关系最为密切,并运用到政治与外交之中的智谋,最终弥散到了整个社会生活与人际关系之中。在世界上,唯有中国,智谋韬略能成为与哲学、艺术、文学、宗教等相并立的一个专门的学问。这其中兵家的影响至为关键。从古至今,研究智谋者络绎不绝,关于智谋的书籍可谓汗牛充栋。在中国,以智取胜,而不是以力取胜,乃是高明的象征,为世人所崇尚。然而,智谋之学毕竟是"诡道也"。它以利害关系为依归,一切以达到目的为标准,而忽视对正义和良知的关注。从著名的三十六计中的一些计名即可明了此点,如瞒天过海、借刀杀人、趁火打劫、隔岸观火、笑里藏刀、浑水摸鱼、假痴不癫等等。在这一利害原则下,为达目的可以不择手段,甚至连"仁"本身也可以成为一种"术"。我们前面提到的吴起,为士卒吮出了痈疮中的脓水。士卒的母亲听到后便痛哭不已,因为她知道,儿子会像其父亲一样,为感恩而效死命战死疆场。吴起当初也曾为该士卒的父亲吮过疮中脓水。后人曾因此批评吴起所为并非出自仁心,乃是一种"仁术"。

兵家思想,是先人留给我们的宝贵财富,在我们汲取它的智慧和营养时,也应建立在道义的基础上,也应以公平、正义为出发点。

**名家的法律思想**　　名家是在战国时期相当活跃的一个学派。其主要特点是着重讨论"名"(概念)与"实"(事实)的关系,由此阐发对于社会政治的看法。传说中的春秋时期郑国的辩士邓析被尊为该学派的鼻祖,而主要的代表人物有公孙龙子、惠施等。后世归纳为名家著作的有《邓析子》《尹文子》《公孙龙子》《惠子》等,但除了《公孙龙子》外,都没有保留下来(今本《邓析子》《尹文子》等书一般都认为是后人伪托的)。

【人物】

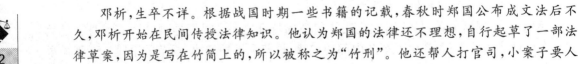

邓　析

邓析,生卒不详。根据战国时期一些书籍的记载,春秋时郑国公布成文法后不久,邓析开始在民间传授法律知识。他认为郑国的法律还不理想,自行起草了一部法律草案,因为是写在竹简上的,所以被称之为"竹刑"。他还帮人打官司,小案子要人

---

① 《孙子兵法·始计》。

一件衣服、大案子要人一条裤子作为报酬,教人"以非为是,以是为非",委托人想打赢官司他就有办法让他赢,想让人罪名成立他也有办法使人身败名裂。据说他导致郑国"是非无度,而可与不可日变"。郑国的执政大夫子产(一说是颛须)于是就把邓析杀了,但是又认为邓析起草的"竹刑"可用,就采纳为郑国的法律。邓析被誉为名家的创始人,可以算是中国第一个在民间传授成文法知识的人,或许也可以算是第一个律师。①

## 公孙龙

公孙龙,生卒年不详,约活动于战国中期,曾周游列国,于齐国讲学,在赵国平原君门下与学者辩论。

名家偏重于哲学观念和思辨技巧的讨论,直接讨论政治法律问题的言论并不很多。其最为著名的命题是"白马非马",认为"白"是表示"色"的,"马"是表示"形"的,"形"与"色"不相干,所以"白马"就是白马,不能说是"马"。虽然这种辩论过分夸大了一般与个别的差异,具有诡辩的性质,但是其注重语义逻辑的特点,为法学问题的深入讨论提供了思辨的武器,因此影响到各家学派在讨论法学问题时注意到概念的内涵与外延。

名家中的尹文等人更经常涉及政治法律领域的问题,因此也往往被归为法家思想家。他们主张"综核名实",强调"名"对于"实"的确定意义,强调"名分"对于社会成员的规范意义。并且注意"名、实"之间的统一性,注意防止政策与法律的冲突,贯彻统一性的原则。

【资料】

### 《公孙龙子》片段

王之令曰:杀人者死,伤人者刑。人有畏王之令者,见侮而终不敢斗,是全王之令也。而王曰:见侮而不敢斗者,辱也。谓之辱,非之也。无非而王非之,故因除其籍,不以为臣也。不以为臣者,罚之也。此无罪而王罚之也。且王辱不敢斗者,必荣敢斗者也。荣敢斗者是,而王是之,必以为臣矣。必以为臣者,赏之也。彼无功而王赏之。王之所赏,吏之所诛也。上之所是,而法之所非也。赏罚是非,相与四谬,虽十黄帝,不能理也。②

**译文**:

国王的法令宣布:杀人的死刑,伤人的受刑。人们畏惧国王的法令,即使有人侮辱自己也不敢打架,这是在尊重国王的法令。可是国王又说:"被别人侮辱不敢打架的是耻辱的行为。"将这称之为耻辱是错误的。并没有错而国王说他错,并且不让他担任官职来作为处罚,这是国王处罚了无罪的人。而且既然国王认为不敢打架是耻辱,也就是认为敢打架是荣耀。敢打架是荣耀,得到国王的肯定,就要被授予官职,授予官职就是奖赏。这些人没有功劳却被国王奖赏。所以国王奖赏的,是执法官吏要处罚的;国王所肯定的,是法律所要禁止的。赏罚是非这四者,全都互相矛盾,就是有十个黄帝那样的圣人也是无法治理的。

---

① 见《吕氏春秋·审应览·离谓》《列子·力命》《荀子·宥坐》等。
② 《公孙龙子·迹府第一》所引公孙龙子转述的尹文子与齐王的对话。

名家的学说与法家关系密切。名家发展了逻辑思辨,对于法家思想家有很大的启发。韩非等思想家在论著中往往会采用名家的思辨技巧,批驳被他们认为是有害的言论和观点,有的还直接援引名家的言论和事例。名家对于以名定实、名分等概念的强调,以后也融入法家的理论。后世因此将法家称之为"刑名家"。

**杂家的法律思想**

杂家是先秦诸学百家中的一家,形成于战国后期。"杂家"一词,出自《汉书·艺文志》"杂家者流……兼儒墨,合名法"。杂家因博采儒家、法家、道家、墨家、阴阳家、名家等众家之说而得名。杂家的代表人物是吕不韦。

【人物】

## 吕不韦

吕不韦,卫国濮阳人。生年已不可考,卒年为公元前235年。他本是位出色的商人,用制造舆论、美人计和金钱贿赂等手段,做成了一桩桩一本万利的买卖。为经商,他经常奔走于赵国的都城邯郸和秦国的都城咸阳之间,因此得以在邯郸结识在赵国做人质的秦国公子异人(后改名为子楚)。吕不韦认为子楚奇货可居,遂一方面以金钱资助子楚,另一方又到秦国游说华阳夫人,促使秦孝文王立子楚为太子。子楚即位为秦庄襄王后,吕不韦被任命为相国,封文信侯,食邑河南洛阳十万户。曾领兵击败东周与诸侯的联合进攻,灭了东周。秦王嬴政即位后,他继任相位,并被尊为"仲父"。因嬴政年幼,他是当时秦国的实际掌权者。吕不韦决策、指挥了一系列对诸侯国的军事进攻,并取得胜利,为秦始皇统一天下奠定了基础。权势极盛时,吕不韦有家僮万人,食客三千。他组织门下食客,辑合诸子百家之说,编成《吕氏春秋》。《吕氏春秋》书成后,吕不韦将它置于咸阳市城门,悬挂千金其上,称天下有能增损一字者即予千金。一字千金的成语即源于此。秦始皇十年,他被免去相位。一年后,迁往蜀郡,于途中饮鸩自尽。

吕不韦

杂家的代表作是《吕氏春秋》。它由吕不韦组织其门客以集体的力量编撰而成。《吕氏春秋》由《八览》《六论》《十二纪》三部分组成,共二十六篇,二十万字。在每一部分的大门类下,又有一定数目的子篇,皆用两字以明宗旨。整部书结构整齐划一,有较强的系统性,这为先秦著作中所少见。司马迁对《吕氏春秋》有很高的评价,把它与《周易》《诗经》《春秋》《离骚》《国语》《孙子兵法》等一道,视为是圣贤的发愤之作。① 《吕氏春秋》保存了许多儒、法、道、墨、阴阳等诸家的资料,对研究先秦的思想具有重要价值。

---

① 《汉书》卷六十二《司马迁传》载司马迁:《报任少卿书》。

对于杂家的思想,学术界一直有争议。有人以为它各说杂陈,不是对各家更高水平上的综合,而是东拼西凑,没有自己的体系和中心思想。如冯友兰先生即持此说。① 有人认为杂家对于各家虽然兼收并蓄,但其取舍有一定的标准,也有自己的见解,在政治和文化上是有很大意义的。如郭沫若先生即持此说。② 现在学界一般都认为杂家在博采众长的基础上形成了具有自己特色的思想。这种独具特色的思想也表现在他们的法律观念上。

(一)主张德治和法治的结合

杂家主张,只有把实施德政与以法治国结合起来,才能消除天下的混乱,建立起稳定、良好的秩序。杂家之前的荀子和管子学派曾试图将这二者统一起来。杂家则继承了他们的思想,对这两者之间的关系作了更具体、更充分的讨论。

杂家认为,最高明的统治手段是以德、以义来治理天下。如果能以德、以义治国,则即使没有赏赐,人民也会顺化有序,没有惩罚,天下也会去邪归正。所以,杂家主张,为政之道首要的就是要实行德政,对人民进行教化。只有这样,才能最终赢得民心,使天下归顺。而施行德政,最重要的是要提倡孝道。孝是德政之本。杂家认为,君王孝,则天下人就会赞誉;臣子孝,做官就会廉洁,危难之际就会慷慨赴死;士子、百姓孝,则战斗就勇敢,耕田就会勤奋。此外,施行德政,必须先由君主自己开始做起。君王必须修身养性,克制自己的私欲;必须戒除骄狂之心,以刚愎自用为耻,虚心吸取臣民的谏议。这样,实施德政的基础就具备了。然后,在此基础上,亲德高望重之贤人,远阿谀奉迎之小人,甚至把国家直接托付给贤人来治理。所谓得贤人则治,失贤人则乱。应当注意的是,在论述有关德政时,杂家对"德"作了直白而实用的理解,即"德"就是"得",乃是得民心之意。

在重视德政的同时,杂家也并不否定法律的重要性。杂家对法的解释是:"赏罚,法也。"③杂家肯定赏与罚是治国的重要手段,所谓"治国无法则乱"。④ 并认为应当定下名分,确立是非善恶的标准,以此作为赏罚的依据。当然,杂家对这个标准并没有说得很明确。此外,杂家还有一个重要的观点就是主张法律应适应时代的要求,要因时而变,反对因循守旧,反对"法先王之法",所谓"世易时移,变法宜矣",又说"守法而弗变则悖"。⑤ 有名的刻舟求剑的成语就是来自杂家为说明法律应当因时而变的道理,讽刺因循守旧者而创造的一个寓言。

当然,在实行德政与以法治国的关系上,杂家是有主次、轻重之分的,它始终把德政放在首位。因为,如果德政不修,则虽有厚赏严罚也不会管用。因此,杂家主张赏罚要谨慎适当,反对严刑酷罚和厚赏无度,认为厚赏与严罚是衰败之世才会热衷采用的手段。如果是这样,此等法律还不如不用的好。因为只有在德与义得到很好推行的社会,赏与罚才能发挥出应有的作用,否则就可能只是添乱。

(二)倡导"公天下"观念

杂家认为,君王和法律的产生是基于天下人共同利益的需要。在此基础上,杂家提出了"公天下"的观念。

---

① 参见冯友兰:《中国哲学史新编》第二册,人民出版社1984年版,第469页。
② 参见郭沫若:《中国古代社会研究》,河北教育出版社2000年版,第981页。
③ 《吕氏春秋·份职》。
④ 《吕氏春秋·察今》。
⑤ 同上。

杂家说,远古人类面对严酷的自然界,手足不足以自我保卫,肌肤不足以抵抗寒暑,筋骨不足逃避祸害,勇武不足抵挡猛兽。不得已,人们在互利互帮的原则下群居在一起,以克服单个人在生理与体力上的弱点,依靠群体的力量共同制服蛟虫猛兽,共同面对大自然的困难。然而,由于那时候没有道德,没有礼义,没有法律,群居在一起的人类又面临了新的问题。因为人天生有贪欲,于是就产生了人类自己与同类的斗争与祸乱。彼此相残的结果是力强者胜,暴傲者尊。为了使人类自身免于在彼此相残中灭亡,也为天下人长远利益计,圣人便设置了君王,并制定了法律来协助君王禁暴止乱。

正因为君王的产生是为了天下的共同利益,所以杂家认为君王应当以天下为重,不谋一人的私利。杂家的一句名言是"天下非一人之天下,天下人之天下也"。① 杂家认为"凡主之立,生于公"。② 这一立君为公的思想,要求统治者不能把天下据为私有,强调天下为人们所公有。"公"就要求统治者的行为正当与公正,就是要按照自己职务的要求,排除私心,去治理天下。天子应当计天下之利,国君应当计一国(指诸侯国)之利,官员应当计所管辖之地的利益。应当从公心出发,没有朋党,没有偏私。如此,则治理天下的道路就会正直而通畅,天下就会稳定而有序。

为了增加"公天下"观念的权威性,杂家引入了阴阳学说中天人相应的思想。所谓阴阳五行不会偏向于只化育一类事物,甘露时雨不会只滋润一草一木。天覆盖整个大地,大地厚载万物众生,日月照耀天下,四时运行于世,都是没有私心,没有偏差的。因此君王治理天下也不能有任何的私心和偏差。

我们知道,与"公天下"观念相对立的是"家天下"的观念,早在杂家之前,家天下的意识就已经广为流传,所谓"普天之下,莫非王土,率土之滨,莫非王臣"③,这诗句正是"家天下"的典型表述。"家天下"的观念,根植于古代中国社会政治制度、宗法家庭主义和小农经济制度的丰腴土壤之上,可谓根深蒂固。视天下为一家一姓之私产的"家天下"观念,一直为历代帝王和臣民所尊崇。以至英雄豪杰、文人士子,都期盼着能"学成文武艺,售与帝王家"。杂家"天下非一人之天下,乃天下人之天下"的观念,在我国历史上第一次明确提出了"公天下"的主张,并启迪了后人的思想,具有独特的价值和意义。

(三)政教应顺应人性

杂家认为,人性有欲有恶,这是天然形成的,人力难以改变。因此,法律、风俗、教化,必须顺应人性,满足人生的基本需求。

杂家认为,人性受之于天,有贪有欲。耳朵喜欢美妙的音乐,眼睛贪恋缤纷的色彩,嘴巴渴求美味佳肴,这是人之常情。每个人都希望长寿而讨厌早夭,希望安全而讨厌危险,希望荣耀而讨厌屈辱,希望安逸而讨厌劳作,这也是人之常态。人的这种自然属性,是人所共有的,不分什么贵贱、智愚、贤与不贤,即使是神农黄帝这些圣王与夏桀和商纣这种暴君也没有什么两样。在这里,杂家一方面承认人的基本欲求是合乎道德的,另一方面否定了贤人君子具有天然美德的说法。虽然,荀子也已经有了君子与小人具有相同欲望的观念,但荀子认为这种欲望是人性恶的表现,是不道德的,所以他要提倡"化性起伪"。④ 而杂家则肯定了人的

① 《吕氏春秋·贵公》。
② 同上。
③ 《诗经·小雅·北山》。
④ 《荀子·性恶》。

欲求的合理性。在此基础上，杂家提出，凡施政、立法、推行教化、改变风俗，都必须顺应人性。不顺应人性之政，是乱国之政。因为，顺应人性，推而广之就是顺应民心。顺应人性，顺应民心，则天下就会大治，道德就会高尚。不考虑人性而想统治成功，是不可能的。

应当指出的是，杂家虽然肯定了人的欲求的合理性，但不赞同毫无节制的纵欲行为，他们认为过分的纵欲与贪求，将会造成社会的争斗与混乱，因此要求人们在满足自己的欲望时，应当把握好度，应当适可而止。对于纵欲无度者，应当以刑罚之。

（四）杂家法律的特点与影响

杂家因熔先秦各家学说于一炉而得名。它产生于先秦后期，可以说是对诸子百家的一个总结。杂家对待各家各派的学说，能摆脱门户之见，充分肯定各家的长处，表现出了一种宽容的态度。所以，杂家学说能吸取各家的优点，舍弃他们的不足，进行综合加工，并有所创新，形成了具有自己特色的思想。他们试图在以德治为重心的基础上，把以德治国与以法治国统一起来。这为后世的统治者提供了一个重要的启迪。

杂家"公天下"的观念，与《礼记》的作者托孔子之口，以"天下为公"的命题抒发的著名的大同世界的理想是一脉相承的。它们共同对后世产生了至为深远的影响。"公天下"或"天下为公"的观念，把"公"的确立和推行作为社会政治理想的价值取向，这对处于"家天下"专制统治下的人们来说，特别是对于持异端思想的人士，就成为他们希望中的社会公正秩序的标识，成为他们寄托自身政治理想的现成的思想资料。明清之际。启蒙思潮的三位杰出代表人物黄宗羲、顾炎武、王夫之，站在"公天下"的立场之上，对"家天下"的君主专制制度进行了猛烈抨击。他们思想的传统渊源即来自"公天下"和"天下为公"的观念。甚至，直到近代的仁人志士如康有为、谭嗣同、孙中山等人，虽深受西方宪政、民主思想的影响，但仍不忘用我们自己历史传统中"公天下"的思想资源来作为否定专制制度的武器。

杂家肯定人的欲求的合理性，他们关于人性受之于天，有贪有欲的表述，对明清之际具有异端思想的学者文人也是一个重要的启迪，如李贽的"童心说"，又如汤显祖的名言"第云理之所必无，安知情之所必有邪"中所表达出来的对人性摆脱礼教束缚的渴望等等。杂家"公天下"的观念，并不具备今天我们所谓民主或民主意识的一些关键要素，或者我们至多只能认为在这其中包含的只是关于天下应为公众所共有的朴素意识。杂家只是希望以此来对君王专断的权力作某种制约，期望更多的是建立较为开明的君主专制制度。虽然，杂家肯定了人的欲求的合理性，肯定了人性的恶与欲，但没有也不可能产生突破传统道德中心主义秩序观，建立法律中心主义秩序观的理论。总之，杂家"公天下"观念，对人的欲求合理性的肯定，仍然会是我们中国传统文化思想宝库中值得珍视的一笔财富。

## 本 章 小 结

与儒家和法家一样，道家、墨家、阴阳家、杂家等学派，也都以如何才能达到天下大治，建立起良好的社会秩序，作为自己的一个中心议题。诚如司马迁所言："夫阴阳、儒、墨、名、法、道德，此务治也。"① 也许，只有兵家的中心议题另有侧重。道家以"道"为

---

① 《史记》卷一百三十《太史公自序》。

中心，提倡道法自然，反对仁义礼法，主张社会秩序与自然秩序和谐一致。墨家提出了以"兼相爱，交相利"为核心的法律观。以天的意志为法律权威的基础，重视鬼神对维护社会秩序的作用，是墨家法律思想的一个重要特色。阴阳家则认为，人间社会的秩序与自然界的秩序一样，其状态与变迁乃是基于阴阳的对应与互动，以及五行的相生与相克，并在此基础上提出了德刑时令说和五德始终说。兵家也提出了他们以法治军的思想，其中对赏罚的阐述自有其独到之处。而杂家，则主张德治与法治的结合，特别是其"公天下"观念的倡导和对人的欲望的合理性的肯定，在当时显得尤为特出。先秦各家各派对法律思想的阐述，在理论的创造性和理论的完整性方面都达到了相当高的程度，为后世法律思想的发展提供了丰沛的理论资源。

**参考阅读书目**

1. 李泽厚：《中国思想史论》上卷，安徽文艺出版社1999年版。
2. 葛兆光：《中国思想史》第一卷，复旦大学出版社1998年版。
3. 刘泽华：《中国古代政治思想史》，南开大学出版社1992年版。
4. ［英］葛瑞汉：《论道者》，中国社会科学出版社2003年版。
5. 张松如等：《老庄论集》，齐鲁书社1987年版。
6. 林语堂：《老子的智慧》，时代文艺出版社1988年版。
7. 陈鼓应：《老子注释及评介》，中华书局1984年版。
8. 孙中原：《墨学通论》，辽宁教育出版社1993年版。
9. 徐希燕：《墨学研究》，商务印书馆2001年版。
10. 张少瑜：《先秦兵家法律思想概要》，《法学研究》2000年第5期。

**思考题**

1. 道家法律思想与儒家法律思想有什么不同点？
2. 墨家法律思想的主要特点是什么？
3. 阴阳家的法律思想对后世有什么影响？
4. 兵家有哪些主要的法律观念？
5. 杂家法律思想的主要特点是什么？

# 第二编

## 大一统局面形成后的法律思想

# 本 编 要 点

从秦统一到清朝,在两千多年的时间内,中国虽然经历几十次战乱、经历了几十次的皇朝更迭,但基本政治格局是维持一个统一的国家。与这种政治基本格局相配合,思想界的总体格局变化也不大,皇朝统治者大多以儒家为主体,吸收其他学派中被认为有利于皇朝统治的学说来构建官方哲学体系,并且将这一官方哲学作为立法、司法的指导性的、根本性的原则。同时还将其贯彻于立法教育体制、选拔官员的体制、向民间施行"教化"等等方面,力图维持思想界的"大一统"。

"百家争鸣"最终的胜利者是法家。秦兼并各国,统一中原。秦统一后实行"焚书",强行搜缴民间的各国的史书及诸子百家著作,集中焚毁,企图以此来将民间的思想统一到秦国法制的轨道之上,维护皇朝统治的长治久安。但是事与愿违,这一举措与皇朝其他的强制性政策反而导致民众的离心离德,招致普遍的反对。强大一时的秦皇朝最终被民众的起义推翻。

秦皇朝被推翻后,"大一统"的政治局面却从此成为常态,需要变更的只是皇朝官方哲学系统。这个选择过程相当迅速,汉皇朝在不到一个世纪的时间里,就以经过改造后的儒家学说作为皇朝的官方哲学系统,形成了官方正统法律思想体系。以后历代的立法、司法都贯彻这一思想体系,历千百年并没有大的变更。

在官方正统法律思想的引导与压制下,两千多的中国思想界在法律思想方面没有很大的突破。只是在一些局部的课题上曾展开热烈的讨论。作为非主流方面的学说议论很难得到记录和发挥,无法上升为系统的学说理论,一些天才的闪光没有能够成为照耀更多的人们跟随响应的思想火炬。

官方正统法律思想是一种精英文化,并不与民间的"俗文化"所表现的法律思想完全合拍。因此官方正统法律思想所注重引导的方向、在民间接受的程度是值得研究的课题。

本编分为三章,第五、第六两章分别介绍官方正统法律思想的演进以及历代思想家有关法律问题的种种探论,而第七章着重分析民间法律意识的若干特色。

# 第五章
# 古代官方正统法律思想

> **本章要点**
> 　　本章介绍秦代至清代中国官方法律思想的发展、内容和主要特色,包括主流意识形态下官方正统法律思想和官员执法的法律观等方面内容。官方正统法律思想在秦汉经过重大变化,从西汉中期以后逐步定型和完善。官员司法中的法律观念是正统法律思想的具体运作,西汉中期开始逐步具有混合式法律实用主义的鲜明特征。

　　公元前221年秦国统治者建立了中国历史上第一个统一的中央集权专制主义的帝国。自此,中国古代政治体制基本稳定并逐步完善,基本机制沿至清末而未改。在这一漫长的历史时期中,法律思想在秦汉发生较大转型后,在主流意识形态的层面上逐步定于一尊。这种状况也一直延续到清末。从汉朝到唐朝,一方面是礼律结合,由通经致用的一批儒学人物主持律典制定,以儒学礼教经义为指导思想的制度在律典中先后确立,形成了完整的官方正统的法律思想传统,为以后历代皇朝沿袭。

## 第一节　中国古代官方正统法律思想的早期演进和定型

**秦统治者的法律思想**　　统一的秦朝沿用战国时期秦国的法律制度。在思想上,自秦王政十年(公元前237年)杂家代表人物吕不韦免相后,秦国就已逐步改变吕氏当政时期奉行的杂家思想。秦朝统一全国后,以秦始皇和李斯为代表的最高统治者杂糅阴阳家的五德终始之说,在政治实践中坚决推行韩非子所倡导的以君主专制为核心的法家政策。

　　秦朝统治者的法律思想的突出特点是奉行"事皆决于法"和严刑峻法。这是秦统治者继承法家主张并吸收阴阳家学说的结果。

　　(一)厉行法治

　　事皆决于法,是一种法家的法律思想主张。它要求在社会生活中,所有的琐细事务都由体现专制君主意志的法律加以规定,并严格按照法律予以处理。根据考古发现和文献记载的秦代法律,有律、令、式、法律答问、廷行事和程、课等各种完备的形式,内容广泛、细致,如物资账簿的核验、农业生产状况的报告、各种官吏的考课标准等各种事务,都有细目繁文的周详规定。这些法律未必都制定于秦统一全国后,但对前代各种具体规定的沿用,使秦朝的法律不断完备,社会生活的各方面都有细致的法律可以依凭。

**【资料】**

### 湖北云梦睡虎地秦墓竹简《语书》摘录①

古者,民各有乡俗,其所利及好恶不同,或不便于民,害于邦。是以圣王作为法度,以矫端民心,去其邪僻,除其恶俗。法律未足,民多诈巧,故后有间令下者。凡法律令者,以教导民,去其淫僻,除其恶俗,而使之之于为善也。今法律令已具矣,而吏民莫用,乡俗淫泆之民不止,是即废主之明法也,而长邪僻淫泆之民,甚害于邦,不便于民。故腾为是而修法律令、田令及为间私方而下之,令吏明布,令吏民皆明知之,毋陷于罪。……凡良吏明法律令,事无不能也;又廉洁敦厚而好佐上;以一曹事不足独治也,故有公心;又能自端也,而恶与人辨治,是以不争书。恶吏不明法律令,不知事,不廉洁,无以佐上,偷惰疾事,易口舌,不羞辱,轻恶言而易病人,无公端之心,而有冒抵之治,是以善诉事,喜争书。

**译文**:

古时候,人们各自有乡规俗约,其中的利益和好恶各不相同,很多对百姓是不方便的,也危害国家。所以圣王制定法度,以矫正民心,摈除邪僻,铲除恶俗。法律不完备,很多人欺诈取巧,因此以后又不断颁布法令。法律法令就是用来教导百姓,铲除恶俗,使他们改恶从善的。现在各种法律已经很完备了,而下属和庶民还不愿遵守,蹈袭以前旧俗、淫泆为非之人依然不少,这就是废弃主上的法度,而助长这些邪恶不法之民,对国家危害很大,也使百姓不方便。因此我(南郡太守腾)修订了法律法令,土地法令,经常颁发,要求各级官吏加以公布,使全体百姓都知道,避免陷入法网。……凡是好的官吏都是知晓法律法令,无所不能的,而且廉洁敦厚,服从上级,知道官府事务不能只依靠一个人,出于公心而能合作,自觉公正,讨厌与人争辩,不轻易写争辩的文书。坏的官吏不知晓法律法令,不懂事务,不守廉洁,对上级没有帮助,还要偷懒,喜欢与人争论,没有羞耻心,随便侮辱人,没有公正之心,胡乱施政,因此经常抱怨,习惯写争辩的文书。

**提示**:

从这份秦国的官府告示中,我们可以得知,秦统治者将法律视为矫正民间百姓行为的最佳手段,是万能的统治工具。

秦代统治者所奉行的法,是集权专制主义的强制规范,是实现思想钳制、迫使臣下唯命是从的工具。秦始皇三十四年(公元前213年),有人根据殷、周以来分封子弟以拱卫中央的传统,批评郡县制这种不师古法的做法。针对这一动议,丞相李斯认为,上古时五帝这样的

---

① 《睡虎地秦墓竹简》,文物出版社1980年,第203页。

圣君和夏商周这样的三代圣世都是以不相蹈袭的各自方式治理国家,这并不是相互悖谬,而是因为时代不同了。现在天下一统,乃万世之功。所谓的三代之事,根本不足效法。李斯进一步提出,以前诸侯相争之时,各自招纳学者出谋划策;而今天下已定,法律归于统一,百姓应当努力从事农工生产,士人应当认真学习国家法令。可是现在读书人不遵奉当今的法律却去学习古时的做法,以此来批评当世的制度,扰乱民心。这样,各立私学的门户,非议国家的法令政策;每逢国家法律出台,就各自以其私学的观点进行评判,或是独自心存非议,或是相聚品头论足,追求标新立异博取所谓高名,带着一班民众非议君上。这样的局面如果不加禁止,主上的威信将大大降低,而臣下们就会各自集结党羽,所以应该严厉禁绝。他提出著名的"焚书"之议,要求将非秦国的史书都烧掉;不是国家的专门官员而私藏的《诗》《书》及诸子百家等书籍,都要送到官府,一起烧毁。只有医药、占卜、种树之类的书可以不烧。法令颁下三十日后仍不烧的,黥为城旦,敢再互相讨论《诗》《书》的处弃市(即死刑),敢以古非今的处族灭之刑。有关官吏知道有上述情形而不举发的与之同罪。李斯特别强调:"若欲有学法令,以吏为师。"①他的主张得到了秦始皇的首肯。中国古代文化遗产经历了一场巨大的浩劫,也造成了秦帝国"以法为教、以吏为师"的"法治"局面。

(二)严刑重罚

严刑峻法是先秦法家重刑主义思想的继承和运用。商鞅就主张"以刑去刑",认为对轻罪适用重刑,人们就会畏惧而不敢犯法;轻的犯罪不会发生,重的也就无从产生。韩非更为重刑辩护,认为重刑能够制止的犯罪,轻刑未必能制止,但轻刑能消灭的犯罪,适用重刑一定能实现同样的效果。轻刑使人们还怀有侥幸心理,表面上是对人民的仁慈,实际上诱使其继续为恶,反而是害了他们。

秦皇朝重臣李斯继承这样的思想,在理论上重申了这一政策的意义。他引用韩非子"慈母有败子而严家无格虏"的论断,指出这是因为人们畏惧必然导致的刑罚。商鞅曾制定法律:"刑弃灰于道者。"将灰烬扬弃于道路,这是很轻的犯罪,但却处以很严厉的肉刑。轻罪的惩罚尚且如此之重,更何况重罪?所以百姓不敢触犯法律。韩非子说,尺丈之数的布匹,价值菲薄,但普通人都不肯放弃;重达百镒的黄金,像跖这样的大盗都不敢取。李斯解释说,这并不是因为普通人贪心或布匹的价值高昂,大盗寡欲或看不起这些金,而完全是由于刑罚必然随之而来,使大盗敛手;否则,普通人也微利必争。因此,李斯总结说,明主圣王能长久地维持自己的尊崇地位、握执重权,独享天下之利,并没有什么特别的道理,只是由于能够督责臣下,使用重刑,天下之人就不敢冒犯他。如果不追求实现这种根本,而一味效仿慈母之仁而导致家有败子,这同样是"不察于圣人之论"的做法②。尽管记载这段文字的奏疏是李斯迫于秦二世的压力所写的迎合之作,但仅就重刑而言,的确是包括李斯本人在内的秦朝统治者的真实思想。前述李斯所提出的焚书的建议中对不遵法令者的处罚规定,便能很明显地说明这一问题。

秦朝统治者严刑峻法的思想不仅表现为制度性的重罚规定,而且也体现在最高统治者的喜怒无常、滥事刑杀。秦始皇曾听从妄说,相信如果自己所居处之处不使人知,就可以得到长生不死之药,于是命令将咸阳之旁二百里内的宫观用二百七十条复道、甬道连接起来;

---

① 《史记》卷六《秦始皇本纪》。
② 《史记》卷八七《李斯列传》。

所到之处,有泄漏其行踪的处死刑。有次他偶尔从山上看见丞相车骑众多,颇不以为然。宫廷内侍中有人密告丞相,后来丞相减少了随从车骑。始皇大怒,知道有人泄漏其语,因无人承认,就将当时随从在旁者都处死。后来为秦始皇求"仙药"的读书人也批评其专任狱吏,一味以刑杀立威,又贪于权势,于是逃走。始皇大怒,派员案问当时在咸阳的所有读书人,令其互相揭发乱言惑众之事,最后将犯禁者四百六十余人坑杀。这就是历史上著名的"坑儒"案。又有人在陨石上刻字"始皇帝死而地分",始皇遣官追究,未果,于是又故伎重演,将石旁居住之人全部处死。如此等等,不一而足。

秦二世胡亥以阴谋夺得政权,并没有统治国家的系统主张和思想,只想巩固自己的地位和耽享逸乐。李斯后来上书迎合其意,说贤明的君主不看重俭节仁爱、谏说论理和壮烈死节之臣,而只需要操握权柄制御一班惟命是从的臣下,制定严明的法度,就能地位巩固而权势威重;像这样的君主,一定能随心所欲地废其所恶,取其所欲,使世俗听从于己;"故督责之术设,则所欲无不得矣"①。秦二世本人也曾引用韩非子的话:尧、舜、禹这样的圣君勤俭辛劳,与下人奴隶没有什么不同。他进一步发挥说,凡是得以君临天下者,就应该肆意极欲,君主掌握重权,修明法度,臣下不敢为非作乱,这样就可以有效地统治国家。前代的那些天子,亲处穷困劳苦的境地,作为百姓的表率,这样的事情有什么值得效法?

在实践中,秦二世推行极端专制、铲除异己的暴政。接受赵高的建议,在即位之初,巧借名目案察郡县守尉等臣僚,诛杀异己势力;以不守臣节等空泛罗致的罪名将可能威胁其地位的诸公子处死或逼令自杀。秦二世妄图通过这些手段震慑臣下,树立威信。一时间群臣进谏就会被当做是诽谤,大家都只能俯首帖耳,不敢妄议。秦二世的宠臣赵高欲谋乱,又怕群臣不听从,于是导演了一出指鹿为马的闹剧,然后暗中将不顺己意、不指鹿为马的人都绳之以"法"。至此,法律完全成为暴政的工具、口实,被肆意滥用和践踏。

**汉初流行的黄老法律思想**

秦亡汉兴,官方法律思想上出现了重大的转变。由于秦统一后社会生产并未得到充分发展,仅十五年后又爆发了全国范围的起义和争战。据《汉书·食货志》,战争期间,粮食匮乏,米价腾贵,甚至出现了人吃人的惨祸。到西汉初年,社会经济凋敝,人口减少,商业萧条,百姓无节余之物,政府国库空虚,财政困难。政治形势上,中央政府直接控制的范围仅十五郡,其余都分封给楚汉战争中联合进攻项羽的诸侯王,中央政权的地位并不巩固。汉初统治者迫于形势,并吸取秦亡的历史教训,将恢复社会经济和稳定统治秩序放在首要地位。采用黄老思想进行统治的政策应运而生。

黄老思想早在先秦时代就已产生。当时的慎到、申不害、韩非等人都曾深受黄老学派的影响。这一学派实际上又可分为黄学和老学两大分支,内容都非常丰富。其共同点主要是以道为最高标准,强调统治者要虚谨无为,反对大事更张。

由于西汉初年社会经济、政治状况的客观要求,包括高祖至景帝时的汉初统治者吸取先秦黄老学派有关内容,作为其治国的指导思想。汉初统治集团中普遍信奉黄老之学。上至皇帝、太后,如文帝、高后、窦太后,下至主要臣僚,如相国曹参、陈平、大臣陆贾等,都倡导黄老之学。在法律思想中,同样也贯彻了这一指导方针。

---

① 《史记》卷八七《李斯列传》。

汉代的黄老思想已经不同于先秦时的黄老学说。如据《史记·儒林列传》,当时的儒者辕固生与相信黄老之术的黄生讨论汤武革命的问题。黄生批评商汤、周武的做法,认为帽子虽然破,但一定是戴在头上的;鞋子即使新,也只能穿在脚上。原因在于二者有上下等级的区别。夏桀、商纣虽然暴虐无道,但仍然是君主;商汤、周武虽然圣贤,总归是臣下。君上有过错,臣下不能正言极谏,纠正其错误,以使天子尊显,反而因为他的过错而讨伐诛灭他,取而代之,自己面南为君,不是篡弑是什么呢?这段话中关于鞋、帽的譬喻又见于《韩非子·外储说左下》,可见这种主张已带有其他学派的色彩,体现了汉代统治秩序的确立,为旧的思想加入了新鲜的内容。

汉初统治者在法制问题上奉行的,主要是黄老思想中清静无为、不事更张等方面。他们中不少人还吸取了先秦儒家关于德刑关系的思想,对德礼教化的重要地位作了深刻全面的阐述,进一步发展了先秦的黄老学说,成为汉代中期以后官方正统法律思想的重要基础。

(一)无为而治、与民休息

汉初黄老思想的主要内容首先是无为而治和与民休息。无为而治是指在国家的大政方针上依循陈制,宽容待下,不大作兴革,不好大喜功,特别是体恤民力,以恢复社会生产力。当时的著名臣僚陆贾所著《新语》中说:"道莫大于无为,行莫大于敬谨。"①在汉初的政务过程中,统治者很好地秉持和实践了这一原则,不事兴作,不擅更张,推行轻徭薄赋的经济政策,以鼓励发展农业生产。如丞相曹参曾经是当时诸侯国之一齐国的相,厚币延请善治黄老之学的盖公,采纳其统治之道贵在清静的主张,对之礼待有加,并在实践中推行黄老之术;在惠帝时继萧何出任丞相后,第一件事就是嘱咐下属对包揽词讼、资助盗贼的场所,不要过分追究,因为这是安养奸人的地方,如果过度清肃,奸人无处容身,就会外出作乱。他一切遵循前任萧何的做法,并重用木讷质朴的官吏,将喜欢严厉苛责、想借此出风头的属员都罢免了。他自己日夜饮酒而不理事,对他人的细小过错想方设法为之掩盖,不予追究。他提出,在位的惠帝比不上创业的高祖,自己也不及萧何,而高祖和萧何平定天下后已制定了严明的法度,劝惠帝也一遵前制、守而勿失。曹参清静无为的宽厚政策赢得了人民的普遍赞誉②。在赋税制度上,高祖时将田租从秦朝的十税一减低为十五税一,文、景时又降为三十税一,甚至在文帝前元十三年(公元前167年)至景帝前元元年(公元前154年)取消了田租。文帝时,徭役负担减为三年征发一次。这有效地调动了农民的生产积极性,刺激了农业生产的发展。

【资料】

## 《新语·无为》段落

道莫大于无为,行莫大于谨敬。何以言之?昔舜治天下也,弹五弦之琴,歌南风之诗,寂若无治国之意,漠若无忧天下之心,然而天下大治。周公制作礼乐,郊天地,望山川,师旅不设,刑格法悬,而四海之内,奉供来臻,越裳之君,重译来朝。故无为者乃有为也。秦始皇设刑罚,为车裂之诛,以敛奸邪,筑长城于戎境,以备胡、越,征大吞

---

① 《新语·无为》。
② 参《史记》卷五四《曹相国世家》。

小,威震天下,将帅横行,以服外国,蒙恬讨乱于外,李斯治法于内,事逾烦天下逾乱,法逾滋而天下逾炽,兵马益设而敌人逾多。秦非不欲治也,然失之者,乃举措太众、刑罚太极故也。是以君子尚宽舒以褒其身,行身中和以致疏远;民畏其威而从其化,怀其德而归其境,美其治而不敢违其政。民不罚而畏,不赏而劝,渐渍于道德,而被服于中和之所致也。①

**译文**:

最好的道就是无为,任其自然发展,最好的行动就是谨慎而行,不要冲动。为什么这么说呢?当年著名的圣君舜治天下,只是弹琴、诵诗,平静得好像没有治国之意、忧民之心,但天下大治;周公制礼作乐,祭祀天地、山川后,军队不设,刑罚不用,而四方纷纷来朝贡,外国之君也来拜谒。所以看起来是无为,实际上却是有为的。而与此相对,秦始皇设车裂之刑以期减少犯罪,在边疆兴筑长城以防备异族侵略,征大吞小,威震天下,军旅纵横,征服外国。大将蒙恬在外征讨,丞相李斯在内修法。但结果却是做的事越多,天下越乱;法令越繁,犯罪越盛;兵马越增,敌人越多。秦也并不是不想治理好天下,但最后覆亡,正是因为其措施对民众太苛暴,而刑罚太重的缘故。所以君子追求宽舒、中和,人民将畏惧其威势,归服其德行,赞美其政治,从而听从教化、欣然投奔而不敢违抗其命令。不用赏罚的手段,民众就会欢欣而远罪,自然而然地受到道德感染,这就是归服于中正和平的结果。

(二) 德刑并用

汉初统治者还主张文武并用和德刑相济。先秦黄老思想中就有德刑并用的主张。《黄帝四经》中说,刑德相养才能使万事的逆顺成理。汉初统治者融合儒家观点,对这一思想作了进一步的阐述和发展。陆贾曾向汉高祖提出,用武力取得的政权,不能徒恃武力来维持。古时商汤和周武王都是用武力取得天下但却以和顺的方式加以治理。"文武并用,长久之术也。"②历史上的吴王夫差和晋卿智伯都是由于恃武好战而亡,秦朝也是因为专任刑法、不知变通而灭。他回顾了历史的发展,指出上古时候皋陶这样的圣贤设立刑狱惩罚犯罪,公布赏罚,以辨清是非,明确好恶,纠察奸邪,消灭佚乱,但这样的结果,人们知道畏惧法律的惩罚,而仍然不知礼义。于是又有圣人设置学校以明教化,使尊卑上下、君臣父子之间都遵守一定的仪节礼制,这样强不凌弱,众不暴寡,人们抛弃贪婪鄙俗的念头,端正合礼的行为得到弘扬。他认为,君子应该握道而治,据德而行,坚持以仁、义为手段,就会强盛;虚静无为,而万事均能极尽畅达。如果谋事不凭仁义必然导致失败,就像种植时不先使其根基稳固而一味去种在高的地方必然要倒塌一样。所以圣人是以经艺教化来防乱,就像好的工匠以绳墨来校正曲直一样。盛于德者声威广布,只强于力者徒知自骄自大。历史上,"齐桓公重德以霸,秦二世尚刑而亡"③,值得引以为戒。

文帝时著名的臣僚贾谊也是西汉初年德礼与刑罚并用的主要倡导者。他在给文帝的上疏中提出,"夫礼者禁于将然之前,而法者禁于已然之后"④,所以法律的用途容易看出,而礼的就不容易知道。用赏赐来鼓励人们为善,用刑罚来惩罚恶行,先王使用这种手段为政,像

---

① 陆贾:《新语·无为》段落。
② 《汉书》卷四三《陆贾传》。
③ 《新语·道基》。
④ 《汉书》卷四八《贾谊传》。

金石一样坚定；推行这套制度的法令，像四季按时到来一样有信；使用过程中的公正无私，像天地一样。赏罚法制这样的手段怎么能放弃不用呢？但是强调礼的作用，是因为它能杜绝人们为恶的根源，在微小之处潜移默化，使人们在不知不觉间近善而远恶。这种兼顾德礼和刑罚的统治思想，尽管在当时的影响尚不突出，但却是后来官方正统法律思想的先声和重要组成部分。

（三）约法省刑

汉初黄老思想的另一主张，是约法省刑和罚不患薄。秦朝残暴苛酷的法律和其推行过程中造成的巨大消极后果，是汉初统治者们耳闻身受的。因此，他们在法律的具体规定和操作方式上，都力求矫正秦代的弊端。贾谊对秦朝的严刑峻法导致的恶果进行了深刻的反思，认为如果当初秦二世能够清理监狱、赦释囚犯，使他们免遭刑杀，免除各种被收族、株连之人的罪，让他们各归乡里，然后约法省刑，使天下人都有自新之路，可以改变自己以前的做法，循规蹈矩，各慎其行；这样满足百姓的愿望，以盛德治理天下，那么"四海之内，皆欢然各自安乐其处，唯恐有变"，天下就安宁了。① 他们要求汉初统治者积极吸取秦朝灭亡的历史教训，在刑法上推行宽简从轻的政策。

立法上，刘邦在占领咸阳时，曾与秦人"约法三章"，即杀人者处死，伤人和盗物处以相应的刑罚，以安抚秦人，使刘邦赢得了很高的政治声誉。以后萧何整理了秦代法律，号为"九章律"。汉惠帝时废止了秦朝制定的不得私藏书籍的法律。吕后时又废除了夷灭三族之罪和妖言法。到汉文帝时，因为淳于缇萦的上疏，废除了刻面、割鼻、斩腿等残酷的肉刑制度。这是中国历史上刑罚制度的重大改革。文帝时还废止了收族、连坐的苛法。景帝时规定八十岁以上、八岁以下和怀孕的妇女、盲瞽、侏儒等人应被审讯关押的，都不得加戒具。

汉文帝

## 汉中期以后官方正统法律思想的初步定型

从西汉政权建立至武帝时期，经过各代以黄老思想为指导的统治，社会经济获得了逐步的发展。政治上，通过改分封异姓王为同姓王，至景帝时期又平定了七国之乱，基本改变了早期分封的诸侯国各自为政的局面，巩固了中央集权的统治。但长期无为而治的政策也导致了许多社会问题，如土地兼并的逐渐严重，富贵之家奢侈僭越，目无法纪。法制上由于继承了秦代的许多具体制度性规定，刑法仍然存在严苛的特点，一些官吏在执行中以严刑为能事，苛酷的倾向又开始抬头。同时在思想文化上，各种学派又开始纷纷活跃起来，以各自的思想、观点评论时政世事。解决客观存在的社会问题，缓和各种社会矛盾，并且建立与逐步稳固的统一帝国相适应的思想体系，逐渐成为时代的需要。董仲舒提出运用国家权力介入的方式鼓励儒学发展、禁抑其他学说，正是迎合这一需要的表现。随着思想统一的进程，在法制领域，也开始逐步形成完整、系统的官方正统法律思想。

汉中期出现的官方正统法律思想是在政治和法制实践中融合先秦各家思想的产物。其

---

① 《新书·过秦论中》。

中，先秦儒、法两家的思想最为重要。先秦儒家中孔子强调以德治国，非常推崇道德的感化力，孟子以仁政为其思想的核心，认为只有仁者才适合处于高位。这些思想都为解决德刑关系问题提供了主要的依据。儒学诸家都强调贤人政治，认为人的作用极为重要。荀子着重比较了人与法的作用，提出"有治人，无治法"。这种根深蒂固的人治观念对官方正统法律思想有深刻的影响。儒家又普遍重视礼。礼的核心精神是亲亲、尊尊的"有别"。亲亲，主要是指从家族角度的有别，规范家庭成员的不同地位，以保持家族的团结、和睦；尊尊，则主要从社会等级的角度强调有别，指天子、诸侯、各级贵族以至平民之间各阶级在社会中的地位和权利义务关系。这种家族伦理和社会等级的观念，对后代的法律思想有根本性的指导意义。

汉中期后的官方正统法律思想中对法家的继承主要表现在对专制君权的绝对化和特殊保护。在先秦儒家，孔子提倡君臣关系的相对性，"君使臣以礼，臣事君以忠"①；孟子进一步发展了这一相对性。先秦儒家尽管也强调立法的权力属于中央，要求礼乐征伐自天子出，但在君臣关系上，尤其是孟子思想中，君主并没有绝对专制的地位。而法家中韩非子的所有政治主张，则都是以君主专制的中央集权为根本出发点和归宿的。他宣扬君主利用法、势、术等各种手段控制、驾驭臣下，君主的地位、尊严和利益至高无上。君主要掌握赏罚的大权，不可以假手与臣下。韩非特别反对，将相大臣把君主的事放在后而专务增强私家的势力。在君臣关系上，他认为，"所谓贤臣者，能明法辟、治官职以戴其君者也"。这样的下属，只不过是些唯君主之命是从的统治工具。尤其是韩非提倡君主、家长、丈夫的绝对统治权，认为"臣事君，子事父，妻事夫，三者顺则天下治，三者逆则天下乱，此天下之常道也"②。这被汉董仲舒为代表的汉代儒学吸收为"三纲"，与儒家固有的"仁、义、礼、智、信"这"五常"并列，成为官方正统法律思想的根本性指导原则。

除先秦的儒、法思想家以外，官方正统法律思想中还有来自其他学派的成分。在形成时期，阴阳五行家的思想体系为之提供了理论的框架和包装。秦、汉统治者都信奉阴阳五行学说，宣称自己是依照五行轮替而获得统治权，并且依照五行原理来设置整个朝廷的礼仪制度，而且这一学派中的时令观也成为后世司法时令说（按照时令季节执行刑罚，死刑在秋后执行）的重要渊源之一。

黄老学派文武张设、德刑相济的思想与儒、法两家均有沟通，成为秦朝法家思想向汉以后官方正统法律思想过渡的桥梁。汉代兴起的今文经学，如春秋公羊学，通过阐发《春秋》大义，确立了后世法制中许多重要原则。如其中"君亲无将，将而必诛"③，主张凡对于君主及父母的犯义表示，要处以严刑；这一原则是后世法典中"谋反"等重要罪名的理论依据；"恶恶止其身，善善及子孙"④的思想助长了对贵族官僚的种种优待。

到汉初，贾谊⑤系统地提出了德刑兼顾、以礼为主的思想，在先秦儒家的基础上结合当时政治和法制的实际状况，有针对性地阐述了以等级制度为核心的礼治主张。由于西汉初年的客观形势，他的思想中还有一些黄老学说的痕迹，但宣扬礼治、等级的主张，或多或少地

---

① 《论语·八佾》。
② 《韩非子·忠孝》。
③ 《春秋公羊传·昭公元年》；又作"君亲无将，将而诛焉"，见《公羊传·庄公三十年》。
④ 《春秋公羊传·昭公二十年》。
⑤ 贾谊（公元前200—前168），河南洛阳人，汉初思想家、政论家。早年曾习《春秋左氏传》，汉文帝时为博士官，才识卓越，颇受赏识。曾请改正朔、易服色、正法度、兴礼乐。但为权臣所排挤，出任长沙王、梁怀王太傅。后因梁怀王堕马身死，又怀才不遇，抑郁自伤而亡。其著述主要收于《新书》和《汉书》的本传。

影响了当时的法制状况,并成为此后官方正统法律思想的先声。

此后,董仲舒结合阴阳五行说和春秋公羊学,完整地构建了纲常伦理和德主刑辅的理论,并创造性地运用引经决狱的方式处理司法实践事务。这些思想与此前贾谊强调等级差异的主张互为补充,完备了此后官方正统法律思想的内容和体系。中国古代官方正统法律思想至此初步定型。当然,它深入地影响法律制度和司法实践,还经历了较为漫长的一个时期。

【人物】

### 董仲舒

董仲舒(约公元前179—前104),广川(今河北枣强)人,西汉思想家,春秋公羊学代表人物。汉景帝时为博士官,生徒众多,极受尊礼。武帝即位(公元前140年),即诏举贤良方正、直言极谏之士,董仲舒应诏,上"天人三策",提出贵德贱刑、独尊儒术等主张,得到武帝重视。曾任江都、胶西相,但仕途不顺,后辞病归家,专事治学。他的著述现存有《汉书·董仲舒传》中收录的策对、经后人整理编集的《春秋繁露》和散见于史籍中关于经济政策、五行灾异、匈奴、春秋决狱等专题议论。

董仲舒

**西汉后形成的官方正统法律思想的主要内容**

(一)维护君主专制体制

维护专制君主的权威,是这一思想体系的核心。自秦代统一六国、确立专制主义中央集权的政治体制,这一机制就成为中国此后两千多年政治生活的基础,并在历代以不同的形式加以强化。与这种政治体制相适用,维护专制君主的权威,也就成为官方正统法律思想的重要组成部分。汉儒吸取先秦礼制和儒家思想中尊君的传统、先秦法家维护君主绝对权威的思想和春秋公羊学宣扬的对君权的推重和保护等主张,要求将法律的制定和运作都建立在保护专制体制下君主人身安全和政治统治权威的基础上。帝王言出法随,可以一言立法、一言废法、一言改法,可以不受法律的制约。在君主与臣下的关系上,君为臣纲成为指导性的根本原则。臣下对君主不能有丝毫的悖逆之心,否则就要严惩不贷。司法实践中以侵犯君主为由滥兴大狱的例子不胜枚举。在后代律典中,规定了各种诸如"谋反""谋大逆""大不敬"等罪名,用来保护君主的人身安全和政治权威。君主的权威千百年来成为不容置疑的理所当然,法律充其量正是服务于其统治的工具之一。

(二)维护等级特权制度

宗法主义和官僚特权是这一思想的另一重要方面。宗法体现家族内部的等级秩序,官僚特权体现社会生活中的等级秩序,也就是传统礼制中亲亲、尊尊思想的进一步发展。在家族内部,父为子纲、夫为妻纲成为天经地义的原则,家族中的每个成员都按照其不同的身份而具有不同的法律地位。后代的法律中规定,如果发生亲属之间的犯罪,对于人身犯罪,以尊犯卑的,关系越亲则刑罚越轻;以卑犯尊的,关系越亲则处刑越重;而相互侵犯财产的,关系越亲则刑罚越轻。孝道,成为历代法律思想家一致公认的基本原则。同时,一方面赋予家族尊长较大的权力,使其对维护家族和睦负起相当的责任,并且承担教化子弟的义务;另一方面,在重大犯罪上,采取家族连带责任原则,如对一些政治性犯罪的连坐规定,使家族在某些情况下成为承担刑事责任的完整单位。宗法主义是以家族为本位的中华法系的一个基本特征。官僚的等级特权是君权的派生物。这充分体现在前述贾谊的有关论述中。官僚因为其特殊的政治身份而享有被优待的特权,不适用普通的司法手段和方式。这从先秦时代的不亲自参加诉讼活动,到后来《周礼》中的"八辟"之制,到《礼记》和贾谊倡导的"刑不上大夫"(主要指肉刑以及普通的行刑方式),直至将议、请、减、赎、当等官员的特殊待遇列于典章。官僚的特权还表现在,官员与官员之间、官员与普通人之间相互侵犯,基于其身份不同,所产生的法律后果就不相同。

(三)"德主刑辅"①

这一思想在价值观上宣扬德主刑辅和德刑相济。德主刑辅和德刑相济思想的形成远宗先秦以德配天、明德慎罚的思想和儒家以德治国、宽猛相济的主张,又继承了黄老思想中德刑并重的观点,是处理德刑关系的根本原则。德,主要是指统治者个人的道德修养和体恤待下、教化先行的统治方式;刑,则是对犯罪采取单纯的暴力惩罚和威慑手段。董仲舒以后,德主刑辅的思想曾在不同程度上遭到来自法吏阶层的挑战,但随着新的儒学思想不断深入人心,这一思想成为此后传统法律思想中的主旋律。历代虽常有人用解释的方式,根据客观社会条件对其作出局部的修正,但其主导地位始终没有动摇。统治实践中鼓吹的仁政、法律中的各种恤刑措施、刑为盛世所不尚的观念,都是这一思想的具体表现。当然,德教不能独任,政治实践中,当社会矛盾激烈、治安状况恶化,甚至威胁到统治秩序的时候,统治者是绝不吝于使用刑罚等暴力手段的。不少统治集团的核心人物,如曹操、诸葛亮、张居正等都非常重视运用法制的手段,重要思想家如朱熹等也强调德礼、政刑要交相为用,不可偏废,明代开国皇帝朱元璋更大肆推行"刑乱国用重典"的方针。这样正反两方面的手段并用,能合理地协调各种社会关系,有效地处理不同性质的社会矛盾。

(四)人治主义和变通灵活的传统

最后,人治主义和有经有权,是该思想体系的重要组成部分。与德治主张相应伴生的,是人治主义的思想。统治者作为法律的制定、执行者,同时又是民众的道德导师,具有很强的主观能动性。人治的思想认为治国应依靠贤人而不是良法,要求统治者本人有较高的道德修养,能起到表率作用。这样,在处理司法实务的过程中就能寓教于判、寓教于刑,完成以德治民的使命。这样的情况下,遵守规范的要求就降至次要的地位。先秦儒家就常常不拘泥于死板的规范。孔子看到用丝料做帽子,虽不合于礼,但可以省俭些,也就欣然从众。孟子一方面强调父母之命、媒妁之言,而对于舜的不告而娶却能找出许多冠冕堂皇的理由。他强调要执守中道,要懂得临事变通,不要执着于一点。

这种观念对人治思想指导下的法制运作有极大的影响。人作为法律的操作者,实际上具有高于法律的地位。法律的实现始终没有成为根本价值目标。董仲舒便主张"有经(常规)有权(权宜变通)",并运用引经决狱的方式解决规范与目标之间的矛盾,以阐发儒经大义和合理选择、实现为根本价值取向,并兼顾法律的规则。这一原则成为后世尊奉的楷模。后代理学思想家也对经权观念相当重视。这一思想与人治主义互为表里,对司法实践产生了深远的影响。

① 将古代官方正统法律思想以"德主刑辅"一词加以概括的,是近代法学家杨鸿烈,见其著作《中国法律思想史》的第四章。

## 第二节 汉以后官方正统法律思想的发展

**三国两晋南北朝期间法律思想的演变**

三国两晋南北朝时期是国家分裂、对峙政权林立的时代,也是民族和文化大融合的时代。在这一动荡的时代,在法律思想领域也出现了一些新的气象。

(一)三国鼎立时期"法术"的一时复兴

针对王权衰弱、纲纪荡然的现实状况,不少政治实干家杂采诸家主张,不局限于传统的儒家思想,希望以此重建统治秩序。其中曹操①和诸葛亮②重视法制、赏罚必信的思想是这种努力的体现。

曹操在建立自己的统治的过程中,对于传统的礼教相当轻视。史称其施行统治的主要方法是"申、商之法术"。他曾多次下达"举才""求贤"的法令,提倡"唯才是举",不必拘泥于人才是否合乎礼教的要求,甚至曾要求推荐"不仁不孝而有治国用兵之术"的人。

同样,诸葛亮在辅佐刘备以及以后长期主持蜀汉政权的过程中,也推行法家式的政策。史称他主政的特点是:有功劳者即使是自己的仇人也要奖赏,犯法怠慢者即使是自己的亲人也要处罚,愿意认罪并改过者即使是有重罪也予以宽大,百般抵赖者即使是犯轻罪也毫不留情予以处罚,而且从不轻易发布赦令。

三国时期法家政治的一时流行是当时政治斗争形势极度尖锐化的结果。但是当东汉以来膨胀起来的门阀士族集团势力以儒家正统面貌出现向朝廷挑战之时,朝廷逐步开始退让,如曹操之子曹丕在推翻汉朝自立为帝时就和门阀士族集团妥协,也大力提倡儒家学说,重新确立了官方正统法律思想的统治地位。

(二)魏晋"玄学"向"名教"的挑战

魏晋之交时期的朝廷提倡的依然是以儒家思想为主的正统官方法律思想。门阀士族集团以"举孝廉"③为自己子孙进入仕途的捷径,因此在口头上竭力倡导儒家的礼教,称之为"名教",奉为神圣。统治者也为笼络门阀士族阶层,大力倡导"名教"。而实际上他们自己并不遵行,骄奢淫逸,为所欲为。这种现实与理论的严重脱节,引起一些有识之士的愤慨。另外这一时期统治集团内部矛盾重重,经常以血腥的恐怖屠杀作为改朝换代的手段,导致很多官员力图明哲保身,尽量少接触实际政治。因此形成重点研究《老子》《庄子》《周易》这三种不直接谈论礼教和实际政治的经典著作的风气。当时将这三种著作号为"三玄",研究宣扬这些著作的学说也就被称之为"玄学"。

---

① 曹操(155—220),谯(今安徽亳县)人。父为东汉末大宦官曹腾养子。曹操在黄巾农民军起义爆发后,自组军队,在军阀混战中逐步壮大力量,控制残破的东汉小朝廷,最终统一黄河流域地区。其散见于史籍的言论著述不少,后人集为《曹操集》。

② 诸葛亮(181—234),琅琊(今山东沂南)人。东汉末年军阀混战时受刘备力邀,出谋划策,为该集团占据益州,自立蜀汉皇朝立下功劳。刘备死后长期执政,实行法治。其著述后人集为《诸葛亮集》。

③ 汉代由地方官从民间选拔道德水平高的读书人,推荐到朝廷担任官职,号为"举孝廉"。曹魏时在各地设置"中正"官,由其按照操守才能将本地读书人排为九个等级"九品",地方官只能就其中的高品进行推荐。由于中正往往是按照读书人的家庭背景来排定品级,形成"上品无寒门,下品无士族"的状况,"举孝廉"成为门阀士族控制政治人事的途径。

最早的玄学提倡者是曹魏时期的何晏①、王弼②等人。他们发挥《老子》《庄子》著作中虚无主义的观点,鼓吹天地万物都是"以无为本",号称"贵无论"。并主张"名教出于自然",大力鼓吹"无为而治",要求取消过多过繁的法律以及礼教的限制。

进一步以玄学来批判名教的是魏晋之交时期的嵇康③。他反对当时司马氏专政的局面,尤其反对司马氏集团打着名教的旗号来排斥异己、残害政治异议人士的政策。因此他提出"越名教而任自然",认为名教实际上不是人类与生俱来的规范,过于烦琐的礼教的规则、法律之类,都是残害人类天性的,是反自然的。因此应该恢复自然之教,不必孜孜于名教的繁文缛节。而且批判当时被司马氏集团控制的朝廷滥用酷刑威吓异己,说古代的法律是惩罚暴行的,而现在的法律却是拿来胁迫贤良的。他向往一个无为而自然的清净世界,梦想实现"玄化潜通,天人交泰"。

这一时期玄学对于官方正统法律思想的挑战是软弱无力的,他们在理论上并没有一个完整的体系,主要依托的是道家学说中消极退缩的部分思想,就无为而无为,没有吸取道家学说中辨证转化的思想方式。而且很大程度上他们才是真正礼教的信徒,只是因为他们觉得礼教被司马氏集团窃为旗号而大受玷污,愤而提倡自然无为。结果却因为如此而惨遭政治迫害,司马氏集团通过对于玄学的镇压,反而获得名教卫道士的名声,在篡夺了政权后,立法中加大贯彻礼教原则的力度,将官方正统法律思想发展到一个更强势的阶段。

(三) 北朝统治者对于正统法律思想的强调

古代皇朝开国之初一般都注重修订颁布法典,并竭力鼓吹提倡正统的法律思想,在很大程度上这是出于争夺政治上正统地位的考虑。建立尽可能完整的、贯彻正统法律思想的法律典章,是为了树立一面具有政治号召力的旗帜。至于统治者内心深处是否相信、或者是否愿意主动奉行这些思想,却是因人而异的。这种倾向最为典型的就是北朝时期各皇朝统治者对于正统法律思想的强调和提倡。

北朝是由少数民族贵族建立的皇朝,这些皇朝的立法在很大程度上是出于吸引汉族士族阶层支持少数族皇朝、认同少数族皇朝统治的政治需要,力求比南朝的法律更符合儒家礼教的要求,统治者比南朝更热衷于鼓吹正统法律思想。比如鲜卑拓跋族原来活动于蒙古高原时期还没有成文法,建立代国后仍然实行习惯法,杀伤、偷盗都以赔偿马牛了事,明显具有游牧民族习惯法的特点。自建立北魏入主中原,统治者深感本族原有的习惯法无法统治广大的汉族人民,因此在汉族世家大族的帮助下进行了五次大规模的立法,所制定的法律完全按着中原汉族的法律传统以成文法典为主体。如北魏孝文帝极其重视法律,在位时多次与臣下讨论修订法律,并亲自执笔定律,强调要按照正统的儒家思想来指导立法。比如他认为当时的法律规定,子女对父母不礼貌只不过判处髡刑,有悖于儒家礼教所说的"三千之罪,莫大于不孝"的说法,要求加重处罚④。

北朝分裂为北齐和北周后,两个对峙的皇朝都试图以正统号召汉族士族拥戴自己,所以

① 何晏(190—249),南阳人,曾随母为曹操收养,提倡"援老入儒",开创玄学风气。后被司马懿所杀。著有《道德论》《无名论》《无为论》《论语集解》等。
② 王弼(226—249),山阳人(今焦作)人。少年时即以才华出名,提倡"贵无论",官至尚书郎。著有《周易注》《老子注》等,产生广泛的影响。
③ 嵇康(223—262),谯郡(今安徽宿州)人。官至中散大夫。崇尚老庄,为"竹林七贤"首领,以诗文及鼓琴著称。因主张"非汤武而薄周孔"而被司马昭所杀。其著作后人集为《嵇中散集》。
④ 《魏书》卷一百十一《刑罚志》。

立法都贯彻儒家精神,鼓吹正统法律思想。北齐尽管接连几代皇帝都是历史上著名的暴君,实施的是独裁恐怖统治,但是在立法时却委任汉族儒者。北齐律的主要起草人是封述,封氏一族为河北大姓,先祖累世为西晋、前燕、后燕、北魏各代高官,封述本人长期担任主管审判的大理寺卿,以精通儒学以及律令制度而闻名。其他参加修律工作的官员中也有不少硕学大儒,对于历代法律进行了充分的讨论研究,史称"校正古今,所增损十有七八"。因此北齐律结构紧凑,文字简练,是南北朝时期最优秀的法典,成为隋唐立法的蓝本。

与北齐对峙的北周一心想用西周继承人的名义号令天下,北周皇朝的创始人宇文泰事事仿照儒家所传承的周礼,制定法律也不例外。他命令主管审判的廷尉赵肃按照儒家经典《尚书》《周礼》来起草法典。赵肃是素族出身,历任的官职都是司法职务,实在无法将深奥迂阔的儒经和现行实用的法律捏和在一起,起草了几年都没有成功,忧愁交加,以至于得了心脏病,只得辞职,不久就死了①。他的遗稿在经过进一步修订后,于公元562年颁行,为了与儒经《尚书》中周公告诫臣民的《大诰》相当,称为"大律"。

当时这两朝都是将立法当作政治策略来进行的,至于这些立法是否符合当时的社会实际、是否能够切实实施,并不是当时的统治者所考虑的重点。两朝对于正统法律思想的强调与鼓吹也是出于政治策略的需要。所以从现存的北朝法律内容来看,几乎找不到少数族统治及少数族习惯法的痕迹。完完全全是儒家正统礼教为主导、辅之以法家手段的"正宗"的中原传统法律体系,从而进一步强化了正统法律思想对于整个法制的指导地位。可是正因为如此,这些辉煌的法典也就常常成了束之高阁的"书面法律",对于少数民族的专制统治者来说只是装点门面的摆设而已。

## 《唐律疏议》的法律思想

公元589年,隋灭陈,重新统一全国,结束了汉末以来的分裂局面。在统一的政治形势下,隋代确立了灿然可观的典章制度。隋文帝初期曾注重法制宽简,锐意改革,对亲贵犯法予以严惩,毫不姑息迁就。但其晚年以及炀帝当政时期肆意践踏、破坏法制,重演了秦朝二世而亡的一幕。

唐代初年鉴于隋亡的历史教训,唐太宗统治集团在立法上删削繁苛,务求宽简,司法上推行恤刑慎杀、不避权贵的政策,强调务实的审判作风。这一时期,以长孙无忌为首制定的《唐律》及《律疏》继承了历代法制和律学的成果,完整集中地体现了官方正统法律思想对法制领域的影响和成就,对后世有深远的影响。

现存《唐律疏议》包括《唐律》和《律疏》两大部分,制定于唐高宗永徽年间,后人将其合编为一书,称为《唐律疏议》。这是一部关于定罪量刑的法典。在《名例》篇律疏中,提出了德礼是为政教化的根本、刑罚是为政教化的手段这一总的指导原则。它说明治理国家必须兼用德礼和刑罚,如同一天之中有早晚变化、一年之中有四季更替,不可或缺;二者之间,前者为本,后者为用,是根本、主导和辅助、派生的关系。这是汉代以来官方正统法律思想在德刑关系问题上的总方针。

唐太宗

---

① 《周书》卷37《赵肃传》。

《唐律疏议》以法典的形式,确保皇帝的至尊地位和政权稳固。在"十恶"这十种重大犯罪的规定中,谋反指图谋危害皇帝,谋大逆指图谋侵害皇帝的宫殿、宗庙和陵墓的行为,谋叛指背叛国家、投靠外国或国内敌对政权等,大不敬包括七项触犯皇帝至尊地位的犯罪,如盗皇帝印玺、对抗皇帝使臣等,都是对皇帝尊严和以其为代表的政权安全的侵犯,规定了特别严厉的处罚。皇帝奉天命统治臣民,像天那样无所不盖,像地那样无所不载,又是作为百姓的父母降临人世的。如果图谋侵害,被认为是违反天道、悖逆人理的行为。这里使用的正是传统的君权天命的理论。对于谋反,规定即使只是犯罪意图,也与已着手实施者一样处罚,本犯处斩,父子株连处绞,其他近亲属充为官奴或流放,财产没收;这种意图根本不可能实现的,也处严刑;即便确无其实,但只要出此悖逆之言,仍要处以远流。

《唐律疏议》将纲常伦理中有关家族关系的内容法典化,严格维护以父权和夫权为中心的家庭伦常道德。其中将恶逆、不孝、不睦、不义、内乱等行为都列入"十恶"。父为子纲、夫为妻纲的思想都以具体的法律规定加以体现。如子女殴打其父母皆斩,而父母殴打子女当然无罪,故杀子女也仅徒二年半;普通人之间相互斗殴致伤,杖八十,夫打伤妻,只要杖六十,而反过来,妻若殴打夫则处徒一年。亲属之间人身、财产的侵犯,都按照双方的尊卑关系实行同罪异罚。

庇护亲贵、品官和严格划分良贱的社会等级观念在《唐律疏议》中有充分的表现。皇亲国戚和各级官僚在司法上享有与其身份相应的特权。最高一等的,犯死罪必须交大臣集体讨论,司法机关不得直接审理;次一等的,犯死罪由司法机关审理后报皇帝裁决;再次者,与以上两种人共同享有犯流罪以下各减一等的特权。凡是官员,犯流以下的一般罪名,都可以用历任官的官品抵罪,再交铜赎余罪,不须实际执行刑罚;其有关亲属也可享受以钱赎罪的优待。平民和奴婢之间有森严的界限,主人与奴婢间更是地位悬殊。如普通人之间斗殴无伤,笞四十,而奴婢殴打普通人杖六十,殴打主人及其近亲属要处死,主人殴奴婢则无罪。

《唐律疏议》继承正统法律思想中德治的传统,确立了有关恤刑的具体制度。其中规定一般情况下加重处罚不加至死刑;符合一定年龄标准或身体有严重残疾的人犯罪,可以享受一些优待;犯罪后自首的可以减免刑罚;对老、小、孕妇等不得刑讯;孕妇犯死罪应延期执行;犯罪证据不充分但又有严重嫌疑的,可以用钱赎罪。此外对狱政管理也规定了一些体恤罪犯的制度。

《唐律疏议》作为中华法系的代表性法典,吸收、继承了前代立法、司法等各方面的经验和成果,将官方正统法律思想的内容逐步纳入法制化的轨道。这有利于将正统思想的各个组成部分更好地整合为一个有机的系统,贯彻于司法实践。由于唐律较好地完成了思想的制度化,因此为后来历代所宗奉。它不仅是中国传统法律制度的代表作,也是历代正统法律思想的典范和结晶。

【资料】

《唐律疏议》卷一《名例律·十恶》

一曰谋反。谓谋危社稷。

二曰谋大逆。谓谋毁宗庙、山陵及宫阙。

三曰谋叛。谓谋背国从伪。

四曰恶逆。谓殴及谋杀祖父母、父母,杀伯叔父母、姑、兄姊、外祖父母、夫、夫之祖父母、父母。

五曰不道。谓杀一家非死罪三人,支解人,造畜蛊毒、厌魅。

六曰大不敬。谓盗大祀神御之物、乘舆服御物；盗及伪造御宝；合和御药，误不如本方及封题误；若造御膳，误犯食禁；御幸舟船，误不牢固；指斥乘舆，情理切害及对捍制使，而无人臣之礼。

七曰不孝。谓告言、诅詈祖父母父母，及祖父母父母在，别籍、异财，若供养有阙；居父母丧，身自嫁娶，若作乐，释服从吉；闻祖父母父母丧，匿不举哀，诈称祖父母父母死。

八曰不睦。谓谋杀及卖缌麻以上亲，殴告夫及大功以上尊长、小功尊属。

九曰不义。谓杀本属府主、刺史、县令、见受业师，吏、卒杀本部五品以上官长；及闻夫丧匿不举哀，若作乐，释服从吉及改嫁。

十曰内乱。谓奸小功以上亲、父祖妾及与和者。

**理学的兴起及其对法律思想的影响**

在中国学术思想史上，理学是宋明时代最具代表性的流派。广义上说，宋明理学中以程朱理学和陆王心学两大分支影响最大。程朱理学是指以北宋二程（程颢、程颐①）和南宋朱熹为代表的派别，陆王心学是指以南宋陆九渊②、明代王守仁③（阳明）为代表的另一派别。二者对理的本体价值不存在争议，其区别的直接表现是关于人实现道德完善的方式不同。狭义上所说的理学，则主要是指在元、明正统思想中占统治地位的程朱理学。

【人物】

### 朱 熹

朱熹（1130—1200），字元晦，号晦庵，别称紫阳。宋徽州婺源（今江西婺源县）人。生于南剑州尤溪（今属福建）。绍兴十八年（1148）举进士，历任泉州同安县主簿、知南康军、充焕章阁待制兼侍讲、提举浙东茶盐公事等职。晚年因进谏直言被贬，后聚徒讲学。主要著作收入《晦庵先生朱文公文集》，另有《伊洛渊源录》《近思录》《四书集注》《诗集传》和《通鉴纲目》等，还有黎靖德根据其弟子所记录的言论所编的《朱子语类》。

两宋时代经济的市民化，政治的腐败，加剧了思想的非儒化和社会的功利倾向。意识形态的这一变化，又促使平民出身的官吏们利用腐朽的机制和优厚的特权巧取豪夺，加剧了皇朝的内外交困，直接威胁皇朝的有效统治。社会功利化也使民间争讼增多，旧的价值体系濒临

朱 熹

---

① 程颢（1032—1085），号"明道先生"；程颐（1033—1107），号"伊川先生"。两人为兄弟，世称"二程"，洛阳人，长期讲学，主张"天理"为天地万物本性，要求学者"穷理"。两人著作被后人编为《二程全书》，今人编为《二程集》。其学说对于后世有深远影响。

② 陆九渊（1139—1193），世称"象山先生"，金溪（今属江西）人，"心学"创始人。长期讲学，主张天理存在于人本心之中，"宇宙即是我心，我心即是宇宙"。发扬本心，就可以了解天理，不必穷经读书。其著作后人集为《象山先生全集》，今人编为《陆九渊集》。

③ 王守仁（1472—1529），世称"阳明先生"，余姚（今浙江）人。因平定藩王反叛"宸濠之乱"，受封为"新建伯"，官至南京兵部尚书。其学说主张"心明即是天理"，强调内心修省的重要性。著作集为《王文成公全集》。

崩溃。这一恶性循环使一批较清醒的士大夫知识分子深怀戒惧。为整饬风俗,维护家国、君父、忠孝相融的儒家传统,并兼顾士大夫独善其身的要求,新儒学即理学应时兴起。传统儒学在伦理领域见长,但其论证过程简单直观,缺乏深刻的哲学理论作为根基。先秦儒学中的直觉体验,董仲舒的阴阳比附,在佛学精密的思辨体系面前显得苍白而浅薄。理学实际上在很大程度上吸收了佛学的思辨方式,为传统儒学的伦常观找到了更坚实的理论支柱。这是维护当时政治条件下统治秩序的必然需要,因而理学很快在士大夫阶层中盛行起来。

理学实质上是一种政治思潮,包含了中国传统政治统治思想的核心内容,因此在蒙古入主中原的元朝,理学、特别是程朱的思想受到蒙古统治者的认可,被上升为官方学说,理学完成了官学化的过程。这种发展态势到明代相沿未改。

理学以"理"或"天理"为基本概念,认为这是宇宙万物的本体。这是二程完成的重要哲学命题。他们继承了张载以太虚为本体的思想,提出了理的概念,确立了理的绝对本源地位。朱熹进一步将传统哲学中的无极、太极、五行、天地等概念都纳入理学的体系。同时,理学认为世间的所有事物、现象都是由理这一本体所生发、外化而成的,是其具体的表现,这称为"理一分殊"。理一,就是统摄于作为本体的唯一、绝对的理;分殊,就是落实到具体事物上各自有不同的表现形式。朱熹借用禅宗的比喻,说理一分殊好比是月在中天,只有一个,但散映在天下各地的江湖之中,则表现为许多个,随处可见。这样,反过来说,所有的世间事物也都蕴含了理,都能够体现这一绝对的本体。理学进一步发展了传统的人性论,认为性是体现理的,但性之中又同时包含了天命之性和气质之性两种并存的内容。天命之性即天理,而气质之性是兼具善恶、因人而异的,因此人才会有善有恶。

(一)将伦常观念本体化

由于理学受到官方的极力表彰,其对正统法律思想的论证也势必产生直接的意义。这一论证首先表现在将伦常本体化。忠孝节义等伦常道德规范,是官方正统法律思想的重要组成部分。先秦儒家简单地求诸人的本性。《论语·阳货》记载了宰我与孔子关于三年之丧的一段对话。宰我认为一年就够了,孔子就问他:如果你不到三年就吃白米饭、穿锦缎衣,心里安不安呢?宰我答曰:安。孔子大怒:君子如果这样是不会快乐的;你心安,就去干吧。朱熹的注释说,孔夫子希望宰我求诸心,自得其所以不忍为的道理,所以这样问他,而宰我不能体会。这无疑是追求一种内向的直觉体认。孟子则根据性善论的前提,将伦常道德都归为善,而认为人皆有之。但其性善论本身也是通过直觉体认的方式论证的,基础并不坚实,因此荀子和法家都不以为然而主张性恶。法家对伦常等级也有所论述,但并未提出有说服力的理论依据。董仲舒吸收阴阳五行的学说,提出天人合一、天人感应和阴阳比附的一整套理论,用阳尊阴卑和五行的对应来论证三纲五常的合理性。随着佛教的传入和兴盛,董仲舒的学说越来越显得肤浅单薄。

为将伦常的地位进一步从理论上加以巩固,理学根据理一分殊的理论,完成了其最重要的政治伦理主张,即论证了传统伦常道德的合理性,确立了其本体地位。天理是宇宙间的绝对真理,在不同的情势下、不同的事物中有不同的体现。在人的日常社会生活中,天理的表现就是伦常秩序。张载①在著名的《西铭》一文中指出,天地之性就是每个人的本性;人们都

---

① 张载(1020—1077),郿县(今陕西眉县)人,世称"横渠先生",理学的创始人之一。认为"气"为万物本原,而其运转则依据天理的规则。著作后人集为《张子全书》,今人编为《张载集》。

是天地的子女,所有的百姓都应当看做自己的兄弟,对万物都应当看做朋友。君主是天地的长子,大臣是帮助长子的管家。他还继承了《孝经》的思想,认为孝就是天经地义的宇宙最高准则。朱熹则说:"理只是这一个,道理则同,其分不同。君臣有君臣之理,父子有父子之理。"①各人所处的地位不同,理的表现也不一样。如对君主而言,理是仁,在臣下是敬,在子女是孝,在父亲是慈。所有的事物都体现着理,而各自有不同的表现,但都反映着理的无所不在。通过充满思辨色彩的包装,理学为伦常道德提供了坚实的理论基础。

(二) 发展儒学法律思想

理学对汉代以来官方正统法律的实质内容也积极继承并做了具体发展。儒家经典是官方正统法律思想的重要载体。理学家们以孔孟嫡传、儒学正宗自命,因此对儒家经典中的基本政治主张都奉守有加。他们只是通过注解、阐释等方式继承和论证这些思想的合理性,如张载著有《论语解》《孟子说》,朱熹著有《四书集注》等。对官方正统法律思想中的有关内容,如以仁政、道义为基础的德主刑辅、德刑相济、有经有权等思想,理学家们都予以继承,并结合实际政务提出相关的具体主张。

(1) 强调使用刑罚与实施教化的统一性

如张载认为,对于治理一个千乘的大国,圣人不提礼乐刑政等规范的手段,而只是说节俭爱民、因时使用民力,这是说如果能做到这样,法令就能贯彻,否则,法律就不能单纯地奏效,礼乐刑政等方式只不过是小手段而已;"为政不以德,人不附且劳"②。出于仁政的考虑,他还认为"肉刑犹可用于死刑"③,应当将部分死刑,如伤旧主、军人逃走等犯罪改处刖刑,可以一方面使其免死,另一方面也使其他人见之而戒惧。程颐也主张养民要以爱恤民力为本,民力足则其生计问题能解决,然后教化容易奏效,风俗也能够日益淳美。陆九渊也认为"刑亦诚不可废于天下"④,但并非为政之本;古代圣贤的帝王为政,是在使用刑罚的时候体现其宽仁之心。关于德刑、宽猛之间关系这一问题,朱熹有独到的见解,但整体而言并未超出传统思想的范围。

(2) 进一步强调"经权"理论,作为推行人治的理论基础。理学家们继承了传统的经权观念。如程颐问人,为政以何为先?答曰:没有比守法更重要的了;程颐颇不以为然:拘泥于法而不能有所作为的人比比皆是。按照我的看法,如果应该变通而又不与法律完全矛盾的,还是可以做的。当年兄长程颢任知县时,处理各种事务的方式大多是众人认为与法律抵触的,但程颢那样做,"未尝大戾于法,人亦不以为骇"⑤,即并没有违背法律的根本原则,大家也并不以为是骇人听闻的事情。理学后传中有人对传统的经权观作了系统的阐述,如朱熹的弟子陈淳在其著作《北溪字义》中专列《经权》一章,其中说,有经所不及的地方,必须用权加以变通。但是用权一定要身份地位高才行;要是对义理没有准确地把握就不行,到了应该权变的时候也看不出。权虽然是经所不及,但实际上与经并不相悖,经有不能解决的问题,非用权变不可。如君臣之分是一般的原则,但桀纣暴虐,天下视之为独夫,此时君臣之义已尽,所以汤武可以征伐;男女授受不亲,这是一般原则,但见嫂溺水而不伸手相救援,便是

---

① 《朱子语类》卷六《性理三·仁义礼智等名义》,中华书局1986年版。
② 《张载集·正蒙·有司篇十三》,中华书局1978年版。
③ 《张载集·经学理窟·周礼》。
④ 《陆九渊集·政之宽猛孰先论》,中华书局1980年。
⑤ 《二程集·河南程氏粹言》卷一《论政篇》,中华书局1981年版。

没有人性的豺狼,所以应该救之。如此等等,都是根据实际情况变通一般原则的好的做法。

(3)进一步强调"义利之辨"。理学还发展了重义轻利的传统思想,结合其有关天理、人欲的理论,提出要明确义利之辨,坚决反对争利。在司法实践中表现为,对有关财利的诉讼,强调息事宁人、含忍退让,以宗族、邻里和睦为上。

理学的法律思想,是其哲学思想在具体政治、法制实践中的运用。这些思想的基本内容主要是继承前代形成的正统思想,并加以理论上的证明和阐述。由于理学的广泛影响,其具体主张对此后的法制实践产生了深刻的影响。

## 第三节 古代官员执法的主要法律观念

**秦及汉初执法官员的法律观**

秦代及汉初的官员较普遍地受到法家为主流的思想影响,官员在执法中,较为严格地恪守制定法的规定。张家山汉简中有一件秦始皇时期的司法文书,是南郡有关官吏复审罪案文簿。原文较长,不赘引,大意是苍梧县出现叛乱,令佐征兵讨平,第三次才获胜。按律,前两次战败逃亡者应斩。但由于主管名籍的令佐也逃亡了,无法追查。巡查官至苍梧,当地官员向他报告此事,他即向朝廷上书,但只要求惩治那些逃兵,而对令佐却予包庇。事发后他被贬任攸令。南郡官员随即按查此事。文书末以"鞫之"为目概述案情,以"令"为题引法数条,意思是,令佐率兵与群盗相战而败逃,按律应论斩;庇纵死罪囚,当处黥为城旦,有上造以上爵者耐为鬼薪。这位令佐大概是有上造以上爵的,所以最后被判耐为鬼薪。①

张家山汉简中还有西汉高祖时期"奏谳书"十余件,是各地基层官员审理具体案件的案情记录、处理意见和中央最高司法官廷尉的批复。由于汉承秦制,汉初的法律制度和观念都与秦代一脉相承。结构较完整的如"娶逃亡人为妻"案,逃亡女子符诈称名数,成为大夫明的"隶";明把她嫁给曾受刑人解为妻。事发后,根据律的规定,解应黥为城旦;又因其原曾被处黥、劓之刑,当加重处罚,斩左趾为城旦。但基层官吏认为解被骗不知符的真实身份,情或可原,以疑案上报中央。廷尉批复:以律论罪;并称律意明确,根本不应上报。整篇文字对案情、适用法律、可疑之处及最后裁判的表述都极为简练清晰,毫无冗杂之语。

此外,传世史书中也有一些反映当时官员严格执法的例证。文帝时,有人无意惊了文帝的马,廷尉张释之反对文帝应处以重刑的意见,认为法是天子与天下共守的,应该依法律的有关规定处罚金;又有人盗高祖庙座前的玉环,文帝怒而欲处收族之罪,张释之则认为依法处死本人就够了,否则如果出现更严重的犯罪,就没有更严厉的相应刑罚了。这无疑是长期以来奉行法家主张、"以法为教、以吏为师"政策的结果。秦与西汉初年,是一个极有特色的严格执法的冷峻时代。

**春秋决狱:西汉中期以后的法律实用主义倾向**

西汉中期,随着传统儒家学说中的一些思想受到重视,儒家经典的地位也不断提高。董仲舒利用这一趋势和稳步发展的大一统帝国对思想统一的要求,提出了罢黜百家、独尊儒术的建议。他进一步试图通过阐发儒家经典,特别是当时流行的《春

---
① 《张家山汉墓竹简》,文物出版社2001年版,第223—225页。

秋》经的思想来指导司法审判的实践,剖判案件中当事人的是非曲直,矫正当时制度中的存在的弊端。这就是春秋决狱,历史上又称为引经决狱,或经义决狱。

董仲舒是当时春秋决狱的先行者,曾著《春秋决狱》二百三十二事。原书已经佚失,现在从其他史籍中可以考见的还有六条。其中,大多数都兼顾了经义和法律的要求,先通过阐发经义对当事人行为定性,然后再适用法律。如某案中,甲身为武库吏卒而自盗弩弦,但与弩不放在一处;董氏引《论语》"大车无輗、小车无軏"之义,认为不当以盗武库兵器的罪名处罚,因为所盗之物缺乏成为兵器的必要条件,只能作为普通物处理,因此应当以边兵犯盗、计赃论处。又如,甲父乙与人争斗,甲情急之下帮助父亲,反而误伤之。根据律文规定,殴打父亲当枭首。董仲舒引《春秋》许止进药的典故,认为当年的孝子许止出于爱亲之心,为患病的父亲奉侍汤药;其父服药后非但未病愈,反而身亡。《春秋》对其行为表示了宽容的态度。本案中,甲并非出于伤父之心,其行为不是律所规定的"殴父",不应处罚。董仲舒的判决中当然也有以经义变通法意的情况,如甲的养子乙犯罪,甲藏匿之,董氏引申《诗》"螟蛉有子,蜾蠃负之"之意义,先确认其父子关系,再引《春秋》父为子隐之义,认定甲无罪。但当时的法律并没有规定这种情况可以免罪。因为根据《汉书·宣帝纪》,到宣帝地节四年(前66年)才下诏规定,子藏匿父母、妻匿夫、孙匿祖父母,都免罪;父母匿子,如是死罪,都可以上请,也并非一概不论。董仲舒所处的武帝时代应该还没有这样容隐的规定。

董仲舒提倡的春秋决狱未必仅仅是法律的儒家化过程。从其实例来看,其提倡的所谓经义,未必都是经典的本意或先秦儒家的学说,有不少其实是经过作者主观阐发的结果,还有一些并非是儒家所独有的精神,如等级尊卑、君上权威等等,在法家亦是遵奉有加的。但《韩非子》中《六反》《诡使》等篇倡导的、为秦代统治者所奉行的以君上利益为归宿、全然不顾民俗风尚的理论,在实践中会产生种种弊端。从某种意义上说,春秋决狱正是对这一理论的反动。董仲舒希望通过这一做法调和刻板的法律规定和一般社会观念的矛盾,弥补立法技术落后所带来的法律盲点和缺陷。

【资料】

## 董仲舒"春秋决狱"之例

甲夫乙将船,会海风盛,船没,溺流死,亡不得葬。四月,甲母丙即嫁甲,欲皆何论。或曰:甲夫死未葬,法无许嫁,以私为人妻,当弃市。议曰:臣愚以为,《春秋》之义,言夫人归于齐,言夫死无男,有更嫁之道也。妇人无专制擅恣之行,听从为顺,嫁之者归也。甲又尊者所嫁,无淫行之心,非私为人妻也。明于决事,皆无罪名,不当坐。

**译文**:

甲的丈夫乙在驾船出海后遭遇风暴,船沉身亡,但是找不到尸体,无法安葬。四个月后,甲的母亲丙为甲主持改嫁。被告发后应该如何判处?有人认为甲在丈夫死后尚未安葬,法律是禁止改嫁的,应该按照"私为人妻"的罪名处以弃市(死刑)。董仲舒认为:《春秋》经上有"夫人归于齐",说的是丈夫死后,妻子没有生育儿子就可以改嫁。妇女是没有自己做主的权力的,以听从为美德。"归"就是改嫁的意思。甲是由尊长做主改嫁的,不是自己要私奔,不属于"私为人妻"罪。显然按照法律,没有什么罪过,不应该被判刑。

西汉中期以后，春秋决狱史不绝书，法律与其他裁判理由并重的思维方式已深入人心，特别是在司法官员的实践中蔚然成风。著名的《唐律》号称"一准乎礼"，但这并没有使法律的地位得以改善。北宋名臣司马光说："至于律令敕式，皆当官者所须，何必置明法一科，使为士者豫习之？夫礼之所去，刑之所取，为士者果能知道义，自与法律冥合。若其不知，但日诵徒流绞斩之书，习锻炼文致之书，为士已成刻薄，从政岂有循良？非所以长育人才、敦厚风俗也。"①南宋真德秀也说："廷尉天下之平，命官设属宜常参用儒者，俾三尺之外，得傅以经谊，本之人情，庶几汉廷断狱之意。"②其大意无非是说，学习和了解法律固然重要，但必须懂得如何与其他基本价值标准相协调，才能真正用好法律。在这里，法律并没有独立的本体价值的意义。

## 南宋书判中的法律实用主义精神

司法官员法律观念的这种状况，从南宋以《名公书判清明集》（后文简称"《清明集》"）为代表的裁判文书中可以看到深刻的反映。之所以将《清明集》作为典型，是由于这一判牍汇编是迄今发现的最早的大批量的实判记录。

判决依据多元化，这是现存南宋书判中体现的具有普遍意义的特色。除个别拟判外，现存书判中引述法律依据的共159件，涉及法律181条（内容重复者不计）。其中引律47条，敕37条，令29条，格3条，随敕申明8条，其他指挥3条，赦2条。另外还有形式不明的52条。在这类书判中，案情和结果等要素均表述完备、结构完整的共143件，而裁判结果与法律一致的89例，占56%。书判中未引述法律，但根据现有文献其应适用的法律依据可考详的至少有61件，其中裁判结果合乎法意的22例，占36%。因此，在可考的204件书判中，裁判结果与所引或所考法律依据一致的达111件，占总数的一半以上，可见法律的作用不可忽视。此外，法律依据未被引述且已不可考而以其他理由裁判的书判共有156篇。

但是，在表面上合法的裁判中，如果也取"诛心"之法、原其本情而论，便不难发现，有不少貌似合法、依法的表面文章之下，却蕴含着对法律的任意解释和适用。南宋初年的岳飞案是众所周知的千古奇冤，但从判决书中堂而皇之对岳飞等人开列犯罪事实、引述法条规定、依法定程序裁决并执行，这一系列的陈论竟是无疵可指。战功显赫、精忠为国的一代名将，因为口头言辞上对皇帝有所不敬，便果真要按律文"指斥乘舆"罪处斩。③ 在其他许多书判中，也可以看出，法律以外的价值判断起着主导作用，决定案情性质的认定和裁判结果的意向，法律只是以此为前提来作出处理的工具。如书判中亲族相讼频见，并不由此获罪，而却独有一判称"在法：告缌麻以上卑幼得实，犹勘杖八十"，认为应按此科罪。④ 若果如此，可罪者不计其数，不免令人真有"刑不可知则威不可测"的感慨。推究法官的本意，只不过是因其认为原告素无善行，此讼亦明显是挟仇报复，为绝其讼，以法胁之。

由此不难看出，在南宋司法裁判中，法律受到相当的重视，但法律规则的操作和实现，并

---

① 《文献通考》卷三一《选举四》。
② 真德秀：《西山先生真文忠公文集》卷三《直前奏札》。
③ 《绍兴十一年十二月二十九日刑部大理寺状》，见《建炎以来系年要录》（中华书局1956年版）和《建炎以来朝野杂记》（江苏广陵古籍刻印社1981年版），并参见邓广铭《岳飞传》页370—374，人民出版社1983年。
④ 《名公书判清明集》卷十三《告讦服内亲》，中华书局1987年版，第495页。后引此书径注页码。

非判决的终极价值目标。对法律的重视往往从属于更高的价值取向所预设的前提,甚至只是掩人耳目的工具;当二者出现矛盾时,法律的规定便可能遭到曲解、受到冷落。

南宋书判中,裁判的依据除了法律以外,还有其他的一些理由和原则,主要包括伦常、息讼、恤刑、人情等数方面。伦常,孟子谓之君臣、父子、夫妇、兄弟和朋友五伦,这里主要指反映社会和家族等级的尊卑长幼关系;息讼,在实践中表现为力求使争讼双方尽可能心悦诚服或认罪伏法、消除再讼隐患,并通过打击健讼等手段最大限度减少诉讼;恤刑,包括先教后刑、处刑轻慎和对官员、士人及其家族的优礼、开脱,内涵较明确。人情,指除上述原则以外的社会一般处事和评价标准,在书判中以相关事实和道德评判的形式出现,但并不等同于道德。它具有内涵广泛而直观的特点,较普遍地存在于裁判理由中。如毛永成于十余年后以并未经官登记的白契为权利依据,诉兄弟盗卖共有田宅一案中,根据法律规定,交易的有关诉讼都有"条限"的要求,即诉讼的时限。与该案相关的条限法规定,如典卖共有田宅达十年以上,只能补偿原价;只有墓田可以例外,准许钱、业各还原主。但判者认为,"大率小人瞒昧同分、私受自交易,多是交易历年不使知之,所以陈诉者或在条限之外,此姑不论也";原告所持是未经官见证盖印的文书,但被告也无有效权力证明,也不能证明原告白契之伪。其所重视的,是所卖之屋与毛永成的房屋共柱,若被拆毁,"则所居之屋不能自立,无以庇风雨,此人情也";又所卖田内有祖坟,"其不肖者卖之,稍有人心者赎而归之,此意亦美,其可使之不赎乎?此人情也";此外还有一相关事实,是毛永成当年未批退而放弃先买权。因此,既不依法明确所有权、由盗卖者赔还,也不依法追回墓田、钱业各还主,而是准许原告赎回共柱之屋和有坟之田,其余则维持现状,似依据亲邻回赎权之法。但实际上当时的令文分明规定,典卖田宅后三年内不主张亲邻回赎权的,官府不再受理。判中绕过法律的屏障,依据的主要理由也并非冠冕堂皇的原则,而只是相关的简单事实,如屋共柱、如田有坟,如未批退,追求合乎事理的处理方式。

可见,法律与伦常等其他裁判依据在书判中交互作用。在执法者们看来,法律应该与其他各种原则统一、协调。书判中说:"法意、人情,实同一体。徇人情而违法意,不可也;守法意而拂人情,亦不可也。权衡于二者之间,使上不违于法意,下不拂于人情,则通行而无弊矣(页311)。"法律如不合乎情、理要求,即非善法。"祖宗立法,参之情、理,无不曲尽。倘拂乎情,违乎理,不可以为法于后世矣(页448)。"书判作者之一真德秀又说,法令必须根据人情,犹如政事必须立足于风俗。"为政而不因风俗,不足言善政;为法而不本人情,不可谓良法。"①法律正应该是实现价值目的的基本常规手段。从"德礼为政教之本,刑罚为政教之用"的根本原则,到立足于亲亲、尊尊的各项规定,直至授权法官依据常情自由处断的"不应为"条,莫不蕴含了构成情理的各项原则要素。因此可以说,法律的明文规定,常常已经预先协调了各项原则的关系,体现了情理的要求。

这一状态不是单纯的道德取向,因为它往往包涵了对法律的兼顾。宋代士大夫具有较高的法律素养,客观上也使裁判追求的情理并没有脱离法律而走向纯粹的道德世界。同时,书判中的价值取向与其说是简单的道德认定,不如说更体现着一种选择,体现着有经有权的能动意识。"父为子纲"是常经,但两次卖子、为父不父者,"可谓败人伦、灭天理之已甚者",处以小杖二十、并判由族长收养其子;"夫为妻纲"是常道,但即使妻因夫宠妾而擅离、犯嫉妒

① 真德秀:《西山先生真文公文集》卷三《直前奏札》。

之忌、擅去之法①，判者却认为其夫事后兴讼只为争利，而当时未理，夫妇之义已绝②。这种权衡，已非简单的"道德"二字能了。

但是，法律并没有被当做情理的唯一表现方式而成为书判的最终价值目标。因此，在基本依法裁断的书判中，法律以外的原则往往仍被援引，以充满感情色彩的笔调加强或补充法律规定。如果法律有悖于其他原则因而与情理相矛盾，执法官员可以通过法律解释、法律选择来加以协调，甚至可以置法律于不顾。法律只是实现这一价值目标的手段，甚至有时只是手段之一。

**清代刑部司法中的混合式实用主义法律观**　　清代刑部是中央审理和复核重大案件的机构，其司法裁判大量完整地保存至今，从中可以清晰地看出当时官员们在法律适用中的风格和精神。清代刑部官员们不仅顾及制定法罪名与犯罪行为的类似，而且也注意犯罪的严重性程度方面的二者吻合。如果制定法存在明显缺陷，如畸轻畸重、完全空白等，但又缺乏在形式要件上相符的其他条文，为实现情罪相符的目标，刑部官员们将在案件情节、职业直觉判断所形成的目标裁决和制定法条文三者之间细致地寻找联结点，作出裁判合理性的论证。

案件情节是可以大做文章的领域。当重大案件发生后，在地方各级刑幕手中，案情早已经过细致周密的剪裁。根据当时幕学著作《刑幕要略》《幕学举要》《居官资治录》和《审看拟式》，幕友们在上报案情时必须"晓得剪裁"；须先确定所拟适用的制定法规则，然后决定剪裁的内容，对情节、供词、人证、物证、书证，甚至伤痕、尸体的经验结果，都可大刀阔斧地删削。这样既天衣无缝，铸成铁案，又能左右逢源，回旋有路，非但犯人无从翻异，就是同为办案老手的上级幕友也难识破。如"办威逼人致死，须声明'委无起衅别故，亦非有心逼迫致死'"；"办妇女被人调戏，并闻秽语自尽之案，须声明'委无起衅别故，亦无手足勾引、有心窘迫情事'"③。这种对"情"的剪裁和讳饰，可能并非全盘捏造或篡改真情，而是通过话语的表达使描述与所欲适用的制定法条文或解释之间有更多的联结点。

在这样的背景下，当案件经过层层辗转到达中央刑部时，刑部官员们由于不参与事实审，因此通常只能在地方幕友们精心剪裁后的事实框架下进行法律审。通常情况下，"移情就案"使"案情"与制定法之间的吻合性紧密而牢固，使法律推理呈现出在形式逻辑上圆满的状态。如果不是案情确系疑难，或是地方幕友水平太低，刑部官员们往往也无从置喙。这种移情就案的情况在刑部处理的案件中也可见端倪。道光年间直隶一案，赵某酒后失言，向刘氏声称欲给予钱财、与刘氏孙女同睡，但当即赔礼。事隔三日后，刘氏服毒自尽。本省欲根据条例"凡妇女因人亵语戏谑、羞忿自尽之案，如系并无他故，辄以戏言觑面相狎者，即照但经调戏、本妇羞忿自尽例拟绞监候"，对赵某拟以绞候。但与刑部就条例中"被狎之本妇"的认定及"图奸之心"是否例文适用的前提条件产生了分歧。本省强调：被狎之本妇是刘氏而非其孙女，故与例文中"觑面相狎"相符，不必追究其是否确有图奸之心；而刑部则一方面凭借其优势地位对案情报告中的事实部分不断挑剔，另一方面回避"被狎本妇"的问题，强调"并无他故"的微言大义，并推论"图奸之心"对适用上述条例的必要性。从现代法律解释学

---

① 《宋刑统》卷十四"和娶人妻"：诸妻擅去，徒二年；此律当时仍有效，参见《清明集》，第352页。
② 黄榦：《勉斋集》卷三三《京宣义诉曾嵩叟取妻归葬》。
③ 《入幕须知·刑幕要略》，不分卷，光绪十八年浙江书局刊本。

的角度比较二者之争,本省对本狎本妇的认定显然更有说服力①。但迫于刑部的威势和"是否另有起衅别情"的诱导式追问,地方当局不得不妥协,并终于在死者之孙的供词中找到救命稻草:"……并因伊祖母赵刘氏见伊祖追寻赵拐子不见,追悔当时不应因赵拐子服礼、放其走回,益加气忿。……从前伊祖因伊祖母自尽总由被辱气忿所致,是以未将追悔缘由备细供明";各方均以为然,甚至肇事者赵某亦有此供(不知其何由得知此情)。刑部终于满意,同意比照"调奸妇女未成、业经和息之后,其夫与父母、亲属及本妇复追悔自尽,致死一命例",杖一百、流三千里②。显然,本案中"追悔"的情节是在刑部和地方意见相持不下时被追加的事实。正是这一事实,使双方达成妥协。

这种事后追加事实的情况并不多见。对于高高在上的刑部官员们,通常的情况是在既有的事实框架内寻找灵感。事实与规则的联结点有时仅仅是个别的表面联结点,可以由于对"情罪相符""情罪平允"的追求,通过重新定性或延展性描述等手段被创造出来。在某些类型的案件中,这种情法之间牵强联系的做法甚至成为通例。为实现预期的判罚目的,凭借个别的表象关联,将案件勉强地纳入规则之网。

除案件事实的外在形态,事实之间的因果关系也是在法律推理过程中必须关注的重要方面。在刑部处理致他人自尽的案件中,一个很普遍的现象是,责任人行为和受害人死亡之间的可预见的因果关系并非经过严格确认。

可预见的因果关系被轻视,在卑幼导致尊长自尽的案件中极为明显。许氏所备菜少,被姑叱骂;许氏之翁抱怨妻贪嘴,致其气忿自尽。刑部判"将李许氏比照'子贫不能养赡致父母自缢'例满流"③。先不论其所引用法条的合理性,在这一事件的因果关系中,致许氏之姑死亡的直接原因是其翁、即死者丈夫的抱怨;许氏的过失充其量只是其诱因。但裁判者却在许氏的行为与其姑自尽二者之间建立了其认为足以自圆其说的直接的因果关系。

上述这种现象往往被作为家族伦常理念在司法上的反映。然而,在轻视可预见的因果关系这一点上,不仅尊卑关系之间如此,普通人之间也不例外,即这并非出于对尊长的特殊保护,而是普遍存在的推理方式。这就值得引起特别重视。如"威逼人致死"中的"威逼"这一前提往往被普遍忽略,而更强调其致人死亡(主要是自尽)的后果。如曹某盗窃张某之物,被张某砍伤;曹某之兄报官,致张某畏罪自尽。本省认为曹某之兄据实报官,并无诈赖等不良企图,而"罪坐所由",将曹某比照窃盗逃走、事主失财窘迫自尽例杖一百、徒三年,直接责任人曹某之兄则"照不能禁弟为窃例拟笞"。这一处理意见由律例馆复核首肯④。可见,事实之间因果关系的简单联结、对可预见的因果关系的忽视,并非仅仅存在于卑幼侵犯尊长的案件中,而是极为普遍的一般情况。

当然,这种现象的存在并不是说刑部完全没有逻辑思维的起码常识,完全不能辨认因果关系之间的不同性质。在上述案件中,通常,他们对间接造成损害的肇事者比照直接责任者

---

① 核查该例制定时的原奏,是对乾隆帝"夫语言调戏与出言亵狎,总不过此等秽亵之谈,有何区别"之质疑的回奏,其中明确"但无心与有意隐而难窥,调戏与亵狎语无二致。……议请嗣后:凡妇女因人亵语戏谑、羞忿自尽之案,如系并无他故,辄以戏言觌面相狎者,不论有无图奸之心,即照但经调戏本妇羞忿自尽例拟绞监候";参见《刑案汇览》卷三十五"觌面秽亵是否因事口角为断"。
② 《刑案汇览》卷三十五"并无他故觌面亵狎追悔自尽"。
③ 《刑案汇览》卷三十四"姑嫌菜寡被翁抱怨致姑自尽";又参见《刑部比照加减成案》卷二十五"刑律·诉讼·子孙违犯教令·湖广司·道光元年案",道光十四年刻本。
④ 《续增刑案汇览》卷六"刃伤窃贼报官事主畏罪自尽"。

给予量减一等刑罚的区别对待。而且,刑部官员们也意识到直接原因与间接原因的差别,甚至作出非常明确的区别。因此,因果关系的不同性质是刑部官员们所明确知晓的。其之所以乐于将那些现代刑法理念中不应承担主要责任、甚至完全不承担责任的间接肇事者牵扯进来,是因为在他们的判断体系中,必须有人为他人的自尽负责。在两项或更多的原因之间,他们认为构成间接原因的肇事者具有更严重的过错责任,因而应由其承担责任,尽管在量刑上可以予以量减一等。而当其认为间接原因的责任人主观恶性不大、需要区别对待时,刑部官员们也完全可以加以明确区分并大大减轻其责任。这种不清晰界定事实可预见的因果关系归责方式,使案件能够以其所乐见的合理结果解决。因此,这种对因果关系的处理方式,是与其价值判断过程的直觉性和模糊性——即一种实用主义精神——相适应的,是一种有效为之服务的法律推理技术。

清代刑部官员们在制定法适用上还有较明确的灵活裁量权,甚至创设规则的权力。当然,这些灵活裁量权也是被严格限制在法定框架内的。灵活裁量的手段包括加、减一等量刑、援引概括性禁律和个别情况下的直接情理裁量,而创设规则的方式有参照成案等。

如果案件确无完全对应的条款,在比照援引制定法后,若刑罚的结果畸轻畸重,最后判罚可以在条文规定的单一刑基础上加、减一等。这是制度所正式承认的。这往往与其他方式结合使用,在司法实践中极为普遍。加、减一等后仍不能实现"情法之平"、又实在没有恰当的条款可资引用时,刑部官员们的最后手段之一是,抛开法律推理的烦琐过程,直接比附援引笼统抽象的"概括性禁律"。概括性禁律包括不应得为律、违制律、棍徒扰害例和光棍例等。这些条款的归罪要件相当笼统,使人自然联想起当代中国1980年刑法典中曾有过的"流氓罪";根据这些罪名,可对案犯处以笞、杖、军流直至绞候、斩决等各种刑罚,加上司法具有的加、减一等的裁量权,使概括性禁律适用后可以涵盖所有的刑罚种类,诚可谓"欲加之罪,其无辞乎"。这些概括性禁律,可以灵活而适当地实现案情与刑罚之间的平衡,在致他人自尽的案件中,也有不少适用的案例。在这些案件中,概括性禁律与事实之间的联系并非最关键的,因为其概括性措词几乎可以囊括所有的案件。刑部之所以援引这些条款,主要是由于其量刑的幅度极为灵活,便于实现其追求的量刑结果。

【资料】

### 《刑案汇览》卷三十四《训责其子致姑痛孙气忿自尽》摘译

晚清道光初年,有个小何田氏(娘家姓田,嫁给姓何人家的妇女),有一天因为发现自己八岁的儿子何开祥在外玩耍时弄脏了衣服,就用竹片责打儿子。恰巧孩子的奶奶老何田氏来看望孙子,见孙子被打得痛哭流涕,立即上前阻挡,并将儿媳小何田氏痛骂一顿,还要动手殴打。小何田氏不敢顶撞婆婆,进房躲避。正好有族人邻居何德秀过来劝解。老何田氏也回房休息,仍然余怒犹未消,对自己丈夫何允富说:"我最爱这个孙子,想不到被儿媳这样责打,我现在年老有病,还不如早死,免得受气。"何允富安慰一番,两人就寝。想不到当天夜里,老何田氏乘丈夫熟睡,自己起身上吊自杀。

案发后小何田氏被捕入狱,供认不讳。该省巡抚报刑部,认为老田何氏因痛惜幼孙、气忿自缢身死,并非其儿媳小田何氏所能够预料,与因子孙"违犯教令"致使父母气愤自尽应处以绞立决的条例所规定的情节不完全相符,情节较轻,请求刑部核议。

## 第五章 古代官方正统法律思想

刑部对应的该司查到一件该省嘉庆十一年发生的"田宗保案",情节与之相仿,最后是由绞立决减等改判流放的成案,转交刑部律例馆进一步审核,并建议是否各省对于这类案件统一按此审理。

律例馆再次核查,认为小何田氏责打儿子性质属于合理"训责",而且当时婆婆老何田氏并未在现场,没有故意打孙子气奶奶的意图。而老何田氏回家痛骂时,小何田氏也没有顶嘴,而是回房躲避,"实无违犯教令之处"。老何田氏的"负气自缢",更是完全出乎小何田氏的意料之外。确实与该省"田宗保案"情节相仿,可以按照该成案,先将小何田氏拟判绞刑、并将情节声明后向皇帝报告,请求皇帝批准减等判处流放。认为这样处理"甚属允协"。并建议将该案存档,将来各省有此类情节案件可以划一办理。

**评论**:

成案中所依据的"子孙过失杀父母可请减为流刑"的条例,在嘉庆十一年已经更改①,只能由绞立决减为绞监候。因此,此案的处理中,刑部官员们为实现其司法目的,不惜直取成案,某种程度上规避了已经更改的条例明文。这种情况下,相关制定法的效力实际上被暂时搁置。

清代的刑部官员们千方百计寻找制定法条文支撑点的现象,绝不意味着司法官们对制定法存在终极意义的信仰。在司法理念上,古代中国的司法官员们是以一种完全不同的对制定法的态度运用条文,表现为混合式实用主义的法律推理。这一过程是通过以职业直觉为基础的情感判断与法律(包括条文和成案)检索及论证的互补共同完成的。司法官员们首先需要凭借职业直觉判断作出大致的定罪、量刑的定位,以确认"情罪相符"的大致目标。总体上而言,中国传统的经典思维具有经验综合型整体意向性的特色,直觉体悟是其重要方式②。表现在司法这一具体领域,中国古代法学缺乏更具抽象性、概括性的理论体系,使中国古代审判官员们的思维路径无法经过理论抽象的缓冲过渡,而是直接从案件事实跃向具体的法律规则,往浩瀚的条文汪洋中去寻找直接对应的解答。这一判断过程需要运用他们从事职业司法的经验来完成。这使职业直觉不同于感情直觉或一般的理性直觉。而同时,二者也并不完全游离。作为直觉判断的立足点,具有意识形态和价值判断性质的情理是推理过程中的基本价值取向。职业经验和情理判断共同作用,才能形成大致的目标定位。

进一步与制定法的对照检验,使职业直觉判断与简单感情直觉之间的区别更为凸显。司法官员们通过法律检索发现相关条文及成案,进行情节剪裁,然后在基于经验和情理的职业直觉判断和法条的理性论证之间小心翼翼地寻找平衡点。前述的各种技术都成为他们的有效选择项。这是对直觉进行理性主义反思的过程。整体动态平衡和取象比类的经典思维方法在情法比较的综合平衡、成案的逐项比照中都得到有效的运用。但是,在疑难案件中,这些论证技术在情法对应、因果确定及灵活裁量等各个环节中的种种非精确性和非逻辑性,

---

① "嘉庆十一年,又以随本减流,未免太宽,改为照服制情轻之例,夹签请改绞候,将前例分别'是否耳目所可及'之处,一并节删";参见薛允升:《读例存疑》卷三十四《刑律之十·人命之三·戏杀误杀过失杀伤人》;胡星桥、邓又天(主编):《〈读例存疑〉点注》,中国人民公安大学出版社1994年版,第596—597页。

② 蒙培元:《中国传统思维方式的基本特征》,姜广辉:《整体、直觉、取象比类及其它》,均载张岱年、成中英等:《中国思维偏向》,中国社会科学出版社1991年版,第19、74—88页。

使推理过程呈现出鲜明的对制定法的实用主义姿态。正统的感情直觉、情理判断再次显示出其重要地位。因此，这一法律推理的过程，融合了意识形态式的情感直觉、司法经验判断和形式上的合法性论证，成为一种混合式实用主义的法律推理模式，是中国传统思维中实用理性精神在司法领域的体现。

**简析中国古代执法中实用主义法律观**

实用主义法律观，是西汉中期以后在司法实践中逐步形成的、司法官员对法律的基本态度。它以法律规则为基本依托，但不严格拘泥于形式规则，而常以法律以外的各种理由解释、变通甚至在相当限度内改变法律规范的内容，以实质性地合理解决案件纠纷、惩罚犯罪为终极价值目标。这是中国古代官员执法观念的主流意识，对社会整体的法律观具有强大的影响力。

在将疑难的案件事实与相关制定法规则比较过程中，执法官员们一方面需要参酌所追求的大致目标，另一方面也必须兼顾事实与规则的类似性。除了移情就案的个别案件外，事实的内涵所具有的巨大弹性成为司法官员们得以施展的空间。历代官员们关注的"情理"和"情罪相符"中的"情"，即案情、情节，并非制定法规则要件范围内的各项对应事实，而是在时间、空间上基于裁判的需要可以不断推衍的相关事实，是当时社会正统和主流的价值观在评判案件时所关注的更为广泛的内容。与当代法理学相比，对"情"的广义理解是在当时法律推理过程中的重要特色。在对待因果关系、即事实之间的联接性和相关性上，他们采取同样的态度。间接甚至及其遥远的诱因也能被纳入视野，成为处罚的对象。

现实社会中，如果没有特定的法律目的，案件的相关细节就将无穷无尽，无法组织。这种法律目的、因果关系的确认和在一定环节斩断边缘事实和因果关系，是法学必须考虑的重要问题。汉季以降，中国古代的官员们也不例外。他们一方面根据情理和职业直觉的判断形成大致的判决取向，另一方面，在非常广阔的视野中考察案件过程中的情节和因果关系。这种方式，使其在制定法的适用过程中具有更强的主观能动性，能够灵活地运用规则达到其所追求的裁判结果。

在这一模式中，司法官员们明确引用、详细说明制定法条文，或在制定法框架内进行一定程度的灵活裁量，论证其判罚的合理性。它重视规则的意义，强调法律推理中相当程度的形式主义以及法律适用中体系的完整和谐性，但同时承认司法官员们的实际裁量权，强调司法作为社会控制和纠纷解决的手段对正统意识形态的支撑作用及其所产生的社会效果。就其兼顾结果合理性和事实与规则的类似性而言，混合式的实用主义法律推理模式与后现代的实用主义法律观有一定的类似性；但由于中国古代的法学和法律实践并未经过长期严格形式主义的洗礼，在论证的表现形式上显得相当幼稚和粗糙，工具性的特征也更为显著。

在中央和地方官府，由于中央的职业化官员、部分法律素养较高的基层官员以及清代专职幕友的存在，各级以官员名义作出的判决意见都建立在混合式实用主义法律推理的基础之上，并且往往在官方的表达上具有于法有据的面貌。中央的判决中严格引据制定法，论证手段更完善，但其推理过程中浓厚的实用主义色彩却显示出其与基层的差异并非绝对的。即使地方听讼的裁判过程本身也是一种混合式的思维过程，是在职业直觉和制定法二者之间的精致权衡，既未拘泥于法条的细枝末节，也没有走向任性裁量的司法专横。这种法律观念和思维方式，对当代中国司法都有深刻而深远的影响。

## 本章小结

中国古代官方正统法律思想在秦汉时期经历了由法家学说主导转换为儒家学说主导的转型。汉朝统治者慎重总结了秦朝二世而亡的历史教训,为能够稳定而准确地使用法律工具来维持统治,认真探寻作为法制指导原则的学说理论。在汉初贯彻黄老思想为指导原则后,统治者终于全面接受已经过改造的儒家学说,作为官方正统法律指导思想。

官方正统法律思想在确立后,经历了三国两晋南北朝的一些反复,进一步被固定为皇朝最佳的法制指导方针。唐朝统治者全面贯彻官方正统法律思想,完美体现于《唐律疏议》。以后各朝基本沿袭这一方针,官方正统法律思想成为各皇朝法制的指导原则。

而在各代执法者的心目中,官方正统法律思想并非是死板的教条,而是一种充满可变因素的指导体系。体现这一思想的庞杂的制定法体系,也并不被认为是一种需要不折不扣在判决中体现的操作规则。在贯彻主要原则的同时,并不妨碍执法的官员以实用主义的态度灵活解决面临的司法难题。

**参考阅读书目**

1. 瞿同祖:《中国法律与中国社会》,中华书局1981年版。
2. 滋贺秀三等:《明清时期的民事审判与民间契约》,王亚新等译,法律出版社1998年版。
3. 布迪、莫里斯:《中华帝国的法律》,朱勇译,江苏人民出版社1995年版。
4. 王志强:《法律多元视角下的清代国家法》,北京大学出版社2003年版。

**思考题**

1. 秦代至清末正统法律思想经过了哪几次重要转型?
2. 西汉中期以后古代正统法律思想有哪些基本内容?其历史成因何在?
3. 中国古代实用主义法律观对当代中国有何影响?

# 第六章
# 历代思想家关于法律问题的探讨

**本章要点**

本章介绍汉以后历代具有代表性的思想家对于法律问题的主要论述。这些论述补充、发展了官方倡导的正统法律思想,也有一些思想家对正统法律思想进行了较为深刻的分析与批判。但是这些讨论大多是从社会政治角度出发,较少涉及法律的技术层面的问题。另外本章还简要介绍了各代有关的法律知识传授及法律人才考选的制度。

西汉实行思想界的大一统运动以后,儒家正统地位逐步确立。以后的思想家一般都以儒家的体系、经典、话语来展开讨论,即使实际上他们对于儒家理论的理解、诠释差别极大,仍然都尽可能地在儒家面貌的框架下提出自己的看法。这种在儒家内部另起炉灶的学派层出不穷,由于都纠缠于对儒家经典的确认和解释,在学术史上被称为"经学"。先后有两汉时期的今文经学派与古文经学派之争,魏晋时期的名学,唐代的"道统"说,两宋理学与心学之争。即使在明代程朱理学取得儒家正统地位后,仍然有王(阳明)学、清初的朴学等等学派兴起,清代又有汉学与宋学之争。但是这些纷起的学派在法律问题上的观点与官方提倡的正统法律思想差别并不大,没有形成独树一帜的体系,仅在一些问题的分析上获得进展。

历代也有很多思想家对于正统法律思想有所怀疑,或者持批评的态度。这些思想家的思想武器往往来自儒家原有的"民本"之类的学说。也有一些思想家依托道家的基本理念来展开对于法律的讨论。将君主专制制度推到极致的明朝覆灭后,引起一些思想家的深思。他们猛烈地批判社会现实,批判作为君主专制工具的法律制度,在法律思想史上具有相当重要的地位。但由于缺乏与外界思想的交流,这些批判缺乏理论的深度,在当时也没有发生很大的影响,未能对法律的改进起到实际作用。

在汉代"独尊儒术"政策的影响下,分析具体法律问题成为思想家的风气,两汉时期的儒学大师都注释法律,律学兴盛一时。但是这一风气并没有成为思想界的传统,两晋南北朝后律学迅速衰微,不再是经学的组成部分,失去了曾经有过的学术地位。官方的法律知识的传授及法律人才的考选制度也随之消逝。

## 第一节　对于正统法律思想的进一步讨论

汉以后的皇朝统治者一般都采纳汉朝形成的官方法律学说为本朝的立法原则与司法的指导方针,但是这并不能够完全解决层出不穷的社会问题,也没有能够防止法制的废弛与破坏。因此各朝各代的不少思想家,纷纷在自己的论著中进一步对法律问题展开讨论,企图在儒家的学说框架内来完善这一体系,来提供更能够保障皇朝统治长治久安的法制模式。这些讨论在一些局部的领域内加深了对于法律问题的分析,提供了一些新的思路,但是总的来说对于立法与司法的实践的影响并不大。

历代思想家所讨论的法律问题一般集中在以下几个方面,即德与刑的关系问题,法律是否应该普遍适用的问题,是否有必要恢复肉刑的问题,是否应该严厉禁止复仇的问题,是否应该积极地开展"息讼"活动的问题,是否应该经常性的发布大赦的问题,等等。

**关于德与刑的关系的讨论**

德教与刑罚(法律)的关系问题是中国法律思想史特有的重要课题,每一个对政治发表意见的思想家都或多或少地会涉及这个课题。由于儒家已成为朝廷提倡的唯一的官方学说,这些议论基本上都是在重复董仲舒提出的"德阳刑阴""德尊刑卑"的学说。但是实际上每当社会矛盾激化时,统治者就会毫不犹豫地将德教抛到脑后,采用种种严刑酷法来维护统治。这种现实与理论的矛盾也促使一些思想家去寻找是否有更好的途径来表述德教与刑罚(法律)的关系。根据时世以及对象分别突出德教与刑罚的运用,这以后成为很多思想家的共识。

(一)根据不同的政治形势运用德教与刑罚

这一主张早在东汉后期时已经形成。东汉思想家崔寔①在他的《政论》中就论证说:在社会秩序混乱时实行严刑峻法,就可以使恶棍坏蛋吓破胆,稳定社会秩序,见效要比实行德教来得快。他总结说刑罚就像是"治乱之药石",而德教就像是"兴平之粱肉",前者是治病用的,后者是疗养用的,如果要用德政去恢复统治秩序就好比是"以粱肉治疾",而在统治秩序稳定时依靠刑罚来治理就好比是"以药石供养"。

西晋以提倡儒学著称的思想家傅玄②在他的著作《治体》一篇中强调德教和刑罚的适用应该是"因物制宜"。而在《安民》一篇中他又说德与刑是"相须而济"相辅相成的,单独依靠"威刑","民不乐生",就没有办法进行教化;单独依靠"德惠","民不畏死",就没有办法制服百姓。虽然他也说德教是主干而刑罚是枝叶,但是他也认为在"治世"情况下,百姓大多从善,愿意服从教化,应该是"先礼而后刑";到了"乱世",很少有百姓愿意从善,就应该是"先刑而后礼"。所以礼(德教)与刑(法律)的关系是一种相对的关系,不必固定孰先孰后、孰重孰轻。

---

① 崔寔(?—约170),涿郡(今河北涿县)人。曾任五原、辽东太守,以清廉著称。遗著有15篇,今仅存《政论》《四民月令》。《政论》可见《后汉书》卷八二《崔寔传》。
② 傅玄(217—278),泥阳(今陕西耀县)人。魏晋时以博学著称。其著作集为《傅子》,原有114卷,现仅存辑本。生平事迹可见《晋书》卷四七《傅玄传》。

白居易

而另一个以道家著称的晋代思想家葛洪①也具有类似的观点。在他的名著《抱朴子》一书的《用刑篇》里,他把德教比作是行礼时穿着的礼服,而把刑罚比做是打仗时抵御刀刃的盔甲,说要是用德教去对付狡猾的暴徒,就是穿着礼服去抵挡刀刃;而在太平时期用刑罚对付百姓,就是穿着盔甲去庙堂行礼。

中唐时期的诗人白居易②在他为参加科举考试而准备的《策林》(收入其作品集《白氏长庆集》)中,对于传统的德刑关系的诠释较有新意。他认为政治举措可分为刑、礼、道三种范畴,百姓性情就好比是君主的土田,荒芜时要用"刑"去开辟,然后再栽培"礼",遵循"道"才可以有收获,应该"循环表里,迭相为用",循环使用这三者,"刑行而后礼立,礼立而后道生",才能够保证长治久安。

(二)根据不同的对象区别运用德教与刑罚

东汉末年思想家荀悦③在他的名著《申鉴》的《政体》一篇中,进一步发挥董仲舒提出的"性三品说",认为对于人品高尚的"君子"来说,只需要"礼乐荣辱"来规范就足够了;而对于人品低下的"小人",则只需要"桎梏鞭扑"的刑罚来对付就可以了;只有人品一般的"中人",才既需要德教的引导,又需要刑罚的威吓。

唐代"德礼为政教之本,刑罚为政教之用"明确为朝廷的指导原则。但在安史之乱爆发后,统治秩序发生动摇,是否坚持德教优先就成为一个现实问题。著名的政论家陆贽④旗帜鲜明地坚持德教优先原则,如在给唐德宗起草的大赦令中宣布"政理之体,先德后刑"。基本同时代的韩愈也坚持"德礼为先,而辅以政刑"(《韩昌黎集·潮州请置乡校牒》),但又发挥"性三品"说,上等人性者只需要学习礼教,中等人性者可以引导,下等人性者就要依靠刑罚处罚(《韩昌黎集·原性》)。

韩 愈

**关于法律是否应普遍适用的讨论**

(一)有关君主也应守法的讨论

法家主张法治,要求君主对于任何人都同样适用法律,但是君主本身是否要守法?法律是否应该对君主本身起作用?关于这个问题,法家将其视为龙身上那块碰不得的"逆鳞",小心翼翼地避免触及。

黄老学派在这个问题上的立场则比较鲜明,它们认为法律的权威来自"道",所谓"道生

---

① 葛洪(284—364),自号抱朴子,句容人。少年时即学习神仙术。西晋末年曾一度从政,后长期隐居今广东罗浮山,精研炼丹术。主要著作《抱朴子》分内外篇,外篇50卷谈论政事,内篇20卷谈论道教,具有广泛的影响。生平事迹可见《晋书》卷七二《葛洪传》。

② 白居易(772—846),下邽(今陕西渭南)人,进士出身,长期担任官职。以诗文著称,其著作集为《白氏长庆集》。

③ 荀悦(148—209),颍阳(今河南禹县)人。青年时因父、祖反对宦官专政而被禁锢不得做官。后为曹操谋士,官至侍中,著作有《汉纪》《申鉴》等。生平事迹可见《后汉书》卷六二《荀悦传》。

④ 陆贽(754—805),嘉兴人,进士出身,为翰林学士参与中枢决策,后拜相执政。其发表的政论名重一时,广为传播,以后收编为《翰苑集》10卷。生平事迹见《旧唐书》卷一三九、《新唐书》卷一五七《陆贽传》。

法",而不是直接来自君主的权势,因此有可能设想皇帝也应该遵守法律。出土的战国时期黄老学派的著作帛书《黄帝》中的《经法·道法》称:"道生法。法者,引得失以绳,而明曲直者也。"法律的权威来自"道",一旦立为法律,任何人、包括"执道"的君主在内也不能轻易侵犯法律:"故执道者,生法而弗敢犯也,法立而弗敢废也。"只有在君主能够"自引以绳"的情况下,才能使天下百姓遵守不犯,"然后见知天下而不惑矣"。

西汉初年黄老学派一度相当流行,成为朝廷的指导思想。当时由淮南王刘安①组织门客编写的《淮南子》一书就提出法律就是应该是用来限制君主"擅断",君主首先应该守法为天下表率。

【资料】

## 《淮南子》中有关君主与法律关系的论述

法者,天下之度量,而人主之准绳也。县法者,法不法也;设赏者,赏当赏也。法定之后,中程者赏,缺绳者诛。尊贵者不轻其罚,而卑贱者不重其刑,犯法者虽贤必诛,中度者虽不肖必无罪,是故公道通而私道塞矣。古之置有司也,所以禁民,使不得自恣也;其立君也,所以剬有司,使无专行也;法籍礼仪者,所以禁君,使无擅断也。……法者,非天堕,非地生,发于人间,而反以自正。是故有诸己不非诸人,无诸己不求诸人。所立于下者,不废于上;所禁于民者,不行于身。所谓亡国,非无君也,无法也。变法者,非无法也,有法者而不用,与无法等。是故人主之立法,先自为检式仪表,故令行于天下。②

**译文**:

法律,是天下的尺度,君主的标准。公布法律,纠正不守法的人;设置奖赏,奖励应受奖励的人。法律确定后,合乎标准的奖赏,违反规定的处罚,不减轻尊贵者的处罚,不加重卑贱者的处罚,只要犯法即使是贤明者也要杀,只要合法即使是无赖也无罪,这样才堵塞私道而公道通行。古代设置官府是禁止百姓,使人们不自行其是;树立君主是用来管制官府,使官府不任意妄为;而设置法律礼仪,是用来限制君主,使君主不得擅自裁断。……法律不是天上掉下来的,也不是从地底下生出来的,是从人间发生,而反过来规范自己。所以自己有的不批评别人,自己没有的不要求别人。对下设立的规则,上面也要实行;禁止百姓的行为,自己也不实行。所谓要灭亡的国家,不是没有君主,而是没有法律。坏法的国家,不是没有法律,而是有法不用,等于是没有法律。因此君主立法,先要自己遵守,所以才会发布后天下都遵行。

以后像这样旗帜鲜明的论断极其罕见。以后即使有思想家提出希望君主自己守法的意见,也是从君主应该讲信誉的角度出发,既已立法就不应出尔反尔。比如西晋时,廷尉刘颂③在《请刑法画一疏》中认为,君臣各有分工,法律是必须奉行的,所以基层官员应该死守条文;但在法律解释有疑问的时候,大臣应该加以疏导;而在需要灵活处理的情况下,君主可以权宜裁断。"人君所与天下共者,法也",既然已经向海内宣布,就不能不守信用。

---

① 刘安(约前179—前122),汉高祖孙,封为淮南王。好读书,广招宾客为其编书以博名。后因被控谋反而自杀。
② 《淮南子》卷九《主术训》。《淮南子》原名《鸿烈》,意为发明宏大道理。原分内篇20篇、外篇33篇,今仅存内篇。其思想以黄老思想为主,掺杂各家学说。
③ 刘颂(?—300),广陵(今扬州)人,世家大族出身,曾长期担任三公曹尚书、廷尉等司法官职,为著名律学家。本文见《晋书》卷三十《刑法志》。

法律是君主和天下共有的,这句话是一句名言。很多法官为阻止君主任意擅断,都曾以这句话来劝阻君主,比如西汉的张释之、唐朝的戴胄①。但唐以后就很极少有大臣敢于当着君主的面引用这句名言,也很少有思想家对此加以分析论述。

(二)有关贵族官僚特权的讨论

法家主张"刑无等级",但实际上即使是基本按照发法家理论构筑的秦国法律也规定有相当多的贵族官僚特权。而儒家的主张是,对于居于人上的贵族官僚之类的"君子",根本就不应该以法律来对待。因此儒家实际要求的是给予贵族官僚以法律外的特权。这在汉朝及以后的各代逐渐实现,有相当部分的特权是突破普通法律的制约的,比如"八议"者犯死罪,要看朝臣讨论的结果;官员犯罪可以"上请",结果要由皇帝来确定;如此等等,这样给予的处罚显然并不会依照明确的法律,而会根据罪犯的种种社会关系、政治的需要等等因素来确定。

然而这种法外特权的授予对于法律本身造成破坏。当统治集团内部矛盾加剧时,这种同罪不同罚的局面就会招致猛烈的攻击。一些有头脑的政治家、思想家总是试图使这种特权有一个较为明确的边界,不至于威胁到整个法律制度的稳定性。因此在史籍中留下了很多有关这一方面的讨论记录。

唐朝思想家吕温②曾著《功臣恕死议》,直接批评八议制度中的"议功"。认为犯罪必须处罚,功臣应该奖赏,这都是君主之"信",是"圣王所以一号令而淳天下者"。但如果再明确恕死罪,就是"弃信而废刑",破坏治理天下的大方针,而且也会引诱功臣犯罪,自亏名节。

宋朝建立时被后代称之为"优礼臣下,无微不至"③,官僚士大夫除了享受法律原本就具有的种种特权外,宋朝开国皇帝赵匡胤还传下一个"不杀士大夫"的政治遗嘱④,以后历朝除了贪赃枉法外,官员犯其他再重的罪名一般也都不处死。这种状况引起有识之士的忧虑。北宋思想家李觏⑤就对此提出了激烈的批评。他尖锐地指出"八议"里的"议亲""议贵"制度实际上就是君主和大臣自私自利的结果,导致极大的社会不公平,破坏统治秩序。

【资料】

## 李觏关于君主与法律关系的论述

法者,天子与天下共也。如使同族犯之而不刑杀,是为君者亲其私也;有爵者犯之而不刑杀,是为臣者私其身也。君私其亲、臣私其身,君臣皆自私,五刑之属三千止为民也。庆赏则贵者先得,刑罚则贱者独当。上不愧于下,下不平于上,岂适治之道耶?!⑥

**译文**:

法律,是皇帝和天下共同拥有和共同遵守的。如果规定皇帝的亲属犯法而不受处罚,是作为君主而包庇自己的亲人;规定有爵位的人犯法而不处刑,是作为大臣而包庇

---

① 有关事迹可见《史记》卷一百二《张释之传》,《旧唐书》卷七十《戴胄传》。
② 吕温(722—811),河中(今山西永济)人。曾参与唐中期王叔文等人的主张改革朝政的集团,被贬逐到边远地区为刺史。以著作闻名一时。传记见《旧唐书》卷一三七、《新唐书》卷一六○。本文见《吕衡州集》。
③ 薛允升《唐明律合编》卷九。
④ 见《建炎以来系年要录》卷4,建炎元年四月丁亥;《宋史》卷340《吕大防传》;《宋论》卷1《太祖三》。
⑤ 李觏(1009—1059),学者尊称为"盱江先生",南城人(今属江西),曾任太学的直讲。其学以弘扬儒学为主,但强调"人非利不生","欲者人之情",认为利、欲也是儒学的重要观念。著作集为《直讲李先生文集》。
⑥ 《直讲李先生文集·刑禁四》。

自己本身。君主只顾自己亲属、大臣只顾自己本身,君臣都自私,那么三千条法律的五种刑罚都只是对付老百姓的。好处都由贵族先得到,刑罚只针对卑贱者,在人上的不觉得有愧于下层,下层人民则对上层充满不平之气,这难道是合适的治理国家的途径吗?

著名的文学家苏轼①则从另外的角度分析说:法律规定犯罪自首可以减免刑罚,是为"盗贼小人"开启一条重新做人的"自新之途",而当公卿大臣犯法也可以通过自首减免处罚的话,这不是以对待"盗贼小人"的方法来对待公卿大臣吗?而且当公卿大臣犯罪后往往得到皇帝的特旨不予以追究,是非不清,难道圣道治理下可以容忍这样暧昧含混的事情吗?因此他呼吁"厉法禁,自大臣始",严肃法制要从大臣开始。

值得注意的是,历史上对于已成传统法律制度的"八议"全面怀疑并批评,却是由几位皇帝发起的。比如金世宗完颜雍曾公开宣称:"法者,天下持平之器",法律应该是最公平的,现在法律公开宣布皇帝的亲属犯法可以宽免,不就是纵容这些人敢于犯法吗?特别是皇后的亲属"外戚"和皇帝亲属的"宗室"不同,东汉末年外戚专权导致皇朝覆灭,这样的教训必须要吸取。他又认为"贤人"怎么肯轻易犯法?"议贤"的规定也是没有道理的。在他的坚持下,1186年金朝修改法律,明确宗室中无服亲属、太子妃大功以外的亲属、"贤者"犯"私罪"的一律不得援引"八议"②。

另一个全面批评"八议"的是清世宗胤禛(雍正帝)。在雍正六年(1728年)的上谕中,他宣称:"八议"制度虽然在清朝的律典里仍然保留在《名例律》里,但是从来是不实行的,"实未尝照此例行者"。他说刑法是用来"奉天罚罪"的,是"天下之至公至平",不得任意轻重,如果先确定有些人可以优待,就否定了法律的公平。而且八议的对象都不是普通人,处在人之上者,理应更谨慎守法,来为百姓做榜样,如果犯罪就更不应该宽大。如果他们犯罪后还能得到优待,那怎么能够惩恶扬善?实际上这是在将这些人当做坏人对待,也是对这些人的侮辱。如果造成这些人目无法纪,动辄犯法,就是害了这些人。因此他说"八议"虽然不从律中删除,但要颁布他的这番谕旨,使天下知道这些规定"不足为训","八议"的对象不敢轻易犯法。

【资料】

## 清世宗批评八议的谕旨

夫刑法之设,所以奉天罚罪,乃天下之至公至平,无容意为轻重者也。若于亲、故、功、贤人等之有罪者故为屈法以示优容,则是可意为低昂,而律非一定者矣!尚可谓之公平乎?且亲、故、功、贤等人,或效力宣劳,为朝廷所倚眷;或以勋门戚畹,为国家所优崇。其人既异于常人,则尤当制节谨度,秉礼守义,以为士民之倡率。乃不知自爱而致罹于法,是其违理道而蹈愆,尤非蚩蚩之氓无知误犯者可比也。倘执法者又曲为之宥,何以惩恶而劝善乎?如所犯之罪果出于无心而情有可原,则为之临时酌量,特予加恩,亦未为不可。若预著为律,是于亲、故、功、贤等人未有过之先即以不肖之人待之,名为从厚,其实乃出于至薄也!且使特有八议之条,或任意为匪、漫无顾忌,尤不可以为优恤

---

① 苏轼(1037—1101),号"东坡居士",眉山(今属四川)人。年轻时即以词文名天下,被后人誉为"唐宋八大家"之一。曾出任地方官职,官至礼部尚书。著作集为《东坡七集》。
② 见《金史》卷四十五《刑法志》。

也。……惟此八议之条,若概为删去,恐人不知其非理而害法。故仍令载入。特为颁示谕旨,俾天下晓然于此律之不可为训,而亲、故人等亦各知儆惕而重犯法,是则朕钦恤之至意也!①

清世宗对于八议的这些批评可以说是历史上最为全面,也是最为透彻的。虽然他这一批评很有可能是出自宫廷内部争权夺利的需要,而且事实上清朝以后仍然制订了一些条例来规范八议的具体制度,但其批评毕竟是历史上独一无二的全面否定八议制度的意见,在中国法律思想史上仍然具有重要的地位。

**按照时令行刑的讨论**　　至少从西汉开始就确立了按照时令行刑的制度,死刑(除非被认为是罪大恶极的犯罪)都集中在秋后执行。这一制度历代奉行,很少有人怀疑。

历史上对此公然表示怀疑的人并不多。最著名的事例如隋文帝曾要在六月"杖杀人",大理少卿赵绰阻止,说六月是天地生长万物的时候,不能杀人。隋文帝反驳说:六月里虽然是生长的季节,可是上天还不是打雷伤生,我杀人也正是顺应天道。②

较全面对此进行讨论的是唐代思想家柳宗元③。他专门撰写了《时令论》,认为时令说出自《吕氏春秋》,后来被汉儒编入《礼记》为《月令》篇,算不上儒家的正统学说。他认为圣人制定制度的原则是有利于人民、完备政事。他表示怀疑说,如果这真的是圣人制定的制度,那么难道圣人会不顾实际需要偏要等到某个月份、某个节气才实施政令吗?他逐一评论《月令》里的种种说法,指出其荒谬之处。另外又指出有人认为时令是为了让后代的君主遵守,防止昏庸暴虐君主任意胡为,是"所以防昏乱之术也"。柳宗元批驳说,圣人之道在于仁义礼智信这"五常",这才是真正的防止君主昏乱之术,难道圣人会设置这种怪谈来劝谏君主吗?

柳宗元

在批驳了时令行刑说的理论基础后,柳宗元又撰写了《断刑论》,指出圣人创立赏罚,是为惩恶劝善,这都需要迅速实现才有效果。如果必定要等到春季来行赏、秋冬来行罚,肯定会导致有善行者懈怠,犯罪者不再畏惧,是"驱天下之人入于罪",社会秩序就要混乱。另外与其"顺天时"来得到上天的保佑,还不如"顺人顺道"更可以得到上天的眷顾。假如罪犯都要在秋冬处死,春季定罪的罪犯在监狱中饱受煎熬,"欲死而不可得",不是同样要怨气上升惹恼上天吗?有人认为雷霆是"权",是上天临时性的权宜性处罚的表现,雪霜是"经",是上天稳定性处罚的表现。柳宗元驳斥说雷霆雪霜只不过是自然现象,如果认为这是上天处罚的表现,那么雷霆摧毁的树木大石,雪霜损坏的庄稼草木都有些什么重罪呢?④

---

① 见薛允升:《读例存疑》卷一。
② 《资治通鉴》卷一七八《隋纪二》。
③ 柳宗元(773—819),世称柳河东,解(今山西运城)人。曾参与政治革新运动,后被贬往边远地区任职。以文名世,为"唐宋八大家"之一。著作颇丰,涉猎广泛,集为《柳河东集》。
④ 柳宗元:《柳河东集》卷三《时令论》《断刑论》。

## 【资料】

### 柳宗元对于春夏行赏秋冬行刑的批驳

使秋冬为善者,必俟春夏而后赏,则为善者必怠;春夏之为不善者,必俟秋冬而后罚,则为不善者必懈。为善者怠,为不善者懈,是驱天下之人而入于罪也。驱天下之人入于罪,又缓而慢之以滋懈怠,此刑之所以不措也。必使为善者不越逾时而得其赏,则人勇而劝焉;为不善者不越月逾时而得其罚,则人惧而有惩焉。为善者日以有劝,为不善者月以有惩,是驱天下之人而从善远恶罪也。驱天下之人而从善远罪,是刑之所以措,而化之所以成也。

柳宗元对于按照时令行刑的批判应该说是相当有力的,从理论基础上推翻了这一传统学说。但是这一批判对于当时的实际法制改进没有发生任何作用。这一制度仍然一直维持到了清朝。

### 关于是否应恢复肉刑的讨论

西汉文帝进行刑罚体系大改革、废除肉刑后,有关是否应该恢复肉刑的议论就层出不穷。东汉史学家班固在《汉书·刑法志》中记载这次改革,就使用了"名为轻刑,实则杀人"这样批评性的语句。东汉末年统治秩序混乱,很多儒学大师如崔寔、郑玄等人都曾建议恢复肉刑。从曹操独揽大权到东晋十六国期间的两百年中,因统治者企图恢复肉刑而进行的朝廷正式讨论就有八、九次,还有很多专门集中讨论恢复肉刑的政论流行于世①。

这一时期恢复肉刑的意见最具有代表意义的,是西晋的刘颂向朝廷提出的恢复肉刑的建议书《论肉刑表》②。他认为废除肉刑后最大的问题是死刑重而"生刑"轻,一些原本处肉刑的罪名加重到了死刑,"非命者众";而更多的犯罪减轻为仅处以劳役的"生刑",造成"刑不制罪,法不禁奸"。本性凶悍的罪犯在劳役期间逃亡一日就要延长刑期一年,于是他们对于重新做人已经绝望,纷纷再犯重罪。在押囚徒越来越多,为防止闹事,朝廷只得常常发布大赦,结果导致罪犯觉得法律没什么可怕,"相聚而谋为不轨"。恢复肉刑可以"去其为恶之具",又使罪犯终身痛苦,不敢也不能轻易再犯,就可以"止奸绝本"。残废的罪犯靠家属供养,政府只要适当地提供一些救济性的职业,无须收养囚犯。他提出的恢复肉刑的具体方案是,将一些被认为处死过重的死罪罪名、三次逃亡的囚犯、奸淫以及盗贼都改处肉刑,所有的劳役刑全部改折最高为一百下的杖刑,有的可附加髡刑。他说恢复肉刑唯一的坏处是名声不好听,可是名声好听重要还是禁绝盗贼重要?

这一时期反对恢复肉刑的意见一般只是重复汉文帝当年废肉刑时所提出的主张,而实际上真正起到阻止统治者恢复肉刑的理由则主要是政治方面的考虑,所谓"百姓习俗日久,忽复肉刑,必骇远近"③。统治者还是惟恐"惨酷"的名声影响到统治的安全。

南北朝至隋唐时期虽然有时部分恢复肉刑(比如南朝刘宋法律规定在抢劫犯脸上刺"劫"字终身服苦役,唐初曾以斩右趾代替部分死刑),但也在北朝时期废除了汉以来代替部

---

① 可见程树德:《九朝律考》,中华书局1963年版,第204—206页,第252—256页。
② 见《晋书》卷三十《刑法志》。
③ 《晋书》卷三十《刑法志》载东晋时权倾一时的大将军王敦反对恢复肉刑的意见。

分死刑的宫刑。不全面恢复肉刑已是统治集团的共识,没有为此进行辩论,思想家对此的讨论也不多见。

宋朝建立后一度以"轻刑"为政治号召,但以后又以刺配等刑罚加重处罚,造成刑罚体系的混乱,因此又出现不少应恢复肉刑的议论。北宋神宗时期推行改革,韩绛、曾布正式建议恢复肉刑。其理由并无新意,也是强调"刑轻不能止恶",使得犯罪增多,判处死刑不可避免也要增加。建议士兵逃亡、盗贼赃满的死罪减为刖足,强奸罪改宫刑,刺配改黥劓。但是执政的王安石不同意,互有辩驳,终无结果。① 而两宋时期的一些儒家学者往往也在政论中认为应该恢复肉刑。比如著名哲学家张载就认为肉刑至少比死刑要轻,对于尚不至于处死的罪人改处肉刑,"此亦仁术"。南宋理学家朱熹也对恢复肉刑表示同意。他对当时罪犯经赦免后再犯罪加重处死的法律提出批评,建议改处斩左右足,使其终身不能再犯,"全生之仁、禁非之义,并行不悖"②。

元明时期的法律在刑罚体系上部分吸收了肉刑,比如刺字作为附加刑使用较多。而明初朱元璋也曾一度大量使用各种残酷的肉刑。这或许在思想界留下阴影,这一时期思想家很少有人议论要恢复肉刑。清朝入关后继承明朝法律制度,有些清初思想家在总结明朝法制经验的情况下,提出了恢复肉刑的主张。

清代恢复肉刑议论最典型的思想家就是王源和李塨③,在他们的主要政论著作《平书订》的《刑罚》篇里集中讨论了恢复肉刑的必要性。他们认为自从西汉废除肉刑后,刑罚日益减轻"而愈不足以治天下"。笞杖刑仅有皮肉之痛,徒刑有劳役而流刑无劳役,而且流放最远不过三千里,"三千里外皆无乐土乎"? 最荒谬的是充军,军队士兵是国家的爪牙,只有鼓励优待才得士兵效力,却使罪犯为士兵,谁会去为国家出力呢? 他们认为天下有三类不至于处死罪、但又不可不以重刑处罚的罪名,"一曰贪,二曰贼,三曰淫",主张对于这三类罪名恢复使用肉刑。

【资料】

《平书订》中关于恢复肉刑的设想

官士犯赃钱一贯以上即墨(面黥以赃字),而后计赃以科罪,即不死而终身不齿于人矣。强盗之不得财者刖之,窃盗之初犯者墨之(面黥以贼字),再,亦刖之,不可复为盗矣。赌博者……宜断其手,初则右、再则左,不能复赌博矣。奸者宫之,和则妇人劓,而习则免,宫者不能复淫矣。肉刑但设此数,盖以为贪吏、盗贼、奸淫之警④。

**译文**:

官吏及士大夫犯赃罪,赃在一千文铜钱以上就处墨刑(在脸上刺"赃"字),然后再计算赃数判刑,这样即使不至死罪也终身为人所不齿。强盗没有得到财产的处刖刑,初犯窃盗者也处墨刑(在脸上刺"贼"字),再犯窃盗的也处刖刑,这样就不能再犯盗罪了。赌

---

① 见《宋史》卷二〇一《刑法志三》。
② 《朱子大全集》卷集《答张散夫书》。
③ 王源(1648—1710),大兴人,清初中举后未入仕,游学四方,为儒学学者颜元的门生,著《平书》为颜学的政论主张。李塨(1659—1733),蠡县人,也是颜元的门生,曾中举人,游学南北,宣讲颜学,著作颇丰,增订《平书》。两人事迹可见《清史列传》卷六六。
④ 《平书订·刑罚》。

博者……应可以处断手,初犯者断右手,再犯者断左手,这样就不能再犯赌博了。通奸犯处宫刑,与之通奸的妇女处劓刑,如果是被欺骗的可以免于处罚,被处宫刑者就不能再犯奸罪了。肉刑只适用这些罪名,就可以警告贪官污吏、盗贼、奸淫之徒。

**关于复仇问题的讨论**　　儒家学说全面继承西周"亲亲"的思想,并将"亲亲"原则进一步提炼成具有高度理论性的原则,从而坚持早期氏族社会普遍存在的血亲复仇习惯,将血亲复仇作为一项亲族的重要义务。儒家的经典之一《礼记·曲礼上》确立了不同等级仇杀原则:父仇"不共戴天"(不生存在同一蓝天下),因此必须到处追杀仇人,以手刃仇人为快;兄弟较父亲关系稍疏,故兄弟之仇,应"不返兵"而斗,即应该时刻携带兵器准备复仇;再次,若系朋友被杀,只有仇人避居他国,才可免除复仇者的义务。《礼记》的《檀弓》篇,又以孔子的对话形式发挥为父、为兄、为友复仇的原则。另一部儒家经典《公羊传》在论述原楚国大臣伍子胥逃亡到吴国后为报父兄之仇,兴兵向楚国进攻、鞭打已死的楚国国王的著名历史事件时,声称"父不受诛,子复仇可也",即如果父亲是被无辜杀死的,子孙可以向国君复仇。

据现有的史料还找不到法家思想家有关复仇问题的完整论述。韩非在《五蠹》里说:现在有人听说兄弟被人欺侮,必定带上剑去报仇,社会上称赞他们为"廉";听说朋友被人侮辱,立刻和朋友一起去报仇,社会上称赞他们为"贞"。他们这些廉贞的行为却触犯的是君上的法令。如果君主也要去尊重这种"贞廉之行",而忘记他们的"犯禁之罪",就会使老百姓都敢于以身试法,官府无法镇压。因此他痛斥那种为人复仇的"带剑"的侠客是社会的五种蠹虫之一,要求君主予以严禁。但假如亲自复仇是否要予以严禁,韩非并未正面论述。

秦汉时期的法律对于复仇没有特别的规定,复仇者仍然按照杀人罪处罚。由于汉代大赦经常化,不少杀人犯因大赦而逃避法律制裁。而孝子顺孙誓死复仇,以手刃仇人为壮举,出现不少轰动一时的复仇案件。朝廷往往出于儒家礼教对复仇者予以赦免,更使复仇风气难以平息,引起有识之士的忧虑。东汉初年,名士桓谭上书汉光武帝议论时政,首先就提出复仇风气太盛,即使杀人犯已经接受了法律制裁,子孙仍然复仇不止,彼此仇杀,以至于家族灭门,世俗却誉之为是"豪健",法制遭到破坏。他建议恢复西汉时曾规定的"旧令",如果杀人犯已受到法律制裁而子孙依旧私相仇杀的要按法律处罚,本人逃亡的,家属仍然要迁徙到边远地区居住;复仇造成伤害的,按照伤害罪加二等处罚,不得以钱财赎罪①。但是这一建议并未被汉光武帝接受。相反,东汉朝廷在公元80年前后还有一个著名的判例:有人因为父亲遭人侮辱而杀死对方,朝廷竟然赦免其死罪。以后这个判例一直被司法当局援引,累积有了四、五百个案例,司法部门建议制订"轻侮法",明确规定杀死侮辱父祖者可以免死。尚书张敏再三反驳,认为这样做非但不能禁止侮辱人的行为,而且"开相杀之路"。阻止了这一立法②。

东汉后期战乱时期,复仇风气愈演愈烈,影响到统治秩序的稳定。曹魏建立之初,立法严禁复仇,223年的法令规定私自复仇者要处以族刑。但229年颁布的曹魏《新律》却部分接受了复仇的概念,规定故意或斗殴杀人后逃亡未能及时捕获的,允许被害人子孙按照"古义"

---

① 《后汉书》卷二八《桓谭传》。
② 《后汉书》卷七十四《张敏传》。

自行追杀;但是如果已经过大赦的,以及过失杀、误杀的,就不得私自复仇①。

在以后的两晋南北朝时期,严禁复仇或部分允许复仇的法令间或出现,反映出统治者企图向提倡儒家礼教的世家大族妥协、但又惟恐影响到统治秩序的左右为难的处境。比如北周的《大律》也允许被害人可以报告官府后自行复仇,杀死仇人无罪。但公布后不久北周的权臣宇文护就命令将这一法条作废,复仇者仍然按照一般的故杀案件处理②。

唐律被后人评价为"一准乎礼"③,完全按照儒家礼教原则来立法,然而却仍然没有将儒家有关复仇的学说载入律典。唐代发生了复仇案件,还是要按照谋杀或故杀罪来处罚,为父兄复仇的"孝子悌弟"难逃一死。每当发生复仇案件,朝廷都往往发生激烈辩论。中唐时期思想家韩愈曾为此上奏,认为复仇在儒家经典有明文,而历代律典并不规定,是因为立法者考虑到如果禁止复仇,就要"伤孝子之心",并违反先王的教诲;但是要是允许复仇,又会造成百姓会凭借法律而任意杀人,"倚法专杀"。他认为复仇的情况很复杂,因此建议将每个为父复仇的案件都作为个案处理,案件一律上报朝廷尚书省,集中尚书省官员加以讨论作出裁判④,这样才可以"经律无失"。

另一位中唐时期思想家柳宗元也对复仇问题提出看法。他批评过去武则天统治时期的"徐元庆复仇案"处理方式(当时陈子昂提出的将徐元庆按照法律处死、再在徐元庆住址为他立牌坊进行表彰,作为一项制度固定下来),说判刑和表彰不能并存,如果是杀父仇人未受到法律制裁,孝子复仇就是正当的,没有接受审判的必要;而如果仇人已经受到法律制裁但并未处死(如遇到大赦),孝子再来复仇,那么这个行为针对的就不是仇人、而是王法了,"法其可仇乎?"这就是在犯上作乱了,"非经背圣",判处死刑是完全应该的⑤。

宋代政治家王安石的观点与儒家的传统观念大相径庭。他专门写了《复仇解》,认为儒家提倡复仇是因为当时正处在乱世。如果在正常的社会里,有人被杀了以后,就可以到领主那里起诉,一级级上告,请求领主或君主来处罚仇人。当乱世时无法依照这一途径来报仇雪恨,只好由孝子自行复仇,再由君主来赦免复仇者,儒家因此提倡复仇,"为乱世之为子弟者言之也"。虽然王安石在主持变法时将儒家经典之一的《周礼》奉为变法的主要理论根据,然而他对于《周礼》一书中有关复仇的说法表示出强烈的怀疑。他认为《周礼》一书说复仇者先要到"朝士"处登记,就可以杀死仇人而无须受罚,显然就是因为乱世时朝士无法履行司法职能,但是朝士作为国家官员不能够执法,那他为什么还要领取国家的俸禄?况且万一登记者并非是真的有仇人,不予调查就允许杀人,不是在鼓励滥杀无辜?因此他怀疑《周礼》一书所说的这项制度并非西周的实际情况。他强调后世在正常情况下,仍然应该禁止复仇。⑥

元代法律规定有条件地允许复仇,如果父祖被人杀害,子孙在以后杀死仇人的,为擅杀之罪,但无须偿命。明律沿袭元代法律,规定凡祖父母、父母被人杀死的,子孙当场杀死仇人无罪;事后再杀,处杖六十。但如果仇人已经审判、因大赦而未被处死,子孙杀死仇人的,就要处杖一百流三千里。这样一来长期困扰司法实践的复仇问题有了一个较为明确的处理方法。因此明清时期复仇问题不再是思想家讨论的焦点。明代的丘濬在《大学衍义补》中专门

① 《晋书》卷三〇《刑法志》。
② 《隋书》卷二十五《刑法志》。
③ 纪昀:《四库全书提要》卷八二《政书类二·按语》。
④ 韩愈:《韩昌黎文集》卷八《复仇状》。
⑤ 柳宗元:《柳河东集》卷四《驳〈复仇议〉》。
⑥ 王安石:《王文公文集》卷三十二《复仇解》。

撰写了《明复仇之义》的章节，对于这个问题有一个总结性的论述。他认为儒家复仇的这套理论是为了使人不敢互相杀害，既畏惧"公法"，又畏惧"私义"。一般情况下的父母兄弟之仇是应该上告官府的，只是因种种特殊情况不能及时上告、仇人逃避不见、官吏贪赃枉法放纵罪犯等等才允许自行复仇。即使如此，也仍然要经过官府审理，饶其不死，仍坐擅杀罪名。过失杀、误杀、戏杀都一律不许复仇。

### 关于是否应该积极地开展"息讼"的讨论

孔子关于诉讼有过短短的一句话："听讼，吾犹人也，必也使无讼乎？"①意思是：主持审判我和别人也差不多，最重要的是要使诉讼不至于发生。孔子以后的儒家学者都进一步发挥这一观点，把诉讼视为教化不够、民风浇薄的表现，最理想的社会状况应该是没有诉讼发生，朝廷不使用刑罚，是所谓"刑措"（指刑具放置一边不再使用）；最理想的政府应该是能够做到平息民间的诉讼，这叫做"息讼"。

以后官修的正史总是将能够"息讼"的官员誉为"循吏"，有很多著名循吏耐心说服百姓不轻易打官司的事例。最著名的如西汉时龚遂为东海太守，"狱讼止息数年"，好几年没有人打官司②。东汉时刘矩为雍丘县令，每当有人前来衙门诉讼，就对着当事人双方连称"得罪"，耐心劝告双方"忿恚可忍，县官的衙门可不能轻易进入"，据说往往使当事人感动得垂泪而回，不再诉讼③。历代的思想家对此基本都是深信不疑，没有提出异议的。

到宋元后，随着社会经济的发展，民间财产纠纷日益增多，而各地的地方官府以"息讼"为借口，不轻易受理诉讼案件。司法裁判对于社会稳定的重要性日益明显。有一些思想家开始提出对传统的无讼、息讼之说的疑问。明初的名臣刘基④在其名著《郁离子》中专门列《息讼》篇，指出在以"息讼""简讼"闻名的县里，就像古书里所写的一样，衙门的台阶上长满了野草，公案上积满了灰尘，可是乡间却是强梁横行，怨声载道。问百姓为什么不去告状，老百姓回答说，都是因为官府不肯受理诉讼。上级前来巡视，百姓们纷纷喊冤，上级却认为当地官员能够不生事端，是个好官，只是这里的百姓太刁蛮，驳回起诉。于是老百姓再也不愿告状。这样一来，民间的怨气郁积心头，积为斗杀，积为盗贼，将会酿成大灾祸。

刘 基

明代的政论家丘濬⑤在他的《大学衍义补》一书卷首的《察事几之萌动》，则从另一个角度来论证不能一味地"息讼"。他说，诉讼是可以化解民间怨气的，如果官府一味地"息讼"，不让百姓诉讼，那么这股怨气不能讼于官，就将"讼于天"。怨

---

① 《论语·颜渊》。
② 《汉书》卷八十九《循吏传龚遂》。
③ 《后汉书》卷一百六《循吏传刘矩》。
④ 刘基（1311—1375），字伯温，青田人，元末弃官隐居，后被朱元璋聘为军师，明朝建立后官至御史中丞，封为诚意伯。著作很多，后人集为《诚意伯文集》。事迹可见《明史》卷一二七《刘基传》。
⑤ 丘濬（1420—1495），琼山人，少以聪慧闻名，中进士后长期任京官，经历7朝。任内阁大学士期间编写《大学衍义补》，按照儒家经典《大学》的章目，着重以历代制度沿革及得失来论述"治国平天下"的要目，上奏给皇帝作为施政的参考。该书分为12目，共160卷。

气激怒了上天，上天就会降下灾祸，天下就要大乱，危及朝廷的统治。

正面批驳孔子无讼论的，是清代的经学家崔述。他专门写了《争论》《讼论》，论证争讼是人类社会不可避免的现象，就是像尧舜那样贤明的君主统治的时代也没有真正消灭诉讼，更何况是后世凡人法官？强调无讼只不过是便宜了那些有权有势、无须打官司就可以巧取豪夺的恶霸，逼迫良民百姓忍气吞声，任人宰割。

**【资料】**

《讼论》关于诉讼起源的论述

> 凡有血气，皆有争心，必此争而彼甘于让斯已耳；苟不甘于让，则必讼之矣。故陵人者常不讼，而陵于人者常讼，其大较也。且争而甘于让者，惟贤与孤弱者耳。然理亦有当让有不当让，势同有能让有不能让。所争者非一人之得失，则不当让；让之而争者不已，让之而争者得逞，人皆从而效之，则亦不能终让。故虽贤与孤弱者，亦不能尽无讼也。夫使贤者常受陵于不肖而孤弱者常受陵于豪强而不之讼，上之人犹当察而治之，况自来讼而反可尤之乎？今不察其曲直，而概不欲使讼，陵人者反无事，而陵于人者反见尤，此不惟赏罚之颠倒也，而势亦不能行，何者？人之所以陵于人而不与角者，以有讼可以自伸也。不许之讼，遂将束手以待毙乎？抑与之角力于蓬藋之下也？吾恐贤者亦将改行，而孤弱者势必至于结党，天下之事从此多，而天下之俗从此坏矣！①

**译文：**

> 凡有血气的人都有争论心愿，必定要争到一方愿意让步为止，如果都不愿意让步，就势必要诉讼。因此一般的情形是欺负人的人往往不诉讼，而被欺负的人往往要诉讼。而且在争论中愿意让步的，也只有是贤明的人或者是孤弱无靠的人。但是道理上有应该让步和不应该让步的，在情形上也有能够让步和不能够让步的。如果所争的不是一个人的得失，就是不应该让步的；如果一方让步而另一方越发要争的，再让步就使争的一方得逞，其他人就会仿效，势必不可再让步的。所以即使是贤明的人、孤弱的人也不能完全免于诉讼。即便贤明的人经常受坏人欺负、孤弱的人经常受豪强欺侮而不去诉讼，做官长的也应当体察而予以治理，更何况是他们自行前来起诉时却批评他们？现在想不管他们的曲直一概不受理诉讼，欺负人的人反而平安无事，受欺负的人反而却被批评，这不仅是颠倒赏罚，而且也是不可能实行的。这是因为人们之所以受人欺负而不与之打架，是可以通过诉讼伸冤，不许他们诉讼，难道是要他们束手待毙吗？或者是要他们去和欺负他们的人到处打架吗？我恐怕从此以后贤明的人都要改行，孤弱的人都要拉帮结派，天下从此多事，而天下的风俗也要就此变坏了！

**关于频繁赦宥问题的讨论**　　经常化、制度化的由皇帝下诏赦免各类犯罪行为，是中国古代司法制度的一大特色。其中普遍性的赦免全国在押、在审、服刑中的罪犯称之为"大赦"（或者也称为"德音"），针对某些地区的称之为"曲赦"，针对某些特定的罪犯称之为"特赦"（或"赦"）。总称为"赦宥"。

最早的见于史册赦令当属《春秋》所载庄公二十二年（公元前672年）"春王正月，肆大

---

① 《无闻集》卷二《讼论》。

眚"。《谷梁传》："肆，失也；眚，灾也。"据《集解》则云："放赦罪人，荡涤众故。"《左传》对此无传，杜预注："赦有罪也。……皆放赦罪人，荡涤众故，以新其心。"据此，这算是中国历史上最早的大赦令了。大赦之名起于秦庄襄王元年(公元前249年)"大赦罪人"①，秦二世二年(公元前208年)在农民起义军兵临城下时也曾慌忙"大赦天下"②。汉朝开始常以大赦作为缓和社会矛盾的手段，大赦从此成为经常性的政治活动。习惯上凡皇帝践阼、改元、立皇后及太子，以及帝冠、郊祀、封禅、巡狩、祥瑞、灾异等等都可以是发布大赦的起因。后世帝王发布大赦的理由更多，按近人徐式圭《中国大赦考》的统计，两汉平均两年多大赦一次，而在两晋南北朝时期，几乎是一年多就大赦一次。唐宋两朝的大赦频率相同，都是平均一年半就有一次大赦。元朝也是平均两三年一赦。

主张统治者有选择地赦免部分罪犯，原来是儒家的政治主张。儒家经典《古文尚书·舜典》有所谓"眚灾肆赦"的说法，据后儒解释其意为："眚，过；灾，害也；肆，缓也。过而有害者缓赦之。"《吕刑》亦有"五刑之疑者有赦，五罚之疑者有赦"之说。据此，儒家原先所主张的是对于过失犯、疑犯予以赦免。但在实践中，以后的各朝统治者为了缓解一时的社会矛盾，往往对于大多数已发现、未发现的犯罪行为都予以赦免，这显然与儒家所提倡的赦宥的初衷不符。

唐太宗李世民也反对经常大赦。他曾说天下的"愚人"多，"智人"少，智人都是不愿意轻易犯法的，触犯法律的往往只是愚人，所以如果经常大赦，得益的只是那些愚人，即"不轨之辈"，就如古人所说的是"小人之幸，君子之不幸"。他引用古谚语"一岁再赦，善人喑哑"，说大赦是"小仁"，是"大仁之贼"，因此决不轻易发布大赦③。

宋代大赦已经成为惯例，每三年皇帝"郊祀"(祭祀上天)大典的同时必定发布大赦，每年的夏天以"疏决"(以尽快疏散在押犯为目的的集中判决)为名，往往将大多数徒刑以下在押犯释放，号为"热赦"。思想家司马光对此予以批评，认为由于赦免可以期待，造成"猾吏贪纵，大为奸利"，而百姓中的"悍民"欺侮良善，横暴乡邻，即使被捕，不过一年的时间就会遇到赦免，"晏然自出"，形成"凶狡之群，志满气扬"的局面。他建议每年的"疏决"不应定期，逢郊祀之年就停止疏决④。

元明时期不少思想家都坚决反对频繁赦宥。最典型的是明初的刘基。他在元末农民起义蜂起时期曾担任地方官府的幕僚，对于元朝廷经常发布赦令并将一些反元武装"招安"的政策非常反感。他认为刑法是"威令"，以至于要夺人生命，可是却有"生人之道"；赦宥是"德令"，立意是要让人存活，可是却有"杀人之道"。法律是要百姓畏惧，需要的是"必行"，百姓犯法必定要死，这样百姓就畏惧，反而会减少死刑；而赦宥却是启发百姓的"侥幸之心"，教人轻易犯法。当赦宥经常化，犯罪越来越多，不得已大量使用死刑来镇压，实际上是以恩典为陷阱。

刘基的这些批评频繁赦宥的意见并不具有理论深度，是历代批评者常见的说法。但是刘基本人参与了开创明皇朝制度的工作，他的思想对于确定皇朝的法制指导原则有相当的影响。明朝统治者对于大赦比较慎重，平均五年多一点时间发布一次大赦。以后清朝统治

---

① 《史记》卷五《秦本纪》。
② 《史记》卷六《秦始皇本纪》。
③ 吴兢：《贞观政要·赦令》。
④ 司马光：《司马文正公集》卷五《论赦及疏决状》。

者总结历史教训,更经常采用的是对一切在押罪犯减刑一等的办法,大赦更为稀少,平均十四年多一次。因此在这两朝,有关大赦的讨论也逐渐冷却。明丘濬在《大学衍义补》里也只是用很短的篇幅讨论这个问题,强调赦宥原来是针对过失犯罪的个别行为。在社会秩序稳定时决不可以轻易大赦,否则就会导致"奸宄得志,而良民不安";而在社会秩序不稳时,"赦不可无",没有大赦也会使"反侧不安,而祸乱不解",大赦可以缓解社会矛盾。但是大赦的时机非常重要,不能让人摸到规律,要"不时而作,使人莫可测知",这样才会让人感受到"旷荡之恩",而真正起到大赦的作用。这应该是对明朝统治者惯用政策的一项总结。

## 第二节　具有怀疑和批判精神的法律思想

汉以后确立的正统法律思想在实践中往往并不能对于皇朝的整个法制的运行起到实际的指导作用,所理想的长治久安局面在历史上很少成为现实。因此历史上很多思想家对于这套貌似完整的思想体系表示怀疑,进而怀疑整个专制君主中央集权政治体制以及传统法制体系的合理性,给后人留下了宝贵的思想遗产。

由于缺乏任何可以进行比较的政治制度的资料,同时也缺乏可以依托的外来的新思想方法和思想体系,这种怀疑和批判只能从中国固有的一些思想理论中寻找批判的武器。在春秋战国时期"百家争鸣"时代所提出的思想方法和理论体系,长期影响着中国以后各个时代的学者及思想家,这些怀疑和批判基本依托于道家或儒家。而且这些怀疑和批判仅仅是停留在感性阶段,既不能揭示正统法律思想的真正的弊端所在,也不能提出可以令人信服的全新的有关法制问题的思想体系。由于历代统治者都实行文化思想专制政策,对于思想异端采取查禁封杀或者直接镇压的手段,这些怀疑和批判的思想往往得不到传播,对于当时社会的影响也极其有限。

**基于道家思想加以发挥的怀疑与批判**　春秋战国时期其他的学派在汉以后大多成为思想界的支流,在一定程度上可与儒家一争的只有道家。在魏晋之交时道家学说一度以"玄学"之名而流行一时,唐朝也曾从推崇李姓始祖的角度出发,推崇由假托道家而发展出来的"道教",道家思想也相当流行。在这些时期,往往也有不少思想家从道家的理论中吸取养料,以道家崇尚"自然无为"的思想,以及道家固有的一些愤世嫉俗的观点作为思想武器,展开对于正统法律思想的怀疑与批判。

(一) 鲍敬言的"无君论"

专制君权是法家极力拥护的,汉以后朝廷正统法律思想的主要内容也是维护专制君主的政治权力。但是也有一些思想家对于专制君主权力的正当性发生怀疑。汉以后直接批判专制君主的最著名的思想家是东晋的鲍敬言①。他发挥道家原有的小国寡民政治理想,直接宣称"无君论",论述专制君主是一切社会问题的根源。他批判儒家所谓的"天生蒸民而树之君"的君权来自上天的说法,说古代无君无臣,老百姓"日出而作,日入而息,凿井而饮,耕田而食",自得其乐,彼此不争斗,没有战争,没有兼并,没有城池。后来有以强凌弱者、以智

---

① 鲍敬言(约278—342),东晋时期的思想家,其生平活动一无可考。其主要观点被记载在《抱朴子·诘鲍篇》。

欺愚者出现,弱者、愚者逐渐被迫服从、侍奉强者,"君臣之道起焉"。君主权力完全来自巧取豪夺,与上天毫无关系。因此专制君主是社会万恶之源,如桀、纣这些恶人,如果不是君主的话,怎么可能祸害这么多善良的人们?

由于鲍敬言对于专制君主的批判实在太激烈、太尖锐,同出于道家流派的思想家葛洪写了专门的文章《诘鲍篇》进行反驳,试图与其划清界限,以免鲍敬言这些尖锐的批评言论连累到道家以及葛洪正在极力鼓吹的道教。鲍敬言的论述除了被葛洪《诘鲍篇》当做批驳的靶子所引用的内容以外,早已全部散失。

【资料】

## 鲍敬言的"无君论"

使夫桀、纣之徒,得燔人、辜谏者、脯诸侯、菹方伯、剖人心、破人胫,穷骄淫之恶,用炮烙之虐,若令斯人并为匹夫,性虽凶奢,安得施之?使彼肆酷恣欲,屠割天下,由于为君,故得纵意也!君臣既立,众慝日滋,而欲攘臂乎桎梏之间,愁劳于涂炭之中。人主忧栗于庙堂之上,百姓煎扰乎困苦之中,闲之以礼义,整之以刑罚,是犹辟滔天之源,激不测之流,塞之以撮壤、障之以指掌也!

**译文**:

像桀、纣这样的人把人活活烧死,治劝谏者重罪、把诸侯晒成肉干、将地方首领剁成肉酱、剖人心脏、破人小腿,干尽各种骄奢淫逸的坏事,使用将人烤烧的酷刑,如果他们只是普通人的话,性格再暴虐,也做不了这些坏事。这些人能够毫无顾忌地满足自己的无耻欲望、残害天下人民,就因为他们是君主,才可以肆无忌惮!建立这样的"君臣名分",各种坏事也就层出不穷。想要将企图反抗的人都拘禁在监狱中,使百姓在艰难中受煎熬,君主自己也在朝堂上为此忧心忡忡。百姓挣扎在困苦之中,还想要用礼义去划一、用刑罚去整齐,就好像是用一小块土块去堵塞、用一只手掌去阻挡滔天洪水的滚滚激流。

(二)"无能子"的"非圣"和"非亲"观念

同样,唐末思想家"无能子"①也发挥道家的学说,对专制君主权力以及地位提出质疑。他专门写了《圣过》一文,探讨人类社会制度的起源问题,全盘否定儒家的"圣人"史观,指责儒家一直尊崇的"圣人"是人类社会的祸端。

他认为原始社会中人类只是一种"裸虫"(没有鳞、羽、甲、毛覆盖身体的动物),一切"任其自然,遂其天真"。后来"智虑者"自称为"人",以与各类动物相区别,这些人就是"圣人",他们指导人类开始农业耕种、建造住房,明确婚配、家庭、丧葬等等制度,并从中选择统治者,"名一为君,名众为臣","一可役众,众不得凌一",这样才出现了君臣尊卑贵贱制度。无能子认为这都是"圣人"造的孽,他们开启人类追逐名利富贵的野心,你争我夺,造成混乱。"圣人"于是又创造出仁义道德、礼乐是非之类说教,企图劝导人类停止争斗。可是这样一来反而又增加了是非羞恶的欲望追求,争夺更不可开交。"圣人"后悔不已,只好设立刑法和军队来制止,小的犯罪用刑罚,大的犯罪用军队,到处都是受刑的百姓,战争绵延不绝,"覆家亡国

---

① "无能子"为晚唐时期某位隐居思想家的号,其著作《无能子》约成书于877年前后。该书共分3卷,34篇。

之祸,绵绵不绝;生民困贫夭折之苦,漫漫不止"。总之,人类社会的一切苦难都是由"圣人"自作聪明而引发的。这种分析虽然带有空想倒退到原始社会的色彩,但却不失为对儒家"圣人"立制学说的有力揭露。特别是他将人类社会的婚姻、家庭、国家、礼仪、法律等等制度想象为一个逐步发展的历史过程,并且将演进的动力想象为人类对于"物"(财富)的追求,和神鬼之类的超自然现象无关,这确实是超越了同时代的一般思想家所能达到的思想高度。

从否定"圣人"的正面作用出发,无能子否认专制君主有什么超越一般常人的尊贵地位。他辛辣地嘲讽中国君主所能够统治的地方实际上不过是天下的十分之一二,而君主统治的目的不过和常人一样是为了追求物质和感官的享受,等到死了以后,不也是和常人一样的腐烂,根本没有什么可以尊贵的。

"无能子"对于儒家传统的"亲亲"观念也加以怀疑。他认为天下所有的人都是一样的样子。将人们分割为一个个家庭、"血属",这些实际上不过是一些名称而已,所亲所爱的实际上不过是平时熟悉的人。如果用一样的称呼去称呼所有的人,熟悉所有的人,天下之人就都是亲属,都应该相亲相爱。

【资料】

### 无能子否认"天子之贵"的论述

夫中国天子之贵,在十分天下一二分中、征伐战争之内自尊者尔。夫所谓贵且尊者,不过于一二分中,徇喜怒专生杀而已;不过一二分中,择土木以广宫室、集缯帛珍宝以繁车服、杀牛羊种百谷以美饮食、列姝丽敲金石以悦视听而已。嗜欲未厌、老至而死,丰肌委于蝼蚁,腐骨沦于土壤,匹夫匹妇一也,天子之贵何有哉?①

**译文**:

所谓中国天子的尊贵,不过是在天下十分之一二的地方在战争中打胜后自尊自贵而已,而且所谓尊贵也不过是在这十分之一二的地方,按照自己的喜怒生杀予夺而已;不过是在这一二分中大兴土木扩建宫殿、收集丝绸珍宝来装饰车辆服饰、屠宰牛羊征收粮食来使饮食美不胜收、排列美女敲奏乐器来愉悦自己的视听而已。穷奢极欲没有满足的时候,到老一死了之,肌肤被蝼蚁吞食,腐烂的骨骼化为泥土,与普通人一样,天子有什么尊贵呢?

五代思想家谭峭②也依据道家的思想怀疑正统法律思想。他所著《化书》以阐明万物宇宙演化不止的"自然之道"为主题,认为三皇之道演化为五帝之德,五帝之德演化为三王之仁义,三王之仁义演化为秦汉以来之战争,现在再来谈所谓的道德、仁义、刑礼,都只是"教民为奸诈,化民为悖逆,驱民为盗贼"(《化书·大化》)。他强调当今重要的是"民食",统治者越是"有为",就越是在百姓口中夺食。所以统治者应该实行"无为",自我约束,"禁民火不如禁心火,禁民盗不如禁我盗"(《化书·养民》)。实现"均食",然后才可以谈论仁义、礼乐,实现太平。

宋末元初的邓牧③,也是一位基于道家思想批判正统法律思想的思想家。他在著作《伯

---

① 《无能子·严陵说》。
② 谭峭,生卒不详,活动于唐末五代时期,事迹见《十国春秋》卷三十四。所著《化书》,共6卷。
③ 邓牧(1247—1306),钱塘人,南宋灭亡后隐居。

牙琴》的《君道》篇里嘲讽专制君主养尊处优,无所不至,但实际上却是孤家寡人,内心虚弱,就像普通百姓偶尔得到黄金一样,唯恐有人来抢夺。他说设立君主的位置不是为了君主本身的,"奈何以四海之广,足一夫之用邪?"在《吏道》篇里,邓牧也批判后世的官吏设置是以"害民者牧民",又怕他们作乱,又要设置一重重的"禁制",派遣更多的官吏来加以监视"周防",大小官吏遍布,"取民愈广、害民愈深",简直就是"率虎狼牧羊豕"。真正有才能的人、贤明的人更不愿意厕身其间,官场也就更为黑暗,"天下愈不可为矣!"但是他的主张仍然是道家的回到原始状态小国寡民的不切实际的倒退思路。

## 基于儒家"民本"思想而加以发挥的怀疑和批判

另外更多的思想家则从儒家的"民本"思想中获得发挥的根据,对于朝廷提倡的正统法律思想表示怀疑甚至批判。这种从儒家思想中产生的"异化"思潮在明朝以后相当汹涌,成为对正统法律思想批判的主力。

(一)方孝孺①的"重民"思想

方孝孺在总结元明之交社会变革的基础上,大力发挥儒家原有的"重民"学说。在他的著作《深虑论》中说"夫人民者,天下之元气也",君主得不到人民的支持,就要发生动乱;君主顺应人民的要求就会有安全,相反则会有危机。他在《民政》一文中继续发挥这一思想,总结历史经验,断言自秦朝以后凡亡国的皇朝大多数都是被人民推翻的。他以为君主起源于社会的贫富不均的"势",其职责在于使富者不垄断利益,而贫者可以有所容身。《君职》一文明确指出"天之立君,所以为民,非使其民奉乎君也"。君主的天职是养民、教民,这才是君主权势地位的来源。他斥责后世的君主对于人

方孝孺

民的索求务必详尽,而对于自己的职责却"怠而不修",根本没有尽到应尽的责任。在他看来,汉、唐、宋这几个朝代只不过是"智力而取,法术而守",算不上真正的合乎上天要求、得到人民拥护的"正统"的君主统治;而秦、晋、隋几个朝代更是取之无道、守之无术的"变统"。

从"重民"的思想出发,他认为法制只是"备乱",并不能使天下"无乱"。能够治理民众的法制,"在乎养之有道",要能够体现"养民"。治乱安危的关键往往是出自法制以外的问题。从秦、汉、隋、唐的历史经验来看,社会的"大患"首先是"治之非其法",所施行的法制并不体现他所认为的"养民"的要求;其次是"守法者非其人也",执法的官吏根本不懂法制的精髓。两者之中又以前者为根本原因,"法为要,人次之",两者都好就能大治天下,两者都差就天下大乱,既无法、又无人的朝廷肯定灭亡,只突出一项的朝廷就危机四伏。

方孝孺从"重民"的思想表现出对于传统君主专制政治的怀疑,并为评价法制建立起一个社会标准,而不是简单地从皇朝统治的得失来看问题。他的观点比前人的有关论述更为深入,在法律思想史上具有重要的地位。

---

① 方孝孺(1357—1402),字希直,人称正学先生,浙江宁海人。青年时即以文名国内。明建文帝统治时期为侍讲学士,为建文帝主要谋士之一。燕王朱棣(史称明成祖)攻入南京后因不肯投降被杀,相传"夷十族"。《明史》卷一四一有传。著述丰富,生前集为《逊志斋集》共 30 卷。

## 【资料】

### 方孝孺有关法律与人民利益关系的论述

"智者立法,其次守法,其次不乱法。立法者,非知仁义之道者不能;守法者,非知立法之意者不能;不知立法之意者,未有不乱法者也。……夫法之立,岂为利国乎?岂以其保子孙之不亡乎?其意将以利民尔。故法足以利民,虽成于异代、出于他人,守之可也;诚反先王之道、而不足以利民,虽作于吾心,勿守之可也。知其善而守之,能守法者也;知其不善而更之,亦能守法者也。"①

**译文:**

最聪明的人立法,其次的人守法,再次的人不乱法。立法的人,不懂得仁义道理的不行;守法的人,不知道立法意图的不行,不知道立法意图的人没有不乱法的。……法律的设立,难道是为了有利于国家吗?难道是(帝王)用来保子孙的吗?立法只是为了有利于人民。所以只要法律有利于人民,即使是其他朝代的、别人设立的,遵守也是应该的事;相反确实是违反先王道理的、不足以有利于人民的,虽然是出于我的考虑,不再遵守也是可以的。了解法律的好处而遵守法律,是能守法的人;了解到法律不好而加以更改,也是能守法的人。

(二)顾炎武对于传统法制的批判

明朝将君主专制中央集权制度发展到极限,而明朝最后的土崩瓦解,也充分暴露出这种制度的腐朽性。一些思想家在明亡后痛定思痛,对中国传统的法制发生了强烈的怀疑。思想家顾炎武在总结历史教训的学术著作中,分析了传统法制的一些弊病。

## 【人物】

### 顾炎武

顾炎武

顾炎武(1613—1682),字宁人,学者称亭林先生,江苏昆山人。出身江南望族,年轻时参加批评时政的"复社",清朝入关后参与发动反清起义。失败后化名蒋山佣,混迹于商贾,考察北方山河。后深入研究学术,著述极多,《日知录》《天下郡国利病书》《肇域志》《音学五书》等等,均具有学术权威地位。

在《日知录》一书的《法制》等篇目中,顾炎武认为传统法制是"独治"的工具。按照原来儒家的理想应该是"君臣"共治,秦以后形成君主"独治"的局面,而"独治"的君主又不可能自行治理天下,只能如宋代思想家叶适所说的"废人而用法,废官而用吏",制定出一套严密的法律,任用只知道死板遵守法律的小人,即使有才能的人也不得不受法律的拘束,所以他以为"法令者,败坏人才之

---

① 方孝孺:《逊志斋集·深虑论六》。

具"。而且君主无法监督众多的执法胥吏小人,简直就是"养百万虎狼于民间",造成统治秩序混乱,无法长治久安。因此他认为君主专制下的法制本身就是破坏社会稳定的根源:"独治之则刑繁矣,众治之而刑措矣","独治"导致的是社会秩序混乱,如果是"众治"就可以实现社会稳定,实现理想的"刑措"(刑罚闲置)状况,不至于使用法律的镇压手段。他的结论是,法制是"王者"所不能废除的,但是也不是依靠法制来治理的。

顾炎武对于传统法制的分析表面上看来似乎与过去儒家批评法家的观点差不多,但是他将君主专制本身作为批评对象,将君主专制作为法制败坏的原因,则突破了原来的儒家、法家讨论政治范畴的局限,表现出一种深刻的反思。

**【资料】**

### 《日知录·历代风俗·正始》段落

> 有亡国有亡天下。亡国与亡天下奚辨?曰:易姓改号,谓之亡国。"仁义充塞,而至于率兽食人,人将相食",谓之亡天下。……是故知保天下然后知保其国。保国者其君其臣,肉食者谋之。保天下者,匹夫之贱与有责焉耳矣。

**译文**:

> 有亡国、有亡天下。怎么来分辨亡国还是亡天下?我认为:皇帝改了姓氏、朝廷换了国号,是所谓亡国。如果是"仁义充塞,而至于率兽食人,人将相食"(这是《孟子·梁惠王上》中孟子的原话,原意是孟子指责提倡"为我"的杨朱和提倡"兼爱"的墨子是"无君无父",是主张泯灭仁义,带领了野兽来吞食人类、回归到吃人的野蛮社会)的状况,就是亡天下。……因此知道了保天下,然后知道保其国。有保国责任的,只是该国的国君、大臣,那些贵族官僚"肉食者"考虑的事。保天下,才是每个卑贱的普通百姓都具有的责任。

### (三)王夫之对于传统法制的批判

明末清初思想家王夫之在明朝灭亡后,以批判的眼光全面总结明朝乃至中国有史以来各朝代的政治及法制的深刻教训,这些总结具有很高的研究价值。

**【人物】**

### 王夫之

王夫之(1619—1692),字而农,号姜斋,湖南衡阳人。幼年聪慧,中举,清军入关后,在衡山组织起义反抗清军,阻击清军的南下。南明政权失败后,隐匿转移于湘西山区,最后归老于衡阳的石船山,被学者称为"船山先生"。面对明朝的迅速覆灭,他认真总结历史经验教训,著《读通鉴论》《宋论》《噩梦》等著作。并著有大量学术著作,分析传统学术,但大多没有出版。后人集为《船山遗书》。传记可见《清史稿》卷四八六、《清

王夫之

史列传》卷六六、《国朝先正传略》卷二七等。

王夫之评论历史上的政治以及法制教训的基准是"民本"原则。他在《读通鉴论》将皇朝和国家区分开来,明确指出:"天下者,非一姓之私也。"皇朝的兴衰,只不过是一家一族的兴亡,是"私";而天下的"公",是"生民之生死"。而且"一人之义,不可废天下之公"。他认为秦朝实行郡县制,建立了私天下的传统,后世皇朝纷纷斥责秦朝的灭亡原因是"私己",实际上却是想方设法"私其之子孙以长存",根本就没有考虑到"天下之公"。

在《读通鉴论》中王夫之激烈抨击法家鼓吹的"法治",强调"法不可以治天下",认为申不害、韩非的理论是将天下民众置于桎梏之中,而让君主不受制约地作威作福,"任法,则人主安而天下困"。他认为真正的"法"是夏、商、周三代之法,而以后其精髓已被孔子总结为"道",治理天下应该是"任道",这样就使"天下逸而人主劳",可以限制君主的任意恣睢。他根据史料,证明秦朝的法律虽然严苛,但实际上却有很多应该受到法律制裁的人通过友人嘱托、金钱贿赂的手段逃避了惩罚。因此他总结说,法律越是严密,执法的官吏的权力就越大,"法愈密,吏权愈重",实际上使官吏倒执天下。后世的大臣虽然学习儒家的理论,但实行的却是法家的措施,制订重复而复杂的法律来推行统治。律外有例,例外再有皇帝的命令,结果是无法治理天下。他从限制君主专制的角度出发来谈论法治之弊,确实有独到的见解。

王夫之还对传统律典的制定提出了独特的看法。他在《读通鉴论》有关五代历史的评论中指出,中国历代的律典都是在大动乱之后、朝代刚建立时草创而成,不是矫枉过正,就是因陋就简,必须要经过后世统治者再加改善。尤其是当前朝"不善之法"长期施行后,积重难返,后世难以"顿改",只能除害而难以兴利,"害即可除而利不可卒兴",导致法制的逐代倒退。

在《噩梦》一书中,王夫之还对一些传统法律的具体制度提出疑问。比如他将历代传承的官吏渎职犯罪"计赃定罪"的制度称之为"一切之法"(一刀切的法律)。首先,这种一刀切的法律,使得官吏毫无"廉耻之可恤",斤斤计较赃值的计算来躲避,上级为了避免连坐也为之掩饰,"上愈严而下愈匿"。其次,这种方法得出的罪名的轻重实际上与犯罪所造成的社会危害并无直接关系。比如一个兵部官员接受贿赂将一个不称职的武官任命为指挥官,造成国家军队丧师辱国的严重后果,可是赃值只有五十贯,没有死罪;而一个吏部官员受赃授予一个官员担任无所轻重的仓大使、河泊所大使的官职,并没有什么严重的后果,赃值却是二百贯,倒要处死罪。或者是一个法官接受了五十贯的贿赂,将无辜者判处死刑;而另一个法官接受了二百贯,只是将人判处杖刑。显然仅看赃值是没有意义的。他认为受贿罪首先要区分受贿赂后枉法(违背法律)和不枉法(未违背法律)这样两大类,重点处罚受财枉法罪,按照枉法所造成的后果来定罪量刑;而对于不枉法又要区分两类:盘剥百姓的要按照"剥削之多少"来分等定罪,此外的非法收入再多,也只需记过处分。

(四)黄宗羲对于君主专制政治和传统法制的批判

著名的明末清初思想家黄宗羲在他的名著《明夷待访录》中对传统的君主专制政治以及传统法制的批判,在中国法律思想史上达到了一个新的高度,具有重要的历史意义。

【人物】

## 黄宗羲

黄宗羲(1610—1695),字太冲,号南雷,学者称梨洲先生,浙江余姚人。19岁时为父亲黄尊素（东林名士）上疏申冤，后以激烈抨击奄党而闻名。清朝入关，他纠合同志抗清，设世忠营，走四明山结寨防守。南明灭亡后，在乡隐居。著有《明夷待访录》，正面批判君主专制政体。又从事学术史研究，著中国第一部学术史《明儒学案》。此外在史学与科学（数学、天文）方面，也都有大量学术成就。

《明夷待访录》书名中的"明夷"一词取自《周易》，是日落昏暗的意思，表达作者自认为身居乱世，本书所写的内容有待于政治清明的时候奉献给英明的统治者。该书的《原君》《原臣》《原法》等篇集中探讨了政治法律问题。

黄宗羲设想原始社会状态下，"人各自私也"，每个人都自私自利，天下的"公利"没有人去从事，天下的"公害"也没有人去驱除。有人挺身而出，不为自己的私利而是为天下谋利，为天下来解除祸害，这种为天下谋公利的人要比其他人辛苦千百倍，因此被人民拥戴为君主，得到人民的忠心拥戴，"比之如父，拟之如天"。所以君主的"职分"就是要为天下兴利除害，"以天下为主，君为客"，"毕世而经营者"都是为了天下。远古的大臣也与君主一样是为了天下的公利而设置的，大臣出任官职与君主一样是为了天下，"出而仕也，为天下，非为君也；为万民，非为一姓也"。君臣关系与源自血缘关系的父子关系不同，是一种同为天下效力的同事关系。作者比喻君臣就好比是同拉大木的工人，喊着号子前后呼应，如果臣放下拉绳，专一逢迎娱乐君，虽然君很喜欢，可是"曳木之职荒矣"。臣与君是"师友"的关系，是可变的。

从这样的君臣起源观念出发，黄宗羲激烈批判后世的君主都是自私自利，以天下为自己的产业，无情压榨剥削人民，因此人民视其为独夫仇人。而后世的大臣都被要求向君主个人效忠，只不过是"君之仆妾"，只是起为君主"奔走服役"的作用而已。黄宗羲指出"天下之治乱，不在一姓之兴亡，而在万民之忧乐"，作为士大夫没有必要为一姓的兴亡去"尽忠"。

【资料】

## 黄宗羲对于专制君权的批判

今也以君为主，天下为客。凡天下之无地而得安宁者，为君也。是以其未得之也，屠毒天下之肝脑，离散天下之子女，以博我一人之产业，曾不惨然，曰："我固为子孙创业也。"其既得之也，敲剥天下之骨髓，离散天下之子女，以奉我一人之淫乐，视为当然，曰："此我产业之花息也。"然则为天下之大害者，君而已矣。向使无君，人各得自私也，人各得自利也。呜呼，岂设君之道固如是乎！古者天下之人爱戴其君，比之如父，拟之如天，诚不为过也。今也天下之人怨恶其君，视之如寇雠，名之为独夫，固其所也。

**译文**：

现在是把君主当做了主人，而天下为客体。天下没有一个地方能够得到安宁的原因，就是因为有了君主。在没有得到天下以前，（他发动战争）屠杀天下的人民，使天下家庭离散，来博取自己一家的产业，毫无怜悯之心，说："这是我为子孙创业。"得到天下后，他敲诈剥削天下百姓，离散天下的子女，来换取自己一人的无穷享乐，还自以为当

黄宗羲

然,说:"这是我的产业的孽息。"因此天下的大害,就在于君主。假设没有君主,每个人倒还可以自己照顾自己,自己谋自己的利益。难道设置君主的道理是这样的吗?古代的人民爱戴君主,比做自己的父亲,比拟为上天,真是一点都不过分。现在的人民怨恨君主,把他们视为仇人,称他们为独夫,完全是应该的。

黄宗羲根据自己对于人类社会发展史的理解,进一步批判传统法制是君主"一家之法""非法之法"。他认为远古的君主为人民牟利,创设的制度都是为了人民,是"天下之法",是真正意义上的法,以后的皇帝唯恐自己的命不长,子孙不能保有家业,想方设法要防患于未然,完全出于自己一家一姓的需要,是"非法之法"。

【资料】

### 黄宗羲对于传统法制的批判

> 后世之法,藏天下于筐箧者也;利不欲其遗于下,福必欲其敛于上;用一人焉则疑其自私,而又用一人以制其私;行一事焉则虑其可欺,而又设一事以防其欺。天下之人共知其筐箧之所在,吾亦鳃鳃然日唯筐箧之是虞,故其法不得不密,法愈密而天下之乱即生于法之中,所谓非法之法也。①

**译文**:

> 后世的法律,是用来将天下藏在箱笼里的。利益不想漏到下面去,福惠一定要收到上面来。使用一个人就惟恐他自谋私利,又用一个人去限制他谋私;实行一件事就惟恐被人欺骗,又要设置另一件事来防止受欺骗。天下的人都知道箱笼的所在,我也就小心翼翼每天尽顾着盯住箱笼不放,所以法律不得不严密。而法律愈是严密,天下的混乱也就产生于法律之中,这就是所谓非法之法。

黄宗羲的这些批判的思想仍然主要是从儒家的"民本"思想发挥而来的,但是他敢于将君主专制斥责为天下动乱的根源,并将君臣关系与父子关系加以区别,否认传统的"君父一体"观念,却是前无古人的创举。这使他的思想成为儒家的激进异端。他的这一著作遭到清统治者的查禁,但是却继续在地下传播。在近代民主革命运动兴起时,黄宗羲的著作被广泛传播,对于知识分子解放思想、投身革命运动发挥了很大的作用。

(五) 清初思想家唐甄对于君主专制的批判

明末清初兴起对于传统政治法制的怀疑思潮,其中尤其是针对君主专制制度的批判相当醒目。最为尖锐的除了黄宗羲外,另有思想家唐甄。

【人物】

### 唐 甄

> 唐甄(1630—1704),四川达县人。曾中举人,担任过基层官员。后被革职为民。颠沛流离中依旧研究著述。主要政论著作为花 30 年精力而著的《潜书》九十七篇,原名《衡书》,寓意"志在权衡天下",后因流年不利,难以刊行,改名《潜书》。此外尚有其他学术著作多种。传记可见《清史稿》卷四八四《文苑传》。

---

① 黄宗羲:《明夷待访录·原法》。

唐甄也从儒家孟子的"民本"思想中吸取养料,他在《潜书》中强调"众为邦本"。民众是国家的根本,但是富豪恣意挥霍,贫民粥米难求,为使这种差别不至于导致社会动乱,统治者应该实行德治,以身作则,生活简朴,"尚素、弃文、反簿、归厚"。但是现实生活中的君主却并非如此。与当时大多数思想家一样,唐甄将原始社会理想化,认为远古的君主是为人民谋利益的,而秦以后的皇帝却只是盗贼。

**【资料】**

### 唐甄对于专制君主的斥责

自秦以来,凡为帝王者皆贼也。……今也有负数匹布或担数斗粟而行于涂者,或杀之而有其布粟,是贼乎?非贼乎?曰:是贼矣。……杀一人而取其匹布斗粟,犹谓之贼,杀天下之人而尽有其布粟之富,乃反不谓之贼乎!……天下既定,非攻非战,百姓死于兵与因兵而死者十五六,暴骨未收,哭声未绝,目眦未乾。于是乃服衮冕,乘法驾,坐前殿,受朝贺,高宫室,广苑囿,以贵其妻妾,以肥其子孙。彼诚何心而忍享之!

**译文**:

自从秦朝以来,凡是皇帝都是盗贼。……现在有人背几匹布或者挑几斗米在路上被人杀了,抢了布或米,是盗贼?不是盗贼?大家都说是盗贼。……杀一个人拿他的一匹布一斗米就要称之为盗贼,难道杀天下之人并剥夺他们全部的布匹粮食财富,反而不应该称之为盗贼吗!……平定天下,不是讨伐就是战乱,直接死于战乱、或者因为战乱而死亡的百姓要占到十分之五六,死骸还没有埋葬,哭声还没有断绝,眼泪还没有擦干,皇帝已经是戴了冠冕、穿了全套的衮服、乘着车驾、俨然坐在宫殿接受百官的朝贺,并要大建宫殿,扩大园林,来显示自己的妻妾尊贵,来养肥自己的子孙,他们真是什么心肠而能忍心来享受这些!

唐甄对于专制君主的这些批判在理论上的分析并不深入,但是却非常有力度,充满了义愤,在近代反清革命兴起时,发生很大的影响。

## 第三节 历代传授法律知识传授与考选法律人才制度

自春秋时期各诸侯国先后公布成文法后,分析研究成文法就成为一种专门的学问,法学开始形成。在这一社会大变化的时代,原来垄断于贵族阶层的知识学问开始下移民间,新兴的法律方面的学问也是如此。

战国时代的法家曾经是最活跃的学派,但是总的来说其学说排斥民间开展对于法律问题的讨论,反对民间私自传授法律知识。在他们看来,百姓对于法律只有服从的义务,不得私人议论、研究,强调"法制不议,则民不相私"①。在法家获得政治权力时也并不支持民间

---

① 《管子·法禁》。

开展法律问题的讨论。如商鞅变法时,把称赞变法的和批评变法的人都一样"迁之边郡"①。因此法家在政治上的得势并不一定表示法学的昌盛。

**【资料】**

《商君书·定分》有关法令不得议论的论述

今法令不明,其名不定,天下之人得议之。其议,人异而无定。人主为法于上,下民议之于下,是法令不定,以下为上也。此所谓名分之不定也。夫名分不定,尧、舜犹将皆折而奸之而况众人乎?此令奸恶大起、人主夺威势、亡国灭社稷也,道也。今先圣人为书而传之后世,必师受之,乃知所谓之名;不师受之,而人以其心意议之,至死不能知其名与其意。故圣人必为法令,置官也,置吏也,为天下师,所以定名分也,名分定,则大诈贞信,巨盗愿悫,而各自治也。

**译文**:

现在法令不明确,就是"名"没有确定,天下所有的人都可以议论,这些议论也每个人都不一样。君主高高在上制定法令,底下的百姓议论纷纷,就是法令没有确定,是以下为上,这就是所说的"名分"没有确定。名分没有确定,即使是像尧、舜这样的圣人也要为非作歹,更何况是普通人?这就是会造成罪恶横行、君主丧失威势、国家灭亡朝廷倾覆的道理。现在见到古代圣人传下来的书籍就要当做老师来学习,这就是知道了"名";如果不当做老师,各人按照自己的心愿来议论,就是到死也搞不清"名"和它的意思。所以圣人一定要制定法令,设置官职,设置吏胥,来作为天下的老师,就是用来确定"名分"的。确定了"名分",无论是大骗子还是守信者,无论是大盗贼还是老实人,就都自然能够受到治理了。

## 历代律学的发展概况

(一)作为儒家经学组成部分的律学的兴起

随着汉朝初年废除"挟书律"等秦苛法,私人议论、研究法律问题不再是禁区。而随着诸子学说的复兴,评论已有法律得失也逐渐形成风气。儒家复兴后,注重于以儒家思想来解释现有的法律。儒生通过博士弟子、举孝廉等途径逐渐进入官吏队伍,改变了由学习法律出身的"刀笔吏"为官僚队伍主要来源的局面。尤其是汉武帝时,在朝廷形成"春秋决狱"的风气,儒家的经典原则及语句往往得以代替法律,直接在司法审判中运用,这就更刺激了儒家的学者去研究法律问题。这样一来"律学"迅速形成一门专门的学问,成为儒家经学的一个重要组成部分,吸引了大批的儒家学者去研究法律问题,使得律学有了长足的发展。

律学与战国时期的法家学说不同,律学几乎不再讨论关于建立法制的必要性、如何建立法制、法制的目的、法制的作用等等重大问题,而是集中于法律适用中产生的具体问题,在当时主要是司法实践中法律的解释与运用问题。因此从某种意义上而言,律学大致与现代的应用法学相当。

汉代对法律的注释成为专门之学。当时私人注释法律的风气相当兴盛。传说西汉武帝时廷尉杜周以及他的儿子杜延年曾对法律进行细致的注释,号为"大杜律""小杜律"。还有

---

① 《史记》卷六十八《商君列传》。

不少学者私人聚徒讲授律学,也有一连几代传承律学,接连出现担任高级司法职务子弟的家族,号为律学世家。最为著名的如颍川郭氏、沛国陈氏等,都是接连几代传习法律,出任司法官职,如郭氏一门先后有7人担任廷尉。东汉时高级法官的专门化程度仍然很高。据统计,东汉的22位廷尉,就有17人被誉为"明习法律",以至于形成廷尉必选于律学世家的习惯。例如,东汉末年,经学世家的杨赐被命为廷尉,杨赐即以"代非法家"为由推辞不受①。另外随着儒家经学的发展,对法律的解释,也采用儒家经典中的经义作为依据。律学成为经学的一个分支。东汉时有马融、郑玄等著名儒家学者以经注律,共十余家。

(二)律学与儒家经学的逐渐分离

然而在东汉末年这一风气开始发生转变。随着官僚子弟逐渐包揽晋升高级官职机会的情况日益严重,尤其是到曹魏实行"九品中正制"后,世家大族子弟依靠"九品中正制",举孝廉为官如探囊取物,不屑于学习律学。司法审判也被士族视为"浊务",律学逐渐开始被排斥于儒家经学之外。曹魏时期,儒家的经学大师中仍然有不少对法律研究有素的律学专家。其中刘劭参与制定《魏新律》,并著有专门的律学著作《律略论》。但是就普遍情况而言,律学与经学已逐渐分家。曹魏时,卫觊上书说:"刑法者,国家之所贵重,而私议之所轻贱;狱吏者,百姓之所悬命,而选用者之所卑下。"他建议仿照经学的做法,在朝廷设立律学博士。这可以从反面说明当时民间的读书人对于律学已经失去了兴趣,以至于要靠政府的提倡才能维持。卫觊的建议是一把双刃剑:使律学有了独立的地位,但也使律学与社会及朝廷都崇尚的经学彻底分了家,读经的人可以不再读律,反而使读律的人减少。卫觊的建议被朝廷接受,但很可能是由于士大夫的反对,新设的律学博士是设立在廷尉属下的一个提供咨询的官员,而不是卫觊所设想的与经学博士并列,在太学招徒讲学。所以在律学正式独立的同时,它也就开始失去当时意义上的学术地位,渐渐开始不成其为"学"。

晋代律学尚有儒学学者关注,著名儒学学者杜预等参与了晋《泰始律》的起草,杜预、张斐等又为之作注。明法掾张斐所作的《律解》20卷、杜预所著的《律本》21卷,都得到晋武帝的认可而颁行天下,与《泰始律》具有同等的法律效力,以至于晋律在以后被称之为"张杜律",注释的条文和律条合计为1530条。

东晋南朝时期玄学流行,律学被世俗所轻视,律学家不再和儒学家混同。南梁时著名律学家蔡法度主持了《梁律》的起草,南陈时也有范泉、王冲等律学家,但这些人的地位都比较低。北朝的律学比南朝兴盛,还保留儒学的经学学者参与立法的习惯。北魏时期有羊氏家族、北齐时封氏家族都世传律学。封述直接参加了《北齐律》的起草。而且南北的律学也有一定的交流。如裴政,父亲为南朝刘宋的廷尉,自己为梁朝大臣,以明习法律著称。以后因南梁灭亡被北周俘虏,他转仕北周,参加了北周《大律》的起草。隋朝建国后,他又参与了隋律的起草②。

(三)注释性质的律学的兴起

经过三国两晋南北朝时期法典的再三修订,儒家礼教的大量原则已经融入律典,实现了礼法合流,不再需要通过有号召力的儒学大师的解释和分析来贯彻礼教原则。另一方面,世

---

① 参见李益强:《汉魏晋南北朝司法审判制度初考》,见叶孝信、郭建主编:《中国法律史研究》,学林出版社2003年版,第211—218页。

② 《隋书》卷六十六《裴政传》。

家大族的门阀统治也已稳固,形成与专制君权的相对平衡局面,已不需要抢占司法领域的官职来保护世家大族的利益。因此投身司法部门官职为世家大族所不屑,他们更没有必要通过显示律学的权威来占据司法官职①。这样一来,律学被完全排斥出儒学的教门,地位降低,成为一种在技术层面上的具体分析,一种操作法律的技巧性的学问。律条本身的合理性,律条适用于社会实践的意义,法律本身是否有改进的可能,等等问题不再是律学研究的重点。因此隋唐以后的律学比现代应用法学的研究领域要窄得多,只是就律条本身的适用,与其他律条的关系,适用律条时的注意事项等具体问题进行解释与分析。

《唐律疏议》代表了中国古代律学的最高水平,它尽可能地从儒家经典中找寻每一条律条的立法根据,并尽可能地引用儒家经典的言论来解释律条的含义。同时它注意到维护法律的统一性,对于每一条律条加以注释,引用涉及的相关其他法律比如令、格、式等来表明适用时的注意事项,还设置"问、答"形式,举例说明适用的范例,以便各级司法官员可以照样运用。

**【资料】**

### 《唐律疏议·户婚律》"诸以妻为妾"

诸以妻为妾,以婢为妻者,徒二年。以妾及客女为妻,以婢为妾者,徒一年半。各还正之。

《疏》议曰:妻者,齐也,秦晋为匹;妾通卖买,等数相悬;婢乃贱流,本非俦类。若以妻为妾,以婢为妻,违别议约,便亏夫妇之正道,黩人伦之彝则,颠倒冠履,紊乱礼经,犯此之人,即合二年徒罪。"以妾及客女为妻",客女,谓部曲之女,或有于他处转得,或放婢为之;以婢为妾者:皆徒一年半。"各还正之",并从本色。

问曰:或以妻为媵,或以媵为妻,或以妾作媵,或以媵作妾,各得何罪?

答曰:据斗讼律:"媵犯妻,减妾一等。妾犯媵,加凡人一等。余条媵无文者,与妾同。"即是夫犯媵,皆同犯妾。所问既非妻妾与媵相犯,便无加减之条。夫犯媵,例依犯妾,即以妻为媵,罪同以妻为妾。若以媵为妻,亦同以妾为妻。其以媵为妾,律、令无文,宜依"不应为重",合杖八十。以妾为媵,令既有制,律无罪名,止科"违令"之罪。即因其改换,以告身与回换之人者,自从"假与人官"法。若以妾诈为媵而冒承媵姓名,始得告身者,依诈伪律:"诈增加功状,以求得官者,合徒一年。"

宋代司法机构一般都要分为负责审理案件事实的"鞫(ju)司"(或称"狱司"),和负责适用法律作出裁判的"谳(yan)司"(或称"法司"),这样两个相对独立的部门。前者一般由地方官府内的录事参军担任,后者由司理参军、司法参军等担任。各级地方官府排除了汉唐时期实际由书吏具体操作司法审判工作的惯例,设置的有关司法审判的官职相当多,分工较为细密,有较强的专业性质。而宋代的法律也相当复杂,种类繁多,经常变化,要求具体适用法律者具有相当的专业水准。而宋代士族门阀把持官职的现象已经消失,担任各级官职的主要是通过科举考试入仕的士大夫,在担任司法官职后需要补充法律知识,才有可能避免因裁判错误而遭到弹劾罢官的命运。这些因素都促进了宋代注释性质的律学发展,而宋代教育以

---

① 参见李益强:《汉魏晋南北朝司法审判制度初考》,见叶孝信、郭建主编:《中国法律史研究》,学林出版社 2003 年版,第 224—230 页。

及印刷术的迅速普及,也为这种律学的发展提供了技术手段。因此律学兴旺一时,见于史籍记载的律学书籍就有五十多种。

宋代这种律学的兴盛并不代表民间法学知识的普及,宋代朝廷依然严厉禁止民间传播、教学有关法律方面的知识,尤其是有关诉讼知识的书籍。如南宋《绍兴敕》规定:凡是聚集学生讲授"辞讼文书"的,要处杖一百。旁人可以告发。再犯者即使朝廷已经颁布大赦仍然不能免于处罚,要处以"邻州编管"。所有参加学习的人也都要处杖八十①。南宋的《名公书判清明集》一书还有专门的"哗徒""把持"门类,收集了不少惩治讼师的书判。显然打击讼师是当时地方官府的重要项目。法律问题依然是不得讨论的禁区,律学只能是官吏为解决实际司法问题而进行的交流,因此律学的兴盛和今天所谓的法学的发展并不能画等号。

律学作为一种官员们交流裁判技巧,在元明时代仍然延续。明代的立法指导原则是简单、严厉,立法强调通俗。《大明律》颁行后并没有公布由朝廷官方作出的正式的立法解释。实际适用时有很多细节是《大明律》律文所没有规定的,容易产生疑义。而明代大幅度改革了地方官府的编制,几乎将所有的政务都指定由地方基层长官(知县)独自承担,尤其是在司法事务上要求知县从受理案件一直到执行刑罚全都亲自掌握。另外明代严格执行逐级复审制度,杖一百以上的案件都必须经过上级官府的逐级复审,如发现基层官员处理案件时事实不清、或所拟的判决不妥,初审官员都要承担责任。这样一来大大加重了基层官员的司法审判责任。

为了解决以上这些难题,明初就开始出现不少私人注释《大明律》的书籍,来为出任司法官职的士大夫提供阅读法律的指导。其中最为著名的有张楷的《律条疏议》、王肯堂的《读律笺释》。根据史料记载,这类著作也有几十家之多。虽然原则上在司法中不得公开引用这些注释,但到了《大明律》公布百年之后,适用法律时运用这些解释已是官场惯例。甚至不少地方官府的法律汇编都收入了这些注释,这种注释逐渐通行全国,具有了官方的性质。清朝入关后,沿袭这一惯例,在公布的正式法典中包含了已经被公认的注释,以夹注形式编入律文,成为律文的一部分。这种注释往往并不是为了提升适用的准确性,甚至有很多是为了修正原来法律的内容。比如明律原来规定"受财枉法"罪赃满八十贯以上处绞刑,"监守自盗"罪赃满四十贯以上处斩,可是明中期以后,在这两条律文后都注这项死罪为"杂犯死罪",可以比照徒五年进行"赎",贪官只要拿出钱财来,就可以赎免刑罚。当时的有识之士就感叹说本朝的"姑息之政"实际上比宋朝还要过分,赃官贪赃再多,也不过是个罢官②。

清代的律学仍然有所发展。清初继承了明代的法律,并且将一些明末时已经被广泛援引并通用的私人注释正式确定为法律条文的组成部分。清初律学有相当的成就,如王明德撰写的《读律佩觿》,总结了明以来的各类律学成就,被司法官员奉为经典。

清代法律继续禁止民间讨论研究法律,《大清律例·刑律·诉讼·教唆词讼》有专门的例条禁止民间的法律讨论及民间传播法律的知识。规定各地官府如发现书店有发售"讼师秘本",举例如《惊天雷相角》《法家新书》《刑台秦镜》等等"一切构讼之书",必须立即"尽行查禁销毁",不许售卖。追查捕获作者、编者、刻印者,按照"淫词小说例",判处杖一百流三千里的重刑。翻刻者、贩卖者,也要处杖一百徒三年。购买者,要处杖一百。百姓家中藏匿的这

---

① 见《宋会要辑稿·刑法》二之一五〇、三之二六。
② 郑晓:《今言》卷一。

种书籍的旧版,不自觉销毁的,发现后减刻印者一等治罪。家中藏匿这种书籍的,要比照"违制罪"处理,杖一百徒三年。

(四)清代的"幕学"

明末官场已经开始出现官员私人聘请顾问帮助处理公务的惯例。这种私人聘请的政务顾问一般称为"幕友",民间俗称为"师爷"。到清朝入关后,这种情况更为普遍,甚至号称"无幕不成衙"。一般来说地方基层长官知县要聘请五、六位幕友,其中居于首位的是帮助处理司法审判事务的"刑名幕友",以至于往往就以刑名幕友来代指所有的幕友,以刑名幕友必须掌握的法律知识来泛指幕友的全部技艺。号为"幕学"的主要就是指幕友对于法律的认识和理解,是刑名幕友师徒相传的技艺,它成为传统律学的一个独特的分支。

幕学的著作主要是幕友学习的教科书,主要有范枫江的《幕学举要》、王又槐的《刑名必览》等。后人集有《入幕须知》等专门的汇编本。

幕友一般来源于在科举上失意的读书人。他们转而学习法律,专门为当官的作刑名幕友,提供司法审判的建议,进而代为草拟批词、判语、上报的申详,号为"佐治",赚取自己的"束修"。幕学不登大雅之堂,完全是私下里师傅带徒弟,从师见习两三年后,才可以独自应聘。因此幕学并不会被士大夫当做什么学问,往往只是被视为穷极无聊、走投无路时的选择。而幕学本身的出发点也在于帮助东家避免宦途的风险,研究的是如何将案件处理圆满,不至于遭到上级的驳斥,主要不是对法律本身进行分析解释。比如幕学名著之一,汪辉祖的《佐治药言》就认为幕友应该读律,来熟悉法律;但又要懂得"避律",防止死板适用法律。因此幕学难登学术大雅之堂,很少受到士大夫的重视。

(五)律学的衰落

至明清时律学已经不再是一门能够吸引人的学问,清朝乾隆年间编《四库全书》,在《史部》的"政书类"只收录了《唐律疏议》和《大清律例》两部法典,而《子部》的"法家类"只收录了8部书。纪昀在《四库全书总目》中说:"刑为盛世所不能废,而亦盛世所不尚,兹所录者略存梗概而已,不求备也!"连政书类的存目也仅存5部,法家类的存目仅19部。清末法学家沈家本在他的《法学盛衰说》里感叹中国法学至此而极衰。律学之名在这以后几乎消失。

【资料】

## 沈家本对于法学衰落的感叹

明设讲读律令之律,研究法学之书,世所知者约数十家,或传或不传,盖无人重视之故也。本朝讲究此学而为世所推重者不过数人,国无专科,群相鄙弃。纪文达编纂《四库全书》,《政书类·法令》之属仅收二部,《存目》仅收五部。其按语谓:"刑为盛世所不能废,而亦盛世所不尚,所录略存梗概,不求备也。"夫《四库全书》乃奉命撰述之书,天下趋向之所属,今创此论于上,下之人从风而靡,此法学之所以日衰也。①

**译文**:

明朝设立"讲读律令"的法律,被人们所知晓的法学的书籍就有约几十种,有的流传下来,有的没有流传下来,就是因为没有人重视的缘故。本朝研究法学的学者受人推崇的不过几个人,国家没有专门的科目,因此大家都鄙弃这门学问。纪昀编纂《四库全

---

① 《寄簃文存》卷三,见《历代刑法考》第四册,第2143页。

书》,《政书类·法令》中只收了二部法律,《存目》部分只收了五部书籍。在按语中还说:"法律是盛世所不能废除的,但是也是盛世所不崇尚的,所收录的只要略存概要,无须求全。"《四库全书》是奉了皇帝的命令编撰的,是倡导天下风尚的书,现在既然上面发出这样的言论,下面也自然就追从这种风气,这就是法学之所以日见衰落的原因了。

清末在西方列强的侵略打压下,清皇朝统治出现全面危机。统治者中的一些人开始反思整个法制的合理性,因此律学又受到有识之士的重视,出现了一些具有批判眼光的律学著作。其中最有价值的著作是薛允升①的《读例存疑》和《唐明律合编》。在《读例存疑》一书中,作者逐条评述清朝的各条条例,考证其来源,分析其当初立法的意图,以及与律条、其他条例之间的关联,从而揭示出律例内部的种种冲突矛盾及不合理之处。而《唐明律合编》一书则通过将唐律条和明律条的逐一对照分析,力图说明唐律在全律的统一性和立法技巧诸方面都优于明律。由于清律即由明律略加改动而来,批评明律实际上就是在批评清律。这种批评决非仅仅是学术评论,而是为进行全面改革律例体系提供依据。这两部著作虽然正式出版已是到了20世纪初,但是早已在刑部内部流传,对于清末的法律改革发挥了作用。

**传授法律知识的制度**　秦统一后发布"焚书令",规定百姓要学法律的,"若欲有学法令,以吏为师",民间不得私自传授法律知识,学习法律应向官吏学习。然而从现有的史料中还不能搞清这种百姓到官府学习法律的制度细节。

西汉废除了秦朝禁止私人学习法律的禁令,私人注释法律、跟从司法官员或著名律学家学习法律的风气相当兴盛。不少律学家名闻天下,四方前来求学的学生常有数百。这些学生学成之后,就有可能被各地官府辟为掾吏,参加实际的司法工作。两汉时官员队伍主要成分来自吏员。据《文献通考·选举考》的统计,《汉书》所记载的人物中有29人是小吏出身,占了各类人物出身的第一位。而西汉的57位廷尉中,《汉书》有传的有11人,其中6人是掾吏出身,另有2人是以学律令治刑名而著称。可见当时学习律学的学生有很好的就业前景,才能吸引到这么多的学生。

东汉时期,通过"举孝廉"途径为官的出仕方式已成为主流,吏胥出身已被士大夫所唾弃。没有任何社会背景的"寒素"才不得已通过学习律学,经辟举为吏胥、然后逐步升迁为官。曹魏时经卫觊建议设置律博士,原来的意图是和朝廷的五经博士并列,招收博士弟子,传授律学,培养高层次的律学人才。但是最后落实的律博士却是设置于廷尉府,成为一个咨询机构,并没有实现原来的设想。

两晋南北朝时期官员队伍的主要来源是依照九品中正制推举的士族门阀子弟,由吏胥升迁而来的官员一般只能担任辅助性的官职,不能独当一面担任主官。

唐代在国子监设置了"律学",由三名律学博士教授法律,学生定额五十名,收取年纪在十八岁以上、二十五岁以下的读书人。学期三年,在通过考试后可由吏部授予从九品上、下阶的官职。显然这种法律传授的官方正式途径能够培养的法律人才数量是相当有限的。

宋代律学几经变化。宋初设置了律学博士,传授法律,但并不单独招生,主要是为参加吏

---

① 薛允升(1820—1901),长安(今西安)人,长期担任司法官职,官至刑部尚书。其主要著作有《读例存疑》《唐明律合编》等,其他著作集为《薛大司寇遗集》。

部选官的人补习法律。王安石变法时,于1073年恢复在国子监设置律学,设置教授四员,招生的对象包括了已获得官员身份者,或是两名以上现职官员向朝廷推举的"举人"。律学的基本制度和国子监太学相仿。学生学习法律条文,每月进行考核,考核内容包括模拟裁判(刑名五事或七事)、法律"大义"(五道题目,解释法律条文意义)。通过考核者可以给予伙食补贴,考核不及格的则要降等,还要罚罚金。凡朝廷有新颁的条令,刑部立即送到律学,供学生学习。但是和前代不同,学生并非能够直接任官,还要参加"明法科"的科举考试,考中后才可以就任官职。1083年进一步改革,在律学学习的已获得官员身份者如果学习成绩优秀,可以直接由吏部考核后授予官职;其他科目的国子监太学生能够兼习律学的,考试成绩从优记录。

辽金时期,律学时存时废,表明朝廷既不重视,而从学者也不踊跃。元朝取消了国子监中的律学。明清沿袭元朝制度,传承上千年的专门教育培养法律专业人才的制度就此消失。

### 选拔法律人才的制度

和战国秦汉时期官员主要来源一样,当时的司法官员都是从吏胥中逐级提升而来的,而吏胥是由各地方长官从当地百姓中选拔的。选拔的条件是身家清白,能够诵读文件。"以吏为师",已经学习过法律的应该是能够优先获得任用的。但是根据现有史料还不能确定当时是否有专门选拔法律人才的制度。

隋唐确立科举制后,科举中设有"明法"一科,按照唐代制度,明法考试的内容要求解释七条律条、三条令文,全通为甲第,通八为乙第。考试成绩评定为甲第的,可以获得从九品上阶的获官资格出身;评定为乙第的,相应减一等,获得从九品下的出身。

但据《文献通考·选举考》的考证,整个唐代共举进士6731名,而其他各科(明经、明法、明书、明算)合称"诸科",仅举1583名,平均每科每年仅有5.48名,各科平摊仅一人。而实际上考"诸科"的考生主要是考明经科,以至于往往将诸科作为明经出身的代名词。明法科的考生很少,而且也很难中第。就《旧唐书》和《新唐书》所记载的唐代人物中,明法出身的仅有一人而已(李朝隐,664—734,唐玄宗时曾两任大理卿)。

宋朝建立后仍然在科举考试科目中维持明法科目。宋初的制度这样规定:明法考试要考七场,考四十条律令,还要考一门儒家的经典《诗经》。明法考中后,获得任官资格,但在参加吏部任职考试时,只能参加各州"录事参军"官职的考试。明法科考中的人数也比较少,如981年的考试,进士和其他儒学科目考中者有122人,而明法科仅5人。

北宋王安石变法,于1068年将所有的进士科以外的科举科目都废除,另设"新科明法",允许考不取进士的人转考"新科明法"。这新科明法与唐以来的旧制的"明法科"有所不同,主要考律令、刑统(指宋代的法典《宋刑统》)的"大义",并要考"断案"(案例分析)。以后又规定所有的要参与选官的人都要考刑法,进士的考试内容也列入刑法。王安石说:"人在少壮时就应该讲求天下的正理,现在的读书人放着大好时光都关在家里写诗赋,等到作了官,什么事都不懂,怎么治理国家?"可见他想通过这个改革,要天下的读书人学以致用,一旦考出做官就可以"上岗"治民。

王安石

王安石这一改革措施当时遭到很多人的反对,最典型的反对意见是司马光所说的:"律、令、格、式这些法律都是当官的人应该掌握的,但何必用专门的科目去考试,使得天下的读书人在当官以前就去读法律。而且礼之所去,刑之所取。读书人果然能够通晓道义,只是每天背诵徒、流、绞、斩之书,练习罗织人罪名之事,做一个普通的士大夫已经会养成刻薄习性,去做官时怎么会是一个好官?这绝不是培育人才、淳厚风俗的途径。"①1086 年宋神宗死后,司马光辅政,他就废了这个新科明法的科目,不久又废除了进士考试中的法律考试的内容。

　　南宋初年于 1129 年恢复了新科明法,不久又增设刑法科。不过到了绍兴十五年(1145 年)明法科又被废除,仅保留刑法科。而且在文臣的建议下,刑法科又加考经义。刑法科考试重在案例分析"断案",以及律令的解释,虽然要加考经义,但只要"断案"通过,就可以考中。由此遭到文臣的再三责难,他们认为这种考试方式使得法官都不能通文义,"罕能知书"。他们要求刑法科考试加大经学内容,最后将这一考试的通过方式改为"经义定去留,律义定高下",主要看经义来录取。不过这一制度多次反复,到了南宋末年,又因为有大臣反对,改回来"以断案定去留,经义为高下"。

　　在北方,契丹族的辽朝的科举制以诗赋为"正科",以法律为"杂科"。女真族的金朝还保留有"律科"。而最后统一中国的元朝,则不重视科举,即使开科考试,也只有进士一科。至少从唐代开始的明法科就此结束了六百多年坎坷的历程,而有近千年历史的、从曹魏时开始设立的律学博士也随之消失。

　　唐宋以科举制选拔官员,但在选官时都还比较注意官员的法律知识。宋代选官者要先经律学的培训,而且唐宋时考取进士后一般不直接担任独当一面的官职,一般都先派到大理寺为大理评事,或派到地方担任县尉,熟悉了法律及司法事务后再转为正官。明朝中央及地方的官办学校教学完全为儒学内容,科举仅进士一科,进士及第后往往立即派往各地担任知县或担任监察御史巡按一省,所读、所考与法律毫无关系,而一任官职就要审判案件。为了防止官员不懂法律造成冤案,《大明律·吏律·公式》专设"讲读律令"条,规定:所有的官吏都必须熟读法律,每遇年终由监察系统的官员进行考核,"若有不能讲解、不晓律意者,初犯罚俸钱一月,再犯笞四十附过,三犯于本衙门递降叙用"。清律依然沿袭这一条文。但实际上明清主要从科举制选拔的官员对此毫不在意。

　　明朝的丘濬在《大学衍义补》中说到法律时就引用上述司马光的话,并进一步发挥说:"隋唐以来的法律文义太深奥,失去古人法律通俗易懂的意义。今后的立法应该使律文详尽而文义浅显,所有罪名、刑罚都要一一写清,不厌卷帙之繁,不惜文辞之复,让人在执法时能够一目了然,粗通文墨的人也能明白,根本就不用设官教授、立法考试。只要用通经术、知道义的读书人,遇到案件就按律治罪,律上没有的、或是可疑的案件,引经断狱,向皇帝报告请求批准就是了。"在这样的指导思想下,选拔法律人才的制度也就被认为没有存在的必要了。

## 本 章 小 结

　　法律问题一直是历代思想家后往往喜欢探讨的课题之一。这些探讨是对官方正

---

① 《宋史》卷一五九《选举志》。

统法律思想的补充,往往集中于德教与法律的关系问题,法律是否应该被普遍遵守的问题,肉刑是否有必要恢复的问题,按照时令来行刑是否正确的问题,复仇行为是否应该按法处治的问题,是否要积极去平息民间的诉讼活动的问题,是否有必要经常发布大赦令的问题,等等。这些讨论在不同程度上深化了官方正统法律思想的理论深度,对于立法与执法产生过一定的影响。

历代还有一些具有怀疑和批判精神的思想家,对于官方正统法律思想的合理性表示不同程度的怀疑与批判。这些批判针对的是传统法制的种种弊端,而怀疑和批判的思想武器,则仍然是中国传统已有的一些政治学说。他们有的是以道家的学说为理论基础,更多的则是从儒家固有的"民本"思想出发,衡量现实中已被证明存在漏洞的官方正统法律思想的一些根本性的缺陷。虽然批判的深度并不突出,也几乎没有找到更理想、更有力的批判武器,但是毕竟将对于法律的理解与认识推进了一大步。

中国历代有关解释法律、适用法律的知识称为"律学"。在汉代因有以儒家思想改造法律的社会需要,律学兴盛一时,地位也相当崇高。历经南北朝隋唐,律学作为法律的技术性解释的学问达到了顶峰。以后律学逐渐被排挤出学术殿堂,沦为适用法律的技巧,被士大夫所轻视。与之相应的是,有关传授法律知识、选拔法律人才的制度也在元明清时代被废除。

**参考阅读书目**

1. 《中国法律思想史资料选编》,法律出版社 1983 年版。
2. 杨鸿烈:《中国法律思想史》下册,中国文化史丛书,上海书店 1980 年版。
3. 杨鹤皋:《魏晋隋唐法律思想研究》,北京大学出版社 1995 年版。
4. 叶孝信主编:《中国学术名著提要·政治法律卷》,复旦大学出版社 1996 年版。
5. 何勤华:《中国法学史》,法律出版社 2000 年版。

**思考题**

1. 对于德教与刑罚的关系历代主要思想家有哪些议论?
2. 历代思想家对于君主是否应该遵守法律有哪些议论?
3. 历代建议恢复肉刑的思想家的主要理由是什么?
4. 古代有哪些批判专制君主的议论,其主要的观点及批判的方法是什么?
5. 为何中国古代的律学逐渐衰微。试分析其历史原因。

# 第七章
# 民间社会的法律意识

**本章要点**

本章主要介绍传统中国民间社会一些最为流行的法律观念,诸如善恶报应、杀人偿命、伸冤诉讼等等,并简要分析形成这些法律意识的历史及文化背景。这些观念与官方正统法律思想有相当多的一致性,也有很多地方表现出独特的性质。这些观念在民间长期流行,影响至今犹存。

从文化人类学的视角来看,所谓民间法律意识,是指法律文化小传统层面的法律思想或法律意识,与作为法律文化大传统的官方和精英阶层的法律思想或法律意识不同,属于百姓大众的法律思想或法律意识。当然,它们之间也有内在的互动关系。由于民间百姓大众的法律意识很少有得到系统化的整理与叙述的机会,因此我们只选择一些最为普遍最为常见的民间法律谚语来进行一定的分析。

## 第一节 善有善报,恶有恶报

**泛化的"报"**

"报"是中国古代乃至今天民间最能影响人们行为的思想观念之一。与英国普通法中重要的"对价"概念不同,中国传统观念中的"报"的范畴极其宽广,绝非当事人之间简单的、对等的财产交易行为概念,而且并不是由频繁的商品交换所产生的观念。

中国古代"报"的观念首先是人与鬼神、人与自然、人与人之间的相对伦理行为和后果,即所谓的"报应"。"报应"的体现并不由人的意志决定,而是冥冥中的自然或鬼神力量的结果。民间俗谚"举头三尺有神明",人类社会的方方面面角角落落都有神明在监察。谁干了好事、谁干了坏事,神明都明确记录在心,干好事的得到好的结果,干坏事的必定逃不过老天神明的制裁。得到"福报"是善事积累的结果,得到"恶报"则是恶事积累的结果。儒家经典《周易·坤卦》就记载了春秋战国时代的谚语:"积善之家,必有余庆;积不善之家,必有余殃。"《周易·系辞》则有"善不积不足以成名,恶不积不足以灭身"之语,《尚书·汤诰》也有

"天道福善祸淫"之言。汉初黄老著作《淮南子·人间训》中认为,凡暗中施惠于人,这就叫"阴德","有阴德者必有阳报,有隐行者必有昭名"。

老子《道德经》中所谓"天网恢恢,疏而不失",实际上就是指这种恶有恶报的报应。在汉代,作为道教第一经典的《太平经》又提出了"承担"(命运的分担)概念。某些罪恶可能只是上一代少数人犯下的,但其结果及于家族子孙后代和同乡。例如《太平经》就说:"凡人之行,或有力行善,反常得恶;或有力行恶,反得善,因自言为贤者非也。力行善反得恶者,是承负先人之过,流灾前后积来害此人也。其行恶反得善者,是先人深有积蓄大功,来流及此人也。能行大功万万倍之,先人虽有余殃,不能及此人也。"道教在民间的流行也助长了报应观念的深入人心。

汉代以后,随着佛教传入中国,报应信仰更为流行。佛教认为,众生尚未达到"神界"之前,总是处于生死轮回和因果报应的痛苦之中。所谓"善有善报,恶有恶报"的观念,乃是基本信仰。东晋高僧慧远所作《三报论》和《明报应论》的文章,系统地阐述了报应思想,流播甚广,影响甚巨。

而后,随着儒、道、佛三教逐步合流,宋明以来,因果报应思想也就成为民间宗教当中最具广泛影响的思想信仰之一。作为文学叙事的小说、戏曲、说唱、宝卷,也起到了推波助澜的作用。例如,在包公故事中,就有大量关于报应的说法,很多作品往往伴有相应的"劝诫"意图。这一特色与宋明以降的"功过格"和"劝善书"的流行颇有关系。佛教传入后,因果轮回的说教和传统的"报应"观念相结合成为"因果报应"说,更在民间根深蒂固。到了两宋以后"善有善报,恶有恶报,不是不报,时辰未到"①的俗谚广泛流行,一直是最能影响人们行为的观念。

"报"不仅是宗教意义上的,也影响着伦理观念。梁启超在《中国道德之大原》一文中称:"中国一切道德,无不以报恩为动机。"其所举例证即儒家对于孝道的解说大多从对父母的报恩出发,并不夹杂神秘因素。又如《诗·大雅·抑》"无言不雠,无德不报"之语,也表示这一意思。历史上的有道之君、忠臣义士都得以立祠血祭,或为一方的土地神,或为一城的城隍神,得到人们的供奉,接受民间的祷求,这也是一种报答。人际关系中的"知恩图报"一直是一种广受赞誉的美德,而"忘恩负义"则被认为是最令人齿冷的行为。这种报答、报恩并不具有等价交换的概念,而是从人性角度加以理解和传递的。所谓"士为知己者死"②"人以义来,我以身许"③等等的说法就很典型。

相反,对于仇人必须报复,这也是"报"这一观念的组成部分。儒家主张"父之仇弗与共戴天,兄弟之仇不反兵,交游之仇不同国",④甚至"父不受诛,子复仇可也",⑤允许向错杀自己父亲的法官报仇。在后世虽然法律一直禁止私人复仇,但民间私人复仇事例却一直得到舆论的激励,往往影响到司法机关的裁判。

具有一定财产交换性质的"报"的观念也很早就形成,如"投我以桃,报之以李"⑥"投我

---

① 无名氏:《庞居士误放来生债》第一折。
② 《战国策·赵策一》。
③ 柳宗元:《柳河东集·祭万年裴令文》。
④ 《礼记·曲礼》。
⑤ 《春秋公羊传》定公四年。
⑥ 《诗·大雅·抑》。

以木瓜,报之以琼瑶"①等。这里桃李、木瓜、琼瑶都是具有象征意义的,并非单纯的财产。财产交换意义上的"报"当然也应是促成伦理"五常"之一"信"概念的来源。重诺守信对于民事法律的意义是不言而喻的。不过这些观念往往和上述报应、报答的观念混杂,违背诺言的后果往往被视为是鬼神上的、伦理上的,直接的法律后果倒还在其次。

上述这种复杂的"报"的观念长期没有得到简化,而且"报"的泛化影响了明确的权利、义务概念的形成。事实上权利、义务这两个专用词汇本身都是19世纪末才产生的汉语词汇。相对方的交易行为的评价长期与伦理的、鬼神的评价纠缠难解,简单的等价交换的概念在伦理上往往被认为是粗俗的、无礼的,自然也就难以上升为一项基本的法律原则。

**恶有恶报**

"报应"不仅是体现在当事人本人,更重要的是会在当事人的子孙后代体现出"报应"。如果仅仅是当事人本身受到惩罚、遭遇到噩运的,那只是"现世报"。在先秦时期,做了恶事最严重的报应就是"无后",也就是作恶者将生不出儿子、或者是儿子全部夭折,使得作恶者死后没有办法得到子孙的祭祀,成为受冻受饿的"孤魂野鬼"。《左传》引用了当时的谚语"始作俑者,其无后乎?"说明在当时人们的心目中这已经是最可怕报应。在佛教里就是无尽的"轮回",投胎当猪做狗,任人宰杀。作恶之人的子子孙孙都会受到噩运牵连,永远不能解脱。

就法律意识而言,假如人间的法律不堪凭信,假如人间的罪恶得不到及时有效的惩罚,那么,把希望寄托于精神的惩罚,也就成为一种无奈的选择,乃至必然的选择。通过报应机制,人们可以求得一种心理补偿。说到底,在人间法律"缺席"甚至制造罪恶的情况下,报应便是人们可以凭携的最后一点希望。在报应的背后,尚有劝善的意图。这种劝善,其实也是"规训"的手段或者策略。总之,报应体现出来的意涵,即是关于"公平"与"正义"的想象与诉求;也就是说,报应乃是"罪与罚"之间的一种精神平衡——罚恶赏善或者有罪必罚。

恶有恶报的观念深入人心,以至于朝廷的正式法令中有时也会援用。历史上朝廷经常会下达倡导"廉政"的文告。在湖北云梦睡虎地秦墓出土的有秦国朝廷颁发的《为吏之道》,对官吏劝诫有加。清代学者赵翼在所著《陔余丛考》中专门考证历史上这种总称为"官箴"的具有法令性质的文告。流传时间最长、地域最广的就是所谓"戒石铭"。

"戒石铭"是北宋初年宋太宗赵匡义颁布的。他从后蜀主孟昶篡写的"官箴"中选了四句十六个字"尔俸尔禄,民膏民脂,下民易虐,上天难欺",亲自抄写后颁给地方官吏。到了南宋,高宗又命令诗人黄庭坚书写,"命州县长官刻铭座右",作为官员的"座右铭"。后来明太祖朱元璋又下令把这块戒石放大,搬到大堂院落的中央,正对着大堂内长官坐堂的公座,让长官审案时抬头见这儆戒官箴,低头思考天地良心。

读一下这个"戒石铭",会觉得这个廉政要求的起点很低。简短的四句话,主要是试图激发官员的"天地良心",试图用感化的办法来解决官员滥用权力压榨民众的弊病。铭文的前面两句点出官员收入的来源,希望官员能够对民众有感恩之心;后面用上天施行的因果报应来进行恐吓。对于一个狠心虐待民众、不那么相信报应之说的官员,这个劝诫没有丝毫的威慑力。

明末清初的思想家王夫之在《宋论》中专文批判"戒石铭"。王夫之认为,"上天难欺"四

---

① 《诗·卫风·木瓜》。

个字,正说明皇帝无法控制贪官,而只能恐吓官吏。而且"敬天,而念天之所鉴者,惟予一人而已,非群工庶尹之得分其责也",与天打交道的只能是天子一人,怎么可以把这个权力下放呢?

## 第二节　杀人偿命,欠债还钱

**"杀人者死,伤人者刑"**　　公元前206年刘邦率军占领秦都咸阳,召集关中父老、豪杰,与他们约法三章:"杀人者死,伤人及盗抵罪。"就是说凡刘邦的楚军将士不得以占领军姿态欺压百姓,杀了人的要处死,有伤人或偷盗行为的同样要治罪。史称约法三章使"秦民大悦"。后来关中地区成为刘邦和项羽争夺天下的根据地,以人力、物力支持刘邦最终战胜项羽。

从这"杀人者死、伤人及盗抵罪"的命题来看,就可以知道中国远在两千多年前就早已确立了国家权威的刑罚原则,对于人们的生命、身体、财产的侵犯都被视为对于社会、对于国家的侵犯,必须由国家的刑罚来加以严惩。而且这一原则是如此的深入人心,能够得到即使是敌国百姓的认同和支持,因此后来的一些试图打天下的政治家经常会重复刘邦的做法,在攻入对方领地时就宣布内容相同的"约法三章"。例如,唐高祖攻入关中、明太祖打到集庆(今南京),都曾有过类似的措施。

尤其在中国古代,"杀人者死,伤人者刑"的观念一直深入人心。战国时代的思想家荀子曾说过:"杀人者死,伤人者刑,是百王之所同。"①西汉时为了一件谋杀大臣案,廷尉上奏:"杀人者死,伤人者刑,古今之通道。"②班固著《汉书·刑法志》也称:"杀人者死,伤人者刑,是百王之所同也。"可见在秦汉时代,这已经成为社会的共识。

而且这项原则确实一直影响着中国古代的立法者和执法者。后世的法典的主要内容总是人命、贼盗这些重罪。唐律中这方面的条文集中在"贼盗""斗讼"(仅计算其中的斗殴部分)两篇,共94条,占了全律定罪量刑条文的21%。明清律中这方面的条文有70条,仍然占18%,而且在乾隆年间的《大清律例》里,贼盗、人命、斗殴门附有394条条例,占了全部条例的39%。说明立法及修订法律的重点始终在于这方面。在司法官员的心目中,杀人、伤人、贼盗也是执法的重点。比如清朝著名的法官刘衡在他的《读律心得》中,认为一部律中,最要紧的只是规定全律定罪量刑基本原则及通例的名例律,以及刑律中的人命、盗贼门,不过那么一百多条而已。当官只要熟读这一百多条律文,就足以应付绝大多数案件。

中国古代"杀人者死,伤人者刑"的观念根深蒂固,或许是因为中国古代以农业立国,很早就建立了较为强大的国家政权机构,所以原来的血亲复仇、同态复仇演化为由国家政权来代替进行这种复仇,由法律设置的刑罚来取代私人的同态伤害。

中国古代"杀人者死"也许就是原先血亲复仇的替代物,民间至今流传的"一报还一报""一命抵一命""血债要用血来还"等等俗语,仍存在着报仇的影子。"伤人者刑",在当时也是同态复仇的替代物,因为在早期的中国法律中,"刑"就是指残害人肢体的肉刑,是用政府的

① 《荀子·正论》。
② 《汉书·薛宣朱博传》。

刑罚来替代私人的"以牙还牙，以眼还眼"。后来刑罚转变为身体刑、劳役刑，这个观念依旧遗留下来，依旧有同害刑的遗迹。

**"杀人偿命，欠债还钱"** 从中原地区的文化传统来说，如果被害人的子孙接受了加害人的赔偿，放弃复仇义务，或者放弃追究加害人的刑事责任，就是眼中的不孝行为，因此古代法律将这种行为规定为严重犯罪。

《唐律疏议·贼盗》为此设置了专门的"亲属为人杀私和"条文，规定祖父母、父母、丈夫被人杀害后，子孙或妻子与加害人私自和解的，要判处流二千里的刑罚；如果受害人是其他的近亲属，比如兄弟姐妹、伯叔姑等等，也要判处徒二年半。即使受害人亲属没有与加害人私自和解，只要是知道尊亲属被杀，经过三十日仍然没有报案的，也要比照这项罪名处罚，减轻二等处刑。

特别值得注意的是，这条法律规定，如果受害人亲属接受过加害人的钱财，就要比照盗窃罪计赃定罪。也就是说，至少在唐代的法律里，已经断然禁止一切试图以赔偿来和解人命的可能性。在这样的法律背景下，民间很自然的形成这样的观念：人命与钱财的处理原则，应该是完全不会相交的两条平行线。由此逐渐形成"杀人偿命，欠债还钱"这样的谚语。

元代杂剧《包龙图智赚合同文字》中引用了这句谚语"杀人偿命，欠债还钱"。这句谚语的前半句与"杀人者死"意思相近，但是整句谚语的意思有所不同，强调的是人命只能用人命来抵偿，而钱财债务只能以钱财来赔偿。后世这句谚语往往还后缀"天经地义"这样一句歇后语，表示这并列的两项原则是最基本的、不可动摇的社会基本公理。

由"杀人者死、伤人者刑"发展而来的"杀人偿命，欠债还钱"，在商品经济有很大发展的宋元时代开始广泛流行起来，经济利益的重要性已经越来越被民间所重视，因此才会开始将"欠债还钱"也作为主要的法律原则，与传统的"杀人偿命"并列。

同样，由于商品货币经济的发展，杀人、伤人行为的经济赔偿可能性也开始出现。尤其是元代法律中有不少内容，规定在蒙古军人打死打伤汉族平民时允许以钱财赔偿，而不是按照中原法律"杀人者死"的传统处理。这自然引发汉族民族的反感，因此强调杀人只有偿命、欠债才需还钱的谚语更加深入人心。

明代的法律《大明律·刑律》"尊长为人杀私和"条基本延续了唐律的规定，不过更加扩大了这项"私和"罪名的适用范围，除了受害人的亲属以外，明确规定受害人亲属的配偶、受害人家中的奴婢、仆人，都不得与加害人私下和解。就是和受害人没有亲属关系的其他人，比如邻居朋友，也同样不得"私和人命"。与唐律一样，明律也明文规定，私下和解接受加害人钱财的，"计赃准窃盗论，从重科断"。

## 第三节 王子犯法，庶民同罪

"王子犯法，庶民同罪"是一条民间广为流传的俗谚。这条俗谚很有一点今天所强调的"法律面前人人平等"的意味，直到当代仍然时常被引用。然而非常奇怪的是，这条俗谚实际上很难在历代的正史、或者在官方编辑的政书、史籍找到。

### 传统法制中的皇族特权

"王子犯法,庶民同罪"这句俗谚和我们从中国法制史上得到的普遍印象相抵触。从法律上来讲,据说西周时法律就有"八辟"的制度,有八种人犯了死罪是不可按照法律处罚的,而应该由朝廷最高级大臣讨论后再上报国王定夺①。这八种人里第一种就是国王的亲戚,当然就包括"王子"在内。

战国时兴起的法家思想强调"刑无等级",可是正如《商君书·赏刑》篇所明确的"刑无等级,自卿相将军以至大夫庶人",这个范围恰恰回避了王族。根据《史记》的记载,商鞅在主持秦国变法时,太子犯法,他下令处罚的却是太子的老师,一个割鼻,一个毁容。《韩非子·有度》:"刑过不避大臣,赏善不遗匹夫。"也回避了王族是否也是属于"刑过"范围的问题。

后代法律有大量的优待贵族大臣的内容。比如皇亲国戚是由"八辟"转化而来的"八议"②优待制度的头号对象,犯一般的罪行直接减轻一等处罚,犯死罪要经过朝廷最高级大臣的讨论,经皇帝的批准才可处罚。"八议"规定被历代法律沿袭,因此仅就法律而言,并不存在"王子犯法,庶民同罪"的原则。

当然,如果王子胆敢图谋造反的话,自然是要与普通百姓一样严惩不贷的。儒家典范人物之一的周公,辅佐成王统治天下,亲兄弟管叔、蔡叔造反,都被周公下令处死。以此为例,凡是被戴上了谋反帽子的王子从来是不得好死的。历代法律都规定,如果是谋反大逆、图谋叛变之类的重罪不得享受"八议"特权。

### 特殊时代背景下的产物

既然统治者的法制指导思想以及法律制度都明确维护等级特权,作为社会主流意识形态的倡导者、社会话语创造及记录者的士大夫集团自然不会"创造"出、或者不会去记录这样明确反对特权的俗谚。这应该就是在历代正史、政书中找不到这条俗谚的主要原因。

戏曲小说是一种文艺创作,但是作者的创作仍然被打上自己时代的烙印。而当创作的作品开始传播,也同样要受到社会条件的制约。作者必须是读书人。而中国古代的读书人往往被归纳到具备官员候补资格的特权阶层"士大夫"的行列中。他们所读都应是"圣贤"之言,所写都应该是"替圣贤立言",而一般作为宣扬"怪、力、乱、神"的戏曲小说,是不登大雅之堂的,也是他们应该不屑于创作的。诗赋之类的韵文文学体裁因为可以用来歌功颂德、撰写公文,却是士大夫的必修课。

然而,士大夫集团并非铁板一块,在历史的演变中也不是一直处在社会的上层。在某些士大夫集团被排斥于社会统治集团之外的时代,处在士大夫集团底层的某些分子,有可能出于反抗强权统治、或者是出于商业利益的引诱来创作戏曲小说。从现有的材料来看,最早"创造"或者记录这条俗谚的是元代的杂剧作品,尤其是关汉卿创作的作品。

从流传至今的元代杂剧剧本来看,是关汉卿首先着重将包公塑造为一个与权贵斗争、执法如山的法官形象。在其他的元代杂剧的包公剧目中,比如《遭盆吊没兴小孙屠》《林招得三负心》《包龙图智勘后庭花》《包待制智勘灰阑记》《包待制陈州粜米》《包待制断盯盯珰珰盆儿鬼》《包待制智赚生金阁》《神奴儿大闹开封府》中,包公是一个能够出入阴阳两界的大侦探包

---

① 《周礼·秋官·小司寇》。
② 曹魏律首次将"八辟"改名"八议",规定于律典。具体沿革可见程树德:《九朝律考》,中华书局 1978 年版,第 207、257、372、403、419 页。

公形象。可是在关汉卿的笔下,包公却往往改换成为民仗义执言的大清官、大救星。

在关汉卿编写的《包待制三勘蝴蝶梦》这部以破案为主线的戏剧里,他为剧中受害人的妻子写了这样的唱词:"若是俺到官时,和您去对情词,使不得国戚皇亲、玉叶金枝,便是他龙孙帝子:打杀人要吃官司!"这就很有点"王子犯法,庶民同罪"的意思了。

在另一部《包待制智斩鲁斋郎》里,"权豪势要"恶霸鲁斋郎公然夺人妻子,包公收留受害人流落街头的子女,矫诏斩了鲁斋郎,自道:"为鲁斋郎苦害生民,夺妻女不顾人伦,被老夫设智斩首,方表得王法无亲。"这句"王法无亲"的意思也接近于"王子犯法,庶民同罪"。

在关汉卿的这些剧目里出现这样的俗谚,显然是有独特的历史背景。由于元朝是一个少数民族政权,少数民族统治者与中原地区的传统文化有相当隔膜,施行的统治往往脱离中原地区惯有的法制轨道。元代实行民族歧视高压政策,吏治腐败,贪官污吏横行,民间百姓更缺乏安全感,盼望政治清明,能够抑制权豪势要的骄横。

更重要的历史背景是,汉族士大夫集团在元代基本是被排除出统治集团的。从科举方面来说,元朝入主中原后,曾停止科举考试八十年,江南也有四十年左右没有开过科,直到元仁宗时才"装饰"性地恢复科举,其实也只有三年一科,到元亡仅仅开过十六科,每科七十多人,南人仅占其半。从这个数字可以见出,元朝一代,汉族士人能走上仕进之途至多五六百人而已。在科举之外的参与统治的机会,一是作"吏",二是走教职一途。吏道污俗且不用说,积累年资爬到官员位置谈何容易。教职方面也是僧多粥少,学录、教谕、学正、山长等岗位数目有限,待遇极其低下,从"山长"考上"府州教授",不过是"准正九品"的官。汉族士大夫一般都只能担任中小官员,沉沦下僚,只是大元统治的点缀和装饰。

同时,元代士大夫集团的社会地位也大不如从前。甚至有"九儒十丐"之谣广为流传。比如谢枋得《叠山集·送方伯载归三山序》中所述:"滑稽之雄,以儒为戏者曰:'我大元制典,人有十等,一官二吏,先之者,贵之也。贵之者,谓其有益于国也。七匠八娼,九儒十丐,贱之也。贱之者,谓无益于国也。嗟乎卑哉!介乎娼之下、丐之上者,今之儒者。'"传说南宋遗民郑思肖所著《心史》,称元朝制度:"鞑法(蒙古法令):一官二吏,三僧四道,五医六工,七猎八民,九儒十丐"。钱谦益笔记《初学集》也有:"蒙古分民为十等,所谓丐户,吴人至今贱之",虽未提及"儒"排第几,但可以证明当时有"等级"分类肯定存在①。

士大夫集团从传统的社会中坚地位、主流意识形态的代言人,天之骄子,一下子沦为"贱民",可说是"书中再无黄金屋,书中再无颜如玉"。所以,读书人无法正常晋升社会地位的境遇,使得相当多的读书人在他们的作品中经常以批评现行制度的态度来描写社会状况(当然一般都是假托宋代的时代背景),从而将百姓的这种追求渴望记载并发挥于作品之中。而戏剧艺术的大众传播性,反过来又大大扩大了这种追求渴望的影响。关汉卿在元代戏曲界有很大的影响力,很多包公戏也都继续他的戏路,如无名氏《玎玎珰珰盆儿鬼》里也有"不是孤家好杀人,从来王法本无亲"的诗句。或许就此逐渐形成"王子犯法,庶民同罪"这样俗谚的源头。

**流行的时代背景**　　元代开始出现这句俗谚以后,在明清时期,这句俗谚在民间广为流行的社会背景则又与明清两代统治者竭力在民间基层施行"教化"的措施有关。

---

① 参见陈登原:《国史旧闻》第二册,中华书局2005年版,第346页。

明清两代大大加强了在民间基层推行"教化"的举措,朝廷搞过不少普及性的案例宣讲材料,比如明朝的"御制大诰""教民榜文";清朝的"圣谕十六条""圣谕广训""大义觉迷录"等等。因此民间得以了解一些藩王皇亲犯上作乱受到严惩的情况。由此民间留下皇族犯法也要受制裁的印象。

尤其是有些皇帝的谕旨往往带有"庶民同罪"的文句。比如明太祖朱元璋对于贵族大臣的告诫中提到:"公侯之家,倚恃权豪,欺压良善,虚钱实契,侵夺人田地、房屋、孳畜者,初犯免罪附过,再犯住支俸给一半,三犯停其禄,四犯与庶民同罪。"另外"功臣之家",如果接受他人"朦胧投献物业"的,也是"四犯与庶人同罪"。① 这些话显然是表明贵族具有免罪几次的特权,但最后这一句"庶民同罪"却很容易被从上面的特权设置分离出来,被民间当做是一项法律。这些教化政策自然会起到舆论导向的作用,使得民间产生"王子犯法,庶民同罪"的错觉,从而进一步扩散这条实际上于法无据的俗谚。

不过在明代戏曲小说里仍然很难找到"王子犯法,庶民同罪"这句俗谚。这很可能是重归社会政治主流的读书人知道朝廷有"八议"之类优待"王子"的制度,并不愿意把这句俗谚写到自己的作品里去,以免给人形成批评朝廷现行制度的印象。有的作品即使是引了这段俗谚,也往往是从否定的反面意义上引用。例如,明末短篇小说集《石点头》第九卷"王孺人离合团鱼梦"中提到贵族占夺一个卖饼人的妻子:"这一桩事。若是平民犯了,重则论做强奸,轻则只算拐占,定然问他大大一个罪名。他是亲王,谁人敢问?若论'王子王孙犯法,与庶民同罪',这句话看起来不过是设而不行的虚套子,有甚相干?"

清朝入关之初沿袭明朝法律制度,但对于传统的"八议"制度曾经一度公开加以否认。雍正皇帝登基后,将自己的兄弟关的关、杀的杀,甚至在民间流播的《大义觉迷录》里,"大义凛然"地宣布自己兄弟的罪恶,并说按照"朝廷法律",这两个兄弟也是该杀。另外雍正帝为了加强皇权,针对满蒙八旗人员自恃犯充军、流放罪名时得以换为笞打枷号的特权,往往轻于犯罪的情况,曾于雍正四年特意向八旗都统下达上谕:"夫王公犯法与庶民同罪,何况满州闲散人等!"②在这里,就是雍正帝本人也把这条民间俗谚当做朝廷法律的原则了。

由于清代统治政策的这些调整,至社会经济高度发展的乾隆朝,戏曲小说中引用"王子犯法,庶民同罪"俗谚的情况才比较常见。比如清乾隆年间讲神魔故事的小说《绿野仙踪》第二十三回(写作"王公犯法,和庶民一般")和第七十五回、长篇小说《野叟曝言》第六十七回、讲史小说《飞龙全传》第二回、讽刺滑稽小说《何典》的第九回,等等,都有这样的引用。

不过即使如此,在清代,由真正的士大夫创作的小说或者其他作品里仍然几乎找不到这句俗谚。清朝时引用这句俗谚的小说的作者往往并不是士大夫,或者至少不敢公开承认自己是士大夫。《灯草和尚》的作者托名元末明初剧作家高则诚,真实身份不明。《绿野仙踪》作者李百川虽曾为人做幕友,但一辈子没有考取过功名,一直只是个白丁,算不上是真正的士大夫。《飞龙全传》原名《飞龙传》,原来是民间流传的说书人的话本,是民间艺人的口头创作。清乾隆年间落第举子、后来"弃名就利"去经商的吴璿将其改写为小说。《野叟曝言》的作者夏敬渠(1705—1787),曾考取过秀才,但以后科场不利,终身不得志,流落于社会下层。《何典》的作者张南庄,主要生活在清代乾(隆)嘉(庆)年间的上海,他的生平无从查证,所知

① 《明实录·太祖实录》卷74。
② 《钦定八旗通志》卷首之9,《世宗宪皇帝上谕八旗》卷4,十月十六日。

甚少。

传播这一俗谚的最为得力的是晚清开始广为流行的公案小说。作为公案小说的源头，明代读书人"钱塘散人"安遇时编纂的《百家公案》[一名《包公传》，最早的版本是明万历二十二年(1594)朱仁斋与耕堂刊本]，并没有引用这句俗谚。晚清出现公案/侠客小说潮流，正如鲁迅所言："这些书大抵出于光绪初年，其先曾有过几回国内的战争，如平长毛、平捻匪、平教匪等，许多市井中人，粗人无赖之流，因为从军立功，多得顶戴，人民非常羡慕，愿听'为王前驱'的故事，所以茶馆中发生的小说，自然也受了影响了。"①诸如《施公案》《海公案》《狄公案》《刘公案》(罗锅轶事)等等，都较多地引用这句俗谚。但是最著名的石玉昆根据《百家公案》编辑成的侠义小说《三侠五义》，并没有引用这句俗谚。

这些公案小说将"王子犯法，庶民同罪"俗谚上升到法律原则的高度，对于普通民众具有极大的影响力，从而进一步推广这条俗谚。近代随着西方传入的法治思想的普及，鼓吹政治改革的知识分子将这条俗谚附会西方法制原则"法律面前人人平等"，才使得这句俗谚在新的诠释下得到更广泛的流行。不仅是原来的"下里巴人"，就是读书人也都积极地从正面意义上发挥这句由来已久的俗谚，并且更多地直接引用于戏曲等大众艺术，使之传播更广，一直流传到当代的中国社会。

### 深层次意义上的社会原因

从以上的分析我们得知，"王子犯法，庶民同罪"反映的是民间的一种追求。古代法律制度本身往往反映的是精英文化的法律理念，与社会下层民间的"俗文化层次"联系并不紧密。两者的联接点主要在于家庭伦理秩序的认同，国家法律对于家庭家长权威的确认与保护。而在民事财产关系等等其他的社会关系上，双方有着相当大的距离。比如在财产关系上，朝廷的立法往往是从有利于朝廷税收的角度出发，并不直接地明确保护财产的所有权。而在民间的"俗文化层次"上，民间则存在着"自保自助"的观念，甚至往往"利用"朝廷的法律作为在纠纷中占据有利地位的手段。② 又比如在社会治安等方面，朝廷法律倾向于大量使用邻里、亲族连坐，以及强调百姓揭发、或者直接制止犯罪的义务，而民间的法律观念上则往往强调"各人自扫门前雪，莫管他人瓦上霜"，力图摆脱这种强加的控制手段③。

"王子犯法，庶民同罪"这句俗谚应该就是这种"俗文化层次"上的法律观念的表征。这句俗谚一直是被记录在民间通俗文化作品中，表达的是民间对于法律平等的渴望。很可能正是因为在民间太容易看到特权阶层享用法律特权的现象(比如最基层的士大夫生员"秀才"就可以不亲自出庭、可以不受刑讯，一般的犯罪"例难的决"，不受身体刑)，才促使民间普通百姓向往"王子犯法，庶民同罪"。

另一个需要值得注意的问题是，与其他的世界文明古国相比，中国古代社会在建立起严格的身份等级制度的同时，又允许人们在这个严格的身份等级之中进行纵向的流动。比如早在战国时期，秦国就建立起军功爵位制度，任何平民都可以凭战功成为贵族，实现从社会下层向社会上层的流动。古代最重要的特权阶层是职业官吏集团，其本身并不是一个世袭的集团，从理论上说，任何平民都有可能上升到这个特权阶层中去。或者是通过从事官府办

---

① 鲁迅：《中国小说史略》，人民文学出版社1976年版，第243、309页。
② 参见郭建：《中国财产法史稿》，中国政法大学出版社2005年版，第24—27页。
③ 参见郭建：《当代社会民间法律意识试析》，《复旦学报》1988年第3期。

事员工作(刀笔小吏)逐步升迁,或者是通过军功的积累,或者是因为品行优良而得到推荐(举孝廉贤良),或者是通过国家的标准化考试(科举)获得士大夫或"绅士"的特权地位以及出任官职的资格①,或者是可以通过向朝廷提供物资获得爵位和官吏的地位(纳粟、捐纳)。甚至可以通过"杀人放火受招安"②的非常途径来步入这个特权阶层。

在这样的承认向上层社会阶层流动机遇、皇帝以下的任何人都可以是处在流动地位的背景下,形成的"王子犯法,庶民同罪"的观念,是一种中国式的对于"平等"的"争取"观念。

## 第四节  冤抑与伸冤

**冤抑的由来**

东汉许慎《说文解字》释谓:"冤,屈也。从兔,从冖。即兔在冖下,不得走,益屈折也。"这使我们想到一只原先活蹦乱跳的兔子被拘在狭小笼子里不得动弹的"屈折"情景。可见,所谓"冤"是指物性自然状态受到外部力量压迫而被扭曲。从日常法律用语来看,"冤"被用来强调"无辜受罪"或者"非法被害"的意思。东汉思想家王充在《论衡·时调》里指出"无过而受罪,世谓之冤"。

这种"无辜受罪"或者"非法被害"的情形,在法律语境里约有两种情况:一是无端遭到别人的侵犯和伤害,这时家族邻佑、地保长老、司法机构都是"诉冤"的地方;二是被冤抑者受到司法机关的不公待遇,譬如"冤假错案"就是如此,从而导致"冤"上加"冤"的不平和怨愤。

冤抑的成因有多种。首先是纵向身份结构导致的冤抑。在中国传统社会里,基于孝道建构起来的身份关系,是人们日常生活和为人处世的基本准则。在这一人际关系非常紧密的熟人社会里,彼此之间的利害关系在众目睽睽下恰如"小葱拌豆腐,一青二白"地摆在那里;再者,对乡野百姓来说,物质匮乏,生活艰辛,因此,彼此之间常为钉铛小利发生争竞。这样一来,兄弟伯叔、姑嫂妯娌之间难免会发生冲突和纠纷。一旦祸起萧墙,而以分家析产、宗祧承继(其实也是为了财产)为甚,受到欺凌和伤害的弱者自然感到无限之"冤",为着捍卫自己的利益,就会踏上"诉冤"之道。

其次,横向契约锁链引发的冤抑。从"伦理"角度来看,越到边缘,伦理的痕迹越是淡薄,渐渐在视野中消失。伦理社会的人际关系也复如此。就法律而言,随着血缘伦理渐次淡化,道德作为维持社会秩序工具的价值,同样也在不断削弱。可是应该由法律或者契约起到的作用在中国古代并没有实现。随着社会经济的发展,人们的经济利益的冲突变得更为普遍,但是历代朝廷并没有将民间经济利益视为法律的重点,从秦至清,在历代法律中仅对土地买卖、金钱借贷、财物典当及寄存这四种契约做了有限的一些规定,经济利益很难及时得到法律的保护。因此经济纠纷往往也成为"冤抑"的来源。

更重要的冤抑来源于朝廷的"苛政"。孔子早就说过"苛政猛于虎"③。朝廷的横征暴敛,以及各种经手者的"陋规"(种种附加征收的手续费用),百姓自然就会生出"冤抑"的感

---

① 参见张仲礼:《中国绅士》,上海社会科学院出版社1991年版,第9页。
② 庄绰:《鸡肋编》卷中引"建炎后俚语":"若要官,杀人放火受招安;欲得富,赶着行在卖酒醋。"中华书局1983年版,第67页。
③ 《礼记·檀弓》。

觉。而各级司法衙门制造的"冤抑"更是民间最为痛恨的事情。例如,官府滥用刑讯逼供,元代杂剧《窦娥冤》中楚州太守桃杌喝道:"人是贱虫,不打不招。"结果窦娥被"屈打成招"。再加上官吏贪赃枉法,自然冤抑横生。例如,明代小说《金瓶梅》中恶霸西门庆说"天下的官司倒将来,使那磨大的银子喜将去"。①

## 理想中"伸冤"的途径

在传统中国社会里,小民百姓如若遭遇"冤抑",将会采取什么态度?

### (一)清官与伸冤

清官信仰,是传统中国的一种民间信仰。它源于这样的历史背景,社会和政治越黑暗腐败,无权无势和孤立无援的庶民百姓就越祈盼清官出世;希望清官能够为民做主,为民除害,解民倒悬,救民于水深火热之中。这是中国历史上的一个普遍现象,也是清官故事和清官信仰得以千年流播和传颂不绝的根本原因。

"清官"是指清廉而又能干的官员。湖北云梦睡虎地秦墓出土的竹简《为吏之道》,已经将"清廉毋谤"列为官吏"五善"的第二项标准。三国时期已经将"清慎勤"三项列为官吏的道德标准,"清"已是第一要求。但"清官"的称呼则起源较晚,约在13世纪。金元之际的元好问《薛明府去思口号》写道:"能吏寻常见,公廉第一难。只从明府到,人信有清官。"

清官是民间社会的平民百姓为自己创造的理想官吏,也是平民百姓以自己的心灵和情感来供奉的"神";或者套用韦伯"理想类型"的说法,清官是平民百姓创造一个法律方面的"奇理斯玛"式的神性人物。清官信仰历久不衰的表现是:首先,平民百姓祈盼清官。在传统中国政治领域,吏治腐败,政治黑暗,贪赃枉法则是最为显著的表现形式。其次,平民百姓崇敬清官,奉之若"神"。正是因为清官少而又少,可谓凤毛麟角,而贪官污吏触目皆是,清官信仰只是一种无谓的心理幻想——"画饼充饥"而已。最后,平民百姓迷信清官,也是因为民间社会的政治力量非常薄弱,无法与国家抗衡。在这种情况下,平民百姓的出路有三:一是忍耐;二是造反;三是盼望清官和明君。"天高皇帝远",清官则比较靠近百姓所能感觉到的层次,也就容易被当做"拯救"小民百姓的救星。

传统中国最为著名、最有影响的清官是北宋的包拯。俗话"关节不到,有阎罗老包"即指包公的"刚正不阿"的品格。根据现存资料的描述,民间歌颂清官平反"冤抑"的情形大约有:第一,摧折权豪势要。他们属于皇亲国戚一类的特权阶层,利用权势欺压小民百姓,制造种种"冤抑"。比如元代杂剧《陈州粜米》所写刘衙内就是"打死人不要偿命,如同房檐揭一个瓦"的货色,恰好包公请了皇帝敕赐的势剑金牌,前往陈州查勘,终于"冤抑"得以释放。第二,打击贪官污吏。元代杂剧《神奴儿》描写昏官将案子委托给"只因官人要钱,得百姓们的使,外郎要钱,得官人的使,因此唤做令史"的赃吏宋令史审理。最后被包公惩罚,冤抑获得平反。第三,惩治地痞流氓。例如明代小说《龙图公案》有一故事:金华府潘贵,妻子郑月桂,儿子才满

包拯

---

① 西周生著,翟冰校点:《醒世姻缘传》,齐鲁书社1993年版,第70页。

八月。一日,一同前往祝贺岳父郑泰生辰,乘船时,子饥,月桂哺乳,左乳下面的黑痣被光棍洪昂瞧见。下船后,光棍与潘贵争夺月桂,扭到府衙。知府升堂问案,光棍以月桂左乳下面黑痣作证据,知府就此将月桂判给洪昂,倒把潘贵重责二十。恰值包公拜见府尹,得以重审此案。询问月桂和潘贵简况,二人所言合辙;而光棍所答不对头称。包公判道:洪昂重打四十,发配塞外充军。

(二)侠客与伸冤

所谓"侠",最早见于《韩非子·五蠹》:"儒以文乱法,侠以武犯禁。"进而,韩非把"游侠"与"私剑之士"并举,认为他们具有"聚徒属、立节操以显其名,而犯五官之禁"的特征。而"剑"乃是一种身份和地位的标志,也是男子彰显仪表和风度的服饰。可以推测,"侠"应当与武士有关,或许源于武士阶层。司马迁在《史记·游侠列传》中说:"游侠救人于厄,振人不赡,仁者有采;不既信,不倍言,义者有取焉。"可见,侠客具有救人厄难、振人不赡的社会功能和讲信义、重然诺的精神气质。这也是平民百姓祈盼侠客和信仰侠客的原因。

在二十五史中,只有《史记》与《汉书》辟有《游侠列传》专篇,这正可以看出自东汉以后游侠已经不再为史家所重视。这里涉及两个问题:其一,东汉以后,游侠已经不被视为可登庙堂之人,他们只是活跃于江湖,出没于社会底层。其二,官方史籍不再记述侠客,这仅仅表明中央集权和皇帝专制既成事实,任何胆敢挑战皇权和触犯法律的行为都是犯罪,必将遭到禁止,受到打击。在这种情况下,那些"以武犯禁"的侠客当然无法获得官方史家的认同。

然而,在非官方的文学作品中,游侠一直是一个基本的主题,乃至成为一种文学样式——侠义文学。魏晋诗歌、唐代传奇、宋元话本、明清小说,对游侠都有描写。仗剑行侠和快意恩仇,可谓传统百姓的千古梦想。特别是宋明以来,随着文化权力的下移,平民知识水平的提高,适合平民百姓口味的通俗侠义故事的流传更加广泛,这说明游侠作品深受平民百姓的喜爱;即使到了当今,新派武侠小说、影视作品也是人们喜闻乐见的艺术样式。唐代李德裕的《豪侠论》指出:"义非侠不立,侠非义不成,难兼之矣。"强调侠客以"义"为本的特征。所谓"行侠仗义"四字,也表明了"义"是侠客的灵魂。

首先,从伦理上讲,侠客所行之"义"就是他们心目中的法律,似乎足以与朝廷法律抗衡。尤其重要的是,侠客盛行之时,也是政治权力衰弱,朝廷法律驰坏,赃官墨吏猖獗之时。这时,本着"替天行道"的这一最高的"道义",侠客的行侠仗义也就有了正当性和合法性。总而言之,侠客的"私权"与国家的"公权"一直处于相互冲突之中,一直处于此消彼长的拉锯状态之中,而这恰好是朝廷法律不能容忍侠客的真正原因。

其次,侠客活动的社会空间是江湖,是绿林,这些都是朝廷权力难以深入,也无法进行有效控制的地方。在这个社会里,尚有按照"替天行道""兄弟聚义""有福共享,有难同当""杀富济贫"的原则建构起来的江湖规矩。一旦皇朝露出摇摇欲坠的迹象,江湖世界常常成为民众向往的理想世界。那些组织严密的江湖社会或者绿林世界,尽管不乏李逵"杀到东京,夺了鸟位"的本能和冲动,然而侠客基本上都遵守"只反贪官,不反皇帝"的伦理准则,甚至抱有"要做官,杀人放火受招安"的强烈愿望,希望自己能为圣君效力,搏个"封妻荫子"的结果。一部《水浒传》讲的就是这样一个从江湖英雄到朝廷鹰犬的侠客故事。还有一些绿林好汉,也每每成为清官手下的爪牙,诸如《三侠五义》《彭公案》《施公案》之类,皆是证据。

最后,尽管侠客之仗义行侠不乏报自家冤仇的情形,比如"武松杀嫂"和"血溅鸳鸯楼"即是著名例证。然而,赴他人厄难却是侠客赢得世人赞美和崇敬的根本原因。这是因为,社会总有不平,人间总有黑暗;在王纲解纽、法律废弛、道德沦丧的时候,情况更是如此。恶霸欺凌良孺,强梁压榨贫弱,乃至权贵苛剥细民之类的事情,总是难免。一如张潮《幽梦影》所说:"胸中小不平,可以酒消之;世间大不平,非剑不能消之。"如若遭遇这等厄困,无权无势、孤立无援的小民百姓惟有祈盼侠客降临,铲除强暴,杀害权贵,拯救自己。

如若侠客果真能够"赴士之厄困"而仗剑行侠,自然很好,值得敬仰,但是,也有一班一味快意恩仇、睚眦必报、嗜血成性、自掌生杀权柄的所谓侠客,他们的存在恐怕只能说是国家与社会的灾难。传统中国文学名著《水浒传》所写武松和李逵,尽管我们也能看到他们行侠仗义的行径,然而其中表现出来的是"嗜血成性"和"滥杀无辜"的特征。例如,武松为替施恩报仇而"醉打蒋门神"尚有一丝侠义心肠;说到底,其实也是江湖上的"黑吃黑"罢了。武松为己复仇而"血溅鸳鸯楼",只能说是滥杀无辜、嗜血成性。

与清官信仰一样,尽管侠客有着"安得剑仙床下士,人间遍取不平人"的匡扶正义和扶助弱者的积极意义,然而侠客信仰实际上反映出来的也是传统中国政治、法律、文化的真正悲剧。

**私的伸冤途径:复仇**

复仇,除了"孝"的道德基础之外,尚有"义"的伦理基础。对复仇者来讲,复仇乃是"义不容辞"的神圣责任。俗话"不报此仇,誓不为人"就包含了这些意思,复仇是"为人"的前提条件。也正因为如此,尽管法律禁止复仇,但是"道义"要求孝子必须报仇——这是伦理的强制。因此,对孝子来说,父母之冤仇不报,死不瞑目。

基于"义"的复仇,尽管属于"私的解决"、一种自力救济,与国家"公的解决"有着明显的冲突,然而,人们还是勇于复仇的根本原因在于:在民众眼里,道义高于法律。从赵娥等人自首来看,她们深知法律禁止复仇,但是仍然决意复仇,可谓义之所在,奋不顾身,恰好说明"义"是高于"法"的诉求。因为复仇是一种释放"冤抑"的途径,一种伸张"正义"的方式,故而即使天崩地裂,也在所不惜。

因为担忧"冤冤相报,何时得了"的循环复仇,故而无论加害者还是复仇者,都会产生"斩草除根"的杀人动机。元代剧作家纪君祥写的历史上著名复仇故事《赵氏孤儿》即是一例:春秋时代,晋国武将屠岸贾为人阴险奸诈,忌妒文臣赵盾,数次暗害未能得逞,于是就在晋灵公跟前造谣诬陷,终于致使赵盾一家三百余口被杀;并且假传灵公之命,逼迫赵盾之子驸马赵朔自杀,将怀有身孕的公主囚禁起来,意图斩草除根。赵盾的门客程婴和灵公的旧臣公孙杵臼冒死救下赵氏孤儿,并由程婴抚养成人,终于为死者报仇雪恨。所谓"我将这二十年积下冤仇报,三百口亡来性命偿"。撇开其他问题不谈,这种血腥的相互仇杀,一是为着达到"报"的平衡;二是为着避免"报"的无限循环。屠岸贾非要赶尽杀绝赵盾一家三百余口,乃是担心赵盾家人的复仇;相反,赵氏孤儿复仇灭掉屠岸贾满门三百多人,既是"报"的要求,恐怕也有"冤冤相报"的担忧。

**公的伸冤途径:诉讼**

诉讼是最主要的伸冤方式,但是民间的诉讼观念并不划一,具有各种选择性。

(一)"好讼"与"屈死不告状"

从史料分析,中国古代民间纠纷"冤抑"形成的诉讼还是相当普遍的。根据黄宗智的研究:"在清代后期,县衙门每年处理五十至五百个民事案子,好些县可能每年在一百至二百件。平均而言,每县每年大概有一百五十件左右。"①他进一步指出:清代民事诉讼的统计数字显示,在一定程度上,清代是一个"健讼"社会。假设每县平均人口为三十万,每年约有一百五十个案子闹到县衙,那么一年当中每二千人就有一个新案子,一年当中每二百户就有一户涉讼②。诉讼发生率是相当高的。

可是同时,民间也流行着"屈死不告状"的俗谚,其实与传统中国伦理思想中的"忍"很有关系。元代流播甚广的《忍经》和《劝忍百箴》将"忍"作为中国古人(从帝王将相到平民百姓)处世行事的相与之道,所谓"万事之中,忍字为上"是也。可见"忍"是善,些小琐事,如果能"忍",纠纷自然弥消。相反,"争"是恶,不仅损人,而且损己;不仅损身,而且损财。所谓"人心有所愤者,必有所争;有所争者,必有所损。愤而争斗损其身,愤而争讼损其财。此君子所以鉴,易之损而惩愤也"③。这里,孝顺尊长、雍睦邻佑的积极有为的道德伦理,退而成为谦抑不争、克己忍让的消极态度。在理想上,当然可以一忍再忍,但是,在大是大非上,孔子毕竟说过"是可孰不可忍"的话。对小民百姓来讲,在切己利益上,也有不能"忍"的情形。故而,有人能忍,有事可忍,也有人不能忍,也有事不可忍的情况。值得指出的是,提倡"忍"的处世态度,或许正是文化精英的统治策略,小民百姓未必如此。

"屈死不告状"也可能是一种夸张的说法。比如,诉讼可能会对既有的"人情"社会造成冲击乃至破坏,经过一番利弊权衡或得失比较,当事人选择了隐忍的态度,这是明智的做法。虽然当事人不至于真的"屈死",但是屈于"人情"而隐忍毕竟也是常见的事情。这一态度正可说明民间百姓对于"人情大过天"的深刻理解。可见,导致百姓惧讼的因素,既有双方权势地位的差异和官府的敲诈,也有人情的羁绊。

(二)"畏讼"的主要原因

我们根据各种民间资料,描摹一下百姓"畏讼"或者"惧讼"的情形。

第一,经济原因。俗话"靠山吃山,靠水吃水"表明,人们的谋生之道取决于他们的职业。官府衙役的正当收入唯有伙食费(工食银)而已;有时,就连微薄的伙食津贴也被克扣,要求他们"枵腹从公"无疑是强人所难。他们的生财之道,也只能是借"近水楼台"来"得月"——百姓诉讼,便是他们收入的源泉。诚如京剧《苏三起解》所说:"大门里不种高粱,二门里不种黑豆,三班衙役不吃打官司的,吃谁去?"难免弄到"公人见钱,犹如苍蝇见血"的地步。

第二,其他原因。老百姓与父母官之间的地位,可谓天悬地隔。州县长官高高在上,公案耸立,号称老爷,可以拍案和撒签打人;小民百姓匍匐地面,丹墀底下,只是蚁民,唯有口称冤枉和该死。一坐一跪,一高一低,一个打人,一个该死;这是"支配与屈服"的权力符号,也是"威严与奴颜"的精神象征④。

**诉讼心态:把事情闹大** 　百姓的诉讼策略往往都采用了"把事情闹大"。把事情闹大,既是一种诉讼心态,又是一种行动策略。这种诉讼心态的基本意涵就像俗话"会哭的孩子有奶吃"表达的那样。其一,他们

---

① 黄宗智:《民事审判与民间调解:清代的表达与实践》,中国社会科学出版社1998年版,第171页。
② 同上书,第173页。
③ 《忍经·劝忍百箴》,第49页。
④ 对"身体姿势"的政治学讨论,参见[德]埃利亚斯·卡内根著:《群众与权力》,冯文光等译,中央编译出版社2003年,第272—278页。

确信,假定默不作声,官府也就无法得知(听到)自己的冤抑,而且,如果声音不够响亮,同样难以引起官府的重视。有趣的是,诸如"喊冤""鸣冤"以及"击鼓鸣冤"这些术语,所要强调的都是"声音"对于传达冤情的重要意义。其二,他们深知,州县衙门这个一人政府不仅庶务繁忙,而且办案经费非常有限,无法处理那些琐碎细小的纠纷,故而,必须"把事情闹大",才能引起官府的注意,迅速作出处理。其三,一旦基层社会不能伸张他们的冤抑,他们就把希望寄托在衙门身上,因为他们相信衙门是一个"讲理"的地方,也是一个可以讨回"公道"的地方;即便当地衙门不成,总有这样的地方,上告越诉、叩阍直诉就是这种信念的体现。其四,所谓架词设讼、谎状、诉冤,其实与"把事情闹大"也有内在的关联,前者是指把原本琐碎细事说成大事,它们的动机和目的皆是为了耸动官府。其五,这种"把事情闹大"的诉讼心态和行动策略尚有一个目的,就是给基层社会施加压力;上告越诉、叩阍直诉,乃是给没有作出公平处理(当然,是否公平要看两造的理解和感觉)的地方官僚施加压力。其六,受俗话"大闹大好处,小闹小好处,不闹无好处"这种普遍社会心理的影响。原因在于,人们总是相信,如果没有冤抑,如果冤抑已经得到抒解或者伸张,他们何苦经县越州,风餐露宿、不辞辛劳,甚至不惜倾家荡产,不断上告上访?当然,结果未必能够如愿以偿,因为官僚每每把它视为刁民缠讼、嚣讼,不仅不予理睬,而且还要给以惩罚。其七,由于地方衙门未能及时地、公平地解决词讼案件,以致酿成大案。产生这种结果的原因可能有二:一是两造根本没有求助官府的意思,只是通过"私斗"来解决冲突;二是有意制造更大的争端,迫使官府介入,从而达到告状之目的。

在"把事情闹大"的诉讼心理支持下,小民百姓可能采取以下诉讼策略①。

第一,谎状。俗话"歪打官司邪告状""无谎不成状",是对谎状的生动刻画。所谓谎状,是指将小事说成大事,乃至凭空而讼,具有"告状不实"或者"诬告"的意思。对诬告,商鞅变法开始,已经实施"反坐"的原则。而"如虚坐诬"或者"如虚重惩"也是明清时代状词末尾的惯常用语。到了清代,设置代书、规范词状格式、限制词状字数,都是为了杜绝谎状②。可是谎状依然屡禁不止,乃至泛滥成灾,原因不外乎衙门漠视些小事情;小民百姓为了耸动官府,引起重视,只得使用谎状的手段。出人意料的是,某些"市饮争詈"的小事细故,原告竟以"跳杀救命"捏词越控③。就此而言,如若官府不能正视纠纷,不把纠纷当做正常乃至合理的社会现象,那么谎状也就难以避免。相反,官府深知告状难免架词设讼,往往予以驳回,拒绝受理。这样一来,就会出现案件在"官·民"之间"推来挤去"而无法及时解决的局面,从而导致纠纷不断升级。从现代法律观点来看,纠纷对于社会秩序的发展颇有积极作用,成为制度变迁的一种动力,这是因为纠纷本身具有暴露现行制度的缺陷的功能;但是,中国古人大多认为,纠纷对于社会秩序乃至天道秩序只有破坏的作用,没有什么积极意义。在这种情况下,衙门就会采取压抑告状的态度④。

【资料】

## 诉状的修辞

告状人邹士龙,告为缉盗事。狼恶王朝栋,系故同知王之臣孽子。因父相知,往来惯熟。

---

① 这里,我们仅仅讨论几种常见的告状方法,其他诸如利用妇女、老人、讼师等情形暂时从略。
② 参见黄六鸿:《福惠全书》卷十一"词讼"。
③ 参见颜俊彦:《盟水斋存牍》,中国政法大学出版社2002年版,第405—406页。
④ 关于"谎状"之类的诉讼策略的讨论,也见陈景良:《讼学与讼师:宋代司法传统的诠释》,中南财经政法大学法律史研究所编:《中西法律传统》第一卷,中国政法大学出版社2001年版,第204—206页。

突于五月十一日夜二更时分,哨党冲家,杀婢女丹桂,逐女窜逃,财货什物劫去一空。次日,缉获原赃金镯一只,银匠饶贵见证。乞天亲剿,追赃偿命,除害安良,生死感激。上告。①

**译文**:

原告人邹士龙,为缉捕盗贼事由起诉。财狼般狠毒的王朝栋,是已故的官员王之臣的坏儿子。由于两家的父亲相互熟悉,所以经常往来。不料王朝栋突然在五月十一日夜里二更时分,带领同党冲入我家,杀死我家婢女丹桂,赶走家里女眷,将财物全部劫走。第二天,在市场上缴获被其劫走的金镯一只,银匠饶贵可以作证。乞求青天老爷亲自率队围剿此贼,追回赃物,要杀人犯偿命,除害安良,生死感激!上告。

**提示**:

这个状词指控王朝栋"杀婢劫财",但实际上真正的窃贼是另一个叫祝圣八的人。邹士龙嫌贫贪富,当发现王朝栋拿着自己女儿赠送的金镯到银铺去兑换银子,决意解除王朝栋与自己女儿的婚约,如此控告,只是为了"借词"达到悔婚之目的。因此邹士龙把金镯当做"原赃"来告官并无不当。所谓"狼恶"乃是道德的判断,而非事实的描述。而"哨党冲家"和"财货什物劫去一空"之类也是谎言。

"谎状"尚有其他原因。譬如,官僚与百姓对财产利益的评判标准不同,也是导致百姓是否告状,以及官僚是否受理案件的重要因素。"在中国农民眼中,每一粒谷子都是珍贵的。"②所以,他们会把些小纠纷闹到衙门,而在官僚看来,这种纠纷可能毫无意义,从而拒绝受理。州县衙门是集权的一人政府,大小事情都要长官亲自处理,确实忙不过来,拒绝受理这类些小民事案件似乎有理;也正因为如此,朝廷法律每每要求基层社会自行调处民事纠纷,以便减轻讼累。出于人情社会实际状况的考虑和维护熟人社会秩序的需要,州县衙门拒绝受理那些由于争蝇头小利引起的纠纷,其实是为了使乡土社会免遭因细微纠纷而导致社会"和谐"秩序的破坏。从法律经济分析的角度来看,官府启动司法程序需要成本投入,更为重要的是,这种官司对于两造而言往往得不偿失。正如宋人范荷《诫讼诗》所谓:"些小言词莫若休,不须经县与经州。衙头府底赔杯酒,赢得猫儿卖了牛。"③

必须指出的是,在得不偿失的情况下,作为原告的小民百姓一定要打官司,可能纯粹是出于"争气"和"诉冤"。如若为了"争气"(意气之争、出口恶气)或者"诉冤"(真有冤情),那么,即便"赢得猫儿卖了牛"抑或"赢得芝麻赔了瓜"也会在所不惜。这与俗话"屈死不告状"构成一对矛盾。在"屈死不告状"的诉说背后,可能是由于两造权势财力悬殊,弱势一方无可奈何;也可能是因为官府的普遍腐败,衙门已经不是百姓"讲理"的去处,而是"八字衙门朝南开,有理无钱莫进来"的罪恶渊薮。在这种情况下,再打官司显然毫无意义,惟有"屈死"而已。

第二,缠讼。在司法档案判牍和公案文学作品中,我们可以读到一些累月经年,换过数任官僚,经过各级不同衙门,乃至进京告状的案件和故事。有时,这些纠纷的起因确实只是一些琐碎的事情,但是,原被两造却不惜身家性命不断缠讼,很有不达目的誓不罢休的气概,恐怕并非事出无因。萧公权曾说:虽然中国乡村的农民以性好"和平"而著称,可是一旦基本利益发生危机,或者人身受辱、家族声望受损,个人情绪将被激发起来,他们仍然会为任何一种想象得到的事情进行争

---

① 宁静子辑:《律条公案》,卷五。
② 博德、莫里斯著:《中华帝国的法律》,朱勇译,江苏人民出版社1993年版,第225页。
③ 引自凌濛初:《二刻拍案惊奇》卷10。

执和斗争①。为着争得财产、出口恶气、挽回面子、保住声望，缠讼即是一种基本手段。有时，缠讼还变成了一种图赖的方法，与正常的财产纠纷、出气争气、挽回面子不同，只是无理取闹而已。在人命案件中，缠讼显得非常凸出，原因与"人命关乎天"或者"人命大如天"的思想有关；也就是说，人命案件的冤抑最为深重，也最为强烈，故而此屈不伸、此冤不报，难以吐气。其实，缠讼基本上是贫弱阶层的诉讼心态和行动策略。因为他们手中没有任何社会资源可以利用，唯有"缠"或"闹"一途。据此，考察缠讼，乃是理解传统中国小民百姓诉讼意识的重要进路。有人可能会问：为了些小事情而缠讼，案件怎么能被衙门受理呢？事实上，也许"讼由"确实微小，无足轻重；然而缠讼的特殊意义在于"缠讼"事件本身，而非作为"讼由"的纠纷标的。缠讼具有放大"讼由"的功能——越级控诉，可以给地方衙门造成一种来自外部的压力；京控直诉，更能起到给整个司法机构施加压力的功效；而案件一旦引起皇帝的垂问和追究，有关官僚的前程将会受到影响，不仅可能乌纱不保，而且还会引起性命堪忧的严重后果。在这个意义上，缠讼也是"把事情闹大"的一种形式。另一方面，对缠讼行为来讲，司法官僚每每仅给予缠讼者杖责的处罚。这种处罚并不严重，也正因为如此，决意缠讼者大多甘愿冒险，大不了杖责而已。

第三，自杀及自残。重生，或许是传统中国哲学思想和宗教信仰的根本特征；俗话"好死不如赖活"似乎也反映了中国民众对生命的基本态度。当然，这话多少有点忽略生命的精神价值，而仅仅关注肉体生存的缺陷。在许多社会里，自杀都是重要的宗教、文化、社会和法律问题。传统中国法律没有禁止"自杀"的规定，然而，它有对于"威逼致人自杀"的惩罚。由于"人命关天"是中国民众的普遍信仰，也因为"杀人者死"是法律的自然正义的基本原则，故而，自杀或者利用尸体夸大纠纷的争点，或者进行令人难堪的图赖，也就成为弱者的诉讼武器。与自杀属于同类性质的"把事情闹大"的诉讼策略，还有"自残"行为②。

传统中国的平民百姓之所以惯用"人命"作为诉讼的幌子，显然与"人命关天"这种观念有关；与此同时，也与法律有关。因为法律规定，凡是人命案件，地方衙门必须即刻受理，马上着手尸体检验。而且，地方司法官员的司法责任也要大于词讼案件。小民百姓"窥破"法律的意图以及司法官僚的心思，从而采取这一诉讼策略。然而物极必反。有时，正因为破案难、时间紧、经费缺、责任重、处罚严，反而导致地方衙门讳盗不报，甚至压制报案之人，以致地方社会秩序遭到严重的破坏。

### 本 章 小 结

本章讨论了中国传统社会民间普遍信奉的一些基本的法律观念，包括三句广为流传的涉及法律方面的谚语"善有善报，恶有恶报""杀人偿命，欠债还钱""王子犯法，庶民同罪"，介绍了民间"冤抑"感觉的形成与"伸冤"的途径、诉讼的心态，分析了这些法律观念的产生并流行的历史与文化背景，并解释了这些观念与朝廷法律、官方正统法律思想之间的联系和冲突，分析了这些民间法律意识的社会历史影响。

---

① 萧公权：《调争解纷：帝制时代中国社会的和解》，汪荣祖编：《中国现代学术经典·萧公权卷》，河北教育出版社1999年版，第858页。

② 有关的讨论，参见张全民：《中国古代直诉中自残现象试探》，中国法律史学会暨中国儒学与法律文化研究会2001年学术年会论文。

**参考阅读书目**

1. 费孝通:《乡土中国》,三联书店1985年版。
2. 郭建:《中国法文化漫笔》,东方出版中心1999年版。
3. 黄宗智:《民事审判与民间调解:清代的表达与实践》,中国社会科学出版社1998年版。
4. 黄宗智:《法典、习俗与司法实践:清代与民国的比较》,上海书店出版社2003年版。
5. 梁漱溟:《中国文化要义》,学林出版社1987年版。
6. 《清代巴县档案汇编》(乾隆卷),档案出版社1991年版。
7. 瞿同祖:《中国法律与中国社会》,中华书局1981年版。
8. 四川大学历史系、四川省档案馆编:《清代乾嘉道巴县档案选编》(上下),四川大学出版社1989年版,1996年版。
9. 萧公权:《调争解纷:帝制时代中国社会的和解》,汪荣祖编:《中国现代学术经典·萧公权卷》,河北教育出版社1999年版。
10. 徐忠明:《法学与文学之间》,中国政法大学出版社2000年版。
11. 徐忠明:《包公故事:一个考察中国法律文化的视角》,中国政法大学出版社2002年版。
12. 杨联陞:《中国文化报、保、包之意义》,香港中文大学出版社1978年版。
13. 滋贺秀三等著,梁治平等编:《明清时期的民事审判与民间契约》,法律出版社1998年版。

**思考题**

1. 善恶报应的社会意义是什么?
2. 报应观念与王法意识之间的关系如何?
3. "杀人偿命、欠债还钱"的谚语与国家法律之间的关系是什么?
4. "王子犯法、庶民同罪"的谚语是否反映了中国传统法制基本精神?
5. 导致"冤抑"产生的基本原因是什么?
6. 百姓大众的诉讼意识是什么?
7. 民间诉讼策略的基本内容有哪些?
8. 清官的司法功能是什么?
9. 民间百姓侠客崇拜的主要原因有哪些?
10. 复仇的伦理依据是什么?

# 第三编

## 近代的法律思想

# 本 编 要 点

　　一般都认为1840年鸦片战争是中国古代史与近代史的分界点。本编介绍分析的是在鸦片战争后的一个多世纪中，中国法律思想的巨大变化。

　　本教材在叙述近代法律思想的变迁，向前追溯到鸦片战争前已经初见端倪的晚清怀疑思潮。这股思潮和列强的侵略导致的空前的民族危机交织，逐渐汇集为呼吁"变法"的思想运动。从改变技术性方面的制度入手，"变法"的讨论领域逐渐深入到政治、法律制度本身，导致了轰轰烈烈的"戊戌变法"运动。即使在这场运动被镇压后，20世纪初，内外交困的清皇朝仍然不得不接过这个"变法"口号，进行了引进外国法律以修订法典、进而"仿行宪政"的"新政"变革。

　　在推倒清朝的辛亥革命运动中，以孙中山为首的革命党人在相当广泛的领域里讨论并研究了法律问题，并提出了比较完整的法律思想。主要有三民主义法律指导思想，五权宪法理论等等。在建立起民国后，一些政治人物继续有所发挥，补充了不少具有特色的法律思想。同时在民国时期，法学开始真正成为独立的一门学科，建立起法学教育体系，涌现出一个法学家的群体，在法学理论的很多方面有自己的建树，为中国法制的近代化起到了重要的作用。

　　本编分为三章，第八章主要介绍了变法思想的形成与发展，第九章介绍并分析了民国政治人物所论述的民国立法应具有的指导思想。第十章较全面地介绍了民国时期法学家群体的法学建树。

# 第八章
# 晚清变革中的法律思想

**本章要点**

本章主要介绍19世纪后半期至20世纪初叶的中国法律思想。这一时期中国社会发生了巨大变化,思想界空前活跃。逐渐形成"变法"的潮流,反映在法律思想上出现了对于传统法制的全面反思,以及对于欧美法制及其法律学说的介绍与引进。但是这些巨大的变化也引起了激烈的反对,集中表现在1910年有关《大清新刑律》而爆发的"礼法之争"。随着清朝被推翻,引进西方成文法体系已经势不可挡,但是在法律思想方面的基本问题仍然没有解决。

鸦片战争前,清皇朝统治已是危机四伏,农民流离失所,社会生产衰败,清皇朝政治统治也日趋腐朽黑暗,社会矛盾激化。1840年英国侵略者发动对中国的鸦片战争,法、俄、美等资本主义列强相继侵入,空前的外来威胁引发了连锁反应,1851年爆发的太平天国农民战争,横扫半个中国,虽然清皇朝最终将太平天国镇压下去,但是统治危机仍然绵延不绝。在这同时,中国社会也发生了自春秋战国以来最巨大的和深刻的社会变革,中国的政治法律制度和政治法律思想也出现前所未有的变化。为了挽救社会危机,社会各阶层人士从各自立场,设计自己的救国方案,提出自己的政治法律制度改革的主张。中国近代法律思想的发展和演进其实是在近代西方世界冲击和影响下进行的。

## 第一节 "变法"思潮的形成

**对于传统法制整体的怀疑与批判**

晚清政治危机的深重,促使学者思想家以及有头脑的官员都开始寻找缓解、消除危机的途径,逐渐形成了怀疑、进而批判传统法制的思潮,"变法"逐渐成为有识之士的共识。对于中国传统法制的整体性产生怀疑与批判的思想,在鸦片战争之前已经开始出现,到第二次鸦片战争和太平天国战争后的19世纪70年代,已经形成思潮。

鸦片战争之前已开始激烈批判当时法制状况的主要思想家是龚自珍。他敏锐地注意到清皇朝统治在表面稳定下的深重危机,并进行了分析。

【人物】

## 龚自珍

龚自珍(1792—1841),又名巩祚,字璱人,号定庵,浙江仁和(今杭州市)人。出身官僚地主家庭。其祖父龚禔身,曾任内阁中书和军机处行走。父亲龚丽正,曾任徽州知府和江南苏松太兵备道。他的外祖父是著名的汉学家段玉裁。龚自珍年幼时随段玉裁学习文字学,从19岁时开始参加科举考试,但是接连失败,直到1818年27岁时才考中举人。后曾任武英殿校录,同时跟随父亲调任,南北奔走,既看到官场内幕,也了解"田夫、野老、驺卒"下层社会的情况。从1813年起他开始写作政论,如《明良论》《乙丙之际箸议》等。1819年他在北京首次参加会试落第,从"公羊学"家刘逢禄学习"经世致用"之学,进一步寻找"更法""改图"的理论根据。他五次参加会试,到1829年38岁时才考中进士。此后他先后任宗人府主事、礼部主事等闲职,"困阨下僚",无法施展自己的政治抱负。屡受官场排挤和打击,1839年48岁辞官南下,于1841年病逝在江苏丹阳云阳书院。其著作后集为《定庵文集》,今人辑有《龚自珍全集》。梁启超在《清代学术概论》中高度评价了龚自珍对晚清思想解放的巨大功绩,认为光绪时期的维新派的人物大多经过崇拜龚氏的时期,未有不受到他思想激励的。

龚自珍认为清朝"六十载太平之盛,人心惯于泰侈,风俗习于游荡"①,而实际上社会已经处在没落的"衰世",好像一个气息奄奄的人,"日之将夕,悲风骤至,人思灯烛,惨惨目光,吸引暮气,与梦为邻"②。这主要是因为皇帝专权过甚,繁杂的律令严重束缚了大臣们的手脚,这样专制的官僚制度使得官员们往往瞻前顾后,无法有所作为,所担心顾虑的只是"罚俸""降级""革职"。"朝廷一、二品之大臣,朝见而免官,夕见而免官,议处、察议之谕不绝谕邸钞";"府州县官,左顾则罚俸禄至,右顾则降级至,左右顾则革职至。"国家政治生活死气沉沉,毫无生机,"天下无巨细,一束之于不可破之例"。

另外,龚自珍专门写了一篇揭露刑狱黑暗的文章《治狱》,把他所了解的当时的刑狱黑暗的情况概况为"今之书狱也不以狱"。在他看来当时刑狱黑暗的主要表现有:第一,各级官吏断案主观主义,黑白颠倒,是非混淆;第二,同一案情,判决相异,生死轻重,大相径庭;第三,以权势、行贿等干涉司法的情况极其严重;第四,上下级官吏以及书吏、幕友互相勾结,导致司法文件成为几种套路的官样文章,既不反映事实,也不正确援引法律。

龚自珍认为衰世的重要表征是人才匮乏,他有一首著名的《己亥杂诗》:"九州生气恃风雷,万马齐喑究可哀。我劝天公重抖擞,不拘一格降人才。"他强烈地谴责清朝统治者在政治上和文化思想上实行高压政策,并引诱人们脱离现实,埋头故纸堆中,扼杀人才,造成了万马齐喑的沉闷局面。另外科举制度束缚人的思想,"今世科场之文,万喙相因,词可猎而取,貌可拟而肖"③。大家鹦鹉学舌,陈词滥调,千篇一律。这种制度严重扼杀和摧残了人才,造成整个社会几乎找不到一个真正人才的局面。抨击当时的八股取士制度和凭资历用人的官僚

---

① 《龚自珍全集·西域置行省议》。
② 《龚自珍全集·尊隐》。
③ 《龚自珍全集·与人笺》。

制度。其结果只能是"贤智者终不得越,而愚不肖者亦得以驯而到",有才能的人因资历的限制,不能迅速得以提升,而碌碌无为者混到一定的年数,也可以得到高官。

**【资料】**

## 龚自珍对于晚清政治状况的批判

衰世者,文类治世,名类治世,声音笑貌类治世。黑白杂而五色可废也,似治世之太素;宫羽淆而五声可铄也,似治世之希声;道路荒而畔岸隳也,似治世之荡荡便便;人心混混而无口过也,似治世之不议。左无才相,右无才史,阃无才将,庠序无才士,陇无才民,廛无才工,衢无才商,抑巷无才偷,市无才驵,薮泽无才盗;则非但鲜君子也,抑小人甚鲜。当彼其世也,而才士与才民出,则百不才督之,缚之,以至于戮之。戮之非刀、非锯、非水火,文亦戮之,名亦戮之,声音笑貌亦戮之。戮之权不告于君,不告于大夫,不宣于司市,君大夫亦不任受。其法亦不及于要领,徒戮其心,戮其能忧心、能愤心、能思虑心、能作为心、能有廉耻心、能无渣滓心。又非一日而戮之,乃以渐,或三岁而戮之,十年而戮之,百年而戮之。才者自度将见戮,则蚤夜号以求治;求治而不得;悖悍者则蚤夜号以求乱,夫悖且悍,且睊然睗然以思世之一便己,才不可问矣。向之伦,聆有辞矣。然而起视其世,乱亦竟不远矣。①

**译文:**

衰败的社会,文采类似昌盛的社会,外表类似昌盛的社会,人们表面上的声音笑容都类似昌盛的社会。色彩黑白相间少有五彩,好似昌盛的社会崇尚淡雅;旋律不齐几乎混淆了音调,好似昌盛的社会崇尚清静;道路荒废设施无用,好似昌盛的社会崇尚随意自然;人们都在混日子没有口出狂言的,好似昌盛的社会崇尚谦恭。可是朝廷找不到有才能的宰相、有才能的史官,边疆找不到有才能的将领,学校里找不到有才能的学生,田野里找不到有才能的农民,作坊里找不到有才能的工匠,店铺里找不到有才能的商人;甚至街坊里找不到有才能的小偷,市场里找不到有才能的捐客,山林里找不到有才能的强盗。非但缺乏有才能的"君子",就连有才能的"小人"也没有了。在这样的社会里,有一个有才能的读书人或者是百姓出现了,就会有一百个没有才能的人来监视他、束缚他,甚至要残害他。残害不是用刀、不是用锯,也不用水火灾害,而是残害文字、残害名声、残害声音面容。残害的权力不报告皇帝,不通过朝廷,不经过审判,大臣都不负责。残害的方法也不是砍杀他的身体和头颈,而只是残害他的心灵,残害他能忧虑的心思、能愤怒的心思、能思考的心思、能有作为的心思、能感受廉耻的心思、能排斥渣滓的心思。而且还不是一次性的残害,而是长期进行,或者是三年、或者是十年、一百年。有才能的人预见自己要受残害,日夜盼望大治,但却盼望不到;而叛逆强悍的人则日夜盼望大乱,这些既叛逆又强悍的人,傲视社会,只想着将一切利益收归己有。这样一来人才就不堪设想了。而以上提到那些(束缚人才)的人就要振振有词(以为束缚残害人都是有道理的)了。可是起来看一下社会,天下大乱已经近在眼前了。

---

① 《龚自珍全集·乙丙之际箸议第九》。

## 主张"更法"到呼吁"变法"

（一）"更法"的提出

在批判传统法制的同时，龚自珍认为"更法"是历史的必然，他提出了"事无不变"的观点。认为，"古人之世，倏而为今之世；今人之世，倏而为后世，旋转簸荡而不已"。他还曾说过："自古及今，法无不改，势无不积，事例无不变迁，风气无不移易。"他认为既然历史本身变动不居，因此法律也应随着历史的变迁而变迁。历史在变，社会在变，例无不变迁，如果不顾社会现实的变化而据守祖宗成法，就可能将清朝的江山"赠来者"。"更法"是历史的必然，"一祖之法无不敝"，如果死抱着"一祖之法"不放，别人势必起来取而代之，与其这样的话，还不如自己主动进行改革。

由于缺乏讨论政治问题的其他的参考系统，关于如何进行"更法"和"改图"，龚自珍还是主张仿古法而行之。① 他主张冲破繁杂的"不可破之例"的"羁縻"，要求删除"文法""科例"，君主"总其大纲大纪"；放松对臣下的约束，"但责之以治天下之效，不必问其若何而以为治"，让他们做自己应该做的事情，履行自己的职责。

为了探求变法之道，龚自珍还研讨国家和法律的起源，以及礼和律在治理国家中的作用，为"更法"阐明了法理上的根据。在《农宗》中，龚自珍首先提出了国家、宗法、礼乐都起源于"农"的理论。他认为中国古代"未有后王君公"，"未有礼乐、刑法，于礼乐、刑法之差"，它们都是随着农业生产的发展而产生的，即先有农业生产，然后才有的国家、刑法、礼乐等制度。国家、刑法、礼乐不是从来就有的，为治理国家，刑法和礼乐作用不能偏废。现实社会的种种危急状况的改变，就只有从刑法和礼乐的作用的发挥上去寻找办法。

在龚自珍看来为人的本性都是自私的，所有的人都有追求财富的欲望，而人的这种欲望应该平均地得到满足。所以作为"更法改图"的一项重要内容，他主张定"王法"，按宗授田，使贫富平均，以稳固地主阶级的统治。他认为贫富不均是造成社会危机的主要原因，而且富者越来越富，贫者越来越贫。这样下去，从"小不相齐，渐至大不相齐；大不相齐，即至丧天下"，因此他发出了"有天下者，莫高于平之之尚也"的呼声，并要求统治阶级"随其时而剂调之"，以平均富贵。平均富贵的基本问题是土地的平均分配，但是龚自珍主张的平均不是将贫富拉平的意思，而是要求根据等级，各守其位，各取其份，上下不相侵犯。

（二）"变法"的提出

抗击英国入侵的鸦片战争失败后，以魏源为代表的一批思想家进一步提出了"变法"的呼吁。

【人物】

### 魏 源

魏源（1794—1857）字默深，湖南邵阳人，出身地主家庭。早年与龚自珍、林则徐结识，共同研究学问，谈论时政，逐渐转向"经世致用"之学。1822年中举。此后的十多年，曾编辑《皇朝经世文编》，并在漕运、水利、盐政等事务衙门为幕僚，以擅长经世之学闻名。鸦片战争前后，受林则徐的嘱托，编辑了世界历史、地理专著《海国图志》。鸦片战争后，编写《圣武记》，通过对清政府的一些重大军政活动的记录与评述，想以此激励清政府振兴武备。晚年任江苏知州，死于杭州。其著作丰盛，后人编有《魏源集》。

---

① 《龚自珍全集·明良论四》。

魏源明确反对"古胜于今"的传统观点,他说:"后世之事胜于三代者三大端:文帝废肉刑,三代酷而后世仁也;柳子非三代私而后世公也;世族变为贡举,与之变为郡县何异?"即认为后世之事胜于远古的主要有三个方面:其一,汉文帝废除肉刑,说明夏商周三代法律的残酷而后代法律的仁慈;其二,正如柳宗元所批评的夏商周三代采取的封邦建国是为了君主的私自利益,后世采取郡县制是为了社会公共利益;其三,夏商周官员大臣都是"世族"(贵族世袭),后世改为"贡举"(从民间选拔),这也说明了"三代私而后世公"。同时魏源还指出即使就三代来说,也是一代比一代进步的。法制的因袭改革和删除增设本来就是历史的经验,从而为现在的法制改革寻找根据。他极力反对那种"执古""泥法"而不知随"势"变法的人,怒斥他们是"读周、孔之书,用以误天下"的庸儒。①

至于变法的目的,魏源认为应以"利民"为归宿,即"履不必同,期于适足;治不必同,期于利民"。② 关于怎样改革,变些什么"法",魏源认为现有的法令、制度本身没有多大的问题,要变的是:必须讲求行法之人,除去"法外之弊"。在他看来,"不难于立法,而难得行法之人"。所以,"君子不轻为变法之议,而惟去法外之弊,弊去而法仍复其初矣。"③可见魏源所重视的还不是废旧法立新法,而是除去法律以外的弊病。并没有从根本上触及专制制度统治,也没有要求以新法代替旧法,但要求"变法"的思想却是很明确的。

## 陈虬对于传统刑罚制度的批判与改良建议

对传统法制、尤其是刑罚制度提出具体的批判意见,并在中国法律思想史上首次明确提出废除死刑思想的,是19世纪末的思想家陈虬④。

陈虬激烈抨击中国传统的刑罚制度,认为"尧舜以来四千年中圣君贤相所未及讲明协中者,则刑法是也"。他认为主要的缺陷在于三个方面:死刑罪名太多,设立"赎刑"名目方便有钱有势者逃脱惩罚,而徒刑牵累到罪犯家属没有生活来源,"囚死其一人,而官乃杀其一家"。

他最具特色的思想是对于死刑制度的批判。他认为:首先,天地自然都是以"好生"为最高道德的,对罪犯执行死刑也是一种违背天地最高原则的杀人行为。其次,罪犯杀人,法律规定"杀人者死",可是这样做对于已死的受害人又有什么帮助?冤屈还是没有得到伸张,反而又多杀一个人,却会干扰天地阴阳之气的运行与调和,助长以怨报怨的风气,永远没有可能实现和谐的境界。再次,他认为罪犯的魂魄都特别的强悍,被杀之后,这股恶气不散,还会变为"厉鬼"来残害民间。

他建议全面改良中国的刑罚制度,以恢复肉刑为主。杀人犯一律处以杖刑,并处宫刑,来消磨其"暴戾之气"。伤害他人的罪犯一律处以笞刑,并"钦左足"(在其左脚上套上六斤重的戒具),还要附加在背部的"墨刑"、剃光头发胡须的"髡刑"防止脱逃。破坏他人名誉及财产的罪犯一律施加"朴刑"(责打),穿黑衣监禁一到两个月。所有的这些罪犯在身体康复后都必须亲身劳作,按照劳动能力设计每日劳作的收入定额,收入全部折合为现金由官府征

---

① 《魏源集·默觚下》。
② 同上。
③ 《魏源集·治篇四》。
④ 陈虬(1851—1903),字志三,浙江乐清人。举人出身,未曾做官。曾上书张之洞等大臣建议"变法"。后参与"百日维新"运动,遭到清廷通缉,被迫隐居。其主要著作汇编为《治平通议》。

收,按照罪行情节轻重设定总额。每年在犯罪日的那天,由官府派人拘押到当初犯罪场所枷号示众、游街三天。官府将罪犯缴纳的劳作收入作为补偿受害人及其家属的资金,按月发放,最长可达二十年。

【资料】

### 陈虬对死刑的批判

天地以好生为德,人无知而杀人,吾亦以其无知而杀之,是亦杀人类也!人被杀而吾不知恤其家人,杀人而吾仅从戮其身,平民冤抑不得伸,积之既久,皆足以伤天地之和,而致阴阳之乱。相仇相杀,兵戈之劫,未有艾也!不宁唯是,好勇斗狠之徒,其焰恶而魄强,虽死而实能为厉。囚之、辱之、磨之、策之、柔之、导之,以渐消其桀骜不驯之气,使憬然而生其悔悟,庶好生之德洽于民心,化枭为良,无刑之治或可几乎?①

译文:

天地以喜好生命为最高道德,有人出于无知而杀了人,我们也因为他的无知而杀了他,这不是也和他杀人相似吗!有人被杀了,我们不是去抚恤他的亲属,只是对杀人者处死刑,平民的冤枉与压抑无法伸张,冤气累积时间长了,都会伤害天地的和气、干扰阴阳的运行。或者是互相仇杀,刀光剑影,永不停止。不仅如此,那些好勇斗狠的凶手,他们的气焰凶恶而魂魄强悍,就是死了也能够化为厉鬼作恶。将他们关押起来、进行羞辱、消磨、鞭策、怀柔、引导,逐渐消磨掉他们那桀骜不驯的气焰,使他们幡然悔悟,这样不是可以使好生的道德深入人心,把坏人化为良民,或许能够实现不用刑罚的治理了吗?

## 第二节 借鉴西方法制的议论与主张

最早向洋看世界的政治家及学者是林则徐②与魏源、徐继畬。③

**介绍并普及中国以外世界的知识**

林则徐在广东主持禁烟时,为了解外国情况,曾组织翻译西文书报,供制定对策、办理交涉参考。所译资料,先后辑有《四洲志》等,成为中国近代最早介绍外国的文献。以后魏源又受林则徐的嘱托,编辑了世界历史、地理专著《海国图志》,进一步扩充了《四洲志》的内容。

魏源主张"师夷长技以制夷"。他亲身经历了鸦片战争的全过程,在《海国图志》一书中

---

① 《治平通议·刑律》。
② 林则徐(1785—1850),字元抚,又字少穆,晚号竢村老人,福建侯官(今福州)人。1811年考中进士,从监察御史步步升为巡抚、总督。1839年被任命为钦差大臣,节制广东水师,赴广东查禁鸦片。令外国烟贩限期交出鸦片,并收缴英国趸船上的全部鸦片,并在虎门销毁。鸦片战争开始后,道光帝为了向英军求和,归咎林则徐,将其革职。后人集其著作为《林则徐集》。
③ 徐继畬(1795—1873),字健男,号松龛,山西五台县东冶镇人。出身官僚家庭。道光六年(1826年)中进士,曾任翰林院编修,广西省浔州府知府、广东按察使、福建布政使、广西、福建巡抚,曾多次署理闽浙总督。后因被人诬告,罢官归乡。1863年被重新起用,命参通商事务,以三品京堂在总理各国事务衙门行走,后以老病告归。徐继畬为官清廉,著述丰富,《瀛环志略》是他最重要的一部著作,另有大量经学、史学、地理学等著述,收入《松龛先生全集》。

176

呼吁应当深刻总结鸦片战争失败的教训,更好更有效地抵御外侮。他认为,要抵御西方资本主义的侵略,首先要了解西方资本主义世界。这是战胜外敌,富国强兵的重要条件。他说:"欲制夷患,必筹夷情"。他说:"师夷长技以制夷","师夷之长技以为我之长技"。这在当时,是很难能可贵的想法。对于迂腐可笑的顽固派把西方科学技术看做"奇技淫巧""形器之末"的愚妄滥调,是有力的批驳。

同时,魏源认为,为了强国御侮,不仅要学习西方,而且更重要的是要发展本民族的军事工业,改进中国的国防设施和武器装备,加强国防能力。为此,他提出了许多具体建议和实施的方法。例如,西方的战舰、火器,以及"养兵、练兵之法",都要学习。在沿海(例如广东)设造船厂、兵工厂,聘请法国和美国技师,传授技术,一方面造船、制作武器,另一方面培养训练技术人才,包括教练驾驶战舰、"演炮之法"等等。此外,与国计民生相关的量天尺、千里镜、龙尾车、风锯、水锯、火轮机、火轮舟、自来火、自转锥、千里秤等等,"凡有益民用者",都要积极地学习、引进和制造。

更难能可贵的是,魏源在了解和研究西方时,还接触并初步向中国人介绍了西方资本主义各国的历史、地理和政治法律制度情况。在《海国图志》中他谈道:"墨利加非洲(指美国)之以部落(指组成联邦的各州)代君长,其章程可垂弃世而无弊。"在这种联邦共和制下,"议事听讼,选官举贤,皆自下始,众可可之,众好好之,众恶恶之,三占从二",这样可以吸取众人的意见,听从众人的意志。而且参与讨论的人(指议会)也是"公举"的,他认为这是很好的制度,"可不谓周乎!"他介绍说,就连美国的最高领袖也是由选举产生,四年一届,"一变古今官家之局,而人心翕然"(大家都拥护);法官"亦以推选充补,有偏私不公者,群众废之"。魏源对不设君位,"唯立官长贵族"等办理国务的瑞士,更加推崇,称之为"西土桃花源"。不过其介绍还很肤浅,包含很多的误解。

比魏源更详尽、更准确地介绍西方地理、历史,尤其是西方政治法律制度的,是同时代的省级官员徐继畬。他在担任福建布政使期间,编写了介绍世界各国地理、历史的《瀛环志略》一书。在该书中,他重点突出了对欧洲各国、美国的介绍。比如对希腊的介绍中,他记述了古希腊的城邦制度是如何运作的,如何通过"公会"来组织同盟,从而称霸地中海。他还历数了古雅典的多次政治改革,建立起"庶民"的权势,废除世袭君主。在关于意大利的介绍中,他也记述了古罗马"国无王而势益强盛"。

在当时的几个欧洲大国中,徐继畬着重介绍了英国和法国。他仔细描述了英国的历史发展,并重点分析了英国的政治制度:设立有"公会"(议会),分为"爵房"(上议院)和"乡绅房"(下议院),前者由有爵位的贵族组成,决定"刑赏"(指英国上议院的审判权力)"征伐";后者由"庶民"推选有才能的人来组成,"课税"与"钱饷"(财政事务)完全由这个"乡绅房"来决定。国家的事务,国王都必须通过"公会"讨论,而"乡绅房"具有最后的决定权力。他在对法国的介绍中也基本如此,并强调这种体制已经被很多欧洲国家仿效。他还介绍了英国的陪审团审判制度。

在对美洲的介绍中,徐继畬使用了大量的篇幅介绍美国。关于华盛顿领导的美国独立战争他用了很多的文字讲述。他介绍美国的政治制度也最为详细,指出美国由26个"国"(州)组成,都没有国王,"统领"以及全美的"总统领"都是由百姓推选。建立"公会"来讨论决定"大政",而"刑官"(法官)也是"推选充补,有偏私不公者,群议废之"。

这本书于道光二十八年(1848)初刻,开始反响不大。经过第二次鸦片战争以及太平天国战争的教训,《瀛环志略》得到高度的重视。同治四年(1865)经由总理衙门主持重刻,该书成为洋务运动及以后维新思想家的重要资料。

**【资料】**

### 徐继畬对华盛顿的歌颂

华盛顿,异人也。起事勇于胜、广,割据雄于曹、刘。既已提三尺剑,开疆万里,乃不僭位号,不传子孙,而创为推举之法,几于天下为公,骎骎乎三代之遗意。其治国崇让善俗,不尚武功,亦迥与诸国异。呜呼,可不谓人杰矣哉!米利坚(即美利坚)合众国以为国,幅员万里,不设王侯之号,不循世袭之规,公器付之公论,创古今未有之局,一何奇也!泰西古今人物,能不以华盛顿为称首哉!①

**译文**:

华盛顿,是个不同寻常的人,领导起义比陈胜、吴广还要勇敢,主持割据(指从英帝国独立)比曹操、刘备更加雄大。既然已经举起宝剑、开拓了万里疆土,但却不自称帝王、不将位置传给子孙,而开创推举统治者的法律,几乎等于就是"天下为公",完全符合三代遗下的美好理想。他治理国家崇尚善良风俗,不提倡武力并吞,也和各国不一样。唉,难道不应该称他是人中豪杰吗!? 美利坚合众国作为一个国家,幅员万里,不设立王侯的称号,不因循世袭的常规,公共事务由公众议论决定,开创了古今从来没有的局面,是多么的奇特!西方古今人物,难道不应以华盛顿为第一人吗!

**借鉴西方的变法主张**　　在第二次鸦片战争中再一次惨败、并遭到太平天国巨大打击的清朝统治者,逐步开始认识到"变法"达到"自强"的重要性。一些有识之士开始正面提出借鉴西方来变法。

这方面的先驱者之一,是著名的淮军幕僚冯桂芬②。他在著作《校邠庐抗议》③中毫不含糊地宣称有必要学习西方列强的法律制度。这本书在1861年由他自费刊刻出版,以后被广泛翻刻,流行一时。在该书的《收贫民议》(有关建立贫民收容所的建议)中,他说:"法苟不善,虽古先吾斥之;法苟善,虽蛮貊吾师之。"(法律如果不好,即使是古代的先贤我也批评;法律如果好,即使是野蛮人我也把他当老师。)该书还专门有《采西学议》,提出借鉴各国的成功经验。

**【资料】**

### 《校邠庐抗议·采西学议》摘录

太史公论治曰"法后王",……愚以为在今日又宜曰"鉴诸国"。诸国同时并域,独能自致富强,岂非相类而易行之？尤大彰明较著者,如以中国之伦常名教为原本,辅之以

---

① 《瀛环志略》卷9。这段话后来被一些在华的美国传教士翻译为英文,以中英两种文字刻为石碑,捐赠并砌筑于美国首都的华盛顿纪念碑内。
② 冯桂芬(1809—1874),字林一,号景亭。江苏吴县人。进士出身,授翰林院编修。1853年在苏州办团练,后在上海参与组织由江浙官绅及英法美等国领事组成之会防局,进入李鸿章淮军幕府。曾先后主讲金陵、上海、苏州诸书院。所著有《校邠庐抗议》《显志堂集》《说文解字段注考证》等。
③ 根据作者的自序,"抗议"语出《后汉书·赵壹传》,表示"位卑言高"、向上提出建议的意思。

诸国富强之术,不更善之善哉!①

**译文**:

司马迁在讨论治理国家时说"法后王"(学习后代的圣贤国王),……我以为在现在还应该说"鉴诸国"(借鉴其他国家经验)。各国同时代、地域连接,但有的却实现了富强,这不是很相似而且容易模仿吗?尤其明显的是,如果将中国传统的伦常名教作为原本,以各国的富强措施作为辅助,不更是好上加好?!

曾在湘军幕府为曾国藩重要幕僚、以后又进入李鸿章的北洋幕府,办理"洋务"十多年的薛福成②,更是明确提出借鉴西方来"变法"的口号。1879 年,他向办理洋务的李鸿章提出建议书《筹洋刍议》(办理洋务的建议),最后一篇就是《变法》。他明确指出:法律制度只是治理社会的工具,社会变化小,法律只要小变就可以,社会变动大,法律就必须要随之大变。"世变小,则治世法因之小变;世变大,则治世法因之大变。"而现在社会已经是变化极大,"今天下之变亟矣",法律制度必须大改变。而且清朝的法律制度中,比如官员俸禄太低、朝廷则例太烦琐、军队制度败坏、选拔人才不是讲究真才实学,这些"皆积数百年末流之弊",本身就必须要改,更何况目前与列强抗衡的严峻时刻!

薛福成

薛福成明确指出,必须要仿照西方来"变法"。西方列强是凭借"智力"获得优势,中国要与之对峙,就要学习他们的长处,比如"商政矿务""考工制器""火轮、舟车、电报"以及外交、军事等等的制度,否则就难免失败。"夫欲胜人,必尽知其法而后能变,变而后能胜。"想要战胜他人,就必须完全了解他人的办法后才能改变,改变了才能胜利,故步自封,"兀然端坐"就只有失败。

薛福成的"变法"主张还不是全面地改革传统的法律制度,但至少已经开始呼吁改革法制。李鸿章将他的这个建议转发总理各国事务衙门(外交机构),成为办理洋务的指导书。公开发行后,更是引起了很大的震动。

**【资料】**

## 《筹洋刍议·变法》片段

或曰:"以堂堂中国,而效法西人,不且用夷变夏乎?"是不然。夫衣冠、语言、风俗,中外所异也;假造化之灵,利生民之用,中外所同也。彼西人偶得风气之先耳,安得以天地将泄之秘,而谓西人独擅之乎?又安知百数十年后,中国不更驾其上乎?至若赵武灵王之习骑射,汉武帝之习楼船,唐太宗驾驭蕃将与内臣一体,皆有微旨存乎其间。今诚取西人器数之学,以卫吾尧、舜、禹、汤、文、武、周、孔之道,俾西人不敢蔑视中华。吾知尧、舜、禹、汤、文、武、周、孔复生,未始不有事乎此,而其道亦必渐被乎八荒,是乃所谓用

---

① 《校邠庐抗议·采西学议》。
② 薛福成(1838—1894),字叔耘,号庸庵。江苏无锡人。早年入曾国藩幕府,又随李鸿章办理外交。后曾任浙江宁绍台道、湖南按察使等职。1889 年任出使英法比意四国大臣。所著收为《庸庵全集》。

夏变夷者也。①

**译文**：

有人说："以堂堂中国，效法西方，不是以野蛮改变中华吗？"这话不对。衣服帽子、语言风俗，中国是与外国不一样，但是利用自然、造福人类，中外并没有差别。只不过西方人偶然先走了一步而已，难道能够让西方人独占天地泄露的秘密吗？而且谁知道再过个一百几十年，中国就不会超过西方？过去赵武灵王向胡人学习骑马射箭，汉武帝学习越族人建设舰船，唐太宗使用蕃族将领就和中国人一样，都不是已经说明了这个道理了吗？现在我们诚心学习西方人的技术，来捍卫我们的圣君贤人的道统，使西方人不敢轻视中华。我想即使是那些圣君贤人复生，也会从这件事情入手，而他们的道统也会传播到蛮荒地区，这正是用中华去改变野蛮。

**洋务运动后期的变法思想**

进一步的变法主张形成于19世纪的70年代。进一步接触到西方列强情况后，很多思想家开始领悟到西方列强的政治法律制度也是值得效仿的，制造并使用洋枪洋炮、开展商业活动、建立工业体系，还不是西方富强的根本原因。开始形成新的一轮以引进西方法律制度、进而要求实行政治制度的变革为诉求的"变法"浪潮。

（一）"振兴中国""变法自强"口号的提出

中国历史上第一位报刊政论家王韬②首次明确提出了"振兴中国""变法自强"的口号。他在一系列政论文中，反复鼓吹学习西方的政治法律制度，改革传统政治法律制度，把"变法"扩大到政治领域。这些政论文章后来他编为《弢园文录外编》，1883年在香港出版，很快流入内地，产生很大的影响。

在这本书开头的《原道》篇中，王韬鲜明地指出西方列强"火轮舟车"之类的科学技术仅仅是"器"（工具），而这些国家的"政教刑制"才是"治国平天下之道"。"器"只能"载道而行"，并不能单独带来富强。因此中国的"道"——政治法律制度必须根据西方改变，才能发挥"器"的功效。不过为了缓和顽固势力的抵抗，他又宣称这个"道"以及钻研科学技术的"器"实际上都是源自中国，只是因为春秋战国时期礼崩乐坏，才流传到西方，因此现在学习西方，等于是取回自己旧有传统。

王韬所谈论的"变法自强"的内容，主要有四项：废除八股文、改良科举考试；改革军事制度；改革学校教育内容与体制，废除围绕科举考试的教育体制，"务实学而重真才"；最后是改革法律制度，删除烦琐的各部则例，"就西洋律例之精义"来改良传统的法律。显然他所主张的"变法"是以制度改革为重点的。

尤其是在他所建议的制度改革中，他强调的是"重民"。他以专门的篇章《重民》上、中、下三篇来论述。他认为"富国强兵之本系于民而已"。首先，是因为民富才能国强，鼓励民间开展工商业就可以富国，鼓励民间自己组织团练就可以强兵。其次，民心的向背决定国家的

---

① 《筹洋刍议·变法》。
② 王韬（1828—1897），原名利宾，1862年改名韬，字紫诠，号仲弢，又号天南遁叟、蘅华馆主等，苏州府人。秀才出身，曾在传教士办的上海墨海书馆工作。1862年因化名黄畹上书太平天国，被清廷通缉，逃亡香港。1874年在香港集资创办《循环日报》，评论时政，影响很大。著有《弢园文录外编》《弢园尺牍》《西学原始考》《淞滨琐话》《漫游随录图记》《淞隐漫录》等四十余种。

强盛与否。"天下何以治？得民心而已。天下何以乱？失民心而已。"而最重要的"在上下之交不至于隔阂"，使政府与民间的利益相一致。最后，政府应该"亲民""恤民"，保障民间利益。但是如何来使"上下不至于隔阂"，他在《重民》篇里并没有明确说明，而是在《达民情》一文中极力赞美英国"君民共主"的政治制度，强调"通上下之情"的重要性。

（二）建立"议院"的主张

进一步明确主张仿照西方建立"议院"来打通君民关系的，是买办兼政论家的郑观应①。1892年他在重新整编并出版他的政论文集《盛世危言》时，在序言中写道，因为自己多年办理洋务，深刻领会到西方列强的富强之本，"不尽在船坚炮利，而在议院上下同心"，以及教育成功、重视技艺。也就是说，是西方列强的法律制度优于中国。

与当时思想家惯用的手法一样，郑观应也采用"道""器"有别的说法。在《盛世危言》之首，他列《道器》专篇，也说"道"是中西可共有的道理，而西方国家注重的是"器"。学习西方，需要皇帝"总揽政教之权衡"的前提下，"设大小学馆以育英才，开上下议院以集众益"。为了减少推进改革的阻力，郑观应还在《西学》专篇里提出，所谓"西学"是从中国发源的，因此现在采纳西学就好比是收回旧物。他还说"中学其本也，西学其末也。主以中学，辅以西学"，就可以达到"教化之效"。

郑观应专写了《议院》，来向国人解释议院的性质与设立的好处。他说议院是议论政事的场所，并非中国传统的御史台、谏院机构。议院应该根据中国传统的"乡举里选"，以及西方的投票选举制度来建立，集中全国的人才。同时又要广设报馆，来监督议员，使议员不能弄权营私。议院"达民情"，集中全国的力量，就可以"张国威"。他还介绍西方国家的议院组织，认为美国的议院"民权过重"，法国的议院"不免嚣之风"，只有英国、德国的议院制度最值得仿效。

【资料】

## 《盛世危言》摘录

议院者，公议政事之院也。集众思、广众益，用人、行政一秉于公，法诚良、志诚美矣！无议院，则君民之间势多隔阂，志必乖违，力以权分，权分而力弱。虽立乎万国公法之中，必至有公不公、法不法环起交攻之势，故欲藉公法以维大局，必先设议院以固民心。②

**译文**：

议院是公开讨论政治事务的场所。集中众人的想法、收罗众人的建议，任用人才、施行政治，都完全出于公心，制度实在好，志向实在优。没有议院，君主与百姓之间必然就有很多的隔阂，想法会有冲突，力量被权势分散，权势分散力量也就更弱。即使是在有国际公法的环境里，必然会遭到有不公正、不守法国家组织的围攻，如果想要依靠国际公法来维持大局，就必须要先设立议院来巩固民心。

---

① 郑观应(1842—1922)，字正翔，号陶斋，广东香山（今中山）人。曾为英商宝顺洋行买办。1872年调任英商太古轮船公司总理。1880年受李鸿章委派任上海机器织布局会办、轮船招商局总办。从1861年开始陆续撰写政论，鼓吹变法。1862年汇编为《救时揭要》，1871年增补后改名《易言》，1892年再增补整编为《盛世危言》。该书对于维新变法运动具有重要的宣传作用。

② 《盛世危言·议院》。

另一位明确建议设立议院的思想家是陈炽①。他在甲午战争失败后出版了《庸书》，提出了一百项需要改革变法的项目。其中大量的内容涉及政治体制的改革。他建议现有的朝廷各部院可并可撤，官员可以减少一半以上。而议院是"圣人复起，无以易之"的制度，可以实现"合君民为一体，通上下为一心"。建议设立上下两个议院，下议院由"荐绅"（士大夫）层层投票选举来产生，有单独的活动场所与薪俸，决定"大利弊"的政事。

尤其陈炽还主张将这议院制度从基层开始建立。他在《乡官》一篇里主张"各府州县，则仿外洋议院之制"，由百姓推选"乡官"，被选举的资格是"其年必足三十，其产必及一千金"（有一千两银子的资产）。给予薪俸，设置场所，每乡二人，聚会讨论议决本县的政事。这样一可以澄清吏治（监督县官不得违法），二可以培养政治人才，三可以为地方谋利益。

（三）改良法律的主张

陈炽在《庸书》专门讨论了改良刑法的问题。他在《刑法》篇中指出："中西刑律各有所长"，但是至少西方刑法在"监禁做工""轻罪免役""入镪赎罪"这三件事情上是符合中国远古法律之仁的。现在比较起来总体上是"中重而西轻"，中国的法律过于残酷，成为列强设立领事裁判权的借口。他建议先从废除轻微罪过的笞杖刑入手。这是学习西方改良法律的最早的主张之一。

李鸿章

早期曾留学法国、后为李鸿章重要外交方面顾问的马建忠②，1877年在留法期间，也曾写信给李鸿章，认为西洋各国的强大之本在于其法律是以"护商会""得民心"为宗旨，其他的制度以及科技方面的成就都是"末节"。1894年他又向李鸿章建议，尽快设立翻译书院，加紧翻译罗马法、各国的"律例""商律""民主与君主经国之经"（指宪法）。

（四）建立律师制度的建议

中国古代法律禁止代人诉讼的职业，为人提供诉讼咨询的"讼师"、顶替当事人名字代人出庭的"讼棍"都是犯罪行为。在接触到西方法律制度的知识后，一些思想家逐步认识到诉讼代理职业的重要性，开始建议仿照西方建立律师制度。

郑观应在《盛世危言》的《考试》篇里，已经建议为讼师建立专门的考试制度，必须通过律例考试合格，才可以开业。

正式提出律师制度建议的是陈虬。在《治平通议·刑律下》中，他专门就律师制度发挥道：现在扰乱民间的因素中，讼师占了首位。应该仿照西方的律师制度，正式建立律师代理诉讼制度，平民诉讼都可以聘请律师来出庭代理，没有律师代理的案件不准轻易受理。而且律师必须是"有功名"的绅士，通过专门的考试。他认为通过提高律师职业的地位，这样可以杜绝民间唆讼、缠讼的弊病，真正禁绝挑拨离间的恶讼师。律师公开出庭，还可以防止打官司走后门的"请托"，以及防止法官徇私枉法。

---

① 陈炽（1855—1900），字克昌，号次亮，又号瑶林馆主。12岁中秀才，中举人后任职中央部处。曾参与《盛世危言》的定稿，并积极投身维新运动。变法失败后愤懑而亡。代表作主要有《庸书》和《续富国策》等。

② 马建忠（1844—1900），字眉叔，江苏丹徒（今镇江）人。年轻时即在上海接受西方教育，清光绪二年（1876）派赴法国留学，兼任驻法使馆翻译。获博士学位后回国后入李鸿章幕府办洋务，任轮船招商局会办、上海机器织布局总办。曾赴印度、朝鲜处理外交事务，曾随李鸿章赴日签订《马关条约》。主要政治法律论著编为《适可斋纪言纪行》。所著《马氏文通》，为中国第一部较全面系统的文法专著。

## 【资料】

### 陈虬对律师制度的建议

人得公为律师,律师必有身家,则必深明定例,吓诈敲索、图告不图审之弊自除,利一;庸恶险诈之棍徒不必设法拿办,人自无从过问,利二;原、被各破钱钞而讼师唯知收渔人之利、谋事不忠、心术因之愈坏,使之一例科罪,或自能控制,其利三;律师许其上堂,则幕友裕者尽可自占,讼师日久无所得,此不禁之禁,其利四;上下皆明定例,则徇私枉法之吏不得自肆,其利五。

**译文**:

人们可以公开担任律师,律师一定要有家产,一定要精通法律,原来民间恐讹敲诈、"图告不图审"的弊病自然消除,是优点之一。庸俗险诈挑拨诉讼的"棍徒"没有人过问,不用捉拿,是优点之二。原告、被告各花钱请律师,原来坐收渔人之利、两头拿好处、风气愈加败坏的讼师按照法律惩办,他们或许也会自行收敛,是优点之三。律师可以公开出庭,有身份的绅士也可以自己出庭,(靠关系的)讼师无利可得,不用禁止也就禁止了,这是优点之四。上下都精通法律,徇私枉法的法官没有办法得逞,这是第五个优点。

## 第三节 维新变法运动的法律思想

1895年4月,日本逼签《马关条约》的消息传到北京,康有为等发动在北京应试的1 300多名举人联名上书光绪皇帝,痛陈民族危亡的严峻形势,提出拒和、迁都、练兵、变法的主张。这一"公车上书"揭开了维新变法运动的序幕。为了把维新变法推向高潮,康有为、梁启超等人组织了强学会,并在全国创办《中外纪闻》《时务报》《国闻报》《湘报》等报刊,大力鼓吹变法维新。到1897年底,各地已建立以变法自强为宗旨的学会33个,新式学堂17所,出版报刊19种。在维新人士和帝党官员的积极推动下,1898年6月11日,光绪皇帝颁布"明定国是"诏书,宣布变法。新政从此日开始,到9月21日慈禧太后发动政变为止,历时103天,史称"戊戌变法",又称"百日维新"。

**大力营造变法舆论**    维新运动的主要领袖康有为、梁启超等人大力营造舆论氛围,宣传变法思想,这种对于变法的鼓吹来自不同的角度。

(一)提倡托古改制

## 【人物】

### 康有为

康有为(1858—1927),原名祖诒,字广厦,号长素,广东南海(今广东广州)人。出身士宦家庭。早孤,幼年受教于祖父。中举后,曾任工部主事。他早年重视经世致用之学,后来在龚自珍、魏源以来"今文派"经学和西方资产阶级"新学"的影响下,不断讲学、著书,成为19世纪后期中国政治学术界一位突出的思想家和活动家。他先后7次上书,请求变法图强。1898年与梁启超等人发动戊戌变法。变法失败后,逃亡国外。其后他思想日趋保守,反对孙中山领导的民主革命。主要著作有《新学伪经考》《孔子改制考》《大同书》《春秋董氏学》等。

康有为在戊戌变法前,先后撰写了《新学伪经考》《孔子改制考》等著作,否定经典,否定正统思想,把孔子称为"托古改制"和"改制立法"的祖师爷,目的借"古圣"来论证变法维新的重要性与合理性。

《新学伪经考》把西汉末年刘歆著作及当时崇奉的《左传》等古文经典视为"伪经",湮没了孔子"改制之圣法"。该书旨在破除士大夫对传统经学教条的迷信,为变法维新扫除思想障碍。而《孔子改制考》则从正面阐明了孔子"托古改制"的思想,实际上康有为这里是借孔子来宣传自己的改制变法的主张。

康有为

康有为"托古改制"思想核心是《孔子改制考》中的"公羊三世说"。他称"公羊三世"是孔子制定的三个循序渐进的历史阶段,及社会由"据乱世"进入"升平世"(小康),再由"升平世"进入"太平世"(大同)。孔子曾分别为这三世创制不同的宪法,概括而言,就是《春秋》里的"大义"和"微言",所谓的"大义"是指孔子治"据乱世"之宪法;所谓"微言"则是孔子所说的"升平世"和"太平世"的理想宪法。康有为认为沿着人类社会进化的三世,国家必然地由"专制"进到"立宪",再由"立宪"进入"共和"。

康有为在他的《大同书》里还指出:"公羊三世"里的"太平世"即是大同社会,是人类发展阶段上的"至善至美"的理想社会。在那里,人们逐渐摆脱了乱世中存在的各种"苦道"。社会上致人犯罪的政治经济根源消失了,人性可以得到充分的发展。从而社会就可以达到"治至刑措",实现"太平之世不立刑"。

为此他提出,若要致刑措,达大同,最根本的方法是"去九界",即:一去国界;二去级界;三去种界;四去形界;五去家界;六去产界;七去乱界;八去类界;九去苦界。这样才能达到康有为所设想的大同世界。"大同无邦国故无有军法之重律,无君主则无有犯上作乱之悖事,无夫妇则无有色欲之争,奸淫之防,……无宗亲兄弟则无有望养、责善、争分之狱,无爵位则无有恃威、估力……佞诏之事,无私产则无有田宅、工商、产业之讼……"①,达到"太平之世不立刑"的理想境界。

【资料】

## 《大同书》摘录

人道进化,皆有定位。自族制而为部落,而成国家,由国家而成大统;由独人而渐立酋长,由酋长而渐正君臣,由君主而渐为立宪,由立宪而渐为共和。……盖自据乱进为升平,升平进为太平,进化有渐,因革有由,验之万国,莫不同风。②

译文:

人道的进化,都有一定的规律。都是从氏族而成为部落,由部落而成为国家,由国

---

① 康有为:《大同书》。
② 康有为:《论语注·为政》。

家而一统天下;由每个人自理而渐渐成为立酋长统领,由酋长统领渐渐过渡到正君臣之位,由君主渐渐过渡到君主立宪,由君主立宪渐渐过渡到共和制度。……也就是说由据乱世渐进而为升平世,由升平世渐进而为太平世,进化是逐步完成的,沿袭与变革都是有根源的,以此与其他国家相验证,没有不是如此的。

康有为反复的引证、比附,试图证明:当时的中国一定要变法维新,实行君主立宪政体;当时的"布衣改制",合乎古训,完全符合时代的要求。他认为"时既变而仍用旧法,可以危国",只有变法维新,才是自强之策。"能变则存,不变则亡,全变则强,小变仍亡。"①

康有为主张的托古改制,变法维新的思想,在当时的历史条件下,对于传播资产阶级民主主义启蒙思想,寻求爱国救亡的道路具有一定的进步作用,但是应当注意的是他所主张的变革仅是改良。他认为一切应当"循序而行","不能躐等","三世不能飞跃"。一国的"君主专制"也必须经过"立宪制"才能进到"共和制"。这种思想也是他后来走向保守成为保皇派的原因。

(二) 变法维新,救亡图存

梁启超认为"救亡图存"是"变法维新"的出发点,而"救亡图存"是"变法维新"的必由之路。为此他写了大量的文章来宣传变法维新的思想,产生了巨大而广泛的影响。

【人物】

## 梁启超

梁启超(1873—1929),字卓如,一字任甫,号任公、饮冰子,别署饮冰室主人,广东新会人。幼年时从师学习,"八岁学为文,九岁能缀千言",17岁中举。后从师于康有为。戊戌变法前,与康有为一起联合各省举人发动"公车上书"运动。此后先后领导北京和上海的强学会,又与黄遵宪一起办《时务报》,任长沙时务学堂的主讲,并著《变法通议》为变法做宣传,成为资产阶级改良运动的宣传家。戊戌变法失败后,与康有为一起流亡日本。1905年作为保皇派的主将,同以孙中山为首的资产阶级革命民主派进行论战。辛亥革命后,曾任袁世凯政府的司法总长和段祺瑞政府的财政总长。晚年从事社会教育事业和学术研究。梁启超的著作有《饮冰室文集》,其中阐述法律思想的有《中国法律发达史论》《先秦政治思想史》《变法通义》等,今人编有《梁启超选集》。

梁启超

首先,他以进化论的观点,来论证变法是合乎事物发展规律的。他认为自然界的一切事物无不在变,如地球、时辰、季节等都在变化。社会也是如此,上下几千年,"无时不变,无事不变"。国家的军事、教育、考试等制度也都在不断地发展变化。"法"也是如此,人类社会就"有治乱世之律法,有治升平世之律法,有治太平世之律法"②。法之当变,乃天下之公理。

---

① 《康有为政论集·上清帝第六书》。
② 《饮冰室文集·论中国宜讲求法律之学》。

他这里强调变法的历史必然性,强调了变法是势在必行的事情,是人力不能阻挠的。

其次,他以具体的事实驳斥了清朝统治集团中的顽固派坚持"祖宗之法不可变"的谬论。他说:"法行十年或数十年或百年而必弊,弊而必更,天之道也。"①他列举了清朝法律也在不断变化的事实,如军事上由"坚壁清野之法,一变而为长江水师,再变而为防河圈禁","由长矛弓箭而变为洋枪、洋炮。"说明法制不可能是一成不变的。

最后,梁启超分析了中国当时的状况,指出"非变法万无可以图存之理。"他认为,中国虽然历史悠久,土地广阔,但"因沿积敝,不能振变",以至国弱民贫。特别是中日甲午战争后,中国丧权割地,犹置"一羊处群虎之间,报火厝之积薪之下而寐其上",处境万分危,对此他大声疾呼应当变法维新。

**【资料】**

### 《变法通义》摘录

法者天下之公器也,变者天下之公理也。大地既通,万国蒸蒸,日趋于上,大势相迫,非可阙制,变亦变,不变亦变。

**译文**:

法是治理国家的公共工具,变革是治理国家的公理。地球各国之间的联系已经相通,各国都在蒸蒸日上,这是大势所趋,不可避免的,所以,想变也得变,不想变也得变。

## 鼓吹君主立宪制度

康有为认为,中国之所以内忧外患,积贫积弱,其原因是由于君主专制,君权太专,君民不能合为一体,因此他认为要使国家富强,人民安乐,就必须实行君主立宪,三权分立。在建立君主立宪,实行三权分立的问题上,康有为着重探讨建立代议机构即立法机构的问题,在《公车上书》《上清帝第四书》等书中他提出了以下实行君主立宪的方案。

第一,设议院开国会。康有为在《公车上书》中比较详尽地阐述了这个问题。他认为设立议院后,就可以"上广皇帝之圣聪","下合天下之心志","君民同体","休戚与共"。议院可以起到"民信上则巨款可筹;政皆出于一堂,故德意无下不达;事皆本于众议,故权奸无所容其私"的作用。而召开国会可以"庶政与国民共之",使得"君与国民共议一国之政法"。

第二,制定宪法。康有为希望仿照日本的明治维新进行改革,讲"定宪法"作为维新运动的开始,认为"各国之一切大政皆奉宪法为圭臬"。如果没有宪法作为根本和根据,就会出现"恶之者驳诘而不行,决之者仓卒而不尽,依违者狐疑而莫定,从之者条书而不详"的情况。所以实行新政之前,必须先定宪法。

第三,实行三权分立,即"以国会立法,以法官司法,以政法行政"。他说:"近泰西政论,皆言三权,有议政之官,有行政主管,有司法之官。三权立,然后政体备。"

除了要求实现君主立宪以外,康有为还积极重视改旧法,建立新的法制,他甚至认为"变法全在定章典宪法。"

同样,梁启超也认为中国若要救亡自强,实行变法,必须从改革中国社会本身入手,即改革中国的政治、法律、文化教育制度,以至国家的政体。

---

① 《梁启超选集·变法通议》。

他认为应当从以下几个方面入手：首先，变法"必先变人"。对此他曾说："变法之本，在育人才；人才之兴，在开学校；学校之立，在变科举；而一切要其大成，在变官制。"① 其次，变法"必兴民权"。他说："国也者积民而成，国家之主人为谁，即一国之民是也。"在西方资产阶级国家中，"谓君也，官也，民之公奴仆也"。因此言爱国必须从兴民权开始。再次，变法必须变专制政体为立宪政体。梁启超认为人类社会的发展是由"多君为政"演进到"一君为政"，再由"一君为政"演进到"民为政"，但是当时的中国由于万民未醒，还不能实行"民为政"，只能实行"一君之政"。

他对孟德斯鸠的"政体论"特别推崇，认为如在中国实行"一君之政"，应当按照英国模式建立君主立宪政体。

第一，设立民选议会。是否立国会是区别"专制"和"立宪"政体的重要特征，直接关系到国家的兴衰。

第二，制定宪法。他说：中国法律从秦至今"相沿不改……君相既因循苟且"，都是由于无立法部以及无立法部制定"使法必行之法"，如果法可以不必行，那么"有法亦等于无法"。

第三，实行三权分立。他借用了西方资产阶级倡导的三权分立原则，结合中国的当时的实际情况，创造自己的三权分立说，即由国会行使立法权，国务大臣行使行政权，独立审判厅行使司法权。并且他把统一的"三权"的统治权称为"体"，这是不可分的；由国会、国务大臣、审判厅分别行使的"三权"称为"用"，这是可分的，即所谓"三权之体皆莞于君主"。这就是说，君主立宪和君主专制的"体"是完全相同的，君主立宪里的"君主"同君主专制里的"君主"一样，享有最高的权力，所不同的是在"用"上，即三权的使用上，立宪政体对君主有某些限制罢了。

**大力引进西方政治学法学理论**

维新运动的重要特征是开始直接翻译、引进西方的政治学、法学理论，来为变法寻找理论根据。其中影响最大的是严复的系列翻译作品以及政论文章。

【人物】

## 严　复

严复（1854—1921）初名体乾、传初，改名宗光，字又陵，后又易名复，字几道。福建福州人。1866年以第一名考入马尾船政学堂，1877年作为首批海军留学生入英国皇家海军学院学习。学成归国后任福建船政学堂教习，翌年调任天津北洋水师学堂总教习，后升会办、总办。甲午战败后开始致力译著，并在天津《直报》上连续发表政论，对维新运动产生巨大影响。翻译西方学术名著《天演论》《原富》《群学肄言》等。他是近代中国系统翻译介绍西方学术思想的第一人。

严　复

---

① 《梁启超选集·变法通议》。

(一) 社会进化论的引进与宣扬

英国生物学家赫胥黎鼓吹社会进化理论的《进化与伦理》一书出版于1893年。严复在1895年已经翻译完成,并开始印行。该书引起了中国知识阶层的广泛重视,社会进化论立刻被作为维新变法的理论依据,形成了唯有变法才可以救亡图存的思潮。

在该书的译者按语中,严复把进化论简化为"物竞天择,适者生存"八个大字,认为万物都处在不断的进化、互相竞争之中,谁能适应这种竞争,谁才可以生存,否则只有被淘汰。1895年严复还发表了一系列以社会进化论观点来诠释时事的政论,其中的《论世变之亟》《原强》等向国人指出:在世界各国迅速的进化演进过程中,中国如果不奋起顺应并赶上潮流,则决非中国人传统的一盛一衰、一治一乱的历史循环,而是将面临"亡国灭种"、被彻底淘汰的惨痛境遇。他很清楚地解释了变法的必要性和紧迫性,从而对读者产生巨大的激励作用。

(二) 对专制法律制度的批判

在引进西方资产阶级革命时期法学著作的同时,这一时期的很多思想家还以引进的社会契约论、天赋人权说等为思想武器,批判中国传统的专制主义特色的法律。

梁启超受西方法律思想家卢梭、孟德斯鸠等人学说的影响,推崇资产阶级的民约论、人性论等学说,用它们来批判中国专制主义的法律制度,阐明法律的起源和性质,论证采用西方法律制度的合理性与优越性。

他认为,人类同自然界的竞争中,需要结成"群"才能生存,而"群"中的每一个人,各有自己的天赋权利,人们为了保护和扩大各自的权利,又在"群"的内部展开了竞争。而"群"中之人良莠不齐,如果对他们放任不管,必然会斗争不已,这是极不利于"群"的全体利益,归根结底也不会利于个人的生存。在这种情况下,人们本能地按照自己的"良知",认识到应该采取一定的措施,以保证每个人所享有的天赋权利不受侵犯,使整个"群"生存下去。因此就需要设立法律作为约束人们行为和保护人们的手段,于是法律产生了。但是梁启超认为这是法律产生的最初的原因。当人类社会不断向前发展时,人际关系日益复杂,法律也随着变化。这个时候的法律有的生于契约,有的起于命令,而只有生于契约的国家和法律最完美无缺,公正无私。梁启超的这种法律起源的思想在当时起到思想启蒙的作用。①

严复在1895年发表的《辟韩》一文,激烈抨击唐代大儒韩愈在《原道》中阐发的君主专制权力理论。韩愈称帝王的权力来源于远古时代为人民除害的"圣人",严复辛辣地讽刺说,那么那些圣人肯定都是些长有尖爪利齿、披着长毛鳞甲的怪物。况且"圣人"既然是这样以"强梗"起家,无怪乎后代的帝王也都是最为"强梗"、最能够"欺夺"的强盗了。韩愈在《原道》中说,人民应该承担"出粟米麻丝、作器皿、通货财"来服侍帝王的义务,严复驳斥说,那么所谓的圣王尧舜与暴君秦始皇还有什么差别呢?

【资料】

## 严复对君主专制制度的批判

秦以来之为君,正所谓大盗窃国者。国谁窃?转相窃之于民而已。即已窃之矣,又

---

① 《饮冰室文集·立宪政体与政治道德》。

惴惴然恐其主之或觉而复之也,于是其法与令猬毛而已。①

**译文**:

秦以后的皇帝,正是所谓的窃国大盗。国家是从谁那里窃来的?就是从人民那里转相窃取的。而且在窃取之后,又老是担心国家原来的主人发现而夺回去,于是就颁布了如同刺猬毛刺一般繁杂的法令(来加以防止)。

### (三)系统引进西方法学理论

维新运动期间,以严复为主的一批思想家开始完整地翻译西方的政治学、法学名著,为进一步引进、消化西方法律体制奠定基础。

严复先后翻译出版了《原富》(即英国古典政治经济学家亚当·斯密所著《国富论》)、《群学肄言》(即英国社会学家H·斯宾塞所著的《社会学研究》)、《社会通诠》(即英国社会学家甄克思所著《社会进化简史》)、《法意》(即法国法学家孟德斯鸠的名著《论法的精神》)、《群己权界论》(即英国哲学家穆勒的名著《论自由》)等等,为中国进一步进行法制变革提供了理论武器。

**【资料】**

盖在中文,物有是非谓之理,国有禁令谓之法,而西文则通谓之法,故人意遂若理法同物,而人事本无所谓是非,专以法之所许所禁为是非者。此理想之累于文字者也。中国理想之累于文字者最多,独此则较西文有一节之长。西文法字,于中文有理、礼、法、制四者之异译,学者审之。②

**译文**:

因为中文里,判断是非的叫做"理",国家的禁令叫做"法",而在西方文字里都称为"法",因此西方的人们视"理"和"法"是同样的意思,对于人和事的评价无所谓是非,只按照法律是否允许或禁止来判断是非。这就是理想为文字牵累了。中国理想被文字牵累的最多,只有这方面比西文有一长处。西方文字里的"法"在中文可以有"理""礼""法""制"四种翻译,学者要注意。

## 第四节 新政修律时期的法律思想

以西太后为首的原来镇压戊戌变法的顽固派,在遭到八国联军侵华战争后,被迫签定了空前丧权辱国的"辛丑条约"。1902年在内外交困的情况下,为了抵制革命和乞求帝国主义的恩许撤销领事裁判权以平民愤,顽固派承接了戊戌变法维新的口号,下诏进行"变法"。清廷于1902年任命沈家本、伍廷芳为修订法律大臣,主持修订清朝的现行法律。以后在1906年又被迫宣布"预备立宪",并开始改革政府体制、废除一些残酷的刑罚。逐步公布了一些仿照西方的新法律及其草案。为与戊戌变法区别,法律史上一般将这一过程称为"新政修律"。在这次修律的过程中,清朝统治集团内部也曾展开激烈的讨论,尤其在讨论《大清新刑律》时还爆发"法治"和"礼治"的斗争和辩论,形成了不少颇具特色的法律思想。

---

① 《严复集·辟韩》。
② 《严复集·法意按语》。

## "中学为体,西学为用"的提出

太平天国战争以及第二次鸦片战争后,清朝统治者中逐渐形成了洋务派,其代表人物在清廷中央有恭亲王等,在地方以曾国藩、李鸿章、左宗棠、张之洞等一批总督和巡抚为代表。他们以自强、求富相号召,主张依靠外国的援助,开办中国近代军事工业和民用工业,并用新式武器装备陆海军。洋务派兴办的近代工业,对自然经济有某些冲击,客观上对后来中国近代民族工业的产生和西方工业技术和科学知识的传播起到了积极作用。同时学习和引进西方技术时,西方的政治法律制度和思想文化也逐渐传入中国,促进了法制的改革。在这些变革中,统治者的主流意识,一直企图在引进西方技术层面的制度的同时,维护中国传统的君主专制政体和"名教纲常"、维持清皇朝的统治。这后来被张之洞总结为"中学为体,西学为用",成为新政修律的指导思想。

【人物】

### 张之洞

张之洞(1837—1909),字孝达,号香涛,直隶南皮(今属河北)人。进士出身,曾任翰林院侍讲学士、内阁学士等职,号为"清流"首领。1882年后历任山西巡抚、两广总督、湖广总督、两江总督等地方大员,办理洋务号为"自强"。1907年调任军机大臣,主持清末的新政修律的法制改革。著作汇编为《张文襄公全集》。

张之洞

在鸦片战争期间,魏源已经提出过"师夷长技以制夷"的主张,早期的洋务派曾国藩、李鸿章等人在镇压太平天国时也接过这个口号,兴起了洋务运动。冯桂芬在《校邠庐抗议》所说的"以中国之伦常名教为原本,辅以诸国富强之术",以及郑观应所说的"中学其本也,西学其末也,主以中学,辅以西学",都已经表现出既取西法之长,又保中学为原本的思想。所以可以说这一思想在当时已经成为洋务派人士的共识,而张之洞鼓吹最为有力。

(一)"中学为体,西学为用"口号的背景

在维新运动高涨的1898年,张之洞撰写了《劝学篇》,并被清廷以上谕形式肯定、由军机处分发各省刊刻,因此风行一时。该书全面阐发了"中学为体,西学为用"的思想。张之洞明确提出:"今欲强中国、存中学,则不得不讲西学。"但应该"中学为体,西学为用",在变与不变中求平衡,求两全。

张之洞所强调的"中学"(旧学),即以孔孟之道为核心,维护三纲五常的儒家学说。他自己阐发为"中学之体"是指专制国家的"立国之本",即维护传统政治秩序的指导思想,"夫所谓道本者,三纲四维是也";而"西学之用"则指西方的先进技术、具体的政治措施,即西艺、西政。张之洞认为既然西学为用,则西方的一些先进技术和行政措施是可以采用的,但是西学之用不能成为统治制度的核心。

张之洞认为变法具有"保国家""保圣教""保华种"三大任务,而"保种必先保教,保教必先保国"。因此他要求人民必须和清朝统治者"同心",保卫大清朝、忠于大清朝。他宣称清皇朝入关之后有"十五大仁政",是中国历史上从未有过的"宽仁之政"。因此无论变法、无论中学西学,都必须首先从效忠清皇朝开始。

因此从表面上看来,似乎他主张变法改革,已经走上变法维新的道路,其实不然。他所说的变法并不包括基本制度。他认为基本制度和基本法制是不可以变的,是不可以用西方资产阶级的法制来代替的,否则就会成为"西学为体"。在他的理论中,"中学为体"和"西学为用"紧密联系在一起,即"西学"只能为"中体"服务。

张之洞所总结发挥的"中学为体,西学为用",在发表的当时具有反对康梁领导的维新变法运动的政治意义。当清廷决定要"变法",修订法律时,这一思想又成为修律的指导思想。即使在宣布"预备立宪"后,这一思想仍然被用于维护清朝的统治大权。

(二)"中学"的内涵

在张之洞看来,纲常名教是数千年来的"五伦之要,百行之原",是"中国神圣相传之圣教,礼政之原本,人禽之大防",是统治的根本。因此包括法律在内的一切上层建筑,都不能离开这个根本,都必须贯彻这个原则。虽然他也曾说过法律要因时而变,但强调包藏在法律中的"经术"即纲常名教则是万不能变。

在当时的法律领域的争论中,《大清律例》已成为众矢之的,就连士大夫中的有识之士也主张修律。虽然张之洞承认旧法不足以"变世变","自不能不量加变易",可是他所主张的可变度是微乎其微的,认为法律的形式,法律的体例、形式可以变,但是法律的内容、本原不可变。此外张之洞还列举《大清律例》的一些仁义之处。张之洞指出:中国"法律本原实与经术相表里"。"经术"是指四书五经中的纲常名教,它是全部法律的精义所在。法律是"表",即形式;而"经术"才是"里",即内容。形式受内容决定并为内容服务,因此法律受经术决定,并为其服务。而其中的"亲亲之义,男女之别"是经术中最重要的内容,是天经地义、万古不覆的常规。法律必须为这个常规,即纲常名教服务,强迫人民在纲常名教内作为和不作为,接受统治。因此他反对针对这个原则进行任何的法律变革。

(三)"西学"的"用"

对于"西学"的理解,张之洞也认为西学本身也可以区分出"体"和"用"两个方面,而能为中体服务的西学当然不可能是西学之体,而只能是西学之用。具体到政治法律制度而言,西方的君主立宪、民主共和、三权分立、天赋人权等都与"中体"相违,都应当予以摒弃。

张之洞最为排斥的是西方的民权理论。他歪曲西方的民权学说,认定西方的民权学说是"但欲民申其情,非欲民揽其权"。总之,"民权之说一倡,愚民必喜,乱民必作,纪纲不行,大乱四起"①。老百姓只要遵循纲常伦纪,安分守己,安贫乐命,天子和百官就会赐给他们阳光和雨露,安宁和幸福,有什么必要确立"民权"?所以民权理论"无一益而有百害"。至于"议院"制度也是中国人理解上的错误。他认为西方国家的议院不过是让老百姓有个申请、诉求的场所,决非"民揽其权"。大臣、绅士的"公议",只是"建议在下,裁择在上",不必设立专门的"议院"来讨论以至于有"羹沸之弊"。

张之洞认为,在不违反纲常名教的前提下,是可以"采西法以补中法之不足"。但是对于西法中的民权、男女平等,他是坚决反对的。此外对于西方法律中的罪刑法定、司法独立、律师制和陪审制等,他也是反对的。

以张之洞为代表的清朝洋务大员所理解的"采西法以补中法之不足",集中体现在

---

① 《张之洞全集·劝学篇》。

1901年他在湖广总督任上和两江总督刘坤一联名所奏的所谓《江楚会奏变法三折》。其内容主要表现为以下两个方面。

第一，整顿中法主要为改革刑狱。他们提出几条建议，即"除讼累"，指革除差役，消除讼累，试行警察制度；"省文法"，指减省诉讼中繁文缛节；"恤相验"，指官吏勘验命案必须"轻骑简从，不准丛扰"；"省刑责"，指除命盗案件外，其他案件及各种人证都不许刑讯；"重众证"，指重证据而轻口供，除死罪必须有供词外，其他军流以下诸罪只要证据确凿经上司复核即可按律定拟；"改罚锾"，指民事案件乃至轻微的刑事案件，皆可以缴银赎罪；"修监羁"，指改良监狱的条件和管理等。以上各项虽然对制度的根本性质毫不触动，但是或多或少地吸取了西方的某些东西，其中"省刑责""改罚锾""修监羁"等显然参照西方资本主义国家法律的有关规定。

第二，在一些新的领域采用西法。为了办洋务和协调中外资本家的利益，张之洞和刘坤一建议清政府聘请西方各国的"名律师"，博采各国的法律，为中国编纂矿律、路律、商律以及交涉刑律。由于他们提出对中法的整顿和对西法采用是在戊戌变法后，显然他们并没有超越康有为和梁启超的构想。但是他们是在戊戌变法后首次提出法律改革的问题，而且所拟的措施在以后的法律改革中亦被付诸实践，因此，张之洞对清末的法制改革还起到一定的作用。

**对旧律的系统研究和修良方案的提出**

19世纪后半叶，以薛允升①、沈家本等人为代表的司法官员对传统法律进行了深入的研究和分析，从而为20世纪初的修律进行了必要的准备。

薛允升对中国传统法律的历史沿革、得失利弊进行了系统的研究。在他的著作《唐明律合编》中，他以赞美唐律来批判清律所沿袭的明律，实际上就是对当时的律典条文进行了批判性的梳理。他的另一部重要著作《读例存疑》，则对清朝的条例进行了全面的梳理、考证以及深入的分析。他指出清朝统治者在制定条例时，往往忽视法律的统一性，结果造成条例繁杂，彼此冲突，难以执法。该书在修律开始后由律例馆刻版发行，作为大规模修改《大清律例》的重要依据。

【人物】

## 沈家本

沈家本(1840—1913)，字子淳，别号寄簃，清代归安(今浙江吴兴县)人。光绪九年(1883)考中进士，历任天津知府、山西按察使、刑部左侍郎、法部右侍郎、资政院副总裁等职。沈家本在刑部供职期间，就浏览了历代法典和刑狱档案，对中国古代法律制度和法学文献进行了大量的考订工作。1902年清政府设立修订法律馆，派沈家本、伍廷芳充任修订法律大臣。在沈家本主持下，《大清律例》删改为《大清现行刑律》。他主持制订了中国近代第一部专门化的刑法典——《大清新刑律》。他还主持制订了民律、商律等一系列前所未有的近代化法律草案。其著述十分丰富，汇编为

沈家本

---

① 薛允升(1820—1901)，字克猷，号云阶、云陔，陕西长安人。进士出身，后授刑部主事，长期在刑部任职、1893年升为刑部尚书。后因办太监杀人案得罪西太后，被降级。1998年辞职回乡。

《沈寄簃先生遗书》甲编22种、乙编13种,还编有《枕碧楼丛书》12种。这些著作均具有很高的学术价值,是研究中国法制史和法律思想史的重要参考资料。

沈家本在主管司法工作时,十分注意法律的研究工作,一方面大量地收集、整理和考订中国古代法律资料;另一方面在主持修律期间,组织人力翻译了资本主义国家的许多法律,对中国法学和法律思想的发展起到了承上启下的作用。杨鸿烈评价他:"沈氏是了解中国法系且明白欧美日本法律的一位近代大法学家,中国法系全在他手里承先启后,并且又是媒介东方西方几个法系成为眷属的一个冰人"①。

沈家本对中国古代法律进行了深入的分析研究。他关于中国旧律研究的著作《历代刑法考》一书,共78卷,21册。他认为中国古代法律制度必须修改,才能顺应时代的要求,并提出了一些修改的建议。

第一,删除总目,简易例文。他认为清朝使用的法律总目承《明律》之旧,以六曹分职。这是沿用《元圣政》《元章典》及《经世大典》诸书。因官制有的已改名,有的已归并,与以前不同,故不能因循旧式,应将吏户礼兵刑功诸目一律删除,以昭化划一。例文与律文不同,它因一时权宜而增损,历年增编已达两千余条,其中与当时的情势不合的,已为虚设,所以应酌加删并,务归简易。

第二,改重为轻。废除重刑既为了施行仁政的需要,又为了适应世界各国轻刑的趋势。他主张"裁之以义"与"推之以仁"。沈家本说:"臣等窃维治国之道,以仁政为先。自来议刑法者,亦莫不谓裁之以义而推之以仁,然则刑法之当改重为轻,固今日仁政之要务,而即修订之宗旨也。"很显然他主张将刑"改重为轻"。另外他主张酷刑是"不仁""不正""不德"之法,应当废除。

第三,主张平等,反对刑有等级。法律是以维护等级制度为根本立法原则的。清末的法律中也明显地反映出贫富贵贱、民族、男女之间不平等。沈家本反对刑有等级,主张法律平等,提倡人权。他提出同一刑制,提倡满汉、良贱在法律上平等,后来在其修订的《大清新刑律草案》中还废除了"无夫奸"等罪名。这些都与法律历来所维护的纲常名教相冲突,遭到了许多非议和攻击。

第四,刑循"正条"不宜"比附援引"。沈家本认为修订法律应该遵循一切犯罪须有正条乃为成立,即"刑不准比附援引"。不宜采用援引定罪的理由是援引定罪使得司法和立法混而为一;同时法官有过多的权力,可以恣意出入人罪,刑事裁判难以统一;而且人们无所适从。对此他提出采用西方资本主义国家的"罪刑法定"原则。

第五,更定刑名。沈家本指出,自《隋律》开始的笞、杖、徒、流、死五刑,清末仍在沿用。但是在当时已经明显不合适,例如随着交通的发达,流刑渐渐失去其效果。而世界各国刑法死刑以下,自由刑及罚金占多数。自由刑大致分为惩役、禁锢、拘留三种。为此,他认为刑名应改为死刑、徒刑、拘留、罚金四种。

### "会通中外"的修律宗旨

作为修律的主持者,沈家本不可能脱离清皇朝和三纲五常的原则来修订法律。他一方面推崇我国古代的法律,特别是对三代和唐代的法律推崇备至。但是在接触到西方的法律文化

---

① 杨鸿烈:《中国法律发达史·清——欧美法系侵入时期》。

后,他对西方法律也非常推崇。在考订中国古代法律制度和浩繁的法学文献的同时,他大开研究西法之风,热心探索西方资产阶级的法律制度和法律思想。他希望中国能像日本那样学习并掌握西方的法治精神,由弱国变为强国。他说:"日本旧时制度,唐法为多。明治以后,采用欧法,不数十年,遂为强国,是岂徒慕欧法之形式而能若是哉？其君臣上下,同心同德,发愤为雄,不惜财力以编译西人之书,以研究西人之学,弃去糟粕而撷其英华,举全国之精神,胥贯注于法律之内,故国势日张,非偶然也。"①

沈家本主持修订法律的指导思想,用他自己的话来说,就是:"折中各国大同之良规,兼采近世最新之学说,而仍不戾乎我国历世相沿之礼教民情"②。他的修订法律思想在于将西方各国之法、世界最新之法律学说和中国国情结合起来,融合中西法理,贯通古今学说,制定最新最善之法,在中国实行西方式的法治。

在受命修律后,沈家本制订了完整的计划,努力学习西方资本主义国家的政治法律制度和法学理论,派人到日本考察,了解资本主义法律制度的历史和现状,积极引进资产阶级法律,有力地推进了法学研究和立法工作。在他的主持下,先后翻译了法、俄、德、荷、意、日、比、美、瑞士等国家的法典和法学著作共33种,使人耳目一新。同时沈家本还聘请日本法学家冈田朝太郎、松冈正义、志田钾太郎等为修律顾问,帮助修订律例。

另外他还积极倡导、兴办法律学堂,开创近代法学教育和研究,几年内法律学堂的毕业生近千人。可以说在中国近代法律史上,沈家本有非常多的贡献,是历代法律思想家难以做到的。沈家本认为,实行资产阶级的法治主义,"举全国之精神,胥贯注于法律之内",就能够使得国家强盛起来。他论述资产阶级法治主义的内容比较多,而且还夹杂着一些儒家德主刑辅的思想。

**【资料】**

### 沈家本对中国法制史的一个总结

吾独不解:戕法之人,往往即为定法之人。梁武诏定律令,缓权贵而急黎庶;隋文诏除惨刑,而猜忌任智,至于殿庭杀人。稽诸史册,不胜枚举。法立而不守,而辄曰法之不足尚,此固古今之大病也。自来势要寡识之人,大抵不知法学为何事,欲其守法,或反破坏之。此法之所以难行,而学之所以衰也。是在提倡宗风,俾法学由衰而盛,庶几天下之士,群知讨论,将人人有法学之思想,一法立而天下共守之,而世局亦随法学为转移。法学之盛,馨香祝之矣。③

**译文:**

我唯独搞不懂的是:破坏法律的人往往就是制定法律的人。梁武帝亲自颁布了法律,可是执法的时候放过权贵,而严惩平民;隋文帝下令废除了酷刑,可是猜忌大臣,甚至在官殿里就把大臣活活打死。史书里这样的事例不胜枚举。立了法不加遵守,反过来还说法律不值得推崇,这正是古往今来的大弊病。自古以来有权有势的人,大多数都不知道法学是什么,想要他们守法,他们反而破坏法律。这就是法律所以难以贯彻,而

---

① 《寄簃文存·新译法规大全序》。
② 沈家本:《修订法律大臣沈家本等奏进呈刑律分则草案折》。
③ 《寄簃文存·法学盛衰说》。

法学所以衰落的原因。现在提倡法学,使法学由衰转盛,或许能让天下有识之士都来讨论,使人人都有法学的思想,一部法律公布了天下一起遵守,而社会局势也能够随着法学转移。焚香恭敬祝愿法学的昌盛!

## 清末修律中的礼法之争

（一）礼法之争由来

清末法律改革实际上是清朝廷慈禧集团为摆脱统治危机的自救行为,统治集团本身并没有意识、也没有准备好全面改革传统法律制度。当感觉统治危机有所缓和的时候,清朝廷顽固保守一面开始暴露,于是在清末改制的中后期又开始强调法律本源"本乎礼教",三纲五常"为数千年相传之国粹,立国之大本","旧律义关伦常诸条,不可率行变革,庶以维天理民彝之不蔽"。并以此作为改革之"至要"宗旨。

清朝廷在改革中后期的这一"至要"之旨与主持修律的沈家本等法学人士的思想产生了冲突。沈家本从其学术思想出发,其改革之指导思想乃是"折中各国大同之良规,兼采近世最新之学"。以这种思想为指导制定的新律草案,超越清朝廷所划定的改革范围。终于导致爆发中国近代立法史上的最大争论——礼法之争。

争论的双方被称为法理派和礼教派。法理派的代表人物为沈家本、杨度等。他们主张资产阶级的法律思想,以"人权"为号召,强调"个人本位"的国家利益高于家族利益,从而维护资本主义所有制。其法理派名字的由来在于"法理"即"法律之原理"的含义,属于西方资产阶级的法学用语。而礼教派的代表人物有张之洞、劳乃宣等。他们主张法律思想,以维护君主专制和宗法家族制度为主旨,进而达到维护整个制度的目的,"礼教"即是维护三纲五常名教,坚持正统法律思想。

（二）礼法之争的过程

1906年,修订法律大臣沈家本、伍廷芳从"模范列强"出发,学习西方,制定了中国历史上第一个单行诉讼法规《刑事民事诉讼法》,采用了西方的律师制度和陪审制度等。清统治者认为该法律关系重要,请求大臣进行研究,看其是否符合中国风俗礼教。张之洞后来对《刑事民事诉讼法》进行了严厉的批评。该法律共260条,但是被张之洞批判的就达62条之多。他批评该法律"袭西俗财产之制,坏中国名教之防;启男女平等之风,悖圣贤修齐之教"。他们反对以收回领事裁判权之目的,而将"中国旧律经义弃之不顾,全袭外国格式文法"。他认为法律改革只能"将中国民情风俗、法令源流通筹熟计",按照中国政教大纲"量为变通"。在礼教派的挞伐之下,结果是《刑事民事诉讼法》未及公布就被作废。

1907年,沈家本聘日本学者冈田朝太郎,以折中各国大同之良规,兼采近世最新之说,而不违背中国历世相沿之礼教民情为宗旨,拟定出《大清新刑律草案》。在维护人权的口号下,该法采用西方刑法体例,分总则、分则为二编,在相当程度上采纳了西方刑法的罪刑法定、罪刑相应和人道主义等原则。

该草案上奏清廷后,同样遭到以张之洞为首的礼教派的一致反对。张之洞先以该草案中对"内乱罪"不处死刑,指责草案起草者庇护革命党。他反对草案受阻后,又以学部的名义,对草案进行全面的批驳。他认为,"因伦制礼,准礼制刑",是中国法的传统。历世相传的"明以五刑以弼五教","凡听五刑之讼,必原父子之亲、立君臣之义以权之",为"我国立法之本"。但是,草案所列各种条款,几乎都与这个根本相悖。它不但违背君臣之伦、父子之伦、夫妇之伦,也违背男女有别、尊卑长幼之序。

在张之洞的带动下,守旧大臣群起而攻。1909年,清朝廷综合礼教派的意见认为:"刑法之源,本乎礼教。中外各国礼教不同,故刑法亦因之而异。中国素重纲常,故于干犯名义之条,立法特为严重。良以三纲五常,阐自唐虞,圣明帝王,兢兢保守,实为数千年相传之国粹,立国之大本。今寰海大通,国际每多交涉。故不宜墨守故常,致失通变宜民之义,但只可采彼之常,益我所短。凡旧律义关伦常诸条,不可率行变革,庶以维天理民彝于不蔽。该大臣务本此意,以为修改宗旨,是为至要"。将学部和部院督抚大臣的批驳意见,连同《大清新刑律草案》发交修订法律馆和法部,本此"至要"之旨,加以修改。

(三)礼法之争的高潮

在这种强大的政治压力下,沈家本和修订法律馆只能按照这种修改宗旨,将草案中凡有关伦纪条款的处罚都予以加重一等,修改后送交法部。法部尚书廷杰,又以"中国名教必须永远奉行勿替者,不宜因此致令纲纪荡然"为辞,在修改稿的正文后面加上《附则五条》,明确规定:"大清律中,十恶、亲属容隐、干名犯义、存留养亲,以及亲属相奸相盗相殴并发冢犯奸各条,均有关于伦纪礼教,未便蔑弃",死刑仍然执行斩刑。卑幼对尊亲属不能使用正当防卫之法。正文规范,为附则所否定。这次修改案,定名《修正刑律草案》。

1910年,《修正刑律草案》完成后,交由宪政编查馆考核。劳乃宣又以修正案正文"有数条于父子之伦、长幼之序、男女之别有所妨",背弃礼教;《附则》规定之适用中国人之旧律礼教条款为"本末倒置",向宪政编查馆上《修正刑律草案说帖》,提议将"旧律有关伦纪礼教各条",直接列入新刑律正文。并将其说帖广为散发。礼教派群起而攻,至新律几有根本推翻之势。

沈家本"愤慨异常,独当其冲,著论痛驳",撰《书劳提学新刑律草案说帖后》《论杀死奸夫》等文,阐明法理,逐条批驳劳乃宣之说。宪政馆、法律馆诸人以及日本人冈田朝太郎、松田义正等,"亦助沈氏辞而辟之"。双方就新刑律之具体条文,以文字互相辩难。考核者调和双方意见,核定后,将《修正刑律草案》更名为《暂行章程》,交资政院议员议决。

1910年10月,资政院开议新刑律。宪政编查馆派杨度①为特派员,到议场阐述新刑律的立法宗旨。杨度在议场发表演说,尖锐批评传统法律所依据的家族主义原理。杨度认为,要使国家发达,法律就必须保护个人自由而采用西方的国家主义原理。杨度的演说,引起极大的反响,遭到以劳乃宣为首的礼教派的激烈反对。议场内外就中国立法应循传统的家族主义原理,还是采用西方的国家主义原理,展开口头和书面的辩论。

礼教派在口诛笔伐之外,还对杨度提起弹劾。劳乃宣不仅亲自撰文批驳杨度,而且邀请亲贵议员105人,向资政院提出《新刑律修正案》,动议修正宪政编查馆考核的《大清新刑律》。计修改、移改、复修、增纂维护宗法礼教条款十三条又二项。坚持保护家族中父子、夫妻、尊卑长幼的身份差别,维持他们之间不同的法律地位。在新刑律原有的维护礼教的条款基础上,增加和加重卑幼对尊长、妻对夫的杀伤罪的范围和刑罚;减轻或免除尊长对卑幼、夫对妻的杀伤罪的范围和刑罚,全面保护以亲亲尊尊为核心的纲常名教。这一动议,经资政院法典股审查而被否定。

---

① 杨度(1874—1931),字皙子,湖南湘潭人。早年留学日本,曾任东京中国留学生会会长。1906年创办《中国新报》,鼓吹君主立宪,为著名政论家之一。1907年任宪政编查馆提调。辛亥革命后任内阁学部副大臣。1915年组设筹安会,策划恢复帝制。1922年加入国民党。1929年加入中国共产党,以秘密党员身份坚持党的工作。1930年加入自由大同盟。

礼法双方在资政院议场讨论通过新刑律中,当议及子孙对尊长是否适用正当防卫和无夫和奸是否为罪条款时,爆发大争论,而致秩序大乱。最后,因双方观点无法调和,而以投票表决决定其存弃。结果,多数同意子孙对尊长可适用正当防卫,而予通过。无夫和奸则因多数同意有罪而修正原有无罪规定而通过。劳乃宣议案中的其他条款,则因资政院会期已过,新刑律没有全部议结而未议及。资政院闭会以后,清朝廷将已议和未议之全部条款略加修改,即以上谕颁布。

这场礼法两派的论争,最后以法理派的退让和妥协而告终,不但新刑律中不断加入新的有关纲常名教的条文,而且沈家本在礼教派的弹劾之下,也不得不辞去修订法律大臣的职务。但是,这场论争对中国近代法律思想和法律制度产生了深远的影响,中国法律近代化的过程因此大大加快。

## 本 章 小 结

晚清是一个社会剧烈动荡的时代,因此法律思想也反映出多种斑驳的色彩。早在鸦片战争之前,眼光敏锐的思想家比如龚自珍,已经看出清朝处在全面的衰败之中。在被西方列强打败后,一些政治家、思想家提出"师夷长技以制夷"的口号。至被列强再次打败以及在镇压太平天国过程中,清朝统治者的很多人都已经接受学习西方军事技术,进而开设近代工商企业来实现"强兵富国",所谓洋务运动就此展开。19世纪末,随着列强的步步进逼,更多的思想家认识到政治法律体制的转变才是改变国运的根本。尤其是在中日甲午战争中被后起的日本打败后,这一维新思潮迅速传播。1898年光绪帝在康有为、梁启超等人的推动下,下诏"变法",可是西太后在百日后发动政变,维新变法失败。1902年西太后为首的统治集团企图接过"变法"的旗帜,缓和统治危机。但在施行"新政"及修律的过程中,还是爆发了激烈的冲突,清朝最终倒台。而这一时期法律思想界在引进西方法律以及法学思想的努力,为以后中华民国时期的立法起到了准备的作用。

**参考阅读书目**

1. 张晋藩、杨堪、林中:《中国近代法律思想史略》,中国社会科学出版社1984年版。
2. 潘念之、华友根、倪正茂:《中国近代法律思想史》,上海社会科学院出版社1992年版。
3. 李泽厚:《中国近代思想史论》,天津社会科学院出版社2003年版。
4. 王尔敏:《中国近代思想史论》,社会科学文献出版社2003年版。
5. 王尔敏:《中国近代思想史论续集》,社会科学文献出版社2005年版。

**思考题**

1. 中国近代主张变法的理论根据有哪些变化?
2. 陈虬的废除死刑理论具有哪些特色?
3. 维新变法运动的主要理论依据是什么?
4. "中学为体,西学为用"口号的政治意义是什么?
5. "礼法之争"的焦点以及最后结果是什么?

# 第九章
# 民国时期主要政治人物的法律思想及其对法律的影响

**本章要点**

本章介绍了孙中山等民国时期主要政治人物的法律思想,及其对南京国民政府法律实践的影响。孙中山提出三民主义和革命程序论,南京国民政府在形式上将其付诸实践,成为纲领性的法律指导思想。胡汉民等倡导社会本位和迅速立法,完成了法律体系的基本构建。五权宪法理论和党治政府观念主导了当时的宪政立法和实践。在民法、土地法等部门法制定和司法实践中,胡汉民等法律政要的思想和主张也产生了深刻的影响。

辛亥革命以摧枯拉朽之势,摧毁了中国末代皇朝——大清帝国——的统治。1912年1月,孙中山在南京就任中华民国临时大总统;2月,清宣统帝宣布退位。中国进入了一个新的历史时代。民国时期,政治局势动荡不定,新旧思潮纷至沓来,法律条规递嬗频仍,法律思想和观念经历着前所未有的世纪之变。自民国初创至1949年10月中华人民共和国成立前的三十余年间,特别是在南京国民政府立法和司法活动的推动下,中国法律整体面貌在形式上已为之大变。这一系列变化,都受到当时主要政治人物及其思想的影响。

## 第一节 立法指导思想

**三民主义**

三民主义,即民族、民权、民生三大主义,由孙中山首倡,经过其本人及后继者的不断解释和发展,成为民国时期、特别是南京国民政府立法的指导性思想。根据孙中山在世时召开的国民党第一次代表大会的解释,三民主义中的民族主义包括两方面的意义,即中国民族自求解放和中国境内各民族一律平等。民权主义主张国民享有直接民权,包括选举、创制、复决和罢官四权,而政府以五权分立为原则,即立法、司法、行政、考试和监察五权分立。民生主义的核心原则是平均地权和节制资本,实行对私人土地的国家征税或收买、重大企业由国家经营的政策。①

**【人物】**

## 孙中山

孙中山(1866—1925),幼名帝象,学名文,字德明,号日新,后改号逸仙,旅居日本时曾化名中山樵,"中山"因而得名,广东香山(今广东中山)人。1892年毕业于香港西医书院。曾在澳门、广州行医,并致力于救国的政治活动。1894年上书李鸿章遭拒,遂再赴檀香山,创立兴中会,提出"驱除鞑虏,恢复中华,创立合众政府"的主张。1905年在日本东京联合华兴会、光复会等革命团体成立中国同盟会,被推为总理。系统地提出三民主义思想,并与保皇派进行了激烈的论战。1895至1911年策划多次反清武装起义。1911年辛亥革命后,被十七省代表推举为中华民国临时大总统。1912年元旦就任,创立中国历史上第一个共和政体。1912年4月卸大总统职,致力于经济建设的宣传。1913年发动"二次革命",反对袁世凯复辟帝制。1914年在日本组织成立中华革命党。1917年,在广州召开非常国会,组织中华民国军政府,被推举为大元帅,开展护法运动。1919年改组中华革命党为中国国民党,担任总理。1921年,非常国会又于广州议定组织中华民国正式政府,就任大总统,再举护法旗帜。1923年,第三次在广州建立政权,成立陆海军大元帅大本营,复任大元帅。同年,接受苏俄和中国共产党的建议,决定国共两党实行合作。1924年1月召开中国国民党第一次全国代表大会,改组国民党。同年秋,冯玉祥发动"北京政变",应邀北上。1925年逝世于北京。

孙中山

三民主义中,民权主义对法律制度具有尤为直接的指导性意义。孙中山全面回顾世界政治史的发展后,指出民权的要求,已是无可阻挡的世界潮流:"世界潮流的趋势,好比长江、黄河的流水一样,水流的方向或者有许多曲折,向北流或向南流的,但是流到最后一定是向东的,无论是怎么样都阻止不住的。所以世界的潮流,由神权流到君权,由君权流到民权;现在流到了民权,便没有方法可以反抗。"②因此,如何行使和保障民权,是制度建设需要考量的重要出发点和目标。

民权的行使,与平等的观念密切相关。孙中山认为,平等理念追求的应该是政治地位的平等、起点的平等,而不是绝对的结果平等。他以图示的形式,形象地展示了传统社会的不平等状态(第一图),又批判了结果平等的"假平等"理念(第二图),指出只有政治地位的平等,才是促进社会进步的真正平等,因为平等是人为的,不是天命的;而人造的平等,只能做到政治上的地位平等。"故革命以后,必要各人在政治上的立足点都是平等,好像第三图的底线,一律是平的,那才是真平等,那才是自然之真理。"③

---

① 参见《中国国民党第一次全国代表大会宣言》,载《孙中山选集》,人民出版社1981年版,第591—593页。
② 孙中山:《三民主义》,载《孙中山选集》,人民出版社1981年版,第706页。
③ 孙中山:《三民主义》,载《孙中山选集》,人民出版社1981年版,第727页。

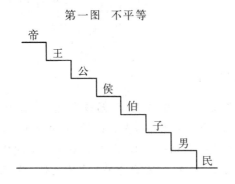

第一图　不平等

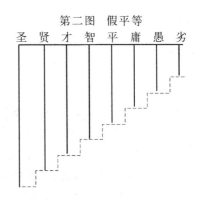

第二图　假平等

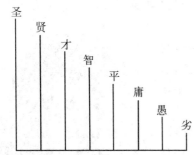

第三图　真平等

孙中山的三民主义，建立在深刻反思西方资本主义政治和经济价值观念的基础上。例如，在系统论述民权主义中，他回顾了民权思潮在西方的发展历程，指出民权运动经过美国革命、法国革命和德国政治，显示出其局限性，可能被滥用。他认为，从西方民权发达的历史上看，美国革命后出现关于民权的争论，主张民权的人分成汉密尔顿派和杰斐逊派。后者主张极端的民权，前者主张政府集权，后来主张政府集权派占据优势，这其实是民权运动的第一次障碍。第二次是法国革命中，人民得到了充分的民权，但是民权被滥用，变成了暴民政治。这是民权的第二次障碍。第三次是德国的俾斯麦政权，用国家社会主义的理论防止民权进一步发展，成为民权的第三次障碍。民权思想虽然经过了三个障碍，但仍然不断发展，非人力所能阻止，也非人力所能助长。民权已成为世界上的大问题，无论守旧派、革新派，都知道民权思想不能消灭。但民权的流弊仍然在所难免，像平等、自由等理念也会产生弊端一样。"总而言之，欧美从前争平等自由，所得的结果是民权；民权发达了之后，便生出许多流弊。在民权没有发达之先，欧美各国都想压制它，要用君权去打消民权。君权推倒之后，主张民权的人便生出民权的障碍；后来实行民权，又生出许多流弊，更为民权的障碍。"① 有鉴于此，孙中山主张吸取西方民权发展的经验和教训，提出了政权与治权分离的主张，并要求以此为前提建立宪政体系（详本章第二节）。

【资料】

## 孙中山遗嘱

余致力国民革命凡四十年，其目的在求中国之自由平等。积四十年之经验，深知欲达到此目的，必须唤起民众及联合世界上以平等待我之民族，共同奋斗。

现在革命尚未成功，凡我同志，务须依照余所著《建国方略》《建国大纲》《三民主义》及《第一次全国代表大会宣言》，继续努力，以求贯彻。最近主张开国民会议及废除不平等条约，尤须于最短期间促其实现。是所至嘱！

中华民国十四年二月二十四日

孙文　三月十一日补签

---

① 孙中山：《三民主义》，载《孙中山选集》，人民出版社1981年版，第755页。

三民主义对国民政府的立法具有纲领性的指导意义。首任立法院长胡汉民对三民主义推崇备至。他在演讲中指出："我们可以说，三民主义就是中国现在最高的伦理，总理的遗教就是中国的先天宪法。"① 他从法律的当下性来阐述三民主义对立法的指导意义。法律哲学认为，法律有三方面的属性，即时代性、地域性和当事性。它必须是为一定的时代而立的，时代需要某种法律，它才能成立，否则，便要改变或废弃；它必须是为一定的领土范围而设的，在某块领土范围内有效，超出了这个领土范围，它就失去效能；它必须为一定的事实而设，因为世间没有支配一切事实的法，也没有可适应于一种普遍法律的事实，所以只有某种同类的事实，才生出某种的法律。将这三点总括地说，时间、空间、事实，是法律所赖以存在的条件。三民主义是适合当时中国建设和改造的基本原则。"论时间，现在是革命到了训政的时代，要立法，当然是为训政时代三民主义实行的计划和方略而立法，这就是一方面要把旧时不适用的法律革除，一方面要把适于新时代的法律定出来。论空间，则我们现在是要在这个旧社会旧制度崩坏了的中国造起新国家新社会，所以要立法，当然就要准据我们建造新社会新国家的图案——三民主义——而应合中国现实的情形来立法。论事实，则我们现在所迫切的需要，是要谋人民生命财产之保障，然后社会才能安定；要确定国家和人民责任义务之分际，然后民族才算有组织；要使社会的经济利益能在平衡的保护和鼓励之下得以发达，然后民生才算有解决。""离开三民主义，便不能立法，这是根本的要点。"②

其他国民政府的立法、司法政要，无不强调三民主义作为当时法制工作的根本性纲领。例如，继胡汉民之后任立法院长的孙科也提出，鉴于中国此时此地的当下需要，即革命的三民主义建设的需要，故一切法制都应当以三民主义为唯一之中心思想和指导原则。三民主义追求我国民族地位之平等，人民政治地位与经济生活之平等。故立法工作都以此为根本目标，以求推进制度建设。"三民主义为吾人唯一信条，故一切法制虽期其无背于现代法制之潮流，要仍当以三民主义为指归。否则，歧途亡羊，必有莫知所可之虞。"③

长期担任司法院长的居正也强调三民主义作为最高指导原则的重要地位。他系统考察中国传统法的发展，提出要重建中国法系的理念，认为要实现这一目标，"今后一切法制、法规、法令、法例，凡可以形成法律者，无论在创法方面，或执法方面，或读法方面，或解释法方面，不仅以贯彻三民主义为要旨，且必须以三民主义为最高指导原则"④。他强调三民主义与法治应该融于一体，以收融会贯通之效。如法制不坚持三民主义，则缺乏一贯之中心思想，不能帮助主义的推行；而三民主义不法制化，则其仅为少数人所信仰，而不具有强制力，不能成为全体国民共守的准绳。因此，只有将三民主义确立为法律创制的最高原则，并在行政、司法各方面都恪守三民主义，才能实现"三民主义之法治国"的远大理想。⑤ 他进一步阐述其具体的表现："吾国以三民主义立国，所有一切政治经济司法之建设，胥以此为最高原则。在吾人视之，法律者不外实现三民主义之工具。危害民国治罪特严，所以重民族；重惩

---

① 胡汉民：《党外无政政外无党》，载《胡汉民事迹资料汇辑》（第二册），（中国香港）大东图书公司1980年版，第217页。
② 胡汉民：《三民主义之立法精义与立法方针》，载《胡汉民事迹资料汇辑》（第三册），（中国香港）大东图书公司1980年版，第777页。
③ 孙科：《十年来中国法制改革》，《孙科文集》。
④ 居正：《为什么要重建中国法系》，大东书局1947年版，第97页。
⑤ 参见居正《法治前途之展望》，载《居正文集》，华中师范大学出版社1989年版，第680页。

贪污土劣,所以申民权;禁商利,保佃农,所以裕民生。"①法律的各种有效运作方式,都是实现三民主义的具体保障。

胡汉民等国民政府政要进一步指出,三民主义的立法,在诸多方面根本不同于中国传统的立法。首先,中国历代制礼立法,完全是建立在家族制度的基础上;而三民主义的立法,则是为维护民族利益之立场;其次,从前立法是为了维护君主专制,而现在的立法,不仅拥护人民的利益,且以保障民族精神、民权思想、民生幸福为中心的一切新组织;再次,从前立法,只注重农业社会的家族经济关系,而现在三民主义的立法则重视工农业并进的民族经济。最后,从社会组织与国家组织的角度上,从前中国法律不分公法、私法,私法常常完全包含于公法之中,不能适应时代之需求;而现在三民主义的立法,不仅严于公法、私法之辨,而且将法的基础置于全民族之上。②

三民主义作为立法原则,在具体实践中得到进一步的阐释和发挥。胡汉民将三民主义指导下立法工作的具体原则归纳为政治力量衡平原则、权能区分原则和权利义务观念等③,并提出三民主义立法方针:"第一应谋求社会之安定,第二方针应谋经济事业之保养与发展,第三方针应求社会各种实际利益之调节与平衡。"④以这种解释和发展为基础,社会本位的立法原则应运而生。

### 社会本位

民国时期的法律政要普遍认为,社会应该是法律的根本出发点和归宿。这种社会本位的观念,首先从法律发生学的角度论证法律应以社会为中心的必要性。例如,蒋介石从法律本身的性质论证其社会属性的必然性。他认为:"合群是人类的天性,个人离开了人群,便没有生存的方法。所以自有人类以来,个人就是生于群,长于群,没有一天可以绝对离群而孤立。所以以群的生命,为个人的生命所寄托。群有发展,个人才能够得到发展。在人群的里面,个人与个人之间,个体与全体之间,自然有其共守的规则,而后群的生命可以维持和发展。这个规则,在一方面是道德,在另一方面就是法律。"⑤既然法律是为了维持和发展群体的利益而产生,立法自然应该以社会群体的利益为重。

其次,法律的社会本位观念是与三民主义思想一致的,后者就是以社会群体、社会需要为本位的。胡汉民认为,三民主义的立法是科学的立场,不是唯心主义的立场。"所谓科学的立场,乃以法律之所应用——社会——为主,因时因地去考察社会的需要,以全社会共同的福利或全民族共同的福利为法律的目标。法律应能够保障社会群体的利益,至于个人的所有权种种,实在应该是为社会生活与民族生存而有的。若仅为他个人的生活生存而有害于社会国家,法律便不能保护他。故一切权利行使,应受法律的约束与制裁。法律一面是维持社会,同时维持其人在社会上必要的关系与地位。"⑥胡汉民进一步以社会本位的思想解

---

① 居正:《告全国司法界同仁书》,载《居正文集》,华中师范大学出版社1989年版,第666页。
② 参见胡汉民:《社会生活之进化与三民主义的立法》,载《胡汉民事迹资料汇辑》(第三册),(中国香港)大东图书公司1980年版,第798页。
③ 同上书,第799—801页。
④ 胡汉民:《社会生活之进化与三民主义的立法》,载《胡汉民事迹资料汇辑》(第三册),(中国香港)大东图书公司1980年版,第801—802页。
⑤ 蒋介石:《中国之命运》,载《先总统蒋公全集》(第一卷),(中国台湾)中国文化大学1984年版,第173页。
⑥ 胡汉民:《民法物权编的精神》,载《胡汉民事迹资料汇辑》(第三册),(中国香港)大东图书公司1980年版,第868页。

释民权主义理论。他认为,人之所以为人,全是因为他是社会一分子,与其他的个人有同样的社会目的,有同样的社会生活。他的个人地位是因社会承认其为一分子而来的。他的权利义务,都是因为社会的承认才能存在,否则便无权利义务之可言。"因此之故,总理于'民'的观念,一定要说是'有组织的众人才是民';于'权利'的见地,一定要说'民权'而不仅说'人权'。民与民权,都是因社会的生活,民族的生存与国家的存在而确立的。"① 因此,三民主义倡导的就是社会本位,二者是完全一致的。

而且,这种社会本位的立法注重保护弱者,是与我国传统固有的"王道"观念相一致的。它一方面注重社会的整体利益;另一方面特别强调对弱者的实质性保护。"所谓王道,我们中国人一定很容易明白,乃仁恕而公平的、以德服人的,不是以力服人的。如把我们现在所立的民法细细看看,便明白王道的精神究竟如何了。世界各国的法律大都根本于罗马法和拿破仑法典,这两种法,大都以个人为本位,而忽略了多数人的利益,这就不是王道,而是霸道。我们不然。我们立的法是以全国社会的公共利益为本位,处处以谋公共的幸福为前提的,这便是王道。我们要以仁恕公平,贯彻我们全部的民法,处处表示它保护弱者的精神。这在通过的民法债篇中尤其明显。"② "物权篇的制定,和债篇一样的精神,同样是根据党义,以社会利益为重,采取各国法理之长,而同时保持我国固有的良好习惯,而这种习惯,一定是合乎所谓王道精神的。"③

【人物】

## 胡汉民

胡汉民(1879—1936),本名衍鸿,字展堂,原籍江西卢陵,生于广东番禺。1898 年为广东《岭海报》编辑,有志于革命事业。1902 年中举,曾留学日本弘文师范学院。后因与校方抗争,退学回国,任梧州中学堂总教习。1904 年留学日本法政大学速成科。1905 年参加同盟会,为《民报》兼任编辑,笔名"汉民"。曾随孙中山被日本政府驱逐,辛亥革命时被推举为广东都督,1912 年民国建立后任大总统府秘书长。追随孙中山,积极参与创立中华革命党和讨袁护法。1924 年中国国民党改组后,任中央执行委员会委员、常委、政治会议委员等职,孙中山北上时,曾代行大元帅职权、代理政治会议主席及军事委员会主席,并任广东省长。1925 年任国民政府外交部长。1927 年后,历任国民党中央政治会议主席、国民政府主席、立法院院长等职。曾多次赴欧美考察时政。在其立法院院长任内,主持制定多种重要法律。1931 年因与蒋介石的矛盾激化,被软禁于南京,后因各方努力被释,回到广州。晚年主张

胡汉民

---

① 胡汉民:《三民主义之立法精义与立法方针》,载《胡汉民事迹资料汇辑》(第三册),(中国香港)大东图书公司 1980 年版,第 785 页。
② 胡汉民:《民法债编的精神》,载《胡汉民事迹资料汇辑》(第三册),(中国香港)大东图书公司 1980 年版,第 854 页。
③ 胡汉民:《民法物权编的精神》,载《胡汉民事迹资料汇辑》(第三册),(中国香港)大东图书公司 1980 年版,第 861 页。

抗日、剿共和反蒋。1936年，病逝于广州。其主要著述曾被选编为《革命理论与革命工作》（七辑），存萃学社将其生平资料及各种著述汇编为《胡汉民事迹资料汇辑》（共五册）。

最后，社会本位的思想不同于西方传统的法律思想，它符合世界法制发展的最新潮流。胡汉民认为，这种思想与欧美传统法律思想不同。后者的近代立法以个人为本位，忽略社会全体之利益，即使近代以来略有变化，依然未动根本。胡汉民进一步批评阶级学说："至于改造性的思想占优势之国家，虽已将社会为单位的观念，代替个人为单位的观念，唯误认为社会生存关系为阶级对立关系，而不知社会生存关系为协动关系，为连带关系，须以整个社会为单位，决不能分化社会以任何阶级为单位也。"①他总结说："照前面所已说过的历史上立法的趋势而言，中国向来的立法是家族的，欧美向来的立法是个人的；而我们现在三民主义的立法乃是社会的。"②孙科则从另一方面论证了社会本位的合理性。他指出，19世纪西方崇尚极端个人自由，保护私有财产的神圣不可侵犯，以致酿成资本主义与帝国主义等流弊。时至20世纪，各国法制虽有革命与改良之分别，但都已非个人自由主义，而逐步转变为"社会联立主义""阶级易位主义"。对于财产权的观念，也从绝对神圣的观念转变为相对的社会义务观，甚或否认财产私有制度。"一言以蔽之，则现代各国法制，实不外社会之一途。"③

居正虽然反对欧美当时流行的"社会本位"的表达方式，但主张创建"民族生活本位"的法律："质言之，即是一切法律，应以促进民族公共利益，发展民族生活为依归。"④其要旨实际上与胡汉民等人所倡导的社会本位并无实质性差别。

在立法中如何体现社会本位的理念，是立法政要着重关注的问题。他们认识到，法律是社会的产物、又服务于社会，则立法应该体察和顺应社会的需要。胡汉民认为，既然法律有强烈的社会属性，则其内容具有一定的必然性。"法本是一种社会心理所形成的东西；凡与社会心理没有关系的便难得成功为法。所以同一个时代的法，不见得甲来立是完全这样，乙来立是完全那样的。"⑤与法律一样，道德的内涵也具有类似的社会适应性："道德没有绝对性和神秘性，而只有社会性。有利于社会公共生活的行为，便是道德，反乎此者，便是不道德。譬如诲淫诲盗的行为，是因为它不利于公众的康健和社会的利益而受法律的禁止，并不是因为它本身有绝对或神秘的意义。"⑥这种确定性不因为个人的好恶而转移。

随着社会的演进，对法律的社会要求会不断变化。胡汉民回顾人类发展过程中社会关系的演进，指出人类生存关系的组织，是由个人而血族团体、而国家，生存形式则由即时消费、发展到储蓄、役使和协作。⑦法律思想和制度也应随之变迁。凡是社会需要的就保障，

---

① 胡汉民：《社会生活之进化与三民主义的立法》，载《胡汉民事迹资料汇辑》（第三册），（中国香港）大东图书公司1980年版，第799页。
② 胡汉民：《三民主义之立法精义与立法方针》，载《胡汉民事迹资料汇辑》（第三册），（中国香港）大东图书公司1980年版，第785页。
③ 孙科：《十年来中国法制改革》，《孙科文集》。
④ 居正：《为什么要重建中国法系》，大东书局1947年版，第81页。
⑤ 胡汉民：《我们立法要具有建设革命的精神》，载《胡汉民事迹资料汇辑》（第三册），（中国香港）大东图书公司1980年版，第819—820页。
⑥ 胡汉民：《三民主义之立法精义与立法方针》，载《胡汉民事迹资料汇辑》（第三册），（中国香港）大东图书公司1980年版，第789页。
⑦ 胡汉民：《社会生活之进化与三民主义的立法》，载《胡汉民事迹资料汇辑》（第三册），（中国香港）大东图书公司1980年版，第796页。

而不需要的便取缔;将来不要而现在仍要的,便不能立刻取缔,只好慢慢地促进它。"法律并不能创造什么,只能就已创造的去保障或取缔。所以我们不能太过责望立法的效能。它有时间和空间上的责任,不能只宜于甲地而不顾乙地,也不能只顾目前的妥当,而不顾将来的进化。它要具有充分的普遍性,又要合于进化律。无论宗族、家庭、婚姻等问题的解决,都不能不顾及这些。"①他还举例说,法律对于各种社会的利益之内含价值,是随时随地而变的。例如,出版自由,在社会的基础未巩固时,法律必然认为社会秩序重于出版自由,而须对其加以约束。因此可知,各种社会利益并不是有等量的价值,要因时因地而比较各种社会利益之需要程度如何,才能知道其中之差异。②

立法的范围在明确社会需要的前提下得到明确的界定。以社会为本位的三民主义的立法,在胡汉民看来,其所认为符合社会利益的方面包括以下内容。

(1) 关于社会之安全。为了社会生存和人群的福利,法律必须加以维护。

(2) 关于社会的团体和制度。这些社会的集体,只要没有违反整个社会国家的公共利益,而且足以增进公共福利,法律都应该予以鼓励和保障。

(3) 关于公共道德。为了公众健康和社会利益,违反公共道德的行为是法律所应干涉的。

(4) 关于社会材力之所保育。一切天然资源的使用和保存、社会上残疾废病和鳏寡孤独者的保护教养,都是关于社会物力和人力保养的,法律应予注意。

(5) 关于社会经济之进步发展。法律对财物使用和交易、生产的调节和管理、科学发明的鼓励和保障等等,都应有所规范,使之平衡进展,以期有利社会。

(6) 关于文化进步。如思想自由、出版自由,法律应加以鼓励或约束。③

【资料】

## 胡汉民对民法典的立法说明

民法债篇普通本叫做"债权篇",而我们现在改为"债篇"两字,从名义上看来,好像那种法是专保护债权人的。要知道债务人常处于经济上弱者的地位,法律如果不问有理无理,专保护债权者,那便是霸道了。我们为避免这种畸轻畸重的毛病,便明白简单地用"债篇"二字。……

一般法律中的所谓"损害赔偿",在我们民法债篇内,很注重责任,务求其平允。其中有几点,我们曾细加斟酌。如因故意过失而予人损害时,照理应由加害人负赔偿之责,但有时损害的发生和扩大,被害人也有相当的过失,那就不能专归责加害人了。又如债权者对于债务者的行为,认为有妨害其债权时,得请求对此种行为加以制止,成为保护债权者一方面的,但有时债务者虽有过失,致发生对方的损害,而其事件于债务者本身并无利益,那就不能专责债务者怎样赔偿了。我们债篇中现在规定:如遇这种情

---

① 胡汉民:《民法上姓、婚姻、家庭三问题之讨论》,载《胡汉民事迹资料汇辑》(第三册),(中国香港)大东图书公司1980年版,第871页。
② 参见胡汉民:《三民主义之立法精义与立法方针》,载《胡汉民事迹资料汇辑》(第三册),(中国香港)大东图书公司1980年版,第790页。
③ 胡汉民:《三民主义之立法精义与立法方针》,载《胡汉民事迹资料汇辑》(第三册),(中国香港)大东图书公司1980年版,第788—790页。

形,法官可加斟酌,减轻或免除加害者债务者赔偿或处分,并不一味以压迫债务者为能事。普通债务者负了债,照理是应依契约按期偿还的,但有时债务者没有依照契约的能力,而且这种的失却,事实上又不是故意的过失,那么,法官也可斟酌其经济情况,于不甚损害债权人利益之相当范围,令其分期偿还,或展期偿还。这完全因为债务者是经济上的弱者,所以要多保护一些。……

债篇里还有许多地方,对弱者比较保护得多些。如租赁一事,在许多国的都市无不拼命保护所有权人,把所有权看得神圣非常。承租人本已是经济上的弱者,如此却逼到他弱而又弱。现在我们不然:第一,在法律明白规定,买卖契约不能破坏租赁契约,这已是所以保护租赁人的了。其次,租赁物如遇损害,如被火烧,必须承租人有重大过失时,才对于出租人负赔偿之责;倘不管他有无过失,租赁物一有损害,即须赔偿,那就不王道了。①

**快速立法,兼顾国情**　　在国民政府草创之初,以胡汉民为首的立法院面对当时法律体系残缺的状况,强调以迅速而审慎的态度,积极从事立法工作。胡汉民在1928年12月就任立法院院长的演讲中指出:"就目前的情形来看,对内对外,立法院确有赶速成立,加紧工作的必要。"②他强调,这一方面是对外废除不平等条约、撤销领事裁判权的需要;另一方面也是对内建设民生的迫切要求。当时法律极不完备,民法典阙如,商法支离破碎,不适于用,而其他法律更残缺不全。"一旦不平等条约废除以后,自家所有的法律不足以应付事实,事后固将遗讥世人,事前也不足以得外人的信任,即大足以为非常不平等条约的阻挠。"③同时,对内如果没有完善的法律制度,也无从规范人民、管理国是。要国家安定整饬的最有效途径,无过于制定法律,使人民都有行动的规范。民法等各种基本法应该尽快出台,而其他法律也不能息慢。"民法以外,与民法有关系的,如商法、公司法、保险法、票据法、劳动法等等,再次如土地法、地方自治法等,统统要从速制定。土地立法,对内对外,都有特殊的关系,在事实上不容久缺。劳动法所以保护劳动者,也所以保障社会的安全;票据法等更关系整个社会的事业。社会上常有劳资纠纷问题,我们如何能眼看着它们全无法律上的准绳,而随意胡搅呢!所以这些法典,通通要赶快编订。"④因此,立法工作者要有革命的精神和胆略,努力工作。"所谓革命,固然不是事实上无故杀人放火,也不是行为上一味蹭突叫嚣;它是要把社会上历史上牢不可破的、不适宜民族永远生存的种种习惯和制度赶快改换,直换到根本适合为止。凡做革命工作的人,要能够牺牲个人的一切去为民族努力奋斗,非到革命真正成功绝不罢休,这才是革命的精神。"⑤

有了革命的理念和精神,有了迅速立法的勇气,还必须审时度势,体察客观情况的需要,审慎地决定具体制度。例如,当时男女平等已成时尚,为许多先进分子所接受和倡导。但胡

---

① 胡汉民:《民法债编的精神》,载《胡汉民事迹资料汇辑》(第三册),(中国香港)大东图书公司1980年版,第854—857页。

② 胡汉民:《今后立法的严与速》,载《胡汉民事迹资料汇辑》(第三册),(中国香港)大东图书公司1980年版,第772页。

③ 同上书。

④ 胡汉民:《新民法的新精神》,载《胡汉民事迹资料汇辑》(第三册),(中国香港)大东图书公司1980年版,第852—853页。

⑤ 胡汉民:《我们立法要具有建设革命的精神》,载《胡汉民事迹资料汇辑》(第三册),(中国香港)大东图书公司1980年版,第818页。

汉民指出,客观社会背景相当复杂,需要具体分析。他认为,男女间的真实平等,实际上是不容易判断的。有时从一方面看,似乎很平等了,但另一方面还是得不到真正平等的利益。他提到,广东地区从前有不少人主张离婚一事由男女单方面的意思来决定,具有婚姻关系的男女任何一方都可以提出离婚,并且应该马上得到许可。这对于男女双方没有差别,表面上似乎很平等,但其实流弊颇多。因为当时女性的生活能力、社会地位和社会关系都不如男子,而且不少风俗习惯都不利于女性。男子再婚不会有任何阻碍,但女子往往很难反复再婚,而且妇女年岁稍大、四十岁以后往往就不能再嫁,事实上的限制则更多、更复杂。所以男方离婚没有问题,但女方离婚后有时会产生诸多问题。这种表面离婚的平等,实在就是不平等。如果仅考虑表面的平等是绝不够的,有时反而会导致真正的不平等。因此,胡汉民强调以此为鉴,"我们今后的立法,总要在大本大原上和真切的事实上特别注意,也不仅男女平等的一端为然。"①

在土地等其他立法中,也存在不能一步到位实现理想目标的状况。因此,胡汉民主张:"我们在定法之中,也要以社会的实情及需要为根据,不能凭理想去多所苛求。社会逐渐进步,法律也跟着逐渐提高标准,不能一下子提高到社会跟不上,而致法律等于虚设。"②

在迅速立法思想的指导下,在胡汉民担任立法院长任内的短短数年之间,就出台了一大批法律。③ 宪法行政法方面,制定了《国民政府组织法》《县组织法》《市组织法》和《县保卫团法》。民商法方面,1929 至 1930 年,立法院先后公布了民法典共 5 编 1 225 条,包括《总则》《债》《物权》《亲属》《继承》等五编,构成《中华民国民法》。商法方面,颁布了各种单行法规,有《公司法》《票据法》《海商法》《保险法》《银行法》《交易所法》《船舶法》和《船舶登记法》等。诉讼法方面,以北洋政府《民事诉讼条例》蓝本,制定了《中华民国民事诉讼法》共五编 600条,并通过《民事调解法》。劳动立法方面,采用单行法形式,以应社会急需,亦便日后修正,迅速出台《工会法》《工厂法》《工厂检查法》《劳资争议处理法》和《团体协约法》等。另外,还编定《土地法》共 5 编 405 条。除制定新法律之外,以胡汉民为院长的立法院对北洋政府时期遗留的及国民政府各机关的单行法规章程,进行了大规模修订、整理,至 1930 年 12 月整理完毕。国民政府建立初期,胡汉民领导立法院进行的这一系列制定和修订、整理法律的工作,奠定了此后民国时代法律体系的基础,"六法"体系由此初具规模。

## 第二节 宪政与宪法思想

**职能分立与五权宪法**　　职能分立和五权宪法是孙中山进行的大胆的政治创造。职能分立,就是政权与治权分开,前者由人民行使,后者由政府行使;五权宪法,是指在行使治权的政府中分设立法、行政、司法、监察和考试等诸权。

孙中山认为,人民的权力应该包括四个方面,这体现在直接民权的行使中。他认为,直

---

① 胡汉民:《我们立法要具有建设革命的精神》,载《胡汉民事迹资料汇辑》(第三册),(中国香港)大东图书公司 1980 年版,第 822 页。
② 胡汉民:《土地法的内容》,载《胡汉民事迹资料汇辑》(第三册),(中国香港)大东图书公司 1980 年版,第 891 页。
③ 参见郑素一:《胡汉民的立法思想与立法实践》,载《史学集刊》2004 年第 4 期。

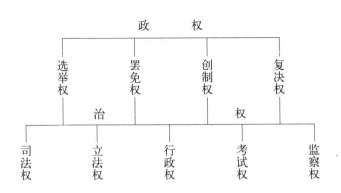

接民权才是真正的民权,它包括选举权、罢官权、创制权和复决权四个方面。他将五权宪法比喻为一部大机器,将直接民权称为机器的制扣。他进一步解释:"什么叫创制权?假如人民要行一种事业,可以公意创制一种法律。又如立法院任立一法,人民觉得不便,可以公意起而废之,这个废法权叫做复决权。又立法院如有好法律通不过的,人民也可以公意赞成通过之,这个通过不叫创制权,仍是复决权。因为这个法律仍是立法院所立的,不过人民加以复决,使他得以通过。"①

孙中山考察了欧美政治和民主制度的发展史后,认为其理论和实践有值得借鉴和改进之处。其民权四项权能的理论,即来自欧美国家的经验。他提到:"推到实行民权的原始,自美国革命之后,人民所得的头一个民权,是选举权。当时,欧美人民以为民权就是选举权算了,如果人民不论贵贱、不论贫富、不论贤愚都得到了选举权,那就算民权是充分的达到了目的。……近来瑞士的人民,除了选举权以外,还有创制权和复决权。人民对于官吏有权可以选举,对于法律也应该有权可以创造、修改。创制权和复决权便对于法律而言的。大多数人民对于一种法律,以为很方便的,便可以创制,这便是创制权;以为很不方便的,便可以修改,修改便是复决权。故瑞士人民比较别国人民多得两种民权,一共有三种民权,不只是一种民权。近来美国西北几邦新开辟地方的人民,比较瑞士人民更多得一种民权,那种民权是罢官权。在美洲各邦之中,这种民权虽然不能普遍,但有许多邦已经实行过了。"②因此,他认为,选举权、罢官权、创制权和复决权四种权能在美国数州既已行之有效,将来或者可以推广到全美国,或者全世界;将来世界各国要有充分的民权,都会仿效美国的做法。

但同时,孙中山指出,欧美的理论和实践也有深刻的流弊,即人民与政府的关系依然没有得到妥善解决。他进而提出权能分开的理论,即由人民掌握国家的主权,而由富有政治管理能力者执掌政府:"讲到国家的政治,根本上要人民有权;至于管理政府的人,便要付之于有能的专门家。"③

为论证这一理论构想,他首先阐述了根据个人能力对人进行分类的主张。大体而言,人的能力有别,因而分属三种。第一种人为"先知先觉"。这种人绝顶聪明,凡见一事,就能想出许多道理;听一句话,便能做出许多事业。在孙中山看来,由于这种先知先觉的人预先想出了许多办法,做了许多事业,世界才有进步,人类才有文明。所以先知先觉的人是世界上的创造者,是人类中的发明家。第二种人叫做"后知后觉"。这种人的聪明才力较第一种人

---

① 孙中山:《五权宪法》,载《孙中山选集》,人民出版社1981年版,第498页。
② 孙中山:《三民主义》,载《孙中山选集》,人民出版社1981年版,第755—756页。
③ 同上书,第778页。

为次,不能够创造发明,只能跟随摹仿,但第一种人已经做出来的事,他便可以学到。而第三种人叫做"不知不觉"。这种人的聪明才力是更次的,凡事虽有人指教他,他也不能理解,只能去照现成的模式做。但孙中山并无歧视之意:"照现在政治运动的言词说,第一种人是发明家,第二种人是宣传家,第三种人是实行家。天下事业的进步都是靠实行,所以世界上进步的责任,都在第三种人的身上。"①

然后,孙中山提出权力的归属问题。在专制时代,父兄做皇帝,子弟承父兄之业,虽然没有才干也可以做皇帝。所以没有能力的人也可以是很有权力的。现在成立共和政体,以民为主,中国的四万万人民就是国家之主。那么他们是上述三种人中的哪一类呢?当然不能都是先知先觉,多数甚至也不是后知后觉的人,现实是:大多数都是不知不觉的人。现在民权政治是要靠人民做主,所以这四万万人都是很有权力的,是有权力管理国家政治的人。但是这些普通人民又大多属于不知不觉的一类,并没有能力来掌管国家大事,因此孙中山将其比喻为身居帝位但又并无才识的刘后主阿斗。"当时阿斗知道自己无能,把国家全权托到诸葛亮,要诸葛亮替他去治理。所以诸葛亮上'出师表',便献议到阿斗把宫中和府中的事要分开清楚:宫中的事,阿斗可以去做;府中的事,阿斗自己不能去做。府中的事是什么事呢?就是政府的事。诸葛亮把官中和府中的事分开,就是把权和能分开。"②这样,由有能力的专门人员为人民行使治权,就能够既实现人民主权,又化解人民与政府的矛盾。

孙中山指出:"政是众人之书,治是管理众人之事。现在分开权与能,所造成的政治机器就是像物质的机器一样。其中有机器本体的力量,有管理机器的力量。现在用新发明来造新国家,就要把这两种力量分别清楚。要怎么样才可以分别清楚呢?根本上还是要再从政治的意义来研究。政是众人之事,集合众人之事的大力量,便叫做政权;政权就可以说是民权。治是管理众人之事,集合管理众人之事的大力量,便叫做治权;治权就可以说是政府权。所以政治之中,包含有两个力量:一个是政权,一个是治权。这两个力量,一个是管理政府的力量,一个是政府自身的力量。"③这两种力量之间,以前者为主,前者可以操控和主导后者。

$$
\text{中国宪法} \begin{cases} \text{考试权} \\ \text{君}\quad\text{权}—\text{兼}— \begin{cases}\text{立法权}\\ \text{行政权}\\ \text{司法权}\end{cases} \\ \text{弹劾权} \end{cases} \qquad \text{外国宪法} \begin{cases}\text{立法权}—\text{兼}—\text{弹劾权}\\ \text{行政权}—\text{兼}—\text{考试权}\\ \text{司法权}\end{cases}
$$

**比较宪法图示**④

孙中山进一步考察了中国传统和西方各国现代政府的权力分配格局,做"比较宪法"图,指出中国古代权力分为考试权、君权和弹劾权,而西方政府则包括立法、行政和司法权。他综合二者之长,提出了未来中国行使治权的政府应包括立法、行政、司法、监察和考试等五权的构想。

与此同时,孙中山还提出了"革命程序论"的思想,即宪政的实现,应该是循序渐进的过程,要依次经过军政、训政和宪政三个时段。"此三期,第一期为军政府督率国民扫除旧污之时代;第二期为军政府授地方自治权于人民,而自总揽国事之时代;第三期为军政府解除权

---

① 孙中山:《三民主义》,载《孙中山选集》,人民出版社1981年版,第768页。
② 同上书,第771页。
③ 同上书,第791页。
④ 同上书,第492页。

柄,宪法上国家机关分掌国事之时代。"①经过这样三个循序以进的时期,国民就将逐渐养成自由平等的政治能力和习惯,民主共和国的根本目标则可得以实现。

**【资料】**

孙中山对宪政道路的设计

  予之于革命建设也,本世界进化之潮流,循各国已行之先例,鉴其利弊得失,思之稔熟,筹之有素,而后订为革命方略,规定进行之时期为三:第一,军政时期,第二,训政时期,第三,宪政时期。第一为破坏时期,拟在此时期内施行军法,以革命军担任打破满清之专制、扫除官僚之腐败、改革风俗之恶习、解脱奴婢之不平、洗净鸦片之流毒、破灭风水之迷信、废去厘卡之阻碍等事。第二为过渡时期,拟在此时期内施行约法(非现行者),建设地方自治,促进民权发达。以一县为自治单位,县之下再分为乡村区域,而统于县。每县于敌兵驱除、战事停止之日,立颁布约法,以之规定人民之权利义务与革命政府之统治权。以三年为限,三年期满,则由人民选举其县官。或于三年之内,该县自治局已能将其县之积弊扫除如上所述者,乃能得过半数人民能了解三民主义而归顺民国者,能将人口清查、户籍厘定、警察、卫生、教育、道路各事照约法所定之低限程度而充分办就者,亦可立行自选其县官,而成完全之自治团体。革命政府之对于此自治团体,只能照约法所规定而行其训政之权。俟全国平定之后六年,各县之已达完全自治者,皆得选举代表一人,组成国民大会,以制定五权宪法。以五院制为中央政府:一曰行政院,二曰立法院,三曰司法院,四曰考试院,五曰监察院。宪法制定之后,由各县人民投票选举总统以组织行政院,选举代议士以组织立法院,其余三院之院长由总统得立法院之同意而委任之,但不对总统、立法院负责,而五院皆对于国民大会负责。各院人员失职,由监察院向国民大会弹劾之;而监察院人员失职,则国民大会自行弹劾而罢黜之。国民大会职权,专司宪法之修改,及制裁公仆之失职。国民大会及五院职员,与夫全国大小官吏,其资格皆由考试院定之。此五权宪法也。宪法制定,总统、议员举出后,革命政府当归政于民选之总统,而训政时期于以告终。第三为建设完成时期,拟在此时期始实行宪政,此时一县之自治团体,当实行直接民权。人民对于本县之政治,当有普通选举之权、创制之权、复决之权、罢官之权,而对于一国政治除选举权之外,其余之同等权则付托于国民大会之代表以行之。此宪政时期,即建设告竣之时,而革命收功之日。此革命方略之大要也②

  在职能分离和五权宪法理论的框架下,孙中山勾勒了其理想中未来中国国家权力机构的蓝图(参见"国家机构图")。其中县级实现直接民权,其上为省和国家两级。在国家一级实行代议制民主和五院制政府的架构。

  南京国民政府时期,其法律政要无不将五权宪法理论奉为圭臬。主持宪法制定的立法院院长孙科认为,中华民国的宪法从形式到内容都应该以孙中山先生提出的"五权宪法"为标准。他所主持的立法院宣称,三民主义是中华民国最高的建国原则,五权宪法是孙中山先生长期研究中西不同国家的政体制度并加以取舍而创制出的一种全新的政体形式,是实现

---

 ① 《中国同盟会革命方略》,载《孙中山全集》(第一卷),人民出版社1981年版,第297—298页。
 ② 孙中山:《建国方略》,载《孙中山选集》,人民出版社1981年版,第165—167页。

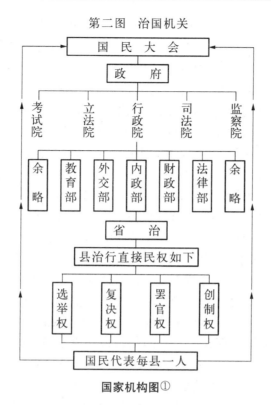

**国家机构图**①

三民主义的基本政体框架。它不仅比外国的其他任何形式的宪法更优越,而且也适合于中国的国情。因此,按照行政、立法、司法、考试、监察这一五权体制所建立的宪政体系,直接要体现到中华民国宪法的形式和内容中去。②

【人物】

## 孙 科

孙科(1891—1973),字哲生,广东香山人,孙中山之子。早年留学美国,获哥伦比亚大学经济学硕士学位。后回国从政,历任国民党和政府多种要职。1932年6月继胡汉民之后任国民政府立法院院长。1948年11月改任行政院长。在立法院的16年间,他主持起草、制定了1936年5月5日公布的《中华民国宪法草案》(又称《五五宪草》)和1947年1月1日公布的《中华民国宪法》以及大量的法典、法规。

在国民政府时期,孙中山的这一宪政构想,在形式上一定程度得到实现。1928年10月,国民政府以五权分立原则组织,由行政、立法、司法、监察和考试五院组成,受国民党中央政治会议指导。

孙 科

---

① 孙中山:《五权宪法》,载《孙中山选集》,人民出版社1981年版,第497页。
② 参见立法院中华民国宪法草案宣传委员会:《中华民国宪法草案说明书》,中正书局1941年版,序言。

### 党治政府

根据孙中山"革命程序"的理论,在军政和训政时期,必须实行"党治"。孙中山认为,在民国初建,人民素为专制君主之奴隶,不识、不敢、也不能为主人,"是故民国之主人者,实等于初生之婴儿耳。革命党者即产此婴儿之母也。即产之矣,则当保养之,教育之,方尽革命之责也。此革命方略之所以有训政时期者,为保养、教育此主人成年而后还之政也。"①因此,他指出:"要改造国家,非有很大力量的政党,是做不成功的;非有很正确共同的目标不能够改造得好的。我从前见得中国太纷乱,民智太幼稚,国民没有正确的政治思想,所以便主张'以党治国'。"②这种党治的理论,是与其对中国社会的认识相联系的。

国民政府时期,党治理论被普遍化。1928年,胡汉民在演讲中提出并解释党治政府的意义:"何以国民政府可以说是'党治的政府'呢?这一点,总理在三民主义中——尤其在民权主义中,已经很明白的告诉我们了。总理以为党同人民的关系,正像商朝伊尹和太甲的关系:党是伊尹,国民便是太甲;因为太甲不能处理国事,所以由伊尹去代理。伊尹代理太甲是暂时的,不是永久的;我们国民党现在代人民行使政权,也是暂时的,不是永久的;将来训政告成,政权就要还给国民,和伊尹还给太甲一样。孟子说:'有伊尹之志则可'。我们在这个时期,也要有伊尹之志,才合乎本党训政的意义。"③胡汉民认为,在训政时期,只是根据五权宪法的精神,成立五院来行使治权。至于民权,或者说政权,还是在国民党。政治上的大问题,都要在国民党的中央执行委员会议去解决。这样,国民政府来行使治权,国民党代表人民行使政权。在这一意义上,政府成为"党治政府"。

既然在训政时期是由国民党代行人民的政权,而以治权付之国民政府,则政府各院都须唯党之命是从。胡汉民指出:"我们何以会有立法权的呢?追起根来,仍是由人民来的。因为党既代行人民的政权,把治权授给政府,我们不过再从政府里分出一部分的立法权来罢了。我们做这种立法的工作,对党完全是一种义务。尽这个义务的目的,便是使党代行人民的政权,行得十分好,很有功能;特别地把党的行权的力量表现出来,很迅速很稳定的推进训政时期,以至于宪政的实现。人民把整个的政权委托了党,党又把立法权委托了我们;我们直接受党的命令,对党负责任,间接就是受人民的委托。"④"立法院既为国民政府所属的机关,同受党的付托而行使治权,一切当然要遵守党的意旨,服从党的命令。"⑤他认为,立法院在政治组织上是一个立法机构,但从国民党的立场来看,是秉承国民党政治会议的意志,尊重其确立的立法原则,因此,所立之法要严格根据国民党的决议,不能违反"党治"原则。⑥

胡汉民认为,各项立法原则都由政治会议确定。政治会议有立法的最高权,立法院对政治会议的决议只有遵守,不能因为自己的方便而想把它加以限制。他举例说,具体的制度上,民法债编的内容完全依照国民党中央颁发的原则。凡党的政策所在,都有明白规定。如

---

① 孙中山:《建国方略》,载《孙中山选集》,人民出版社1981年版,第173页。
② 孙中山:《中国国民党第一次全国代表大会开幕词》,载《孙中山全集》(第九卷),第96页。
③ 胡汉民:《党治的政府》,载《胡汉民事迹资料汇辑》(第三册),(中国香港)大东图书公司1980年版,第399—400页。
④ 胡汉民:《立法工作的三种意义及其他》,载《胡汉民事迹资料汇辑》(第三册),(中国香港)大东图书公司1980年版,第814—815页。
⑤ 胡汉民:《今后立法的严与速》,载《胡汉民事迹资料汇辑》(第三册),(中国香港)大东图书公司1980年版,第771页。
⑥ 参见胡汉民:《法律与自由》,载《胡汉民事迹资料汇辑》(第三册),(中国香港)大东图书公司1980年版,第810页。

租赁制度,承租人固然可得到各种保护,但决不能随便将租赁物转租他人。这是因为:"如果租来的土地再转租给他人,那便生出两重地主关系来,违反了本党的政策了。至于地主将土地收回来自耕,倘合法定的手续,那是可以的,因为这是本党'耕者有其田'的政策。倘不是自耕,不准轻易收回。"①所以,立法院只不过是执行党的意旨的机构之一。

不仅立法院与党的关系如此,政府的其他机构亦无不如此。司法院虽然独立为政府一院,由于司法党化的泛滥、一党专制的不断加强,司法独立的原则难以践行。国民政府司法院长居正指出,司法党化是国民政府训政和宪政时期的最高司法原则。它包括两层涵义:"一、司法干部人员一律党化——主观方面;二、适用法律之际必须注意于党义之运用——客观方面。"所谓司法干部人员一律党化,按居正的解释:"并不是说一切司法官非党人做不可,反之,把所有司法官位置全分配了给持有党证之人,如果他们对于党义——特别是拿党义应用到法律适用方面去——没有充分的了解时,也不能算是司法党化。司法党化应当是把一切司法官都从那明瞭而且笃行党义的人民中选任出来,不一定要他们都有国民党的党证,却要他们都有三民主义的社会意识。质言之,司法党化并不是司法党人化,乃是司法党义化。"②所谓"司法党化"的第二层意思,就是要求司法官在审判过程中,以国民政府的立法原则和中心法理为自己的思维方法和论证基础,使每一个判决都符合现行法制的总体精神;而且,在审判中,坚决贯彻党的主张与政策。党的主张是全部法制理论和制度的渊源和基础,是立国的方针,也应该是适用法律的标准。

**【人物】**

## 居 正

居正(1876—1951),字觉生,号梅川,别号梅川居士,湖北广济人。1905年留学日本,并加入中国同盟会。1907年参与发起共进会,1908年前往新加坡、缅甸等地从事革命工作。1910年回国主持湖北省的同盟会工作,筹备武汉地区的起义。1911年武昌起义后参与筹组湖北军政府和制定《都督府暂行组织条例》。南京临时政府成立后,担任内政部次长,代理部务,并参与《中华民国临时约法》的制定工作。1914年任中华革命党党务部长兼《民国》杂志总理。1922年任护法军政府内务总长。1924年在中国国民党第一次全国代表大会上当选为国民党中央执行委员会委员。1929年到1930年因反对蒋介石而被囚禁,1931再次当选为国民党中央执行委员会常委。自1932至1949年,任南京国民政府司法院院长,兼中华民国法学会理事长。著述收入《居正先生全集》。

基于党治政府的原则,因此,在党的领导下,政府各部门的立场应该是一致的。例如,胡汉民认为:"我们立法院既是和行政方面一体的,同受党的付托而执行治权的权能,对于行政方面便万不可错取态度。"③所有权力都统摄于党的政策和决定,不存在相互监督、相互制衡的关系。

---

① 胡汉民:《民法债编的精神》,载《胡汉民事迹资料汇辑》(第三册),(中国香港)大东图书公司1980年版,第859—860页。
② 居正:《司法党化问题》,载《中华法学杂志》第5卷;转引自乔丛启《孙中山法律思想体系研究》,法律出版社1992年版,第261页。
③ 胡汉民:《立法工作的三种意义及其他》,载《胡汉民事迹资料汇辑》(第三册),(中国香港)大东图书公司1980年版,第816页。

## 第三节 其他部门法及司法的思想

**民法**　　南京国民政府时期颁行的《中华民国民法》是中国历史上正式颁布的第一部民法典,其立法体例及具体制度的诸多内容,都与胡汉民等当时主要立法领导人物的主张密切相关。

1929年5月,立法院院长胡汉民和副院长林森提议编订民商统一法典,其中强调应采取民商合一的体例。他们认为,民商分编的体例,始于法国拿破仑立法,这是由当时的社会状况决定的,因为当时商人有特殊地位,所以有必要另定法典、另设法庭以适应其要求。此后欧洲诸国靡然从风,民商分立成为时尚。但商法的内容,主要涉及具有商业性质的契约,而其法律原则及一般通则规定,都仍援用民法。商法上最重要之买卖契约,也已在民法中有所规定。所以商法只不过是民法的补充。而且社会经济变化剧烈,商法在理论上已难以成立:"信用证券日益发达,投资商业者风起云涌,一有限公司之设立,其股票与债券类分散于千百非商人之手,而签发支票、汇票等事,昔日所谓之商行为,亦非复商人之所专有。商行为与非商行为之区分,在学说上彰彰明甚者,揆诸事实,已难尽符。"①另外,我国商人本无特殊地位,因此应该针对目前中国社会的实际状况,顺应现代立法潮流,采取民商合一的体例制定民法典。"我国既有特殊立法趋势,自不能因袭雷同,此次所以有统一民商法典之编纂,其中可于民法典中包括规定者,则纳入民法法典中,间有不能包括者,则另颁行单项法规。"②这样,基本体例上民商合一,而特殊领域则可以特别法以求兼顾。

对于民法总则部分,胡汉民对人法、物权和契约等领域的基本原则提出相关主张:"从来各国立法例,对于妇女地位,每限制其行为能力。本法基于男女平等之原则,认为女子有行为能力。以物权为社会共同利益之制度,其行使利用,有一定之限度,故权利滥用有相当之规定。以契约为共同生活之方法,其意思之自由,有一定之范畴,故义务之履行,以公平善意为标准。"③这一思想在民法的条款中得到具体体现,例如,民法典第十二、十三、七十二、一百四十八条等,都体现或规定了男女平等、公序良俗等原则。

对于物权编中的典权制度,胡汉民详细地阐述了其立法理由。典权为中国特有的制度,清末制定的民律草案中未予纳入。但此项制度与外国以不动产设定担保权的方式有所不同。"照我国习惯,如典物价格低减,出典人抛弃了回赎权,便可免除负担,如果典物价格高涨,出典人还可向典权人找补,这真是一种富有王道精神的习惯,为我国道德上济弱观念的优点。"④因此,民法物权编中保存了典权制度,规定出典人对于典权人表示让与其典物之所有权时,典权人可以按时价进行找贴,然后取得典物的所有权。但因为民间习惯上往往有数次请求找贴、以致发生纠纷不断的情况,故规定找贴以一次为限。

民法的亲属编和继承编是饱受争议的部分,新旧思想的争论和交锋尤为激烈。在主持民法典制定的过程中,胡汉民指出,传统的家族制度存在诸多弊端。除造成男女不平等外,

---

① 谢振民编著、张知本校订:《中华民国立法史》(下册),中国政法大学出版社2000年版,第758页。
② 胡汉民:《社会生活之进化与三民主义的立法》,载《胡汉民事迹资料汇辑》(第三册),(中国香港)大东图书公司1980年版,第804页。
③ 同上书,第804页。
④ 胡汉民:《民法物权编的精神》,载《胡汉民事迹资料汇辑》(第三册),(中国香港)大东图书公司1980年版,第867—868页。

还有诸多方面:

"(一)家庭的专制。亲之于子,小时视为玩物,大来当作商品。……又极端干涉他的自由,叫他失却人格的独立。对于职业婚姻等问题,一味高压,尤易引起家庭风波,甚至同为所生,而重男轻女,重富轻贫,则亲子关系,只靠财产血食为连锁,遂无慈孝可言!

(二)亲属的依赖。其始互相依赖,其后必互相牵累,且由倚赖心盛,往往反动不平,至若以亲戚为一种势力结合,有所垄断,则为私害公,流毒更大,终为社会所不容!

(三)家族的利己心。以家族为单位而有利己心,则贪得无厌,更甚于个人主义,于妻妾宫室之外,必欲积巨产以遗子孙,一念肥家,不知有社会的公益,有时身败名裂,都不顾及,得为守财奴而死,便觉瞑目。"①

胡汉民回顾了中国传统家族制度的发展历程,认为这是适应传统社会生活和生产方式的制度。因此,随着新时代社会环境的改变,对家族制度的改造成为可能和必要:"民生为历史之中心制度,是人类满足其欲望的要求的产物。人类有维持生命、促进生活的要求,便产生家族制度。在中国由家族制度的宗法,扩大成为政治,支配了二千余年人民的思想和行动到今日,这种陈旧的、徒存躯壳的宗法,便应该摧毁了。然而家族制度的精神,因为事实的、环境的要求,必须有适度的保存,这是新民法亲属、继承两篇中所以厘定家族制度的重要的原因。"②

胡汉民进一步阐明了对传统制度进行改造的具体内容和方式:

(1)改进亲属分类。我国传统法律对于亲属分类,除配偶外,分亲属为宗亲、外亲与妻亲三类。这种分类法以男系为中心,是宗法制度的产物。因此新民法中改以血统及婚姻为主,分为配偶、血亲和姻亲三类;在遗产继承上,也不以宗祧继承为前提。

(2)确立男女平等。包括承认妻妾为完全行为能力人、离婚条件上男女平等、父母得共同行使其亲权、否认单独的夫权、女子对父母遗产享有继承权;此外,各种亲属,如果其与被继承人的亲等远近相等,也不因性别而有所不同。

(3)奖励亲属独立。最主要的是扶养制度的规定,其范围为:直系血亲之相互间,夫妻之一方面与他方之父母同居者其相互间,兄弟姊妹相互间,家长家属相互间。但如果负扶养义务者因此而不能维持其生活时,扶养的义务可以免除。在奖励亲属互助的规定中,寓有个人经济独立之意。

(4)规范家的制度。家的制度是中国数千年来社会组织的基础,但过去宗法制度流弊深重。新民法重新规定了家长义务,且不论性别皆得为家长,在其管理家务的时候责成其应注意于家族全体的利益。③

【资料】

## 胡汉民对家族制度的说明

中国家族制度所以能特殊巩固,有二千余年的历史,乃至到今日在我们民法中必欲

---

① 胡汉民:《民法亲属继承两编中家族制度规定之意义》,载《胡汉民事迹资料汇辑》(第三册),(中国香港)大东图书公司1980年版,第880—881页。
② 胡汉民:《民法亲属继承两编中家族制度规定之意义》,载《胡汉民事迹资料汇辑》(第三册),(中国香港)大东图书公司1980年版,第885页。
③ 同上书,第883—884页。

保存其精神而不能全部改造，如一般感受新思潮的青年所想望，完全为物质生活的生产方法所决定的。中国自来是农业社会的组织，农业社会需要分工合作，互相为助。而最需要的，无过于劳动力。一族人数增加，便是劳动力增加，于是家族愈大，生产也愈多，由是而土地共有，耕作共同，在一族中，财产消费不分彼此，都正应合他们生活的要求。于是大家族便应运而生长、而巩固、而至于牢不可破。"男有余粟，女有余布"，是农业社会最好的写照，而"守望相助，疾病相扶持"，也是农业社会必要的组合。在这样的家族组合中，便是小孩子都尽一份力量，实行了各尽所能，各取所需的社会主义的目标。但是加入生产的方法改变，家族制度的命运便必然中断。①

### 土地法

土地问题是当时社会的主要矛盾之一，孙中山在民生主义的阐述中将"平均地权"作为其主要方面，系统地提出了解决土地问题、平均地权的办法，即政府照地价收税和照地价收买。他主张，地价应该由地主本人确定。例如，广州长堤的地价，有的每亩值十万元，有的只值一万元，都由地主自己向政府报告。然后，根据各国土地的通行地价税法，实行百分之一的税率，由政府收税。同时，他主张建立政府照地价收买的制度，以防止地主以多报少。例如，地主将价值十万元的土地报告为一万元，则按百分之一税率征税，政府本应收税一千元，而照报价仅得征收一百元，似乎在税收方面政府蒙受损失。但政府可以按照所报一万元的价格强制收买土地，则地主将蒙受更大损失。这样，地主自然会向政府上报真实的土地价格。地价确定后，要进一步规定，自定价后，土地价格再行涨高，所获增值完全归为公有。孙中山认为，地价涨高，是出于社会改良和工商业进步，其根源是由众人的力量经营而来，所以由这种改良和进步后所增值的地价，应该归之大众，不应为私人所有。"这种把以后涨高的地价收归众人公有的办法，才是国民党所主张的平均地权，才是民生主义。"②

在国民党第一次代表大会提出的纲领中，根据孙中山的主张，确立了平均地权原则，提出一系列具体方针，包括由国家规定土地法、土地使用法、土地征收法及地价税法；私人得拥有土地，由地主估价呈报政府，国家就价征税，并于必要时依报价收买。③

但实际上这些主张如果付诸运作，在实践中有许多难以解决的问题。因此，胡汉民等人在制定土地法时，声称以上述主张为原则，但又需参酌国内既有的良好习惯和经济社会的实际状况，进行立法。胡汉民等认为，首先应该承认土地私有权；但同时在使用、处分和收益等方面进行相当的限制。其次，对土地登记制度作出改革，减轻登记费用，但责成登记机构严格查实登记情况。复次，尽管根据最高原则，地租应该取消，但当前的情形尚不允许，因此根据国民党主张的"二五减租"办法，以3.75%为最高限额，先推行于江浙等省。另外，对于土地增值的情况，也难以马上推行增值归公的制度，故先在城市实行高税率，而在农村，要根据实际情况而定，因为地主对于增值往往确有贡献，所以不应课以重税，以鼓励所有人改良土地。最后，根据"耕者有其田"的政策，除非佃户违法或长期不纳地租，或者地主要求自耕，否则地主不得收佃；如果地主长期离开、佃户连续耕作十年，得请求依法

---

① 胡汉民：《民法亲属继承两编中家族制度规定之意义》，载《胡汉民事迹资料汇辑》（第三册），（中国香港）大东图书公司1980年版，第881—882页。
② 孙中山：《三民主义》，载《孙中山选集》，人民出版社1981年版，第838—839页。
③ 参见《中国国民党第一次全国代表大会宣言》，载《孙中山选集》，人民出版社1981年版，第593页。

征收、以获得土地。①

这些主张贯彻在国民政府制定的土地法中。1928年由胡汉民、林森等草拟《土地法原则草案》经国民党中央政治会议通过。1930年，胡汉民主持的立法院正式通过《土地法》，将上述主张法律化。

### 司法思想

对司法实践过程中出现的问题，时任司法院院长的居正有诸多精彩的评述，切中时弊，有些主张得到一定的贯彻。

他指出，当时诉讼活动中出现的民众对司法的不信任和不满意等一系列问题，一方面是因为制度的设计大多是参考甚至抄袭西方，未必适应于中国的现实情况。例如债的关系，民间的行为往往不能完全符合法律的程序要求，加上诉讼过程繁复冗长，民众的要求不能得到有效救济，对司法、甚至对政府都失去信任。因此，他建议司法人员应该斟酌法理、民情，即使法律行为的手续有所欠缺但理由充分的，也应该在法律允许的范围内，想方设法给予法律救济。如果因为证据问题而难以依法而判时，应尽量进行案外调解，以便实体性地公平解决纠纷。他认为，这不仅对实现司法的目的有积极意义，也有助于建立民众对政府的信任。

【资料】

#### 居正对于诉讼原则的说明

推原讼累病民，其原因一由于制度本身未尽适合于国情；二由于推行方法未尽斟酌法理民情于至当。试就制度而言，吾国司法革新运动，肇自清末，当时改革动机，在于收回法权。故立法建制，每偏重于抄袭西洋之法制，冀以满足在华拥有领判权国家之希望。实体法之规定，固不厌其详，程序法之规定，亦复同其繁密，已违吾国政简刑轻之古训。加以吾因礼治相沿，民不重法，民间若干法律行为，大都不备法律手续，此中尤以债权债务关系至为普遍。益以狡黠者流，利用繁复之诉讼程序，一再上诉，一再抗告，讼案一起，经年累月而不决；法律原以保民，转以病民。长此以往，人民不但对司法视为痹政，浸假而对于整个政府失其信仰。救济之方，不外法律制度之改善，与夫执法者之能顺应民情之所宜。关于法律之修改与审级制度之调整诸问题，久在院部研究之中。至于如何使法理民情斟酌于至当，则不能不属望于从事司法实务之法官。在诉讼程序方面，其有手续不完可补正者，应尽量令其补正；其不能补正而显有理由者，亦应于法律许可范围之内，多方设法救济，以资调剂。其在实体法方面，如因证据关系，不能为合法之判决，亦应尽量利用案外调解，以期达到公平适当之解决。语云："法律不外乎人情"，但求适法而忽人情，为法官者尚不得谓为已尽其事；必也循循善诱，谆谆教诲，不但使胜诉者感到法律之保障，且使败诉者膺服法律之尊严。夫如是，而后司法保民之意义始能显著，而人民对政府之信仰始能建立。②

在司法过程中，成文法和先例的关系是当时司法中亟待澄清的重要理论和实践问题。居正认为，成文法与判例一样，都是法律创造，也一样是法律适用，其性质并没有什么不同，

---

① 胡汉民：《土地法的内容》，载《胡汉民事迹资料汇辑》（第三册），（中国香港）大东图书公司1980年版，第887—894页。

② 居正：《告全国司法界同仁书》，载《居正文集》，华中师范大学出版社1989年版，第666页。

只是属于确立法律规则的程序中两个不同的阶段。从法律的形式构成来看，制定法是把一个法律前提和一个法律结论联系起来，判例也同样如此，二者并无太大的区别，只不过前者用于较广泛和抽象的范围，而后者用于较特定而具体的范围。他从更宏大的视野和角度论证了法律的制定与适用的相对关系："法规对裁判言，法规是造法，而裁判是法律适用；法规对于宪法言，则法规变为法律适用，而宪法却是造法；同一理由，以裁判对于执行言，裁判又变为造法，而执行才是法律适用。所以立法就是司法，司法也就是立法；立法与司法只是量的区分，而非质的区分。"①所以，在他看来，法律制定和适用之间，并无绝对的界限，判例的地位也就此得到认可。

以此为前提，他进一步论证了成文法与判例法的关系，指出成文法与判例法的关系可以看做是一般与个别、抽象与具体的关系：法规是一般或抽象的法律，裁判是个别或具体的法律，是"观念的法律"与"实在的法律"的关系。前者需要得到后者的支撑，才能获得真正"具体的形态"，即实效，才能够作用于现实社会。抽象的法律条文，如果不能得到裁判的有效援引和运用，就是锈废的规则，没有生命力。而且，社会上人情事理的变化极为复杂。"一个抽象的一般的法律，决不能预料将来事件发生情形之变化，而包举无遗。"②成文法需要得到判例的补充，才能充分有效地调整社会关系。判例与成文法因此相辅而相成："例与法之关系，至为密切，实相辅而行。法简而例繁，法具条文，例征事实。法为死条，例乃活用。法一成而难变，例以渐而有加。盖法犹经也，例犹传也，不讲传无以通经。法犹兵书，例为战绩也，法犹医方，例则医案也。仅读兵书者，不可以用兵；只记医方者，不可以治病。仅知法律专条者，不可以听诉讼。"③这些论断有助于在司法中厘清成文法与判例的关系，明确判例在补充成文法过程中的重要作用。在这种思想的推动下，当时编行了不少以实践司法判决为基础的"判例要旨"，在司法实践中具有相当重要的参考价值。

## 本 章 小 结

在创立民国的过程中，孙中山以政治家的宏大胆略和宽阔视野，博考西方自然科学和社会科学的新近成就，兼采中国固有文化的精神，因应时代需要，为新生的共和国勾勒了包括法律制度在内的宏伟蓝图。其三民主义和五权宪法思想具有丰富的理论价值，是国民政府时期制度建设的纲领性原则；其革命程序论和党治政府思想则为后来国民党专制统治所凭藉。

南京国民政府时期的主要政治人物在立法上倡导社会本位，要求迅速制定法律，完成了制度构建的初步任务。他们以五权宪法和党治政府的形式要求建立国家政权机构。在部门法的制定和司法实践中，这些法律政要人物也提出了带有鲜明时代色彩的思想和主张，有许多内容深刻影响了当时法律实践。

---

① 居正：《司法党化问题》，载《中华法学杂志》第5卷；转引自乔丛启《孙中山法律思想体系研究》，法律出版社1992年版，第273页。
② 同上。
③ 居正：《〈最高法院判例要旨〉序》，大东书局1934年版；转引自乔丛启《孙中山法律思想体系研究》，法律出版社1992年版，第274页。

**参考阅读书目**

1. 《孙中山选集》,人民出版社1981年版。
2. 《胡汉民事迹资料汇辑》(第三册),(中国香港)大东图书公司1980年版。
3. 谢振民编著,张知本校订:《中华民国立法史》,中国政法大学出版社1999年版。
4. 乔丛启:《孙中山法律思想体系研究》,法律出版社1992年版。

**思考题**

1. 简述三民主义思想和革命程序论。
2. 简述民国时期社会本位的立法思想。
3. 简述孙中山职能分离和五权宪法理论。
4. 结合中国当代司法实践,简评居正的司法思想。

# 第十章
# 民国时期法律家群体的法律思想

**本章要点**

本章主要从整体上介绍民国时期法律家群体的法律思想。这一时期的法律思想受到政治形势的深刻影响,一大批留学西方的法律家力图运用西方的宪政理论和法制思想来改造中国传统的政治制度和法律制度。民国时期的法律家群体既是西方法律知识的传播者,也是该时期法律制度的制定者、解释者和批判者。他们积极鼓吹宪政,要求协力维护法权统一,废除领事裁判权,主张实现民主与法治。在法学理论方面,他们主要强调对西方法律的学习引进,但也要求要重视对本国风俗民情的研究。在司法方面,他们鼓吹司法独立,试图推行各种改良措施,来实现司法公正。

## 第一节 民国时期法律家群体概述

**民国时期法律家群体的形成背景**

民国时期的法律家群体是在清末民初这一特定的历史条件下形成的。其历史背景主要有以下几点。

（一）清末法政教育的兴起和近代法学教育的发展

鸦片战争以后,中国传统的教育形式正一步步突破传统模式,开始以西方资本主义国家的教育思想和教育方法来培养新式人才。在这一特定的历史阶段中,虽然还存在着旧式的、幕学形式的教育,但新式的、近代资本主义的教育已日趋占据主导的地位,尤其是1905年废除科举制度以后,旧学已经没有任何发展的余地。清末的法政教育和近代法学教育的发展正是在这一背景中产生和不断发展起来的,同时也正是在这一过程中,培育了民国时期一大批法律家群体。

清末新式法学教育最早可追溯到19世纪60年代清政府为满足办外交人才之急需而设立的京师同文馆时期。在与外国人打交道的过程中,洋务派认为,由于语言不通,造成很多隔阂,而且常常因此而受到西方国家的欺蒙,为此应着手培养翻译人才。1862年,京师同文馆正式开馆教习,最初有学生10人。科目设置由最初的教授外国语言文字,发展到开设有关自然科学、包括法学在内的社会科学课程。因办外交的实际需要,法学科目仅限于国际法

（当时普遍称之为"万国公法"）。于是，围绕着"万国公法"教学的需要，一大批西方的法学著作被译介到中国。近代性质的法律教学和翻译活动使得国人以国际法为入口，开始较系统地从学理的角度来研习近代西方的法学知识，近代意义上的法学也正依此而逐渐地萌芽。

戊戌变法前后，在维新人物的倡导下，清末的近代法学教育与法学进入一个较快的发展时期。1895年，盛宣怀筹划的天津中西学堂正式开办，设置了"律例学门"，初步具备后来的法律系的形态。所涉及的内容已经突破"万国公法"的范围，扩大到"大清律例""法律通论""罗马律例""英国合同法""商务律例"等法学科目。而1897年维新派创办的湖南时务学堂也开设了"唐律疏议""全史刑律志""日本国刑律志""法国律例""英律全书"等课程。这些课程的设置使得近代的法学体系逐步形成并得到一定的发展。

20世纪初，清政府被迫推行"新政"，在法制方面进行了一系列的变革，实现了由传统的法制体系向近代的资本主义法制体系的过渡。修律大臣沈家本、伍廷芳认为，颁布新的法律虽然重要，但是培养新式法律人才更为重要。于是，在京师有京师大学堂，各省也设置了18所学堂，都开设有法律方面的课程，实行专门化法学教育。随着科举制度的废除，清末法学教育进入了勃兴阶段。在国内学术和师资水平都十分有限的情况下，许多学堂采取了延聘外教和使用国外翻译教材的办法。当时承担京师法律学堂大部分课程讲授任务的教员都由修订法律馆的日本法律顾问担任，如冈田朝太郎、松冈义正等。此外，一大批早期的法政留学生也开始充任法学教师。

可以说，正是清末法政教育的兴起才为民国时期法律家群体的生成奠定了坚实的社会基础。当时清政府实行预备立宪，国家由君政而宪政，由官治而民治，由君主专制而三权分立，由人治而法治，这为大批具有法学专门知识的人才进入国家的立法、司法和政府部门提供了良好的机遇。尤其是法律职业集团的出现，使得学习法律成为一种嗣后从事法律职业的必备之资格。法政教育的兴盛、新式法学教育的发展使得法律在社会上成为一门知识的地位正式得以确立。同时，社会对于法律的认可度又反过来会大大推动法律自身的发展和职业法律家阶层的兴起。

（二）民国时期法治思潮的兴盛和大量法律法规的制定

1911年的辛亥革命推翻了清政府的专制统治，在民国初期的社会思潮中，对于法治的期望和对专制的厌弃，成为当时社会的一个主要思想趋势。倡言"依法治国"成为一种时尚，并将此视为巩固中华民国和民主共和制度的重要保障。

中华民国成立以后，对法治的重视主要体现在对国家法制建设的重视和关注。因此，从南京临时政府到南京国民政府，立法建制受到民国各个时期的当政者的重视，并不自觉地按照卢梭所提出的"有法律者为共和，无法律者为专制"的标准，大力进行民国法制的创建工作。正是在上述思想的指导下，南京临时政府尽管只存在了短短的三个月的时间，但是却创建了一系列的旨在禁止刑讯体罚、保护人民权利、改革社会习俗、促进经济文化发展的重要的法律法令，充分体现法律面前人人平等、保护私有财产权等资产阶级的民主思想和法律价值观。这对宣传资产阶级的民主思想和法治原则，推动整个社会反对专制和解放人民群众思想方面，都起到了十分重要的作用。北洋政府时期虽然军阀混战不停，但至少在表面上还必须顺应民主法制的要求，创制了大量的法律法规。南京国民政府则继承了自清末修律以来的法制建设成就，逐渐形成了以宪法为基础、以刑法、民法、刑事诉讼法、民事诉讼法、行政法为主干的所谓"六法全书体系"。

### (三) 近代西方法学思想的大量传播与对传统法律文化的彻底批判

中华民国建立以后,民主共和国的建国方针为西方法律思想的传播提供了历史机遇。南京临时政府时期,其法制建设的主导思想实际上就是西方民主法治国家思想的再现。北洋政府时期虽然是典型的军阀政治,而且政权更迭频繁,表现了一种"你方唱罢我登场"的混乱局面。但是,在缺乏一个强有力的中央政权的高压和控制之下,再加上变幻不定的政局,在各派政治势力争权夺利的环境中,无形中留下了许多学术思想得以传播和发展的空间。同时,宪政共和思想、民主法治原则已经成为民国以后各个时期的当政者藉此换取社会普遍认可的"招牌",这为近代西方先进法律思想的传播提供了制度性基础。在南京国民政府时期,当政者按照孙中山先生提出的"建国三时期理论",将西方法治思想与当时的现实条件结合,提出了所谓的"社会本位"的立法原则,体现了对当时西方较为流行的社会法学派思想的继承与发展。在这样的历史条件下,晚清以来派出的法政留学生大量归来,他们有一定的传统思维的积淀,在学习西方现代法理观念的同时,也经历了来自西方社会的文明之冲击,成为调和西方化的法治原则与民国社会实际的主体,并在这一调和的过程中形成了独具特色的职业群体。

"五四"前后的新文化运动,高举"民主"与"科学"的旗帜,清算了中国传统法律思想中的糟粕。辛亥革命树立起西方现代的政治法律制度:制定了宪法性的临时约法,建立三权分立的政体框架,选举出大总统,成立了专门的立法和司法机关,等等,这一切似乎都说明,中国社会已经发生了根本性的变化,已经不是君主专制的国家,而是民主共和国家。但随着袁世凯称帝以及以后各派军阀的倒行逆施,很快使得真正的民主革命派人物认识到,这个在西方曾经是十分美好的制度,到了中国却变成了一个"非驴非马"东西,"吾人于共和国体之下,备受专制政治之痛苦"。① 追根溯源的结果发现,其原因是宪政共和、民主法治只是"少数人之主张",而不是"多数人之觉悟"。为了要把宪政共和、民主法治变为多数人的主张,就必须对传统的法律思想进行彻底的批判。为此,新文化运动的主将们抓住正统法律思想维护君主专制制度妨碍民权观念的萌芽、维护宗法家族制度窒息个人权利意识和残害个人独立经济能力、维护等级制妨碍法律平等观的产生、维护体现人治精神的立法司法制度妨碍现代法治观念产生等一系列要害问题,进行了全面而深刻的批判,为现代民主权利观念的倡兴、公民意识和法律意识以及现代法治原则的确立奠定了坚定的思想基础。可以说,"五四"运动对传统法律思想的批判真正开启了中国近代法治的思想之门,为民国法律家群体的兴起和近代法律发展清除了思想上的障碍。

## 民国时期法律家群体的特征

按照民国时期法律家们的主要社会经历和学术成就,尤其是各自的关注点的不同,大体可以将其划分为三类。第一类是注重学术研究的法律家,代表性人物主要有以吴经熊等为代表的法理学研究,以王世杰、钱端升、陈茹玄为代表的宪法学研究,以程树德、徐道邻、杨鸿烈、陈顾远、朱方、瞿同祖等为代表的中国法制史学研究,以周鲠生、梅汝璈、倪正礤等为代表的国际法研究,以史尚宽、梅仲协、胡长清等为代表的民法学研究,以蔡枢衡等为代表的刑法学研究。第二类是侧重于司法实践的法律家,代表性人物主要有江庸、董康、许世英等。第三

---

① 陈独秀:《吾人最后之觉悟》,载《新青年》第一卷第六号,1916年2月15日。

类是侧重于政务活动的法律家,代表性人物主要有王宠惠、张知本。但是,作为一个特殊的社会群体,民国时期的法律家们大体上具有以下几个共同的特征。

(一)西方法律教育背景

民国时期主要法律家基本上都有海外求学的经历,而且其游学背景可以追溯到清末的法政留学时代。从总体上看,民国时期的法律家大体上分为两类型:一是留学欧美的;二是留学日本的。近代中国留学西洋第一人是容闳。① 此后,大批的留学生远赴海外求学。甲午战争前,留学欧美学习法律的人员中,著名的有伍廷芳和何启。② 在甲午战争以后,尤其是在清末实行所谓的新政以后,法政人才日渐被社会各界所重视,于是留学生学习的主要专业转向法政,而且留学生大都选择日本。民国以后,实行法治是民主共和国的必然选择,这又大大促进了留学生学习法政的热情。据统计,从 1896 年开始到 1912 年截止,共有 39 056 人去日本留学,辛亥革命前仅毕业于法政大学的中国留学生就有 1 346 人。在清末和民国的法政留学生中,留学欧美学习法律的著名人物有:王宠惠、罗文干、伍朝枢、杨荫杭、周泽春、王世杰、王铁崖、端木正、胡愈之、周鲠生、李浩培、陈体强、周枏、漆竹生、龚祥瑞、朱兆莘、顾维钧、唐绍仪、杨兆龙、倪征燠、梅汝璈、梅仲协、钱端升、陶百川、吴经熊、王造时、罗隆基、张金鉴、赵理海、李钟声、孙晓楼、韩德培、王正廷等。留学日本的学习法律的著名人物有:唐宝锷、汤化龙、宋教仁、廖仲恺、吴玉章、董必武、张友渔、李景禧、江庸、章士钊、章宗祥、黄尊三、潘念之、张知本、林纪东、戴季陶、蔡枢衡、史尚宽、韩幽桐、戴炎辉、程树德、胡长清、汪精卫、沈钧儒、杨度、曹汝霖、吕志伊、朱执信、张耀曾、张君劢、孟森、黄右昌等。

据统计,民元年以来作为最高审判机关的大理院对所有推事的选用,都侧重于留学西方法学毕业生并在社会上素有声望之人。有资料显示,当时大理院民刑庭各庭长、推事和书记官全部任用饱读西学之新人,即非毕业于大学专门学校的法律人,决不能充当推事。如,1919 年大理院推事共 28 人,无一非法学毕业。1921 年大理院推事共 32 人,其中毕业于国立专门法律学校的 11 人,毕业于日本法政学校的 18 人,另 3 人分别毕业于德国柏林大学和美国的法学院。在 1925 年 32 人的大理院推事中,21 人系在外国毕业者。从 1912 年 5 月大理院成立到 1927 年 10 月大理院被撤销为止,大理院历任院长和推事共计 79 人,其中 69 人的学历背景已经查清楚。在这 69 人中,留学日本法政学校的 43 人,毕业于美国、英国各大学法律专业的分别是 5 人和 4 人,出身京师新式法政学堂的 9 人,旧式科举出身的仅 4 人。

【人物】

## 吴经熊

吴经熊(1899—1986),字德生,浙江鄞县人。早年就读于天津中西学堂法科,也就是后来的北洋大学法科,后转入东吴大学法律学院。1920 年毕业,获法学学士学位。1921 年赴美国留学,入美国密西根大学法律学院,毕业后获法学博士学位。旋赴法国,

---

① 容闳,广东香山县人,1854 年毕业于美国耶鲁大学,后经曾国藩举荐,授五品候补同知,到江苏巡抚署任议员。在其倡导下,1872 年 8 月,清政府首批官派幼童留学生 30 名赴美,后继续派遣,增加到 120 名。这批人员中,后来有 1 名从事的是律师职业。

② 伍廷芳,广东新会人,毕业于英国林肯法律学院并成为第一个取得英国律师资格的中国人。伍廷芳曾在香港从事律师活动,后来则出任清政府的修律大臣,同沈家本一道主持了清末的修律工作。何启,广东南海人,先后毕业于英国阿伯丁大学和伦敦林肯法律学院,获医科学士、外科学士学位和大律师资格,回国后在香港曾从事律师工作。

进入法国巴黎最高法律研究院,此后又在德国柏林大学深造。返美后,任哈佛大学法学院教务长并为法律研究会会员。回国后,任东吴大学法学院院长、司法部推事、临时法院院长等职。南京国民政府时期,先后任立法院立法委员、宪法起草委员会副委员长、上海法学编译社社长、海牙常务国际仲裁法庭成员等。其主要著作有《法律哲学研究》等。

## 周鲠生

周鲠生(1889—1971),湖南长沙人,1906年留学日本学习法政,辛亥革命爆发后加入中国同盟会。1913年先后留学英国和法国,获法国巴黎大学法学博士学位。1921年回国后专门从事国际法、外交史和教育出版工作。历任上海商务印书馆法制经济部主任,北京大学、东南大学、武汉大学政治系教授,1936年任武汉大学教务长,1939年赴美担任联合国中国代表团顾问。1945年回国后担任武汉大学校长。新中国成立后,任外交部顾问等职。其主要著作有《国际法大纲》《不平等条约十讲》《近代欧洲外交史》和《国际法》等。

(二)重视宪政理论的研究

自清末实行预备立宪开始,围绕宪法、宪政问题所进行的纷争是这一时期一个主要的政治。尤其是在中华民国建立起来以后,宪法的制定和颁布实施体现了社会各界、不同的政治势力对于法治追求的不同信念和不同态度。在"中国之当为法治国,已为全国上下所共认"的情况下,制定颁布一部好的宪法、实行宪政似乎成了巩固中华民国政体、使国家摆脱贫弱走向强盛的唯一途径。正如当时《申报》的一篇评论所说:"有良宪法而后有良政治,而后可以巩固国家之丕基。"①于是,在制定宪法、实行宪政大背景下,民国历届的执政者都不敢公然违背共和与法制这民国的两面大旗。这一大环境,为代表不同派别、不同政治势力的法政学人公开进行宪法、宪政理论的研究和探讨提供了极好的社会氛围。如民国初年,在以权力分立的政治理念为基础的《临时约法》的制定过程中,围绕着三权的界限及其制约原则,尤其是对大总统的权限和对其权力的制约等问题,以及如何维护国民权利,各方政治势力和社会精英都表达了各自的意见,使得建立法制的民主共和国成为当时社会舆论的主题。在随后的北洋政府统治十七年中,推动并具体实施法律近代化的重点仍然是宪政体制的探索与变革,以及围绕宪政体制的变革而展开的司法制度的创建与完善工作。南京国民政府时期,从《训政大纲》《中华民国训政时期约法》到《中华民国宪法》,执政者和社会各界对宪政问题的探讨不断深入。在这一过程中,将自清末以来宪政理想和政体设计糅合进了中国传统的政治土壤,其中法律学者的贡献十分巨大。可以说,在每一部宪法制定过程中,都能看到法律家们的影子。同样,民国时期的主要法律家们,不论其政治主张和学术领域如何,都或多或少地对于宪法与宪政问题进行一定的研究。相应地,在民国时期法律家们的法政著作中,有关宪法、宪政方面的成果也是最多的。如在《王宠惠先生文集》中,有关宪法和宪政著作就有1913年的《中华民国宪法刍议》《宪法刍议答客难》《宪法平议》,1916年的《宪法危言》、1931年的《训政时期是有军政时期过渡到宪政时期的桥梁》、1939年的《五权宪法》、1944年的《实施宪政与行使四权》、1946年的《中华民国宪法之要点》等篇目。

---

① 《杂评一:宪法研究问题》,《申报》1913年2月1日。

### （三）积极参与法律实践

清朝灭亡，民国建立，至少从形式上来看，标志着中国社会从"人治型"社会转向了"法治型"社会，尤其是民国时期整个社会对民主与法制的倡导，为一大批从海外归来的法政留学生和国内专门法政学校的毕业生投身法律实践提供了广阔的舞台。从总体上看，民国时期主要法律家群体参与法律实践主要分为三类。一是充任各级法院的法官、检察官；二是成为内阁的司法行政官；三是直接从事律师工作。但是，更多的法律学人是三者兼而有之。如江庸，曾任职于大理院推事、京师高等审判厅厅长、司法次长、司法总长、法律编查会会长、司法官惩戒委员会委员长，主办民国时期最著名的法律杂志——《法律评论》，同时也曾自己创办律师事务所，积极从事律师业务，是民国时期著名的大律师。还有董康。他在民国大理院院长任上，从1914年2月被任命一直到1922年5月被解职，历时近9年，而大理院在民国仅仅存在17年。同时他又以法律编查会会长的身份参与《暂行新刑律》的制定，此后又任中央文官高等惩戒委员会委员长、司法官惩戒委员会委员长、修订法律馆总裁、司法总长、上海公共租界会审公堂回收筹备委员会会长、收回法权委员会副会长。与此同时，他也曾开业充任专职律师，并任法官训练所所长、广东高等法院院长等职。此外，充任民国大理院院长的著名法律家还有许世英、章宗祥、罗文干、姚震等。充任民国历届政府内阁司法总长、司法次长的有梁启超、王宠惠、许世英、章宗祥、张耀曾、徐谦、林长民、朱深、王正廷、罗文干、张国鉴、章士钊、王荫泰、石志泉、张一鹏、程克、余绍宋、薛笃弼、王文豹等人。民国时期这些法律家所具有的良好的法律教育背景，尤其是西方社会独特的崇尚法治精神的熏陶，再配以一定的法学知识和道德素养，造就了这一时期法官们在民国纷乱时局中良好的集体群像。

【人物】

## 许世英

许世英(1872—1964)，字俊人，又字静仁，安徽贵池人，拔贡出身，清末历任刑部主事、奉天高等审判厅厅丞、厅长、山西提法使、山西布政使等职。1910年曾被清政府派往欧美各国考察司法制度。辛亥革命后，曾联络各界呼吁清帝退位。民国初年第一届内阁成立后，根据司法总长王宠惠的呈请，1912年5月18日正式担任中华民国最高审判机关——大理院的首任院长。同年7月26日被免职后，又接替王宠惠担任司法总长，在中华民国第一次全国司法会议上提出了近万言的《司法改革计划书》。在1916年任段祺瑞内阁的内务及交通总长，1921年任安徽省省长，1922年又转任王大燮、王正廷两任临时内阁的司法总长，1925年任内阁总理，1926年下野后组织苏浙皖联合会公开反对直系的孙传芳。南京国民政府成立后，于1930年任全国赈灾委员会委员长兼全国财政委员会主席。"一·二八"事变后，在上海成立难民救济会，救济难民。后历任中国驻日本大使、南京国民政府委员等职。

### （四）强烈的参政意识

民国时期的一些法律学者并没有选择过平静的书斋生活，他们有着强烈的出仕愿望。他们学习法政不是为了学术而学术、从书本到书本，而都企图凭借着自己的法政知识，投身于民国的政治活动。王宠惠就认为，法学本身是一门实践性很强的学科，单纯的学术研究会使得法学自身的发展脱离现实，失去发展的动力。所以，王宠惠幼年居住在香港，受革命党人的影响,立志报效祖国,振兴民族。游学日本期间,加入同盟会,追随孙中山先生投身于民主革命的洪流。留学美国耶鲁大学期间,帮助孙中山起草对外的英文宣言,阐述中华民国的立国思想。辛亥革命胜利后,就任中华民国第一任外交总长,为民国建立献计献策。此后在反对袁世凯帝制、反对日本提出的旨在灭亡中国的二十一条、改革司法制度、收回上海领事裁判权等活动中,奔走号呼,不遗余力,反映了他的报国之心和民族之志。除了像王宠惠这样直接参与政治实践的法律家以外,还有许多法律人间接地参与诸如立法、司法、法官培训、法律宣传、收回治外法权运动等各种各样的政法实践活动。除此之外,许多法律家,包括专著于学术的法律家们,如程树德、吴经熊、王世杰等也都或多或少地参与部分政治实践活动。

## 【人物】

### 王宠惠

王宠惠(1881—?),字亮畴,广东东莞人。早年毕业于北洋大学法科,后留学日本法政大学,毕业后又留学欧美,获美国耶鲁大学法学博士学位,并考取了英国律师资格,曾当选为德国柏林大学比较法学会会员,国际法院法官,国际联盟修正国际法委员会起草委员。在日本留学期间就跟随孙中山先生参加了资产阶级民主革命,是同盟会的骨干成员。辛亥革命胜利后,任南京临时政府外交总长,此后先后任北洋政府第一届内阁的司法总长、法典编纂会会长、修订法律馆总裁。南京国民政府时期先后就任司法行政部长、司法院长、外交部长、代理行政院长等职。1945年代表中国参加联合国创立会议,并参与联合国宪章的起草工作。其著作后人汇编为《王宠惠先生文集》。

## 民国时期的法学教育与法律院校

民国时期法律教育的兴盛既是民国法律家群体形成的一个结果,也是法律家群体在民国这一特定的历史阶段发挥其作用的一种展现,同时更是法律家群体得以发展的一个基本条件。清末的法政留学生培养了中国近代史最早的一批法律家,他们在民国的社会土壤中孜孜耕耘,培养出一批又一批新式法政人才,使得民国时期的法律家群体不断壮大,真正形成了一个所谓的"职业法律家阶层",对民国时期的政治、法律、文化等各方面都产生积极的影响。

(一)民国时期的法律教育

民国成立以后,当时的有识之士原本希望振兴教育、以固国基。由于国家政权落入北洋军阀之手,教育成为可有可无之事。因此,这一时期的大学教育极为混乱。但是由于法学教育与一般知识分子的求官欲望密切相关,而且学习法律被认为是实现民主共和、达到宪政理想而必须要掌握的一种专门知识。故法学教育在这一时期仍然呈现快速发展势头,尽管其间历经几次整顿,法学教育仍然居于其他教育之首。此时的法政教育与清末法政教育最大的不同之处在于,清末法政教育的兴盛在很大程度上是由于科举制度的废除,而民国法政教育的兴盛却是因为法律作为实现民主共和国的一个必备要件而逐渐被社会所认可这样一个外在的条件。同时民国时期的法政教育不仅摆脱了对于西方的依赖而获得了相对独立的品质,更重要的在于这时法政教育开始关注于中国当下的社会问题和法制问题,而这些转变正是"职业化的法律集团"在民国时期能够形成的标志。

1912年国民政府教育部颁布大学令,提出:"大学以教授高深学术、养成硕学闳才,应国家需要为宗旨。"规定大学分为文、理、法、商、医、农、工七科。其中法科分为法律学、政治学、经济学三门。法律学的课程分为必修课和选修课。必修课主要有宪法、行政法、刑法、民法、商法、破产法、刑事诉讼法、民事诉讼法、国际公法、国际私法、罗马法、法制史、法理学、经济学、外国法(从英吉利法、德意志法、法兰西法中任选一门)共十五门。选修课开设比较法制史、刑事政策、国法学、财政学四门。应当说,北洋政府时期对于大学法学教育的整顿主要目的是为了纠正清末法政教育的混乱状况而进行的

民国时期的法律教育是清末法律教育的延续,其发展之路基本上是按照清末法律教育的发展模式并有所提高。中国近代法学教育的发展模式,大体上分为三种途径。一是公立大学,即官办的大学。最早的公立大学是北洋大学和北京大学。北洋大学的前身是1895年开办的天津中西学堂头等学堂。头等学堂即大学,开设了律例学,1903年改名为北洋大学。北京大学的前身是1898年开办的京师大学堂,1912年改名为北京大学。1918年北京大学校长蔡元培重整京津两地的大学时,将北洋大学并入北大,正式开设有法律科目。可以说,公立大学最著名的就是北京大学的法科。二是私立大学,即由国人或法人团体开办的大学。最早的是1903年上海创办的震旦学院,即复旦大学的前身。但1904年清政府颁布法令,禁止私立学堂专习法律政治,而且不准讲授法律政治专科。1908年清政府取消民办法政学校的禁令,为私立法政学校的创办创造了条件。而私立法政大学最主要的便是朝阳大学。三是教会大学,即由外国传教士或基督教会所创办的大学。这类大学最主要的就是东吴大学和燕京大学。前者是1915年创办于上海东吴大学法科,1927年更名为东吴大学法学院,著名法学家吴经熊出任首任院长,胡适、徐志摩、林语堂、潘光旦、王宠惠、董康等名家皆受聘为该院教授,学院的英文名称译为"中华比较法律学院"。学生在三年的时间里,主要学习中国、罗马和英美法律,教学用美国的个案研究法,学生要定期到中、英、美和混合法庭实习。燕京大学是基督教会在北京办的综合性大学。在这三类大学中,就法学而言,以朝阳大学和东吴大学最负盛名,世称"北朝阳,南东吴"。从学术流派上看,朝阳大学崇尚大陆法系,东吴大学崇尚英美法系。

除了大学法学院以外,民国时期专门的法政学校虽历经整顿,但仍然得到了长足的发展。1912年国民政府教育部颁布了法政专门学校规程,规定:法政专门学校以养成法政专门人才为宗旨。修业年限,本科三年,预科一年。本科需由预科升入,本科毕业,可进研究科,年限一年。本科设法律科、经济科、政治科。法律科的必修课程有宪法、行政法、罗马法、刑法、民法、商法、刑事诉讼法、民事诉讼法、国际公法、国际私法、外国语。选修课程有刑事政策、法制史、比较法制史、财政学、法理学等。鉴于法政专门学校过滥、教学质量不高、学生参差不齐的情况,从1913年起,教育部专门下令对其进行大规模的精简整顿。到1917年经教育部备案认可的法政专门学校只有43所,其中公立22所,私立21所。此后,法政专门教育规模逐渐缩小,教育质量有所提高,成为大学法学教育的重要补充。

据统计,从1912年到1925年,全国有记载设立的法政专门学校共有418所,而各类专门学校共计1 143所,法政专门学校占当时各类专门学校总数的37%。法政学校的在校生人数,一直占到全国专门学校在校生总人数的50%以上。仅1915年设立的公立和私立的法政专门学校总数达42所。① 在1913年,仅江苏一省就兴办了15所法政学校,当年招收学生4 800人,而该省当年设立的其他6所专门学校总共才招收560人。在法政学校以外,综合性

---

① 参见汤能松等编著:《探索的轨迹——中国法学教育发展史略》,法律出版社1995年版,第236—240页。

大学的法科也是学生人数最多的专业。如,北京大学在1917年到1923年的六年间,法科毕业生人数占该校年均毕业生人数的50%。

(二)法学摇篮——朝阳大学①

朝阳大学创办于1912年,是清末修订法律馆著名的法界代表人物汪有龄、江庸、黄群等先生个人集资创办的以教学和研究法学为重心的私立大学。朝阳大学创立之初,其校址原定在旧翰林院,以"中国大学"为校名。后将校址改在北京城朝阳门内海运仓,故名曰朝阳大学。象征着早晨的太阳,光芒万丈,向着民主法治迈进。公推汪有龄②为首任校长。1928年南京国民政府教育部公布了新的大学组织法,朝阳大学只有法律、经济两科,不符合"大学必须有三科"的要求,遂改称为朝阳学院,但公章仍是朝阳大学,对外也以朝阳大学的名义继续招生,直到1949年。在1931年汪有龄辞去朝阳大学校长职务以后,先后由江庸、夏勤③、石志泉④等先生担任校长(院长)。

朝阳大学的创办顺应了清末民初接受西方法律制度、兴办近代法学教育的时代潮流,同时也标志着近代法学教育的正式开始。朝阳大学创办伊始,即以培养掌握近代法律知识的人才为主旨,其校风受大陆法系自由心证、罪刑法定等观念影响极深,特别重视成文法。并在学习纪律、生活秩序、考试规则等方面要求极严,校风即是埋头苦读、规矩庄重。这种风格暗合我国近代以来向大陆法系学习的趋势,也符合我国的历史传统和近代国情。可以说,朝阳大学的法科毕业生从事司法实务工作者,其人数之多,分布地区之广,在民国这一特定历史时期没有哪一所学校能与之相比。朝阳大学办学成绩卓著,不断受到当时政府教育部和司法部的嘉奖。1916年11月北洋政府教育部以朝阳大学办学成绩优秀,颁发给特别奖状。1918年3月司法部授予朝阳大学"法学模范"称号。1926年世界法学会特别邀请朝阳大学为会员,肯定朝阳大学为"中国最优秀之法律学校",从此朝阳大学蜚誉中外。1933年1月,因朝阳毕业的学生在司法官考试中成绩突出,国民政府司法行政部特办嘉奖令,指出:朝阳学院的毕业生在全国司法官考试中,"录取几及三分之一,复多名列前茅"。直到1948年南京国民政府举行的最后一次全国司法官考试中,其第一名仍然是朝阳学院司法组的应届毕业生古治民。朝阳学院在抗战期间曾辗转湖北沙市、四川成都、重庆等地办学,抗战胜利后

---

① 关于朝阳大学的详细资料,参见薛君度、熊先觉、徐葵主编:《法学摇篮——朝阳大学》,东方出版社2001年版。

② 汪有龄(1879—?),字子健,又名永龄,1879年生,浙江杭县(今余杭县)人,毕业于日本法政大学,获法学学士。曾任清政府商部商业杂志编辑、京师大学堂、京师法律学堂教习,修订法律馆纂修。1910年与江庸、汪乐园、陈鲤庭、王璞川等联络北京的立法、司法界人士成立中国历史上第一个全国性的法学会——北京法学会,并创办会刊《法学会杂志》。辛亥革命后,竭力主张实行法治,1912年初南京临时政府成立后,任法制局参事,积极推行司法改革。1912年8月改任中华民国北京政府司法部次长,并兼任法律编查会副会长。1914年任参政院参政。1918年任安福国会参议院议员。1920年任《公言报》社长,兼执行律师职务。

③ 夏勤(1892—1950),原名惟勤,字敬民,又字竞民,江苏泰州人。1908年入国立京师法政大学,1912年毕业后赴日本留学,入东京中央大学。毕业后,又入东京帝国大学法科研究室专攻刑法。1917年毕业回国,先后任北京政府京师地方检察厅检察员、京师高等审判庭庭长、大理院推事。1924年12月任署大理院总检察厅检察员,后任首席检察员。其间同时兼任国立北京大学教授、私立朝阳大学教务长、国立北京法政大学教授,1927年8月以后,先后任南京国民政府法制局编审、南京国民政府最高法院刑庭庭长、国民政府司法官惩戒委员会委员、国民政府司法官典试委员会委员。1945年最高法院院长,又兼任朝阳学院副院长、中央大学法律系教授。

④ 石志泉(1885—1960),字友渔,号友儒,湖北孝感人。15岁考入武昌农务学堂,毕业后留学日本第一高等学校,后入东京帝国大学法律科,并加入中国同盟会。1911年辛亥革命爆发后返国参加革命,1912年任湖北军政府司法司科长,旋赴日本学习,1914年毕业获法学学士学位。回国后历任北京政府司法部编纂、奉天高等审判庭推事、大理院推事。1917年任司法部民事司司长,后任修订法律馆总纂、副总裁等职。1924年以后专门从事讲学,历任朝阳大学、国立北京法政大学、国立北平大学、国立北京大学法律系教授、系主任。1932年再次出任南京国民政府司法部常务次长,1946年代理居正院长任朝阳大学代校长(院长),1948年任南京国民政府司法院副院长。

复校北平。

朝阳大学成立后,在其存续的38年间,先后培养出7 000多名学生,其中法律科学生占70%。除少数从事研究和执教以外,大多数毕业生从事司法实践。抗日战争前后,全国各级司法部门,无不有朝阳大学毕业的学生在各个机构工作,也有许多人致力于法学研究和执教,他们为民国的法律教育、立法工作及司法改革做出了巨大的贡献。因此,司法界有"无朝(阳)不成(法)院、无朝(阳)不开(法)庭"之说。

而且朝阳大学学生还大批参加了新中国的法制建设。早在1949年前,朝阳大学就有很多学生参加民主革命,成为革命干部。仅1939到1940年间,就有郑森林、董仲平、彭为果、陈明烨、杨锡以及盛衍遒等到延安和抗日根据地参加革命。这些人中的绝大部分后来都投身到革命法制建设工作中,为根据地法制建设做出杰出的贡献。

1949年10月新中国成立后,中央人民政府接管了朝阳学院,在朝阳门海运仓旧址上成立了中国政法大学,华北人民政府司法部长谢觉哉兼任校长。在成立典礼上,朱德同志就提出,中国政法大学的任务十分重大,新中国需要大量法律人才,它身上寄托着党和国家的重托和期望。1950年全国高校院系调整时,为组建中国的"东方莫斯科大学",当时的中国政法大学与华北大学(1948年成立于河北正定县,其前身可以追溯到华北联合大学和陕北公学)合并成立今日的中国人民大学,完成了中国近代法学教育摇篮的历史使命。朝阳大学留在大陆的教师学者和培养的法学人才,也为新中国的法制建设做出了重大的贡献。如朝阳大学教授倪征燠先生,先是任外交部法律顾问,而后又担任联合国国际法院法官,成为新中国成立恢复联合国合法席位后参加并当选国际司法界这一最高职位的第一人。其他诸如江庸、关世雄等都成为新中国司法或是法学教育的中坚力量。朝阳大学所培养的学生,如李景禧、陈守一、贾潜、谢韬、关怀、孙国华等等,或是著作等身的大法学家,或是名动一时的大法官,他们为新中国法学理论体系的建构及司法机制的运转进行了不懈的努力,做出了杰出的成就。

【资料】

## 朝阳大学校歌
### 居正作词

朝阳,朝阳
大好神州放出光芒万丈
大家凭着这朝气
行健以自强
明德新民止至善
祖述尧舜大宪章
道德礼齐耻且格
大同郅治,大同世界
正气长昭日月光
朝阳,朝阳
行健自强
正气长昭日月光

## 第二节　民国时期法律家群体的法律思想

民国时期独特的社会历史环境为各种法律思想的传播提供了相对宽松的条件。同样，不同社会背景的法律家从各自的政治立场和学术研究出发，对各种法律思想也提出了不同的解说。可以说，20世纪30年代的法律思想的丰富与全面、法学研究状况的深度和广度在中国历史上都是空前的。

**宪政思想**

民国时期的法律家群体在法律思想方面的一个重要特征就是十分关注于宪法与宪政思想的研究。"懂不懂宪法学，决定了一个人能不能成为一个近代法学家。因为这是中国传统法学与中国近代法学的根本分野所在。"①因此，宪政思想在整个民国时期法律思想中占有重要的地位，几乎所有的法律家们都对宪法与宪政问题给予充分的关注，而且法律家们所发表的有关宪法与宪政方面的研究成果也是最多的。可以说，民国时期法律家群体有关宪法与宪政方面的研究在法学各个学科中是最为充分、最为透彻的，研究领域涉及现代宪政思想的方方面面。在为数众多的著作中，较有代表性的有王世杰、钱端升的《比较宪法》、王宠惠的《中华民国宪法刍议》、程树德的《比较宪法》、潘树藩的《中华民国宪法史》、白鹏飞的《宪法及宪政》、张知本《宪法要论》、吴宗慈的《中华民国宪政史》、郑敏秀的《中国比较宪法论》、陈茹玄的《民国宪法及政治史》、萨孟武的《宪法新论》、罗志渊的《中国宪法讲义》、刘静文的《中国新宪法论》、梅仲协翻译的《英宪精义》等。

（一）关于宪法的重要性

民国时期法律家们，不论其政治主张如何，其对于制定宪法、推行宪政与实现民主共和国的关系基本上观点是一致的，毕竟推翻帝制、废除专制，建立民主共和是当时社会的一大趋势。也就是说，这一时期的法律家们对于宪法的重要性都有一种较为统一性的认识，因为没有宪法，民国也就不能称之为民国了。

王世杰、钱端升认为，制定宪法、实行宪政其根本目的就是为了保障国民的基本权利，而这正是专制国家与共和国家的根本区别。陈茹玄认为，宪法就是一个近代民治国家的根本组织法，是法治的基础，是国家所有活动的基本原则，而且这是中国历史上所没有的。陈茹玄在论述国家为什么要有宪法时就认为："无论何国，在宪法运动发生以前，政治皆以'人'为本。得人则有法，法举而国自治。然全慧全能之人往往旷代不获一者。政柄世袭之制，益增人选之难。在位之明主少，而国家之乱日多。人治故不足长恃也。救其弊者，厥惟'法'治。举政治组织，政权之分配与行使，代表执政人之产出方法等等，莫不规定于一定之大法之中。使执柄者而为贤能之人，固可恃做南针，从容建措，发展其计划；即遇中庸之材，亦可垂裳书诺，免事曹碎，守此成法而不毙。故法治所以济人治之穷，而近代之宪法皆为法治之基础。求理想之人以作治法难，求理想之法以待治人易，势则然也。"②

---
① 范忠信：《认识法学家梁启超》，《政治与法律》1998年第6期。
② 陈茹玄：《民国宪法及政治史》，上海政治学社1928年版，第2页。

王宠惠从宪法的根本法的性质对其重要性作了阐述。他认为："宪法为一国之根本法，故西人亦有称宪法为根本法者，极言其要且重也。而政体之确定、三权之分配、自由之保障、法令之依据，咸在斯焉。"①一句话，宪法是立国之本、众法之母。正因为此，王宠惠反对草率立宪，也反对频繁修宪。认为宪法非一人之法，而是一国之法；宪法非一时之法，而永久之法。那种以个人的好恶来修改宪法的行为是民国的耻辱，更是全体国民的最大不幸。所以，对待像袁世凯称帝、张勋复辟的行为，全体国民都应当讨伐之。

（二）关于宪法的形式和内容

民国时期的法律家们对于宪法与宪政问题的理解已经走出清末知识界那种相对封闭的认识框框，在经历了辛亥革命进行资产阶级民主革命的政治实践以后，逐渐形成一整套自己的理论体系。

在北洋政府时期，王世杰和钱端升在详细分析刚性宪法与柔性宪法优劣的基础上指出，民国的宪法应当采用刚性宪法的形式，而且这也是第一次世界大战以后有关国家在制宪中的一种趋势。至于宪法的内容，王世杰和钱端升认为，从理论上讲各国的宪法是一致的，即包括人民基本权利与义务、国家最重要机关的组织与职权两大部分。但是由于各国的政情不同，人们的政治观念亦有差异，哪些权利与义务要写入宪法、哪些机关属于最重要机关，理论与实践是有出入的，因此不能划一。②

王宠惠从我国的历史传统和民国的国情着眼，认为民国的宪法应当是共和国单一制成文宪法。因为刚性宪法与柔性宪法相比较有两个优点：一是刚性宪法的制定和修改的程序、机关都比较特殊，因此不能被轻易改动，因而也比较稳定。二是因为刚性宪法比一般法律的地位要高，可以引起国民对它的尊敬和重视。王宠惠认为，宪法的内容既不能过于繁杂，也不能过于简单。民国的宪法必须包括总纲、国民、立法、行政、会计、司法、省制和附则，其中总纲、附则规定宪法的通例，国民确定了民权，立法、行政、司法本着共和国体的三权分立原则，会计规定国家的财政管理，省制规定中央与地方的权力划分，如此一来，宪法的内容繁简适中，折中至当。

张知本也是积极赞同孙中山的民权学说、五权宪法和地方自治，认为选举权等四种民权是民主的表现，地方自治是民主的基础，五权宪法是实现民主的载体。

（三）关于政体形式

民国时期有关政体问题的争论是这一时期宪政问题的核心。早在南京临时政府时期，以宋教仁为代表的国民党人就主张责任内阁制，以限制袁世凯的权力。北洋军阀统治开始以后，由于宪政精神与军阀政治在基本理念上的差异，使得当时的主政者极力主张实行总统制。而总统制与内阁制之争也波及当时的法律家们的学术主张。如程树德从民国时期政党林立、党派之争日益严重的现实出发，认为内阁制是由议会中的多数党所建立起来的一种政体形式，其弊端是容易将政党的利益凌驾于国民利益之上，因此反对实行内阁制，主张扩大总统的职权。程树德进而主张为了保障总统的权力，总统可以不经过全体国民来选举产生，总统的命令可以不经过内阁来副署，大总统的职权不仅仅是行政权，而且还要包括立法权和司法权。

---

① 王宠惠：《中华民国宪法刍议》，载《王宠惠文集》，"台北中国国民党中央委员会党史委员会"1981年编辑。
② 王世杰、钱端升：《比较宪法》，中国政法大学出版社1997年版，第5、12页。

王世杰、钱端升在考察了总统制、合议制和责任内阁制三种制度的基础上，批评了前两种制度的缺点，并从保障人民的基本权利着眼，主张实行责任内阁制。他们认为，与内阁制相比较，总统制具有一大缺点和两种危险，即总统既以行政机关的实权，集中于元首，妨碍民治主义的精神。而两种危险是："一则因元首的地位极为重要，竞选运动或会过分剧烈，凡握有政治实力之人，甚或不惜从事于法外的竞争；再则政权既集中于一人，则行政机关流于专暴之弊，自较难免。"①而责任内阁制可以最大程度上避免上述两种危险。因此，内阁制既符合"民治"的精神，又克服了总统制下所无法避免的缺点，这应当是民国宪法在政体形式的选择上所必须要考虑的。

**【人物】**

### 王世杰

王世杰(1891—1981)，字雪艇，湖北崇阳人，曾留学英国伦敦大学和法国巴黎大学，获巴黎大学法学博士学位。1920年起，先后担任北京大学法律系主任、宪法学教授、武汉大学校长、南京国民政府法制局长、教育部长、外交部长、总统府秘书长等职，创办《现代评论》杂志。其主要著作有《比较宪法》（与钱端升合著）、《代议政治》等。

### 钱端升

钱端升(1900—)，上海市人，著名的法学家、政治家。1919年毕业于清华大学，后留学美国，1923年获哈佛大学哲学博士学位。此后历任清华大学、中央大学、西南联大和北京大学教授，1952年任新中国第一所政法学院——北京政法学院（即中国政法大学）院长，并参与新中国第一部宪法的起草工作。1982年出任全国人大法律委员会副主任。其主要著作有《民国政治史》《中国政府与政治》等。

钱端升

### 张知本

张知本(1881—1976)，字怀九，湖北江陵人。1895年考入武昌两湖书院，毕业后留学日本法政大学。1905年加入同盟会，武昌起义后，被推举为湖北军政府司法部长，1913年被选为第一届国会议员，1917年随孙中山南下进行护法战争。1923年任教于上海法政大学。此后历任国民党中央执行委员、湖北省主席、立法委员兼宪法起草委员会副主任、行政法院院长、司法行政部长等职。其代表作有《宪法要论》《社会法律学》等。

**立法思想**　　自清末变法修律以来，传统的中华法系逐渐解体，传承几千年的法律体系走到了尽头。在法制上的破旧立新过程中，过去那种在前朝法典的基础上稍加修正即可成本朝法律的传统做法

---

① 王世杰、钱端升：《比较宪法》，中国政法大学出版社1997年版，第260—266页。

已经行不通了,必须要重新建立新式的立法体制。可以说,中国法制近代化最先涉及的问题就是如何进行新式法律的创建工作。在经历了清末那种近乎是盲目的照搬照抄西方法律制度以后,到民国时期,人们已经开始总结近代立法活动的得失,思考如何进行新式法律制度的创建,并将这一问题上升到一种学理的高度来加以研究。民国时期的法律家们对于立法问题的研究大都是基于清末以来所颁布实施的法律与中国社会的不适应,从而造成了整个社会对于法制的失望情节。因此,法律家们的立法思想主要集中在对立法重要性的认识、如何确立适合中国自身的立法模式以及如何对待世界先进的立法经验等问题上。这一时期法律家们关于立法思想的相对较为分散,其中较为集中进行论述的代表性著作有杨幼炯的《近代中国立法史》、谢振民的《中华民国立法史》等。

(一)关于立法的一般理论

民国的法律家们一般都认为尽管中国古代也有大量的立法活动,但严格意义上的立法应该是近代以后的事情。谢振民在分析总结欧洲资产阶级革命以来三权分立思想的理论和实践后,认为"立法"这一名词是由立宪主义而产生的,是专门的国家机关通过一定的程序进行法律创制的一种活动。中国古代虽有立法的事实,但君主的立法是为了束缚人民的自由,是专制的产物,因此不是真正意义上的立法,也就没有"立法"这一名称。① 谢振民将立法分为形式立法和实质立法两类,前者是指立法机关按照法定程序所议决的一切事件,后者是指统治者所发布的一切命令。而现代意义上的立法是纳实质立法于形式立法之中,所谓的法律即是指立法机关依照立法程序所作出的决议。行政机关的决定和命令要以法律规定为界限,不能超越。而且行政命令虽然有约束人民的效力,但不算是法律,只能是法律的补充。因此,行政命令不得与法律相抵触,法律的效力高于命令,换言之,立法行为要在行政行为之上。此外,从立法的内涵上看,谢振民认为有广义和狭义之分。就广义立法而言,行政机关制定颁布条例章程、自治团体订立公约规则,都可以称之为立法。而狭义的立法专指立法机关的创制法律案的活动,其间经过法律案的提出、立法原则的决定、法律案的审议、参众两院的协议和法律案的复议五个阶段。

(二)关于立法的重要性问题

杨幼炯认为,立法是一个民族、一个社会的一种文化活动,关系到整个社会的安定秩序的形成,对于国家的法制状况意义重大。在杨幼炯看来,法律是政府和人民的行为准则。因此法律的制定,必须按照本国的人情、风俗、地势、气候、习惯等为根据。自清末到民国,社会处于一个新旧时代交替的特殊阶段,如此之下,立法活动对于近代中国的国家建设和社会秩序的形成十分重要。但是,如何进行立法,按照什么样的标准来立法,直接关系到所制定的法律对中国社会所起到的作用大小。正是基于这一想法,杨幼炯提出,中国的立法应当是坚持"创造多于模仿"这一标准。但由于古代中国缺乏真正意义上的立法活动,同时自20世纪初期以来中国正处于一个特殊的革命时期,确立这一标准意义重大而且困难也是最大。"惟其重在创造,且又为革命进程中之立法事业,故其困难之处实多。以言法制内容,既不能完全继承或模仿外国法,而革命时期之法律,又必大异于革命以前之法律。在今日一方面应求如何以法律保障社会之秩序,他方面又在如何顺应社会之潮流。具体言之,我故今日之立法

---

① 谢振民编著,张知本校订:《中华民国立法史》(上),中国政法大学出版社1999年版,第4页。

事业之改造,应从立法政策与立法技术两者入手。"①从立法政策而言,主要是确立一个明确的立法指导思想。从立法技术而言,主要是总结清末到民国的 30 年来近代中国立法的得失与经验。

（三）关于近代立法活动的得失问题

谢振民将 30 年来的立法分为三个时期,即清末时期、辛亥以后到南京国民政府成立以前以及南京国民政府时期。时代的不同,立法政策的取向是不同的,总体来说立法活动不断完善。杨幼炯认真总结了自清末以来近代中国近 30 年在立法活动中的得与失,以期找出一条解决南京国民政府立法问题的好途径。杨幼炯认为,中国近代的立法活动起源于中日甲午战争之后,肇始于 1902 年清末修订法律馆的设立。自清末到南京国民政府时期,三十多年来,近代中国的立法活动如火如荼进行着,近代的法律制度也得到了长足的进步,法律体系也呈日新月异之势,但是这种表面上的立法活动并没有充分考虑到中国社会国情民风和社会需要,大多是一些照搬照抄外国的法律制度的结果。如此一来,近代中国的新式立法就不能适应近代中国社会发展的需要,尤其是新式的法律不能满足一般民众的需要。"我国近二十余年以来,国人企慕法治之心,随时代而益切。每当一次世变之后,'法治'之呼声,必风传一时;但其结果,虽或表面上制定法律之形体,而其内容恒未能适合一般民众之需要。"②

造成立法与国民的现实需要相脱节的根本原因在于缺乏一种独立的立法政策。杨幼炯进一步分析说,清末的立法纯属预备立宪的需要,其立法目的是维护自身的专制统治。南京临时政府时期,由于政权存在时间过短,立法活动大都是一种匆匆而为的行为。北洋军阀时期,各个执政者的立法活动其目的也是为了实现自己的专制统治。如此一来,立法政策既不是根据普通国民的现实需要来确定,也不是从保障国民的利益为出发点,相反却是根据执政者的政治需要来确定或是基于现实政治形势所迫。因此,自清末到南京国民政府时期的近三十年的立法,大都可以说是一种茫然无头绪的立法,最为典型的表现就是立法活动从形式到内容大都是简单模仿多、注重创造少。立法机关制定的法律不是简单翻译外国法律的结果,就是对他人法律条文的抄袭。立法者本着对本国国情考虑、对于本国国民的需要而创制的法律极少。杨幼炯举例说,1908 年清政府宪政编查馆制定的《钦定宪法大纲》,其条文几乎全部抄自日本的明治宪法。1912 年南京临时政府制定的《中华民国临时约法》,其条文大半是欧洲某国宪法的仿制品,其私法的内容更是如此。1914 年北洋军阀制定颁布的《中华民国约法》,对大总统权力的规定几乎就是旧时皇帝权力的翻版。正是由于立法者没有一个明确的立法政策作指导,所以也就不可能制定出一种与现实的社会条件相适应的法律。

（四）关于在立法中如何对待外国立法经验的问题

杨幼炯认为,为了使得立法活动更加符合社会的需要,必须在立法活动中充分吸收外国先进的立法经验。因为立法本身就是一种十分复杂的事情,成功的立法也是十分困难的。人们不可能在一夜之间就制定出一部包罗万象的法律,同时社会情况也是千变万化的,立法也不可能完全跟得上社会生活的变化节奏。因此在立法之际,必须参考外国的立法经验,以弥补本国立法经验的不足,这既是一种不得已而为之的做法,也是一种成功立法所必需的前提条件。也就是说,成功的立法既要吸收外国先进的立法经验,又要充分关注本国的国情

---

① 杨幼炯:《近代中国立法史》,上海商务印书馆 1936 年版,自序。
② 同上。

民风。

另一位法律家王宠惠在立法实践中也对上述思想作了贯彻。他在比较了两大法系有关立法理论的基础上，认为中国自清末修律以来，主要参考德国和日本的立法模式，所以其立法思想主要继承了大陆法系。按照这一思想，编纂全国性的法典，既符合我国的传统法制的模式，又对当时的法制改革大有帮助，而且对全国法制的统一亦具有重要的意义。但是，英国法系诸国崇尚习惯的立法模式也有其可取之处。并认为英国法系国家的判例制度有三个好处，即"法律之确定""法律之发达""法律之缜密"，但是也有三个弊端，即"法律之固执""法律之强辩""法律之繁颐"。权衡利弊，王宠惠认为要分别取其所长，不能一概地肯定或者否定。作为制定中华民国民法的学术顾问，王宠惠在民法的制定过程中，既赞赏大陆法系的立法做法，也承认英国法系判例的作用和意义，并根据中国的历史与现状以及民商法的实际情况，主张实行民法与商法合一的立法模式。正因为此，他认为《中华民国民法》是一个成功的立法，真正体现了在立法过程中，既博取了世界各法系之所长，又兼顾了中国的国情风俗。

### 刑法思想

近代以来法制变革最多、最彻底的当属刑事法律制度。1902年清政府派沈家本、伍廷芳为修律大臣修订法律时，伍廷芳因充任驻美国、日本、秘鲁国公使不能回国，刑部在《大清律例》的基础上删改了三百四十五条，制定了《大清现行刑律》。1906年清政府聘请日本法学家冈田朝太郎起草刑律，于1910年颁布了《大清新刑律》，完成了从传统刑事法律制度到近代刑法制度的转变。民国成立以后，1912年3月颁布命令对《大清新刑律》稍作修改继续援用，改名为《暂行新刑律》。1914年12月，北洋政府颁布了《补充条例》，1916年在《暂行新刑律》和《补充条例》的基础上制定了《第一次刑法修正案》，其基本精神没有大的变化。1918年以王宠惠为会长的法典编撰会按照全新的刑法理论制定了《第二次刑法修正案》。在此基础上，南京国民政府立法院又先后在1928年和1935年公布实施了《中华民国刑法草案》和《中华民国刑法》，最终完成了刑事法律制度的近代化转型。因此，在整个民国时期，围绕刑事法律制度的近代转型问题，法律家们进行了较为细致的研究，发表了一系列的研究成果。其中的刑法思想分为两个阶段，民国前期主要是对继承前清刑律的一些批评，后期主要是如何对待西方先进刑法思想的问题。代表性的著作有蔡枢衡的《刑法学》、郭卫的《刑法学总论》、徐朝阳的《中国刑法溯源》、郗朝俊的《刑法原理》、江庸的《中华刑律论》，胡长清的《中国刑法总论》等。

（一）关于对中国传统刑律的认识

民国时期的法律家们对刑法问题的研究大都是从总结和批判传统刑律的特征入手。杨鸿烈、王世杰认为刑律是传统法律的主体，而身体刑又是刑罚制度的核心内容，反映了传统法律的残酷。徐朝阳认为，中国古代的法就是刑或刑罚的代名词，"古代刑法特别发达，影响所及，上下数千载，被于大地者，纵横数万里。盖由我民族特性侧重刑法使然实无足为怪也。"[①]

蔡枢衡在这一认识基础上，认为中国传统刑法以身体刑为中心，刑罚以严厉为原则、以宽宥为例外，这是报应主义和威吓主义思想在刑罚制度上的体现，显示了中世纪刑罚的残酷

---

① 徐朝阳：《中国刑法溯源》，商务印书馆1936年版，第8页。

性。蔡枢衡进而认为,中国传统刑罚的残酷性与专制统治是分不开的,因此中国旧律的精神是专制集权政治和儒家伦理学说的表现。由此出发,蔡枢衡认为,由传统旧律向近代法典发展是历史的必然,而支撑近代法典的基本精神则是民主政治、法治思想、自由主义、个人主义。其中,民主政治是君主专制的克星,法治思想是礼治思想的催命符,自由主义与专制主义相矛盾,个人主义是家族主义的对立物。站在社会发展史的角度来看,由中国旧律进化到近代法典是历史的必然。基于这样的观点,蔡枢衡认为,中国现代法律的内容和形式不能盲目跟随西方法律。①

董康从清末改革法制开始,就一直主张废除酷刑。在修正民国刑法的过程中,他仍然坚持反对严刑峻法。并认为中国历史上两次大的变革是汉文帝的废除肉刑和北魏流形、徒刑的创制,其核心都是废除肉刑。历代明君的约法省刑主要体现在刑罚的实施方式上,即刑法的人道主义精神,这一点中西方是共同的。应当说,董康的刑法思想是中国传统仁政主义的刑法思想与西方资本主义刑法思想的混合。这也是他长期参与司法和刑事立法工作的结果,而且从清末到民国刑法这一思想的贯彻几乎都有他的影子。

(二)关于如何对待清末刑事法律制度中的礼教问题

近代法制与传统法制的分界点就是关于礼教在刑事法律体制中的地位以及在刑罚制度的价值取向。董康与江庸虽然出身相同,职业相近,但意见完全相左。董康是中国近代著名的法律家、大律师,从清末到抗日战争时期,从事立法司法工作长达五十余年,对近代法律制度尤其是刑事法律制度提出了许多独到的见解。② 在清末制定《大清新刑律》时,董康坚定地站在沈家本一边,维护法理派的观点,反对礼教派的主张。但是民国建立以后,董康自认为反对礼教,实际上是自决堤防,并对自己先前反对礼教的做法感到后悔。1912年3月颁布了援用《大清新刑律》的总统令以后,董康持肯定态度。此后,在1914年他根据袁世凯的旨意制定《中华民国暂行新刑律》之《补充条例》时,其主要目的就是维护礼教。所以在《补充条例》中又出现了诸如正当防卫不适用于尊亲属之间、奸良家无夫妇女有罪、父母可以请求法院惩罚其子女、尊亲属伤害卑幼致轻微伤的可以免罪等规定,而这些规定恰恰是清末修律时法理派与礼教派争论的核心。更重要的是,这些思想正好迎合了袁世凯尊孔复礼的主张。直到抗日战争时期,董康还在强烈批评清末变法以来的法律与礼教分离的立场,认为中国近代以来的修订法律皆以英美法或德日法为榜样,实际上是削足适履。

而江庸对于民国援用《大清新刑律》的做法甚为不满。他认为:"刑法为重要法典,自当重加编纂,以昭慎重。"③江庸进一步论证说,《大清新刑律》的基本精神是法律与礼教的分离,体现了近代资产阶级的刑法思想,但是由于在新刑律之外又附加一个体现礼教派思想的五条《暂行章程》,使得新刑律的精神丧失殆尽。在这样的情况下,民国对新刑律进行简单的援用,也就是在坚持近代刑法思想的同时也承认了传统的礼教精神。江庸同时指出,袁世凯下令删修《大清新刑律》,公布《暂行新刑律》,颁布《补充条例》和一系列诸如《惩治盗匪法》《戒严法》《陆军刑事条例》等刑事特别法,体现了"重刑罚"与"重礼教"的特点,也就是以礼教来收服人心,以重典来震慑人心,这实际上是恢复了旧时代的严刑峻法,否定了资产阶级立

① 蔡枢衡:《中国法理自觉的发展》,河北第一监狱1947年版,第91页。
② 华有根:《董康的刑法思想与近代法制变革》,载中南财经政法大学法律史研究所编:《中西法律传统》(第二卷),中国政法大学出版社2002年版。
③ 江庸:《五十年来中国之法制》,《申报》五十年纪念特刊,1923年版。

宪国家应该有的民主、自由、平等。郭卫从刑法发展史的角度认为,世界的刑法制度经历了报复主义、威吓主义、博爱主义和科学主义四个时代,相对应的中国刑法历史经历三个阶段,即三代时期、秦汉到明清时期、民元以来到1935年。因此,从根本指导思想上讲,民国的刑法制度具有一致性,只是根据世界刑法的发展趋势作了一定的修正和完善。①

(三) 关于在刑事立法中如何采纳外国刑法的先进经验和立法例的问题

随着袁世凯帝制自为、张勋复辟的失败,主张礼法结合、严刑峻法的刑法思想逐渐退出历史舞台。1918年法典编纂会会长王宠惠主持制定《第二次刑法修正案》时,认为刑事立法应当采用从新兼从轻原则,这既是民国社会属性所决定,也是刑法发展的一般规律。按照这一思想,王宠惠主张将《暂行新刑律》中有关量刑的等级、累犯的处刑原则、区分窃盗罪与强盗罪、杀人罪和伤人罪等重新加以修订。同时还主张将《第一次刑法修正案》中的"侵犯大总统罪"删去,因为刑法对此罪的量刑比欧洲各国侵犯君主罪还要重,而且欧洲共和国家侵犯大总统与侵犯常人同罪。王宠惠认为,民国的刑法制度首先要采纳西方资本主义国家的刑法基本原则,即罪刑法定主义原则,并认为这一原则是刑事立法的根本主义,必须放到刑法的最重要的地位上。因此《暂行新刑律》在第10条的"行为时之法律无明文科以行罚者,其行为不为罪"规定,应当放置第1条,而且不许比附援引。正因为此,《第二次刑法修正案》无论从内容还是从形式上都吸收了西方最先进的刑法理论和刑罚原则,得到了西方国家的普遍认可。1926年西方十二国公布的《法权会议报告书》对这部草案也给予了充分的肯定。正是在这部草案的基础上,王宠惠于1928年起草了《中华民国刑法草案》,使得中国的刑法制度与西方的刑法通例接轨。

另一位刑事法律家郗朝俊从刑事犯罪关乎内政和外交的角度,阐述了在刑法的制定和修正过程中必须采用外国先进的立法例。他认为建立国家的目的有两个:一是增进人民的幸福;二是发扬国际地位,而各种犯罪行为则是上述目的之公敌。正因为此,西方诸国的法学家将犯罪与刑罚状况视为一个国家文明程度的缩影。同样,民国刑法的好坏"不仅对内至要,更于对外攸关。欲图改善内政,提高国格,自当以刑政优良为第一"②。所以,中华民国刑法必须充分吸收外国的先进立法经验和先进的刑事法律原则。

【人物】

## 蔡枢衡

蔡枢衡(1904—1983),江西永修人。曾受私塾教育,后入新式学堂,中学毕业后留学日本,先后就读于中央大学法学部、东京帝国法学大学院,专攻刑法学。回国后,从1935年开始执教于北京大学法律系,先后任讲师、副教授和教授。抗战期间,任西南联大法学教授。1948年任江西南昌中正大学法律系教授兼主任。新中国成立后,继续在北京大学任教,直到1952年。此后改任政务院法制委员会、法制局专门委员。1956年任全国人大办公厅法律室顾问。代表作有《中国法律之批判》《中国法理自觉的发展》和《刑法学》。

① 郭卫:《刑法学总论》,上海法学编译社1936年版,第29—32页。
② 郗朝俊:《刑法原理》,上海商务印书馆1930年版,自序。

# 董 康

董康(1867—1947),江苏武进人。1889年考中举人,次年中进士,并入清朝刑部,历任刑部主事、刑部郎中、提牢厅主事。1900年前后作为刑部郎中,专办秋审事务,并兼任陕西司主稿。1902年修订法律馆成立后,先后任该馆校理、总纂、提调等职。清末修律期间,多次被派往日本,考察日本的司法制度和监狱制度,同时直接参与聘请日本法学家来华帮助修订法律工作,并参加《大清新刑律》《大清民律草案》的起草。1906年预备立宪以后,任大理院推丞、宪政编查馆科员。1912年,与章宗祥合纂《暂行新刑律》。后赴日本留学。1914年任北洋政府大理院院长,并兼任中央文官高等惩戒委员会委员长、法律编查会副会长等职。此后,分别于1915年和1918年以修订法律馆总裁的身份两次参与《刑律修正案》的起草工作。1920年出任北洋政府司法总长。1925年被东吴大学授予名誉法学博士学位,次年受聘该校教授,同时兼任上海公共租界会审公堂回收筹备委员会会长、收回法权委员会副会长。1926年发表了关于收回上海会审公廨的著名的《说帖》。1927年任上海法科大学教授,兼任北京大学法科教授。此后曾开业充任专职律师,并任法官训练所所长。1932年任广东高等法院院长。1933年前后到日本讲授《中国法学史》。1937年任华北伪中华民国临时政府委员、司法委员会委员长。1940年又在汪精卫伪国民政府任职。

## 民法思想

民事法律的发达程度,在很大程度上反映了一个国家法律发展的总体水平。在传统中国悠久的法典化时代,最为典型的特征就是重刑轻民。国家制定法对私权重视不够,民事法律不发达,民事法律被包括在刑事法典之中。清朝末年,民事法律的制定被作为修律的一个重要内容,中国民法因此也开始了艰难的近代化转型。1906年清政府正式将民法的制定列入修律计划,1908年聘请日本人志田钾太郎、冈松义正为顾问,按照"注重世界最普通之法则,原本后出最精确之法理,求最适合于中国民情之法,期于改进上最有利益之法"①这一原则进行民法的起草工作,于1911年制定了中国历史上第一部民法草案——《大清民律草案》,史称"民律一草"。民国已降,当时的法典编查会在民律一草的基础上,历时十四年,于1925年颁布了《中华民国民法草案》,史称"民法二草"。南京国民政府建立以后,从1928年开始着手编订民法,直到1931年才最终制定出《中华民国民法》。正如胡长清的评价:"此庄严伟大之民法典,先后两年,全部完成,不可谓非我国立法史上一大可纪念之事业也。"②

民国时期代表性民法学著作主要有:史尚宽的《民法总则释义》,胡长清的《民法总则》《中国民法总论》《中国民法债篇总论》《中国民法亲属论》《中国民法继承论》,梅仲协的《民法要义》等。

(一)关于民法的重要性

为了说明制定民法的意义,法律家们竭力阐发民法的内涵,论证民法制定对于整个社会法制建设的价值。史尚宽认为,"民法者,规定社会生活准则之法律也",③民法是其他法律

---

① 《民律前三编草案告成奏折》。
② 胡长清:《中国民法总论》,中国政法大学出版社1997年版,第19页。
③ 史尚宽:《民法总则释义》,上海法学编译社1936年版,第1页。

的基础,在整个国家的法律体系中居于关键性的地位。"民法为众法之基。私法固不待论,欲治公法者,亦应对于民法有相当理解,而后可得其真谛。民法中尤以债法为最重要部分,而债之通则实为债法理论之总汇。"①正是基于这一想法,史尚宽一生致力民法的研究,历四十年,最终完成了煌煌420万字的《民法全书》,成为一代民法学大师。

王宠惠认为,凡是国家制定的法律,无论是公法还是私法,都是为了维护社会秩序,借以实现法治的目标,因此很难说哪个重要、哪个不重要。但是就法律与个人的关系而言,民法是最重要的。"盖吾人自有生之始,民法即规定其权利能力。及其长也,民法又规定其成年之时期。近而婚姻,民法复规定夫妇父子乃至家族之种种关系。逮至死亡,民法并规定遗嘱继承之法则。"②也就是说,一个人的一生都是与民法息息相关的,足以见得民法的重要性。为了研究西方先进的民法理论,王宠惠在27岁就翻译了《德国民法》,该书由英国伦敦斯蒂芬斯书店出版发行,一时间被作为法科大学的最重要教学参考书。

(二)关于民法典的编纂模式

世界各国的民法典编纂一般分为民商分立和民商合一两种模式。清末修律时采用的是"民商分立"的立法模式,即将民事法律与商事法律单独制定,作为两个不同的法律体系。北洋政府时期继承了上述做法,继续采用民商分立的模式来制定"民律二草"。南京国民政府制定民法典的时候,立法院向国民党中央政治会议提出"民商合一"的立法模式,该提议经立法院院长胡汉民、司法院院长王宠惠和考试院院长戴传贤审核,最终得以确定。对此,法律家们都发表了自己的见解。

胡长清认为,在多数国家民法与商法是分立的,在立法中最早是拿破仑法典。后来,随着民事交易的频繁,民法与商法在事实上已经没有区分的必要,商法成了民法的补充。所以从1911年瑞士债务法开始,民商开始统一。此后1922年的苏俄民法、1925年的泰国民法、1927年的土耳其民法皆是采用民商合一的立法模式,可以说,民商合一的立法模式顺应了世界民事立法的发展规律。③胡长清进一步论证了民商合一模式的理论依据:一是商人在民国时期不是一个特殊阶级,不需要单独设立特殊的法律。二是民商合一与法律的修改与否没有直接关系,那种担心因民商合一而影响民商法律的修改的思想是站不住脚的。三是民商合一不影响商法的国际性和民法的民族性。四是商事行为在实践中不宜认定。五是各国的商法本来就没有一个标准的范围。六是在民商分立的国家,商事行为中的买卖行为多适用民法,而民法中的营利性法人仍适用商法。④

(三)关于民法中的家族主义

中国传统法律中民事法不发达,而民事法律关系又是与每一国民的生活息息相关,所以民法近代化从一开始就提出要"最适合于中国民情"的原则。传统中国的民情最为典型的就是家族伦理主义,强调身份等级。但是这一精神又与近代民法观念相冲突,所以自清末到南京国民政府时期,关于民法如何对待家族主义的问题一直争论不休,始终在中国传统的家族主义与西方近代的个人主义之间摇摆不定。

胡长清对此有认真的分析,他认为中国自古以来在事实和法律上都有所谓家的观念,所

---

① 史尚宽:《债法总论》,中国政法大学出版社2000年版,自序。
② 《王宠惠文集》,第115页,中国台北"中国国民党中央委员会党史委员会"1981年编辑。
③ 胡长清:《民法总则》,上海商务印书馆1935年版,第7—8页。
④ 胡长清:《中国民法总论》,中国政法大学出版社1997年版,第27—28页、第29—31页。

以前清修订民法时采用了家族主义的立法模式,只是将家族称之为家属。晚近以来,我国固有的家族制度,因经济的发达、政治的演进而日渐崩溃,所以在1928年制定民法亲属编时舍弃了家族主义而采用个人主义,此后又反复了两次,众说纷纭,莫衷一是,直到1931年国民党中央政治会议最终确定仍采用家族主义。但胡长清认为此时的家族主义已经不是以前所谓的家族主义,而是以家为一定亲属间共同生活的一种方式,而不是将家视为亲属关系的基础,这一点与瑞士民法典相同。所以从根本上说,尽管采用家族主义,但个人主义的规定却掺杂其间,也只有了解了个人主义的内容,才能正确理解《中华民国民法》。①

（四）关于民法中的民事习惯、民族性和国际性

王宠惠认为随着商品经济的发展,虽然民法日益发达,但是必须强调民法的民族性。因为各国民法因历史传统、风俗习惯、地理气候、宗教信仰的不同而各具特点。同时,随着国际间的交往日益频繁,国际私法的适用与一国民法的发展也有着十分重要的关系。正因为此,王宠惠提出要加强对不同法系之间民法制度的比较研究,从而初步建立起比较民法学的理论框架。

胡长清则从民法中对"习惯"的规定来探讨这一问题。他认为,1929年5月23日《中华民国民法》总则公布,对"习惯"的规定虽与德、法、瑞士三国的规定相类似,但又不尽相同,这种不同正是基于不同的民族特性和国情风俗习惯的差异。并认为民法上的习惯应当具有两个要件:一是须有习惯的存在,而此习惯是指在一定期间内,就同一事项,反复进行统一行为的习俗。二是须具有法的效力,这种效力不是由于国家明示或默示的承认。② 正是由于此,《中华民国民法》规定:"民事,法律所未规定者,依习惯。"明示地规定习惯在原则上有补充法律的效力。

史尚宽将民法的法源分为制定法与非制定法两类,前者包括法律、命令、自治法和国际条约。后者包括习惯法、判例和法理。民法总则第1条规定:"民事,法律所未规定者,依习惯。无习惯者,依法理。"1914年大理院上字第六四号判决也有同样规定。③ 史尚宽认为,习惯分为有法律效力之习惯和单纯的事实习惯两种。民法所称的习惯属于前者。并认为具有法律效力的习惯必须具备两个要件:一是反复为同一行为,二是有法的意思表示。也就是对有法的效力的习惯地遵守。具有法的效力的习惯多是指一些商业习惯。④ 日本、德国、苏俄、土耳其等国民法大体有类似规定。

【人物】

## 梅仲协

梅仲协(1900—1971),字祖芳,浙江永嘉人,曾留学法国,专攻法律,获巴黎大学法学硕士。此后,淡泊名利,唯学问是尚。留学期间,其研究领域涉及整个欧洲近代法律思想,尤其对法、德、瑞士民法用力深刻。1933年任国立中央大学民法教授,此后长期担任中央政治学校大学部法律系首席民法教授和法律系主任。1949年以后,历任台湾大学法学院民法教授、法律研究所所长、司法部司法官训练所民法教授、中兴大学教授

---

① 胡长清:《民法总则》,上海商务印书馆1935年版,第6—7页。
② 胡长清:《中国民法总论》,中国政法大学出版社1997年版,第29—31页。
③ 史尚宽:《民法总则释义》,上海法学编译社1936年版,第8—10页。
④ 同上书,第66—67页。

等职。其代表作是《民法要义》。

## 胡长清

胡长清(1900—1988)，字次威，四川万县人。1923年毕业于朝阳大学专门部法律科，后留学日本明治大学高等专科专攻刑法。1927年毕业回国后，先后任教于朝阳大学、中央大学、中央政治学校大学部、燕京大学，讲授民法和刑法。1928年到1932年兼任著名的《法律评论》的主编。1933年以后步入仕途，先后任浙江兰溪自治实验县县长、湖南和四川民政厅长、国民党内政部次长。1949年转入华北革命大学学习。新中国成立后，加入中国国民党革命委员会，后担任上海市对台工作委员会副主任、上海市人民政府参事。其代表作是《中国民法总论》。

## 史尚宽

史尚宽(1898—1970)，字旦生，安徽桐城人。早年受传统的私塾教育，15岁时赴日本留学，入东京帝国大学法律系，获法学学士学位。1923年赴德国柏林大学研究法律，两年后前往法国巴黎大学研究政治经济。1927年回国，历任中山大学、中央大学、政治大学民法教授、国民政府立法院立法委员。1929年作为南京国民政府民法起草委员会委员直接参与民法典的起草和审核工作，以后又参与其他许多重要法典的起草。1949年去台后，曾任"司法院大法官"等职。其代表作是"民法全书"，即《民法总论》《债法总论》《债法各论》《物权法论》《亲属法论》和《继承法论》。

**司法改革思想**

传统法律与近代法律分野的主要标志之一，就是建立一套新的法律实施机制。毫无疑问，作为联接法律与社会生活的节点，改革传统司法体制、实现司法的近代化是该法律实施机制的关键。所以，近代以来大量不平等条约的签订，尤其是领事裁判权的确立，造成中国司法主权的丧失，激起近代中国人改造传统司法体制的勇气，以实现国富民强，不再受西方列强的欺凌。清末修律最直接的动因乃是收回治外法权，实现司法主权的独立。中华民国成立后，在共和、民主思想的指导下，按照三权分立、司法独立的政体框架，司法改革运动持续不断。民国时期的法律家们既饱学西方近代法制思想的精华，又切身感受到中国当时的司法状况，出于法律人的基本学术责任，都对司法改革提出了许多至今看来仍然不失其价值的改革思想和具体做法。

（一）关于司法独立

三权分立、司法独立是民国时期法律家们的基本法治理想。回顾整个民国时期有关司法独立的宪法性规定和其他制度性创设，无不体现了对西方式的民主法治理想尤其是司法独立体制的追求，而且这种追求还负有收回领事裁判权这一现实需要。民元伊始，在临时政府的组建上首次体现了对司法的重视，即所谓"首重法律"的政治信念。1912年3月，临时大总统孙中山在咨请参议院审议法制局提出的司法官考试令以及相关的法律制度时，明确表示出为了实行真正的司法独立，就必须要注重对司法官的考选。首任司法总长王宠惠鼎力推行孙中山的法制理想，在同年5月13日参议院会议上提出了关于司法问题的五大愿望，即实行司法独立、培养司法人才、实行辩护制度、采取陪审制度、提倡改良监狱。

王宠惠在1913年撰写的《中华民国宪法刍议》一书中,坚持资产阶级的三权分立与制衡的思想,提出司法权应该专属于法院,并对中国传统的专制制度和司法与行政高度合一的体制进行了批判。如何从制度上来保障司法独立呢？王宠惠认为,最为主要的就是法院的设置和职权要有法律的依据,包括法官的任命要有法律依据,总统和司法总长也不能随意任命,任命最高法院法官必须经过议会的同意。法官的官俸要有法律依据,在任期间不能随意减少,以保证法官能够在经济上有保障。法官在任期间非依法定理由不得转任他职,非依法定理由不得受到刑罚宣告,非依法定理由不得受罢职处分,以保证法官职务的连续性和法官权力的独立性。

许世英在接任王宠惠担任民国第二任司法总长以后,提议召开全国性的司法工作会议,在彻底清查各个行政区域内的法院、监狱、司法经费、司法人才以及筹备新式司法行政情况,对全国的司法工作进行统一的部署和协调。1912年12月1日,中华民国第一次全国司法会议在北京召开。司法总长许世英提出了洋洋洒洒三万多字的《司法计划书》,①该《司法计划书》被作为会议的中心议题进行广泛的讨论。该计划最终被会议通过。在该计划书中,许世英在一开篇就对司法独立及其实现过程中的种种问题作了精到的分析。他认为："司法独立,为立宪国之要素,亦即法治国之精神。"但是由于人才的缺乏、经费的短缺、配套法律的不足、国民观念的落后,司法独立很难推行。尽管如此,许世英认为民国肇始,政体更新,潮流所趋,司法改革是将民国纳入大同世界的必须,因为司法改革"事关于约法、关于国体、关于外交、关于全国人民之生命财产,而又有百利而无一害"。因此必须有破釜沉舟的勇气,这样司法独立才可见诸施行,而领事裁判权,终有收回之日。

梁启超根据孟德斯鸠三权分立思想,明确提出"司法独立为立宪政治之根本"原则,将司法独立视为近代法制的第一要件。在任职期间,他所写的《政府大政方针宣言》一文中就说道："今之稍知大体者,咸以养成法治国家为要图。然法治国曷由能成？非守法之观念普及于社会焉不可也。守法观念如何而始能普及？必人人知法律之可恃,油然生信仰之心,则自憬然而莫之犯也。故立宪国必以司法独立为第一要义。"②

(二) 关于司法改革的内容

尽管民国法律家们各自的政治背景不同,但皆是出于改造民国司法、维护司法独立、实现司法公正的目的,因此对于司法改革所设计的基本内容大体相同。许世英在《司法计划书》中提出的改革内容主要有组织新式法庭、培养法律人才、厉行律师制度、试办案件登记、改造旧式监狱、改良看守所、设立幼年犯罪法庭、设立感化院、建立监狱协会、制定出狱人保护法等。如关于法律人才的培养问题,许世英认为分为三个方面：一是振兴学校,因为法官、狱官皆是专门之学,必经过专门的学习方能胜任本职,因此必须广泛设立法政学校,培养合格人才。二是注重经验。法官、狱官皆是学识、经验并重的职业,所谓"经验为体,学识为用"。三是从1914年起每年选派四十四名法官,选送到各国法庭进行实习,以两年为期,以增强法官的"世界司法经验"。关于新式法院,许世英认为经过五年的筹设,要建立全国的法院约二千所左右,监狱三百所。关于律师制度的改革,许世英认为,律师为司法上的三大职务之一,为司法改良所不可缺。因此除了已经制定的律师章程和律师登录章程以外,应尽快

---

① 参见薛梅卿等：《清末民初监狱改良专辑》,中国监狱学会出版,1997年7月,第56—66页。
② 转引自邱远猷：《梁启超的法治思想》,载徐显明、徐祥明主编：《中国历史上的法制改革与改革家的法律思想》,山东大学出版社1999年版,第391—418页。

制定律师法及其施行法、律师考试法、律师惩戒法等配套法律。

曾任司法总长的梁启超在其司法改革建议中提出了十项内容。主要有建议废除四级三审制而实行三级三审制、对简易案件实行简易程序处理、对各类案件确定一定的审理期限、对上诉案件进行限制、完善刑律、恢复笞杖刑、疏通监狱、设立法官训练所、严格律师资格、确保司法经费等。①

王宠惠在1920年发表了《改良司法意见书》,针对各级法院的刑事案件牵连羁押、预审不得用辩护人、审判拖延、诉讼费用过高、上诉制度不健全等原因,提出了尖锐的批评和改进意见。针对大理院的办事效率和权限不清、大理院终审与二审案件往来关系和效率太低、大理院解释法律之权的范围不清等问题,也提出了详细的建议。王宠惠的上述建议,切中时弊,对当时的司法改良起到了一定的作用。1930年身为国民党政府司法院院长的王宠惠,针对司法院成立一年来的实际,提出统一法权、筹设撤废领事裁判权、训练法官、健全司法院机关组织、推广各县新式法院和新式监狱,以及废除兼理司法制度、改良法院制度和诉讼程序等主张。

（三）关于司法改革的障碍

清末司法改革时,当时认为改革的障碍主要有人才的短缺、经费的匮乏、习俗的制约、观念的束缚和领事裁判权的干涉等诸端。民国建立以后,上述的障碍也不会一时彻底消除,同时还增添了一些新的障碍。许世英认为民国初年的司法改革,其障碍主要有:当时国人对民国的理解尚未达到一定层次、国民的法律知识相对匮乏、新式法官人才稀缺、国家财政经费不统一、司法基础未臻巩固、全国地域广博情况不一等原因,其中最大的障碍是人才与经费。

梁启超也认为司法改革的最大障碍乃是人才与经费问题,为此他还提出建议将初级审判厅裁撤,将所管辖案件归县知事审理,从而开启了民国兼理司法制度的先河。此外,梁启超还认为造成当时司法方面的诸多问题的根源在于改革太快,超出了社会的承受能力。"今司法制度所以蒙垢独甚,皆缘前此改革太骤,扩张太过,锐进之余,乃生反动。"所以,梁启超认为自己的司法改革计划是出于矫枉过正的考虑。

到北洋政府时期,军人干政、武人司法的问题日益严重,军事司法往往越权受理应当由普通司法受理的案件。更有甚者,许多兼理司法的县知事因担心案件判决不公而受到上级的指责,竟然把普通案件主动送交军事法院审理,为此1919年司法总长朱深与陆军总长靳云鹏联合通电要求普通司法与军事司法要各守权限。南京国民政府时期,经过军事法院和特别法院审理的案件,当事人不得上诉。这些非法司法的现象,成为民国时期司法改革的主要障碍。对此,民国时期的一些法律家如林长民、江庸、张知本、王宠惠等都有所批评。

（四）关于司法改革中如何坚持国际化与本土化的问题

不可否认的一点就是,近代司法改革的基本价值取向是坚持以西方的法治模式作为标准的。从清朝末年开始的修律活动,也都是按照西方的司法体制在进行新制度的创建工作。因此,不可避免会出现如何协调国际化与本土化的关系问题。

蔡枢衡认为近代的法律创制应当是自觉的运动,之所以是自觉的,是因为创造的材料是中国的,认识的对象是中国社会的历史、现实和理想,但是这种自觉的创造又不是完全排斥外国的历史、现实和理想,而是将它们进行有关联性的比较,以求其本质上的一致性。所以,

---

① "司法总长梁启超呈大总统敬陈司法计划书十端留备采择文",载《东方杂志》第十卷第十二号"内外时报"。

在司法改革中,要坚持"保存中国的,吸收西洋的,摄取精华,自己创造"。①

(五)关于收回治外法权

治外法权的确立标志着近代中国司法制度的半殖民地化。自清末修律以来,种种司法改革的举措,无不是围绕如何收回领事裁判权这一核心问题。民国时期收回法权运动的兴起是与第一次世界大战后中国作为战胜国的现实分不开的。

1920年民国政府收回中东铁路法院,设立东三省特别审判厅,王宠惠认为这是民国时期中国法院管辖外国诉讼的开始。② 1926年法权调查委员会报告书公布,认为中国的司法状况未能彻底改善,因此建议西方各国仍然不能放弃治外法权。对此,以王宠惠为代表的中国委员发表声明,认为:"近二十年来,中国政府以深挚之诚意,不挠之毅力,对于中国法律、司法制度,及司法行政,极力改造。"③对各国不放弃治外法权深表遗憾。

1928年王宠惠任南京国民政府司法院院长一职以后,力主收回上海的临时法院(原会审公廨),并命上海临时法院自1930年元旦起同归司法院直接管辖。同时多次出面与西方列强谈判,最终成立上海特区地方法院,并设立上诉机关,这些机构完全适用我国的法院组织法以及刑事、民事法律,使其正式转归中国法院管辖。上海会审公廨的收回,为全国收回治外法权运动奠定了坚实的基础。

1929年南京国民政府成立收回法权委员会,当时一些著名的法界人物均名列其中。一些法律家从部门法的角度来分析收回治外法权的重要性。如周鲠生认为国家的主权是一个国家的国际人格,国家主权的基本特征就是独立的权利与最高的权利,而建立在不平等条约基础上的领事裁判权正是对国家主权的根本侵犯。胡长清、史尚宽等从分析外国人的民事权利入手,指出了不平等条约对于民事法制的影响,许多外国人不能享有的权利,因为不平等条约的保护而赋予了外国人,所以必须废除不平等条约才能建立起相应的民事权利制度。④

## 第三节 民国时期法律家群体的历史影响

民国时期法律家群体的历史影响取决于他们所处的社会历史背景。他们既处于中国与世界的交流非常开放的时期,也是站在由传统人治下的中国向近代法治型的中国转折的历史分界点上。如此的历史机遇,使得他们取西方的概念体系和学说名词,与固有的社会资料和实践材料相互参证,把西方规范化的学术研究范式嫁接到中国传统的理论思维之上,形成了西方化、世界性和开放性的学术背景,开阔了当时学者们的研究视野。⑤

由于受到时代的限制,虽然民国时期法律家群体的理论观点和学术著作也存在着这样或那样的缺陷,但是从一种发展的眼光来看,他们学术作品的主要贡献是开创性的,其历史价值已经超过作品本身具有的某种缺陷。他们以自己留学西方的经历,充当的既是西方法律知识的传播者,又是民国各个时期主要法律法规的制定者。既以自己的法律知识来解释

---

① 蔡枢衡:《中国法理自觉的发展》,河北第一监狱1947年版,第11页。
② 王宠惠:《二十五年来中国之司法》,《中华法学杂志》第一卷第一期。
③ 《法权会议报告书》附录"中国委员宣言书"(1926年9月15日)。
④ 胡长清:《民法总则》,上海商务印书馆1935年版,第35—37页。
⑤ 参见韩秀桃:《二十世纪中国法制史学发展概述》,载韩秀桃等编著:《中国法制史》(教学参考书),法律出版社2001年版,第18—19页。

当时的法律,又以自己的法律素养对当时法律中的缺陷提出种种批评。他们的学术研究和理论成果既丰富了近代中国法学教育活动,又完成了对近代中国法学学科体系的构建。

### 近代法律知识的传播者

法学家作为近代法律知识的传播者和中西法律制度的整合者,不仅仅为近代的中国法律发展提供丰富的资源,而且也为中国法律的近代化从理论上扫清了障碍。作为法学知识的传播者,法律家将世界范围内先进的法制建设经验介绍到中国,这不仅使得中国法从世界范围内得到滋养,而且这种介绍也等于是向当政者和其他立法者提供了更加广泛的可供选择的法制发展方案。总的来说,民国时期法律家们对近代法律知识的传播主要通过以下途径:一是翻译西方的法律书籍和法典;二是出版自己的专著和法律普及方面的书籍;三是编辑法律杂志。在民国时期一般国民对法律的需求尚处于一个十分短缺的时期,法律家们此时所承担的正是一种法律布道者的角色。①

自林则徐在 1842 年翻译滑达尔的《国际法》开始,到 1861 年总理各国事务衙门和 1906 年宪政编查馆设立专门的翻译机构,以及江南制造局设立译书处等,翻译西方的法学著作和法律文本一直是近代以来的中国人认识外国先进法律制度和法学知识的主要途径。进入民国,这一趋势随着大量法学留学生的归来而日渐重要。民国时期的法律家群体,以自身的海外法学留学背景,在翻译西方法学著作和法律文本的过程中起到了媒介中西方的作用。这一时期著名的译著主要有英国戴雪原著、梅仲协翻译的《英宪精义》,美国庞德原著、陆鼎揆翻译的《社会法理学原理》,日本穗积陈重原著、黄尊三等翻译的《法律进化论》,王宠惠翻译的《德国民法典》,史尚宽翻译的《法国民法典》《瑞士民法典》等。

民国时期法律家们著书立说相当积极。翻开民国时期的法学刊物,几乎每一期都有有关当时法律的解释性著作、法学讲义、译著、专著以及有关司法官考试的参考书等法律书籍的宣传广告。根据《民国图书总目》法律篇的统计,民国时期出版的各种法律书籍总数近千种。同时在这一时期的法律杂志主要有 1911 年创办的《法学会杂志》、1914 年创办的《法政周报》、1916 年创办的《法政杂志》、1918 年创办的《法政学报》、1928 年创办的《法律丛刊》、1931 年创办的《现代法学》和《政治经济与法律》、1932 年创办的《法学特刊》、1935 年创办的《法学论丛》和《法学杂志》、1936 年创办的《中华民国法学会会报》、1948 年创办的《新法学》等。其中著名的法学刊物是朝阳大学 1923 年创办的《法律评论》。这些法学刊物为推动整个社会的法学思想的蓬勃发展起到了巨大作用。正如《法律评论》的创办人给刊物所定的基调,那就是"以灌输法律新思想为己任"。②

### 民国法律制度的制定者

从世界范围来看,法学进步和立法发展是一对相互影响的因素。其中,法学的进步,尤其是法律观念的推陈出新促进了立法的变迁,并最终推动了立法的发展。民国建立以后,在民主与法治的大背景下,法律家们在各个时期的立法工作中凭借着自身的知识优势和先进的法学

---

① "凡属民国国民,应人人具有法律知识,但法律之范围甚广,研求颇不宜宜,唯读《法律常识》,能于最短时间内获其概略。"这是著名的法律家郭卫主编的《法律常识》一书的广告语,载戴修瓒《民法债编各论》的封底,上海法学编译社1930年版。

② 直夫:《司法之前途》,载《法律评论》第四年第三十二期(总第188期),1927年2月6日。

观念为整个民国时期的法制创建工作做出了历史性的贡献。

1911年武昌起义爆发后不久,湖北军政府即告成立。虽然存在的时间只有半年左右,但先后颁布了《中华民国鄂州约法》等一系列法律文件。《鄂州约法》的草案由曾留学日本东京法政大学、早稻田大学的宋教仁拟订。中华民国第一部政府组织法由湖南省代表、日本法政大学法学专业毕业的谭人凤以及同样是日本法政专业毕业的雷奋、马君武、王正廷等为起草员。正是在他们起草的《中华民国临时政府组织大纲》的基础上,1912年元旦成立了中华民国临时政府。南京临时政府成立后临时参议院委托景耀月、马君武、王有兰、吕志伊、张一鹗五人起草《临时约法》,起草完成后交由张继等九人组成的特别审查会审查,又交付王有兰、王正廷、赵士北等九人的法律审查会修改。南京临时政府成立后,许多学习法律的人士担任了临时政府的要职,如王宠惠为外交总长、伍廷芳为司法总长、陈锦涛为财政总长、宋教仁为法制局长等,同时南京临时政府的立法机构参议院的议员中也多有学习法律的人士,如王正廷、汤化龙等,他们对于推动南京临时政府的法制建设均发挥了重要的作用。以立法为例,南京临时政府成立之初,设法典编撰会,会长由法制局长宋教仁兼任。在南京临时政府的行政行为中,专业的法律人士又通过具体主持政府部门工作来实现发展资本主义经济、促进中国法制近代化的进程。如毕业于耶鲁大学、加利福尼亚大学,并获清"法政科进士"的陈锦涛主持财政部,先后制定了《商业银行暂行则例》《海外汇业银行则例》《兴农银行则例》《庶民银行则例》《惠工银行则例》《贮蓄银行则例》等,体现了近代资本主义经济对于民国法制建设的要求。

袁世凯就任临时大总统后,资产阶级革命派为实现"法律制袁"目的,1913年4月第一届国会成立宪法起草委员会,拟订"天坛宪草"。宪法起草委员会委员中有吕志伊、李国珍、伍朝枢、汪荣宝、孟森、张耀曾、曹汝霖、朱兆莘等人,他们都有海外的法政学习背景。在北京政府时期,法律人士参与起草或议决的重要法律还有伍朝枢、汪荣宝等起草的《大总统选举法》、严复、王世澄、程树德等起草的《修正大总统选举法》、王世澄、程树德等起草的《中华民国约法》、余棨昌、黄右昌等起草的《民律草案》等。

在南京国民政府时期,王宠惠等担任了立法和司法机构的重要职务,直接参与了法律的制定工作。如,王宠惠主持起草了1928年的《刑法》;同年,王宠惠被聘为国民政府民法起草委员会顾问,直接将自己的民法思想融入民法草案中。王宠惠、戴季陶等在1929—1930年主持起草了《民法》《公司法》《票据法》《海商法》《保险法》;王宠惠主稿,吴敬恒、于右任、孔祥熙、邵力子等参与起草了《中华民国训政时期约法》;而《民事诉讼法》《刑事诉讼法》和一些行政法也是在张知本等人的主持下制定的。1933年南京国民政府成立宪法起草委员会,吴经熊、张知本为副委员长,史尚宽、楼桐孙、黄右昌、陈茹玄、吕志伊等三十七人为委员,戴传贤、伍朝枢、王世杰、覃振为顾问。1934年宪法起草完毕后,又组成了史尚宽、马寅初、吴经熊、郗朝俊、吕志伊等三十六人为审查委员。实际上《中华民国宪法草案》基本上是由吴经熊主稿。王世杰在任法制局局长期间,延揽北京大学、朝阳大学的法学家,积极制定民刑实体法及程序法。此外,著名的朝阳大学毕业生、后留学日本的荆磐石博士被南京国民政府选派以法律专家身份代表中国政府参与《联合国宪章》的起草。

**民国法律制度的解释者**

近代法律的创制工作走的是一条与传统中国法制完全不同的道路。民国时期民主共和政体确立,法律创制工作不断加快。其中北洋政府时期法律创制的重点是关于宪法和宪政问题,以及经济立法方面。南京国民政府的前十年,围绕着"六法全书"的制定,进行了巨大的法律创制活动,并最终形成了体系庞大、内容复杂的近代法律体系。法律家们则以自己的法律知识,对那些对于一般民众来说尚属陌生的法律制度进行知识解读和学理说明。

一般来说,民国时期每制定出一部新法律,学者们都会据此撰文或出书进行自己的解说。这种解释主要分为三个方面:一是对于法律中的一些名词术语的解释;二是对法律条文进行直接的解释;三是对照条文进行法理解释。其中有的学者直接将后两种解释模式混合使用,既解释法条,又阐述法理。

民国时期的法律家们对法律的解释主要根据当时的立法状况而有所侧重。在1929年到1931年民法制定期间,民法学家梅仲协在撰写其代表作《民法要义》时认为,现行民法即1929年《中华民国民法》是博采世界各国民法之精华编纂而成,但由于时间仓促,许多内容尚不能被时人所理解,因此自己参考各国的先进民法理论和民法判例对其进行详细的解说,这既是帮助人们对民法的认识,也有助于今后民法的修正。"现行民法,采德国立法例者,十之六七;瑞士立法例者,十之三四;而法、日、苏联之成规,亦尝撷取一二,集现代各国民法之精英,而弃其糟粕,诚巨制也。唯以当时起草,时间局促,其未能斟酌甚善之处,亦颇不鲜。著者特参考德、瑞、法、日、苏联诸国民法判例暨学者之著述,益以己见,略加补正。异日修订法典,或亦少有所助益欤。"①正是基于上述的想法,梅仲协在撰写《民法要义》时,要求自己行文务求简洁,举例务必明确。对于民法的每一个条文或每一个法律问题,必须举出例证,反复阐述,以求理论与实际相贯通,这样可以使得初学民法的也能够清晰地理解民法的道理。实际上,《民法要义》由于资料丰富、体例严明、用语准确,一直被人们称为是一本经典的民法教科书。

另一位民法学者史尚宽在《民法总则释义》一书中也写道:"民法自公布以来,为时尚浅。判例既属有限,而私人著述亦不甚多。著者忝为民法起草人之一,当时曾提议由民法起草委员会公刊民法起草理由书,以为解释之准据。嗣以民法起草工作浩大,而此外尚待起草者为数复多,是以有愿而未能。"②在官方未能对新颁民法进行阐述的情况下,史尚宽在自己的讲义的基础上进行解释。"关于外国立法之比较,论列颇多。而于本法之来源,则阐述又不厌其详。解释既重各条相互之关系,而取意则务使合乎社会之实情。虽未敢云尽符立法之原意,要亦不中而不远。"

1935年《中华民国刑法》公布后,刑法学者郗朝俊撰写《刑法原理》一书。他在说明写作目的时指出,该书的内容分为三点:一是讨论刑法的根本原理;二是阐明现行刑法的真正意义;三是参酌文明国刑事立法例。关于第二点,郗朝俊认为:"凡一法令,各有主义,主义不同,意义自异。故同一文字,有宜扩张解释者,有宜狭小解释者。本书就现行法意之所在,说明真意之如何。"③郗朝俊认为自己的解释,是将相近的法条汇集在一起,同时将《中华民国暂行新刑律》实行以来的相关学者的解释、大理院的判例统统列出,以便于比较现行刑法的优劣。

1935年《中华民国宪法草案》公布后,有的学者出版了专门的解释著作,如耿文田出版了《中华民国宪法释义及表解》一书。他认为自己出书的主旨是宣扬宪法的时代精神,增加国民

① 梅仲协:《民法要义》,中国政法大学出版社1998年版,初版序。
② 史尚宽:《民法总则释义》,上海法学编译社1936年版,自序。
③ 郗朝俊:《刑法原理》,上海商务印书馆1930年版,自序。

对宪法的彻底了解,因此,写作时文字力求简洁明了,避免晦涩难懂,注重诠释而不重视理论。① 对于法律家们围绕宪法所作的解释,萨孟武认为宪法是国家的根本大法,既要有崇高的理想,又要照顾到现实国情,学者的解释起到了沟通理想与现实的作用,意义十分重要。②

## 民国法律制度的批判者

民国时期是一个法律思想高度解放、学说观点千姿百态的时期,法律家们由于政治背景上的不同、留学经历上的差异,往往对同一部法律会产生不同的意见。实际上,也只有法律家们才能按照学术分工深入地了解法律现状和存在的问题,他们对法律存在的缺陷的认识也是独一无二的。通过争鸣与批判,法律家们为法律制度的改革提供了系统的补救方案。对于一个良好的法律制度来说,批判作为一种自我纠正的机制是十分必要的,批判是创造法律和推动法律前进的必不可少的前提,也是使法律日臻完善的基础。通过批判将完善立法技术,摒弃制定法中与现实社会的公共理念、目标和价值相违背的成分。当相应的法律条文显然不适应于时代精神而失却公正时,法律家可以通过学理批判而劝导立法者和当政者修改或废止该条文。

法律家们的批判,其作用至少体现在两个方面:一是法律家的批判往往是法律修正的强大动力,这一动力推动法律不断地得到修正完善,并最终促进法律的发展。二是法律家们在批判的过程中,旁征博引,精阐法理,有助于法律的宣传,并增强民众对法律的理解。应当说,长时期的法学探索、争鸣,尽管未能就每一个法律问题达成一致意见,但却为立法奠定了最基本的目标和价值。民国时期,立法上的每一次进步和发展都是与法律家们的探索和争鸣息息相关的。

针对民国时期立宪过程中不顾国情的情况,杨幼炯批评说,近代以来的立法者,只知道宪法是一种文明的装饰品,不知道宪法还与一个国家的国民生活息息相关,但知模仿、盲从、不知创造,于是三十年来虽然是制定出一大堆宪法,但没有一部宪法是合乎国民的需要的,因而也不能获得国民的支持和尊敬,只能是一堆废纸。③ 谢振民批评1926年到1928年南京国民政府的立法是"党治下之立法",因为此时的立法活动隶属于国民党之下,国民党和国民政府都可以制定法律,立法权并没有真正的独立,法律与行政命令没有任何区别。到"训政时期之立法"时,立法院为最高立法机关,但是立法原则却由中国国民党中央政治会议所决定,法律的制定在实质上没有获得完全的独立,因此,根本制定不出一部真正意义上的好宪法。④ 董康从维护传统的纲常伦理角度出发,强烈批评南京国民政府既提倡家族主义,又坚持礼法分离的立法立场,认为这是"不顾习俗""磔丧伦常"的立法。蔡枢衡批判近代以来的立法与中国社会的不适合、幼稚、草率、不完全,是抄袭比较各国立法产生的。

法律家以自己的知识阅历,最有可能发现已经制定的成文法中所存在的与现实社会不一致的地方,并通过著述和媒体将这一问题表达出来。通过批判,法律家将自己对已经颁布的法典的修正意见清楚地提出,并拟定一系列在理论上已经得到充分验证的补救方案,以作为立法者、当政者作进一步立法时参考。正是基于这一优势,民国时期一些重要的法律在制

---

① 耿文田:《中华民国宪法释义及表解》,上海商务印书馆1947年版,编辑例言。
② 刘宗禄:《中国宪法论》,中正书局1948年版,萨孟武序。
③ 杨幼炯:《近代中国立法史》,上海商务印书馆1936年版,自序。
④ 谢振民编著,张知本校订:《中华民国立法史》(上),中国政法大学出版社1999年版,第5页。

定过程中,首先通过媒体进行公布,发动法律家和其他社会公众对这一问题予以关注,并进行充分的研讨,以期制定出最完备的法律。如,在近代刑法的立法过程中,通常是将法律草案在报纸杂志上刊登出来,并就法律草案的起草情况广泛征询法学界的意见,而且法学界的反应也一直十分踊跃。如1912年《中华民国暂行新刑律》、1915年《刑法修正案》、1919年《刑法第二次修正案》讨论期间,以及1935年《中华民国刑法》起草时,法学界尤其是刑法学界对草案积极发表意见,出现了许多对法律草案意见稿式的批评文章。当时《法律评论》杂志从第一期到第二十六期,就"对于刑法第二次修正案之意见"这一专题,发表了十几篇评论性文章。"三五刑法"起草期间,近代刑法学的代表性人物王觐虽然未参加草案的起草工作,但陆续发表了《刑法修正案初稿批评》《我对于刑法修正案初稿的几点意见》等专题文章,对刑法修正案的初稿提出多方面的批评意见。应当说,这种批评有助于新法的更加完善,而且从这些批评中也体现出法律家们对于法律发展和法律完善的历史责任感和使命感。

## 近代法学教育的奠基者

法制的近代化,首先是法律人才的近代化,而法律人才的近代化关键在法律教育。法制近代化不仅仅是法律制度的近代化,还必须要有一批掌握新的近代法律知识的法律人。我国法律,历史源远流长,内涵博大精深,历代传承,为世界最古老的法系之一。但法律教育一直不为历朝历代所重视。可以说,自清末而始的我国法制近代化运动,面临的首要任务便是建立起近代的法律教育体制,培养职业化、高素质的法律人才。清政府显然也注意到了这一点,光绪二十八年(1902)修律运动伊始,便颁布奏定学堂章程,大学本科设立"法政科",分为政治、法律两门,开始培养专门的法律人才。光绪三十二年(1906),颁布京师法政学堂章程,本科有法律门,使得法律教育渐趋正规。到清朝灭亡为止,当时的中国有京师大学堂等法政学堂五所,毕业学生有4 000人左右。民国肇建,修改旧律,颁行新法,按照西方三权分立的法治模式,着手建立各级新式司法体制,国家对法律人才的需求更加迫切。如此之下,民国时期的法律家们又担当了培养新式法律人才的重任。

据统计,民国时期,各类法政专门学校和大学法科毕业的法律专业学生总计约4万人左右。在这一过程中,民国时期法律家群体在培养新式法律人才方面功不可没。在这方面最典型的例证当属朝阳大学的创办。如前所述,朝阳大学是一批志同道合、饱学法律、矢志法治建设的法律家们苦心缔造的。在他们当中有一大批人积极投身于中国近代法制建设,据现有资料记载,其中如石志泉教授曾任司法行政部次长,余棨昌教授曾任大理院院长,许泽新、罗鼎等数位教授曾任司法行政部参事,王镇远、孙善才、吕渭等十余位教授曾任最高法院推事,其他担任过地方高院庭长推事的教授还有许多,不胜枚举。民国时期的其他的法学家也几乎都曾在有关的法律院校担任过教育工作,奠定了中国近代法学教育的基础。

## 近代法学学科体系的构建者

民国时期,大多数学者们已经走出清末那种盲目崇拜西方法律思想和政治制度的误区,并开始自觉而有鉴别地接受西方的学说和观点,同时结合中国的传统文化基础来进行相关的学术研究。其研究涉及现代法学体系中的各个专门学科,研究成果亦具有开创性的意义。

以中国法律史学科的建立为例。20世纪初中国法律史学的产生,是中国传统刑名之术——律学的近代化和西方学术分科中国化的结果。鸦片战争之后,西学渐入,对中国传统法制以及以其为基础的传统律学提出了挑战，这是近代法政教育兴起的历史契机。在这一转型的过程中，传统律学在引入西方学术分科的基础上，通过法律移植，嫁接成具有近代意义的所谓"七科之学"之法科。1902年，晚清政府公布的《大学堂章程》将《中国古今刑律考》和《中国历代法制考》列入法科学生的必修课。同年，近代大思想家梁启超在《论中国成文法编制之沿革得失》一文中首次运用了"中国法制史"这一学科概念。这标志着近代意义上的中国法律史学的诞生。在20世纪上半叶，中国法律史学渐次摆脱了传统的律学研究模式，并在研究方法、研究视角等方面进行了开创性的尝试，在一批法律史学大家的勤奋努力下，中国法律史学的学科价值得以确立、学科研究对象大体圈定、学科研究方法呈现多元化的发展趋势、学科体系基本构建完成，从而使得中国法律史学成为中国近代法学体系中最早作为一门独立的学科面目出现的基础学科。首先，以西方资产阶级史学理论为内容的新史学观的出现，带来了史学界革命性的进步，其中有关强调历史发展的规律性和因果关系的史学研究范式，为当时大多数法律史学者所接受，这也奠定了中国法律史学的理论基础。其次，肇始于清末修律的法律西方化运动，使得中国的学者（包括法律史学者）既得到了西方学术研究模式的训练，又能借取西方的概念体系和学说名词，并与中国固有材料相互参证，把西方规范化的学术研究方法嫁接到中国传统（法制）的丰富的资源之上，这使得中国法律史学在这一时期呈现出西方化、开放性和世界性的学术发展背景。再次，起自晚清法政学堂、迄止民国时期大学中所开设的法制史课程，在尊重传统律学之社会功能和学术价值的前提下，开始把这一传统的"学说"型解释，向近代的"学理"型"法理"型知识发展，使得中国法律史学获得真正独立的学科品格。最后，一些有着开放性知识视野和多元化研究方法的中国法律史学家，从沈家本、程树德的缜密考据和历史归纳，到梁启超媒介东西方的史学方法和法史学论述，从陈顾远关于中国法制史概念之解说和法制史的质与量之评判，到杨鸿烈法律发达史、法律思想史的架构和中华法系研究，以及瞿同祖法律社会学和法律人类学方法的运用等，为中国法律史学的发展作出了开创性的贡献，奠定了中国法律史学日后的发展基础。据统计，在民国时期国内学者共发表的法制史著作三十八种，论文一百四十余篇。其中影响较大的著作和论文有程树德的《九朝律考》、陈顾远的《中国法制史》《中国国际法溯源》和《中国婚姻史》，杨鸿烈的《中国法律思想史》《中国法律在东亚诸国之影响》《中国法律发达史》，瞿同祖的《中国社会与中国法律》，徐朝阳《中国古代诉讼法》《中国刑法溯源》，朱方的《中国法制史》，丁元普的《中国法制史》，郁嶷的《中国法制史》及陈顾远的《儒家法学与中国固有法系之关系》《家族制度与中国固有法系之关系》《天道观念与中国固有法系之关系》三篇长文和江庸的《五十年来中国之法制》等。这些论著的共同特点就是开始突破中国传统律学的研究框框，并借用西方的相关的学科理论和思想方法，对中国古代法制进行重新的梳理，并最终构建完成中国法律史学的学科体系。

## 本 章 小 结

民国时期的法律家群体是在一个特定的历史背景条件下逐渐形成和发展起来的。由于受到民国动荡的政治形势和严酷的国际环境等因素的制约，这一群体的法律思想呈现出开放、多元、复杂的特征，法律家们在运用西方的法治理论来改造中国法制现实的过程中,其研究触角已经涉及近代中国法制建设的方方面面,其理论思维已经将纯粹的西方法治理想与中国的现实相结合,但其主要的学术观点往往不统一甚至前后不一、相互矛盾。正是由于这种开放性的研究视野和强烈的关注现实法制的学术责任,法律家们以自己的法律知识背景,或著书立说、成一家之言,或投身现实、矢志司法实践,或兴办学校、培养法律人才,为民国的法学研究、司法改革和法学教育与法律发展,以及中国近代法学体系的创建等都作出了应有的贡献,成为中国法制近代化的过程中的一笔宝贵财富。

**参考阅读书目**

1. 吴经熊:《法律哲学研究》,上海法学编译社 1933 年版。
2. 蔡枢衡:《中国法理自觉的发展》,河北第一监狱 1947 年版。
3. 王世杰、钱端升:《比较宪法》,中国政法大学出版社 1997 年版。
4. 陈茹玄:《民国宪法及政治史》,上海政治学社 1928 年版。
5. 杨幼炯:《近代中国立法史》,上海商务印书馆 1936 年版。
6. 谢振民编著,张知本校订:《中华民国立法史》,中国政法大学出版社 1999 年版。
7. 郭卫:《刑法学总论》,上海法学编译社 1936 年版。
8. 史尚宽:《民法总则释义》,上海法学编译社 1936 年版。
9. 胡长清:《中国民法总论》,中国政法大学出版社 1997 年版。
10. 梅仲协:《民法要义》,中国政法大学出版社 1998 年版。
11. 程树德:《九朝律考》,中华书局 2002 年版。
12. 杨鸿烈:《中国法律在东亚诸国之影响》,中国政法大学出版社 2000 年版。
13. 瞿同祖:《中国社会与中国法律》,中华书局 1980 年版。
14. 中国台北中国国民党中央委员会党史委员会编辑:《王宠惠文集》,中国台北中央文物供应社 1981 年版。
15. 薛君度、熊先觉、徐葵:《法学摇篮朝阳大学》,东方出版社 2001 年版。
16. 李贵连主编:《二十世纪中国法学》,北京大学出版社 1999 年版。
17. 王健:《近代中国法学教育》,中国政法大学出版社 2001 年版。
18. 江庸:《五十年来中国之法制》,《申报》五十年纪念特刊 1923 年版。
19. 郝铁川:《中国近代法学留学生与法制近代化》,《法学研究》1997 年第 6 期。

**思考题**

1. 简述民国时期法律家群体的形成背景。
2. 简述民国时期法律家群体的特征。
3. 民国法律教育有哪几种类型?
4. 试民国时期法律家群体的宪政思想。
5. 试述民国时期法律家群体的司法改革思想。
6. 试述民国时期法律家群体中国法制近代化的影响。

# 第一版后记

本教材由复旦大学等高校的法律史学科教师和研究人员共同编写,可供各高校法学本科教学使用。

本教材作者的分工如下(以撰写章节先后为序):

郭　建(复旦大学法学院教授):前言,第一章,第六章。

袁兆春(曲阜师范大学经济法政系教授):第二章。

于语和(南开大学法学院教授):第三章。

顾俊杰(同济大学文法学院教授):第四章。

王志强(复旦大学法学院教授):第五章,第九章。

徐忠明(中山大学法学院教授):第七章。

姚少杰(上海财经大学法学院讲师):第八章。

韩秀桃(国务院法制办研究员):第十章。

全书由郭建确定编写大纲,并与姚荣涛教授(复旦大学法学院)一起进行了全书统稿和审定。

作　者
2003 年 11 月

**图书在版编目(CIP)数据**

中国法律思想史/郭建主编. —2版. —上海：复旦大学出版社，2018.6
（复旦博学·法学系列）
ISBN 978-7-309-13639-5

Ⅰ. 中… Ⅱ. 郭… Ⅲ. 法律-思想史-中国 Ⅳ. D909.2

中国版本图书馆 CIP 数据核字(2018)第 088108 号

中国法律思想史（第二版）
郭　建　主编
责任编辑/张　炼

复旦大学出版社有限公司出版发行
上海市国权路 579 号　邮编：200433
网址：fupnet@fudanpress.com　http://www.fudanpress.com
门市零售：86-21-65642857　团体订购：86-21-65118853
外埠邮购：86-21-65109143　出版部电话：86-21-65642845
上海春秋印刷厂

开本 787×1092　1/16　印张 17　字数 393 千
2018 年 6 月第 2 版第 1 次印刷

ISBN 978-7-309-13639-5/D·927
定价：40.00 元

如有印装质量问题，请向复旦大学出版社有限公司出版部调换。
版权所有　侵权必究